조선사

(朝鮮史)

번역 · 해제

林泰輔(하야시 다이스케) 著 『朝鮮史』	朝鮮總督府 朝鮮史編修會 編 『朝鮮史』

편무진	집	김위현
김현욱	필	박성수
이태훈	진	

지식과교양

머리말

우리의 근현대사에서 간과할 수 없는 주제어 중의 하나는 아마 '식민사관(植民史觀)'일 것이다. 일제가 조선 식민지 통치를 정당화하기 위하여 한반도의 역사를 왜곡한 이와 같은 식민사관에 대하여 당사자들인 우리는 과연 얼마나 잘 알고 있는가. 이 분야의 전문가나 역사학자가 아니라면, 사실 이 질문에 대하여 잘 알고 있다고 자신 있게 대답할 수 있는 일반인은 그다지 많지 않을 것이다. 더구나 그와 같은 식민사관의 원점(原點)에 하야시 다이스케의『朝鮮史』가 있다는 사실을 알고 있는 사람은 더욱더 제한적일 수밖에 없는 것이 현실이 아닐까 싶다.

하야시 다이스케, 우리나라에서 자주 '임태보(林泰輔)'로 불리는 이 하야시의『조선사』. 1892년에 한국역사에 대한 근대적 기술서로서 세상에 알려진 문헌이다. 이『조선사』는 형식적으로는 그때까지의 구습(舊習)에서 탈피하여 근대적인 역사서술을 시도한 최초의 역사서라고 하는 긍정적인 평가도 있다. 그렇지만 그 내용적인 면에 있어서는 한국사, 특히 그 중에서도 한민족의 근간을 이루는 고대사에 대한 당시 일본사학계의 조선관(朝鮮觀)이 거의 그대로 반영되어 있다는 점을 간과해서는 안 될 것이다. 그리고 이러한 하야시의『조선사』에 의한 식민사관을 계승 발전시켜 1922년부터 만 16년간에 걸쳐 조선총독부 조선사편수회에서 사료집으로 편찬한 것이 책명도 동일한『朝鮮史』이다.

우리 역사에 이와 같은 굴절·왜곡된 식민사관이 존재하는 이상,

그것들을 극복하지 않고서는 우리 한민족의 역사관을 바르게 정립할 수 없는 것이 아닌가. 그리고 그와 같은 과정은 사료(史料)나 관련 문헌에 대한 철저한 고증과 검증을 통한 비판이 선행되어야 할진대, 과연 우리가 그 과정을 충실하게 이행해 왔는지에 대해서는 여전히 의문이다. 일제 식민사관의 원조라고 할 수 있는 『조선사』가 아직도 우리말로 번역이 안 되어 있다는 것이 그 단적인 예가 될 수 있다고 본다.

하야시의 『조선사』를 번역하게 된 동기가 바로 여기에 있다. 우리 역사에 대한 올바른 이해와 인식에 바탕을 둔 한국사의 정립을 위하여, 그리고 일부 전문가들의 점유물이 아닌 일반인들의 식민사관에 대한 이해와 역사인식을 고쳐시키는데 조금이나마 도움이 되었으면 하는 바람에서 이번 번역과 영인 작업이 이루어졌다. 아울러서 식민사관의 결정체라고 할 수 있는 조선사편수회의 『조선사』에 대한 이해도 병행되어야 함은 물론이다. 이에는 한국 사학계의 저명하신 두 분 원로 교수님의 해제를 통하여 소개하는 형식을 취하였다.

금번의 『朝鮮史』 번역과 해제 작업은 한국학중앙연구원의 한국학특정분야기획연구(역사기초자료번역, 과제명 : 조선총독부 편찬 조선사 해제 및 임태보 저 조선사 번역)로 수행되었다. 사실 역사전공도 아닌 필자가 책임연구원이 되어 중요하고 민감한 역사서를 번역한다는 것에 대한 두려움과 부담이 없었던 것도 아니다. 그러나 주위 여러 분들의 격려와 김위현, 박성수 두 분 원로 교수님의 지도와 조언에 힘입어 번역작업을 진행할 수 있었다. 특히 국제뇌

교육종합대학원 국학과 복기대 교수님은 이 프로젝트의 태동부터 탈고(脫稿)시까지 다대(多大)한 관심과 협력을 아끼지 않으셨다. 이분들의 협력이 없었다면 애당초 실현 불가능한 작업이었다. 세 분 선생님의 학은(學恩)에 깊이깊이 감사의 말씀을 드릴 뿐이다. 물론 연구원으로 참여하여 번역작업을 수행해 온 단국대 강사 김현욱 선생과 이태훈 선생의 도움이 있어 가능한 작업이었고, 그 과정에서 꼼꼼한 번역과 주(注) 작업에 힘써 준 두 선생에게도 감사의 뜻을 전하고 싶다.

금번의 조선사 번역은 가능한 한 의역(意譯)을 피하고 직역(直譯)을 위주로 한 번역을 시도하였다. 이는 필자를 위시한 번역에 참여한 연구원들이 비전공자라는 핸디캡의 발로이기도 하지만, 한편으로는 원문에 충실한 번역을 통하여 일반 독자들에게 보다 객관적으로 내용을 전달하고자 한 의도이기도 했다. 그리고 일반 독자층을 의식하여, 본문에서 일반적이 아니라고 판단되는 단어나 용어에 대해서는 가능한 한 각주로 하여 해설을 덧붙였다. 그럼에도 불구하고, 역시 역사 비전공자라는 한계를 극복하지 못한 불완전한 번역 내용이 있을 수 있다. 제현의 기탄없는 질타를 바라마지 않는다.

마지막으로 까다로운 교정과 원 자료의 영인 기술이 요구되는 작업임에도 양서(良書)를 세상에 내놓겠다는 일념으로 『朝鮮史』의 번역·영인 출간을 기꺼이 수락해 준 지식과교양 윤석산 사장님과, 디지털 원문자료의 영인을 허락해 준 일본 국회도서관 측에도 본 프로젝트의 책임연구원으로서 사의를 표하는 바이다.

단국대학교 일본어과 교수
편 무 진 씀

조 선 사
(朝鮮史)

목 차

〔별책 부록〕 영인

林泰輔 著 『朝鮮史』

林泰輔(하야시 다이스케) 著『朝鮮史』번역 및
조선총독부 편찬『朝鮮史』해제의 출판에 즈음하여

편 무 진

일본은 에도시대(江戶時代:1603~1867) 이래 한국에 관심을 기울여왔고, 명치시대(明治時代) 이후 한국에 대한 연구를 본격화하였다. 이것은 이른바 '정한론(征韓論)'과 밀접히 관련되어 있다.

일제(日帝)에게 침략 대상국 역사 연구는 명백히 식민 지배 논리 창출의 수단이었다. 청일전쟁, 노일전쟁 등 제국주의 침략 전쟁을 통해 식민 지배 논리를 공고히 한 일본은, 대한제국을 강제 병탄함과 동시에 한국사(韓國史)에도 손을 대 본격적인 한국사 왜곡 작업에 착수하였다.

당시 일본 입장에서 침략 대상국 역사 연구가 제국주의 정책 수행의 수단이었던 만큼, 한국사 연구는 한국민(韓國民)에게 행한 '동화정책(同化政策)'의 목적을 달성하는 데에도 필수적인 일이었다. 당시 이 작업에 동원된 역사학자는 그 하부(下部) 전위부대(前衛部隊)였다.

이러한 시대적 맥락에서 이후 한국사 연구에는 대한제국이나 대한민국의 역사학자들이 아니라 일본 학자들이 적극 참여하게 되었는데, 그 최초의 연구 결과물이 林泰輔(하야시 다이스케)가 저술한 『朝鮮史』5책이다. 하야시는 1892년에 발간된 이『조선사』에서 대한제국을 정치적으로 지배하려는 일본의 의도 그대로 전통시대 한국사 인식을 완전히 뒤집는 내용으로 한국사를 기술해 놓았다.

이후 이 책은 참담하게도 전 세계에 널리 배포되어 한국을 이해하고자 하는 사람들에게 기초 자료가 되었다. 하야시의 이 저작은 여기에 그치지 않고, 훗날 조선총독부에서 편찬한『조선사』37책의 모본(模本)이 되기도 하였다. 하야시의『조선사』에 나타난 한국 사관(韓國史觀)은 1920년대 편찬되기 시작한 조선사편수회의『조선사』에서 보다 증빙자료를 갖춘 자료집으로 나타난다.

하야시가 저술한『조선사』와 조선총독부의 조선사편수회(朝鮮史編修會)가 간행한『조선사』의 핵심 내용은 다음과 같다. (1) 중국 식민지설 (2) 일선동조론(日鮮同祖論)─한국사를 일본사에 예속시키는 근거로 삼음 (3) 한국 역사의 타율성 강조이다.

오늘날 한국사의 모든 흐름이 한반도에서 전개된 것으로 이해하기 시작한 것은 바로 이『조선사』의 영향이라고 할 수 있다.

이처럼 하야시의『조선사』와 조선사편수회의『조선사』에는 조선의 역사를 조작하여 일본이 조선을 침탈하고 식민 지배에 대한 정당성을 얻으려는 속셈이 담겨 있는 것이다.

또한 중국의 정치 공작인 동북공정(東北工程)에 역사적 근거를 제공하는 것도 다름 아닌 이『조선사』라고 할 수 있다. 동북공정은 초기에 역사 문제에 한정된 것으로 파악되었으나, 최근에는 그 진의가 한·중 양국의 주권 문제에 있다는 것이 새롭게 밝혀졌다. 즉 중국이『조선사』를 근간으로 한국사를 이용하여 한국을 중국 영향권에 두고자 하는 것이다.

한국은 오랜 역사를 이어오는 동안 매우 능동적인 역사의식을 가진 나라였다. 오늘날 한국사가 수동적인 역사로 둔갑해버린 것은 바로 이 『조선사』를 통해 일본의 역사 세뇌공작에 말려들었기 때문이다. 한국은 하루 빨리 한국사관을 정립하여 일본과 중국의 한국사 날조를 막아내고 자주적인 한국의 미래를 설계해야 한다.

그러기 위해서는 먼저 한국인의 사고방식을 바꿔버린 『조선사』에 대한 실체를 제대로 파악하여야 한다. 본서의 출판 기획은 그러한 역사적 의미를 가지는 양 『조선사』의 번역과 해제를 통하여, 일본의 한국사 날조와 중국의 동북공정에 적극적으로 대처하는 학문적 기초자료를 제공하는 데에 그 목적이 있다.

하야시는 『조선사』의 서(序)에서 "예전에 들은 것들 가운데 가려 뽑고, 그 사이사이에 내 나름의 소견을 더하여 『조선사』를 저술한다"고 하였다. 그의 말 대로 본문의 역사적 기술은 한국 내 관련 사서를 참조하고, 일본 내의 역사인식을 반영하는 것으로 볼 수 있다. 그리고 개인적인 소견은 할주(割註)나 본문 안에서 주로 「蓋(けだし)」「按(あん)ずるに」로 시작하는 문으로 나타난다. 이 「蓋」「按ずるに」는 대략 '생각건대'나 '아마 ~일 것이다' 정도의 의미에 해당한다. 엄밀하게는 기존의 사서나 예전에 들은 것들 가운데서 취사선택하는 과정과 이 소견 부분에 하야시 개인의 한국사관이 많이 내포되어 있다고 할 수 있다.

이처럼 조선사의 번역은 명치시대의 일본 역사학자나 동양학자들의 저변에 깔려 있던 한국에 대한 일본인들의 식민사관의 배경을 고찰하고, 그와 관련하여 당시 근대일본에 의하여 왜곡·조성된 「朝鮮像」으로부터 탈피하여, 특히 한국의 고대사를 재해석하는데 반드시 필요한 과정이라고 본다. 또한 조선사편수회의 조선사 해제는 이와 같은 근대일본의 한국에 대한 역사인식이 한국 통치를 위한 식민사관으로 이론적·체계적으로 정립되어 가는 과정을 규명하는 계기가 될 것이다.

이하, 조선총독부 조선사편수회의 『朝鮮史』에 대해서는 상세한 해제가 시도되었기 때문에, 여기서는 林泰輔의 『朝鮮史』를 중심으로 그 개괄적인 내용을 살펴보도록 한다.

○ 林泰輔 『朝鮮史』의 개관

林泰輔(하야시 다이스케:1854-1922)는 1854년에 千葉県 下総国 香取郡 常盤村(지금의 多古町 松崎)에서 태어났다. 젊어서는 정주학(程朱學)을 학수(學修), 30세 때에 동경대학 고전강습과(古典講習科) 한서과(漢書課)에 입학, 졸업 후에는 山口高等中学 조교수를 거쳐 1908년에 東京高等師範学校 교수가 된다. 본래 한학자(漢學者)로, 처음에는 조선사 연구에 종사하여 명치시대, 즉 근대 일본의 「朝鮮史」 연구의 선구자로 꼽힌다. 이 『조선사』는 하야시가 야마구치(山口) 고등중학에 재직 중일 때 편집되었다.

하야시 다이스케의 『조선사』는 청일전쟁 전인 1892년에 일본 東京의 吉川半七藏 출판사에서 출간되었다. 이 책은 모두 5권으로 구성되어 있다. 그러나 이것은 본래, 하야시가 조선역사를 4기로 시대구분하면서 전반부 3기(期)에 해당하는 권1, 2, 3의 세 책이었던 것 같다.

본서의 표지와 본문 사이, 즉 본문 앞 장(張)에 해당 권(卷)의 목록(目錄)이 들어가는데, 그러한 목록면이 있는 것은 현재의 권1과 권2, 그리고 권4이다. 다시 말해서 본래 권1은 총설(總說)과 태고사(太古史), 권2는 상고사(上古史), 권3은 중고사(中古史)이었다. 그중 권2와 권3을 각각 둘로 나누어 권2, 3 그리고 권4,5의 형태로 재편한 것이 현존본이다. 그 결과 현존의 권2의 목록은 권2와 권3의 통합 목차이고, 권4의 목록은 권4와 권5의 통합 목차이다. 대신에 권3과 권5에는 목차가 안 들어간다. 이와 같은 사실은 판심(版心)의 권명(卷名)에서도 확인되는데, 이와는 달리 현존의 권1에서부터 권5까지의 표지에는 해당 권의 실제 목차를 제시하고 있어, 권3부터는 표지와 본문의 권명(卷名)이 불일치하게 된다.

그리고 나머지 4기는 조선 태조부터 금대(今代)까지로 근세사에 해당하는데, 이 근세사 부분에 대해서는 그후 1901년에『조선근세사(朝鮮近世史)』로 발행하게 된다. 이 조선근세사의 출간으로 하야시의「조선사」는 일단 완성하게 되고, 일제강점 2년 후인 1912년에『조선통사(朝鮮通史)』를 출판함으로써 하야시의「조선사」연구는 종료하게 된다.

『조선사』는 시대구분 못지않게 각 시대 내의 항목 구분과 그 내용도 중요하다. 이 점은 다음에 제시된 전체 목차에서도 잘 드러난다.

〈그림자료〉
- 百濟聖明王第三子琳聖劒
- 百濟國琳聖冠
- 百濟阿佐太子所畫 聖德太子像
- 新羅墨圖 新羅武家上墨

위의 목차에 의하면 전근대적인 역사서술에서는 찾아볼 수 없는 장(章)·절(節)들이 나타난다. 또한 제도·사회·경제·문화·풍속 등에 관한 항목을 설정하여, 과거의 정치사 중심의 역사서술을 일단 지양(止揚)하고 종래의 역사서술에서 등한시하던 사회경제적인 문제도 함께 다루고 있다는 점이 두드러진 특색이라고 할 수 있다. 그와 함께 종래의 사서(史書)에서 볼 수 없는 것으로 각종의 데이터를 표로 하여 간단 명료하게 정리하고 있어, 한국사 서술의 방법·서술·내용에 새로운 이정표를 제시했다고 할 수 있다.

이처럼 林泰輔의 『조선사』는 근대적 역사연구의 성과를 적용하여 쓰여진 최초의 조선사 연구서라고 할 수 있다. 하야시의 조선사는 서양사로부터 배운 근대적 역사서술 방법을 적용하여 새로운 체제와 관점에서 한국사를 서술한 의미는 자못 크다고 할 수 있다. 뒷날 현채(玄采) 등 한국의 계몽기의 사가들이 하야시의 역사서술에 많은 영향을 받았고, 이후 한국에서의 역사서술의 기준이 되었기 때문이다.

한편 林泰輔의 조선사가 형식이나 역사서술 방식에서 한국의 근대역사학 성립에 끼친 영향이 인정되는 반면에, 이 책의 내용적인 면에서는 많은 문제점이 노출되어 있다. 무엇보다도 당시 조선에 전통적으로 내려오던 사관(史觀)인 단군기원론(檀君紀元論)이 없어지고, 기자조선론(箕子朝鮮論)에서 시작을 하고 있다는 것이다. 뿐만 아니라「南鮮経営説」이나「任那日本府説」등등 대부분의 내용이 한국인을 열등하게 생각하도록 만든 많은 조작된 역사적 사실들이 들어가 있다.

따라서 본서는 한국근대사학 형성에 부정적이었다는 평가가 일반적이며, 특히 그 내용으로부터 〈한국역사 왜곡의 원류〉라든가 〈식민사학(植民史學)의 상징〉으로 비판을 받아 왔다. 사학사적(史學史的)으로 볼 때 오늘날 한국사학계에 부분적으로 남아 있는 이른바 타율사관(他律史觀)의 시작이 여기서 시작되었다고 볼 수 있는 것이다.

사실『조선사』는 한국사를 중국사(中國史)에 종속되는 것으로 보는 입장을 취한다. 단국조선을 부정하고 기자조선을 시조로 기술하는가 하면, 시대구분을 네 시기로 나누면서 한군현(漢郡縣) 설치 이전을 태고(太古)로 하고 있다. 이것은 삼국시대 이전의 고조선시대나 삼한시대를 인정하고 않고, 이 시기를 중국의 식민지로 간주하고 있은 셈이다. 또한 일본과 관련하여서는, 고대시기에 일본이 한국의 남부를 경영하였다는「南鮮経営説」과 같은 왜곡된 한국사관이 본서의 서(序)에 잘 나타나 있다.

그러나 이와 같은 타율성론은 일본에서 에도(江戸)시대부터 줄곧 주장되어 온 것이다. 하야시의 독자적인 한국사관이라기 보다는 당시의 일본 내 역사가나 정치가들의 일반적인 역사인식을 반영한 것이라고 할 수 있을 것이다.

물론 신화시대부터 두 나라가 '형제 관계'에 있었다는 밀접한 교류를 강조하여, 일제의 한반도 강점을 침략이 아닌 보호의 논리로 윤색시킨 「일선동조론(日鮮同祖論)」도 이 시기에 자주 언급되었다. 명치시대에 간행된 역사서에 공통적으로 보이는 것은, 『일본서기(日本書紀)』와 『고사기(古事記)』에 근거하여 일선동조론의 원형이 되는 전설이 소개된 점이다. 소위 단군을 일본의 신(神)으로 봄으로써 조선 개국(開國)의 시조를 일본인으로 왜곡하는 것이다.

　그러나 하야시는 당시 일본에서 단군은 '太祈(タキ)'로 '五十猛神'이라고 하는 설은 견강(牽强:도리에 맞지 않는 것을 억지로 맞추려고 하는 것. 억지 주장)에 가깝다고 하며, 그 설을 인정하지 않고 있다(권1 p.19). 또한 권1의 마지막 부분에는 앞에서 서술해 온 태고사의 내용을 종합 정리한 단락이 있는데, 거기에서도 단군이 일본의 신이라는 당시의 설은 까마득한 옛날에 속하는 일로 그 상세한 내용을 알 수 없다고 하여 판단을 보류하고 있다(권1 p.32). 그런데 이 부분을 일부 국내 학자들이 마치 하야시가 그 설을 주장한 것처럼 잘못 해석하여 기술하고 있다. 본문을 오독(誤讀)한 1예라고 할 수 있다. 1912년에 간행한 『조선통사』에서도 단군신화는 후세 불교가의 부회(傅會:억지로 짜 맞춘 것)라고 하여 믿을 바가 못 된다고 단언하고 있지만(p.5), 역시 단군을 일본의 신으로 본다는 내용은 없다.

　「식민사관」이란 일본제국주의에 의한 한국 침략과 지배를 정당화하기 위해 설정된 논리로, 그 구체적 내용으로 '他律性論' '停滯性論' '黨派性論' '日鮮同祖論' 등이 거론된다. 해방 후의 역사연구나 역사교육은 이러한 식민사관을 극복하는데 최대의 과제와 목적을 두었다. 식민사관을 극복하는 과정에서 과연 본서를 대상으로 하는 역사서술에 대한 냉철한 문헌비판이나 충분한 자체 연구가 이루어졌는가에 대하여는 반성의 여지가 있다고 생각한다.

○ 朝鮮總督府 朝鮮史編修會 『朝鮮史』의 개관

조선총독부 조선사편수회에 의하여 편찬된 『조선사』는 목록 1권, 총색인 1권, 본문 35책 2111쪽의 방대한 분량으로, 일본인들에 의해 일본어로 정리된 조선의 역사서이다.

고대로부터 고종 31년(1894) 6월 27일까지의 편년체(編年體) 역사서이다. 연월일의 연대순으로 우리 역사에 관한 방대한 사료를 수집하여 사건마다 연관된 자료를 첨부한 것으로, 단순한 통사(通史)가 아니라 사료집(史料集)에 가깝다. 또한 이 책을 엮는데 한국·일본·중국과 그 밖의 다른 나라 것까지 약 5천여 종의 문헌 자료를 참고했다고 한다.

그런데 이 책은 순수한 학문적 목적에서 편수된 것이 아니라, 일제 식민지 당국의 정치적 의도에서 편수되었다는 점에 문제가 있다.

초대 조선총독 데라우치 마사타케(寺內正毅)는 1910년 11월부터 1911년 12월 말까지 1년 2개월 동안 전국의 도, 군 경찰을 동원하여 한국사 관련 서적과 고서 등 사서(史書) 51종 20여 만 권을 수거하여 불태움으로써 한국사 왜곡 날조를 위한 기초 작업을 하였다.

일제는 조선 역사를 연구하기 위해 취조국(取調局)을 두었는데, 그 역할 및 업무는 1915년 중추원(中樞院) 편찬과(編纂課)와 1922년 조선총독부 직할 조선사편찬위원회를 거쳐 1925년 조선사편수회(朝鮮史編修會)가 담당하였다.

　박은식(朴殷植)이 민족 역사서인『한국통사』를 내놓자 깜짝 놀란 일제는 우리 역사 조작을 목적으로 기존의 조선사편찬위원회를 확대 강화하여 조선사편수회를 만들었다. 조선총독부는 1925년 6월 칙령 제218호로 공포한 '조선사편수회관제(朝鮮史編修會官制)'에 따라 총독 직할 기관으로 조선사편수회를 만들고, 1922년 12월 조선사편찬위원회 설치 때부터 1938년 3월까지 만 16년 동안 2만 4천4백여 쪽에 달하는『조선사』전(全) 37책을 비롯하여『조선사료총간(朝鮮史料叢刊)』20종,『조선사료집진(朝鮮史料集眞)』3책 등을 간행하였다.

　이런 조선사편수위원회의 임무에 대하여 당시 이 위원회의 홍보를 맡았던 이나바 이와키치(稻葉岩吉)는 "한국은 동양화란(東洋禍亂)의 원천이기 때문에 동양의 평화와 인민의 복지 증진을 위해 병합된 것이다. 이런 병합의 목적을 진실하게 편찬할 생각이다"라는 표현으로『조선사』의 편찬 목적을 대외적으로 홍보하였다.

　『조선사』의 편찬진으로 자료 수집과 집필에 참여한 사람들은, 학자 요시다 도고(吉田東伍), 東京제국대학 이케우치 히로시(池内宏)・구로이타 가쓰미(黑板勝美), 와세다대학의 쓰다 소키치(津田左右吉), 일본 국수주의 국학자 호소이 하지메(細井 肇), 아오야기 쓰나타로(青柳綱太郎), 京都제국대학 미우라 히로유키(三浦周行)・이마니시 류(今西 龍), 京城제국대학 오다 쇼고(小田省吾), 조선사편수회 서기 마에다 고조(前田耕造), 이나바 이와키치(稻葉岩吉),『조선반도사』편찬 실무자 스에마쓰 야스카즈(末松保和) 등 일본인 학자 20여 명과, 한국인은 역사학자가 아니라 친일 정객인 이완용(李完

用), 박영효(朴泳孝), 이윤용(李允用), 권중현(權重顯), 이병도(李丙燾),
신석호(申奭鎬), 홍회(洪憙) 등이다.

이러한 조선사편수회의 『조선사』에 담긴 식민사관은 다음과 같
이 정리할 수 있다.

　　(1) 한국 역사의 타율성

　　(2) 한국 역사의 모방성

　　(3) 한국 역사의 사대성(事大性)

　　(4) 한국 역사의 정체성(停滯性), 후진성

　　(5) 식민지 기원설

　　(6) 한국 역사의 당파성

　　(7) 일선동조론(日鮮同祖論), 일한일역론(日韓一域論)

일본이 다년간에 걸쳐 편찬한 방대한 분량의 『조선사』. 이 역사
서는 지금까지도 한국 사회에 대단히 큰 부정적 영향을 미치고 있
다. 이 책은 한국사 연구에서 전범이 되다시피 하여 1960년 국사
교과서를 만들 때도 조선사편수회 지침이 거의 그대로 응용되었
다. 그와 더불어 전체 한국사 연구의 흐름에도 결정적인 영향을
주었다고 할 수 있다.

지금까지 하야시 다이스케의 『조선사』와 조선사편수회의 『조
선사』를 번역하자는 의견이 몇 차례 있었으나 번번이 무산되었다
고 한다. 이 양『조선사』 번역을 반대하는 주요 의견은 '대부분이
오늘날 그 사실들은 알 수 있고, 그 내용이 이미 역사서에 나와 있
으므로 필요한 사람들은 공부를 하여 보면 되는 것으로 번역의 필
요가 없다는 것'이다. 그러나 이 두 『조선사』는 좋든 싫든 현대한

국사 성립 과정에서 매주 중요한 위치를 점하고 있다고 할 수밖에 없다. 결코 몇몇 학자들만의 점유물이 될 수 없으며, 또한 일본어 원문에 대한 오독(誤讀)으로 인하여 사실이 왜곡되는 위험성도 배제할 수 없다. 『조선사』의 번역과 해제는, 진정한 의미에서의 식민사관 극복을 위한 기초적인 자료인 관계로 번역·공간(公刊)이 필요한 이유라고 할 수 있다. 동시에 일반인들에게도 우리 역사에 대하여 바르게 알릴 의무가 있다고 생각한다.

오늘날에도 우리 사회에 잔존하는 식민사관, 그리고 그와 관련한 고등학교 교과서 등에서의 역사서술과 관련하여, 하야시의 『조선사』와 조선사편수회의 『조선사』는 한국학계의 내부성찰을 꾀하는 시금석이 될 수 있다고 생각한다.

(책임연구원: 단국대학교 일본어과 교수)

번역 / 하야시 다이스케(林泰輔) 저 『조선사』

일러두기

1. 저본(底本)은 일본 국회도서관 소장 『朝鮮史』(林泰輔 著)로 한다.

2. 번역은 대체로 다음과 같은 원칙에 의하였다.

   1) 원문에 충실하도록 하고 지나친 의역(意譯)은 피한다.

   2) 문맥상 의미가 잘 통하도록 어구를 보충하여 ( ) 안에 넣어 번역
   하는 경우도 있다. 〈예〉 (문주왕이) 권력을 휘두르고

   3) 본서의 저자가 일본인인 관계로 원문에서 '我' 혹은 '我邦'이라고
   하는 것은 '일본(국)'을 가리킨다. 여기서는 편의상 '우리' 혹은 '우
   리나라'로 직역하고, 경우에 따라서 그 옆에 '(일본)'을 병기(倂記)
   한다. 단, '우리 기원'은 '일본기원'으로 통일한다.

   4) 기술은 대체적으로 과거형임을 인지하고 번역한다.

   5) 한 단락이 끝나고 다시 시작할 때에는 맨 앞에 ○를 표시한다.

   6) 원문이 가로쓰기인 관계로 표의 위치를 제시한 '우'와 '좌'는 기본
   적으로 각각 '상(위)'과 '하(아래)'로 번역한다.

   7) 원문에서 '蓋'나 '按ずるに'로 시작하는 문은 가능한 한 '생각건대'로
   번역하여 저자의 한국사관을 판단하는데 참고가 되도록 하였다.

3. 표기

   1) 국명, 인명, 지명, 책명 등과 같은 고유명사는 초출어(初出語)를 중심
   으로 가능한 한 한자를 병기한다. 〈예〉 고구려(高句麗), 왕검(王儉)

   2) 일본과 관련한 국호나 고유명사는 일본음 한글표기를 원칙으로
   하고, [ ] 안에 한자를 병기한다. 단, '明治'는 편의상 '명치'로 통
   일한다.

   　〈예〉 스이닌 천황[垂仁天皇], 하야시 다이스케[林泰輔], 명치(明治)

3) 한자권 이외의 인명이나 지명에 대해서는 가능한 한 원음의 한글 표기를 사용하고, [ ]안에는 한자식 표기를 병기한다.

〈예〉커얼친[科爾沁:コルチン], 기와르기스[闊里吉思]

4) 각 왕의 연기(年紀)와 연호로 표기된 연대는 그 서기 연대를 ( ) 안에 써 넣는다. 〈예〉신라 경애왕(景哀王) 3년(926), 일본기원 1387년(727)

5) 간단한 주석은 본문에 ( )로 하여 간주(間註)로 달고, 그렇지 않은 경우에는 각주(脚註)로 한다 .

〈예〉영주(瓔珠:구슬로 된 목걸이), 신지(臣智:シチ)

6) 고유어에 대한 한자는 [ ]로 표시한다.

7) 원문에서 할주(割註)로 되어 있는 부분은 〔 〕로 처리한다.

8) 연도를 제외한 일반 숫자는 아라비아 숫자로 표시하는 것을 원칙 으로 하되, 백 단위부터는 한글과 아라비아 숫자를 함께 쓴다.

〈예〉1만 2천9백36명

9) 기타 맞춤법이나 띄어쓰기 등은 한글 맞춤법 통일안에 따른다.

4. 기타

본서의 각 권명(卷名)과 목차의 배열 등은 표지에 따르도록 한 다. 또한 권1, 2, 4의 본문 첫 장에 저자명이 들어가나, 권1의 경우에만 삽입하고 나머지는 생략한다.

조 선 사

서(序)

　우리의 외국 가운데 그 땅이 가장 가깝고 또 사귐이 가장 오래된 나라로는 조선(朝鮮) 같은 나라가 없다. 기자(箕子)와 위만(衛滿)은 오래되었다. 삼한(三韓)이 망하고 왕씨(王氏)가 일어난 때로부터 오늘의 이씨조선(李氏朝鮮)에 이르기까지 장장 2천여 년 동안 배가 오가고 사신이 서로 통하였다. 때로 군사를 일으켜 전쟁을 벌인 적도 있었으나 오래지 않아 평화롭고 우호적인 관계를 회복하였다. 더욱이 근세에는 교류가 더욱 친밀해져 두 나라가 각기 시장을 열고 자기 나라에 있는 물자와 없는 물자를 교역하는 데 힘쓰고 있다. 그런 즉 이 나라의 흥망성쇠와 지나온 내력을 깊이 살펴 연구하지 않을 수 없다.

　일찍이 『삼국사기(三國史記)』와 『동국통감(東國通鑑)』 『조선사략(朝鮮史略)』 『동국사략(東國史略)』 『동사찬요(東史纂要)』 『역대요략(歷代要略)』 『동국여지승람(東國輿地勝覽)』 『해동명신록(海東名臣錄)』 『징비록(懲毖錄)』 『은봉야사별록(隱峰野史別錄)』 등 여러 책을 읽어 보았는데, 우리나라 역사서에 기록된 것과 다른 곳이 종종 있었다. 대개 임금이 덕망을 잃어버리자 간사한 신하들이 일어나 정권을 농단하였던 일이나, 오랑캐가 나라 안 깊숙이 핍박해 들어오자 성 밑에 나아가 맹약(盟約)을 구걸하였던 일 등, 이 나라가 겪었던 치욕은 혹 있는 그대로 직필(直筆)하기 어려웠을 것이다. 명유(名儒)와 고승(高僧), 무당과 의원, 그리고 수많은 장인(匠人)들이 우리의 부

름에 응하여 와서 그 도(道)를 전해주었던 일과 같은 것은 이 나라
의 아름다운 일이었거니와 하나도 기록되어 않으니, 이 또한 어찌
된 일인가. 내가 고루(固陋)하고 들은 것이 부족하여, 혹 다른 역사
서에 실려 있음에도 불구하고 미처 보지 못해서인가. 아니면 저들
에게 난리가 잇달아 일어나서 이를 징험(徵驗)할 책도 사람도 부족
해서인가.

경진년(庚辰年:1880)에 조선의 수신사 김굉집(金宏集)[1]이 우리나
라를 찾아왔다. 나는 그와 더불어 술을 마시고 시를 지으며 수창(酬
唱)하였는데, 그 때 수신사를 수행한 사람들 가운데 이모(李某)[2]라는
자가 있었다. 그가 널리 배워 두루 통달하였다고 하기에 『일본서기
(日本書紀)』에서 인용한 『백제기(百濟記)』와 『백제신찬(百濟新撰)』에
대해서 물었으나 알지 못하였다. 또 말하기를 "폐방(敝邦)의 옛 역사

---

1) 김굉집(金宏集) : 김홍집(金弘集, 1842~1896). '굉집(宏集)'은 김홍집의 초명(初名)
   이다. 자는 경능(敬能)이고, 호는 도원(道園) 또는 이정학재(以政學齋)라고 하였으
   며, 시호는 충헌(忠獻)이다. 박규수(朴珪壽, 1807~1877)의 문하에서 수학하였다.
   1880년 수신사(修信使)로 일본에 다녀올 때, 황준헌(黃遵憲, 1848~1905)의 『조선
   책략(朝鮮策略)』을 소개하여 개화정책을 적극 추진하게 하였다. 일본과의 제물포
   조약(1882)을 비롯하여 미국 · 영국 · 독일 등 여러 나라와 수호통상조약을 맺는
   데 수완을 발휘하였다. 1894년 동학혁명이 일어나자 일본의 지원을 받아 김홍집
   내각을 구성하고 총리대신이 되어 갑오개혁을 단행하였다. 그 뒤 1896년에 아관
   파천이 일어나 김홍집 내각이 붕괴되고 피살될 때까지 일본 세력을 이용하여 조선
   을 개혁하려는 데 앞장섰던 관료이자 정치가였다.
2) 이모(李某) : 1880년 일본에 파견된 제2차 수신사 일행은 修信使 金弘集, 別遣漢學
   堂上 李容肅, 堂上官 李宗懋, 上判事 金允善 · 卞鍾夒, 軍官 尹雄烈 · 崔元榮, 書記
   李祖淵 · 姜瑋, 別軍官 金箕斗 · 尙稷鉉 · 林泰慶. 伴倘 池錫永 · 金順哲, 鄕書記 吳
   麟燮 · 朴祥植, 禮單庫直 張漢錫, 通事 朴仁淳 · 河奇鉉, 別將 朴琪淙 이외에 從人과
   使喚, 轎軍 등 총 58명으로 구성되었다. 여기서 말하는 이 아무개는 별견한학당상
   李容肅이나 당상관 李宗懋, 서기 李祖淵 3인 가운데 한 명으로 보이는데, 정확히
   누구를 가리키는지는 알 수 없다.

는 당 초기 고구려와의 전쟁 때 모두 불타 없어졌다"고 하였다.

그 후 내가 성경성(盛京省) 회인현(懷仁縣) 고분에서 청의 사람이 발굴한 고구려 호태왕비문(好太王碑文)을 보니, 그 사적이 우리나라의 역사 및 성씨록(姓氏錄)과 서로 부합하였다. 이에 『일본서기』에 인용한 것이 곧 이모(李某)가 말한 바 '옛 역사 가운데 하나'임을 알았으나, 지난날 내가 읽었던 책들은 모두 고구려가 전쟁을 치른 뒤에 이루어진 것이다. 기록된 내용들이 소루(疏漏)하더라도 이상하게 여길 것이 없다.

야마구치 고등중학[山口高等中學]의 조교인 하야시[林浩卿]³⁾ 군은 일찍이 대학의 고전과(古典科)에서 수업을 받았고 경서(經書)와 역사서를 널리 섭렵하였으니, 자세히 살피고 검토하여 증거로 삼는 데에는 뛰어난 능력을 가지고 있다. 이제 그가 『조선사(朝鮮史)』 5권을 저술하였으니, 비록 문장은 일본어를 사용하였으나 그 체제는 서양의 역사서를 따라서 시대를 4기(期)로 나누어 태고(太古), 상고(上古), 중고(中古), 금대(今代)라고 하였다. 지리와 인종, 풍속, 법률, 군사제도(兵制), 문학, 공업과 기술, 물산(物產)은 물론, 나라 형세의 분합(分合)과 영웅이 성공하고 실패하는 자취를 차례대로 갖추어 실었으며, 그때그때 논단(論斷)을 덧붙였다. 또한 국사(國史)를 참고하여 같고 다름을 비교하고, 중국의 역사를 상고(相考)하여 빠진 부분을 보충함으로써, 지금 사람들이 목격하는 바를 징험할 수 있게 하였다. 이로써 실제와 부합하지 않는 탁상공론을 물리치고 마침내 한 권의 믿을만한 역사책을 이루게 되었으니, 실로 부지

---

3) '浩卿'은 泰輔의 字

런하고 꾸준한 연구의 결과라 하겠다.

바야흐로 요즘은 서양 학문이 유행하여, 번역 출판되는 것들은 『영국사』 아니면 『프랑스사』라고 하는 것들이다. 그러다보니 옛 것을 싫어하고 새로운 것을 좋아하며, 멀리 있는 것을 앞세우고 가까이 있는 것을 뒤로 하여, 혹 옛 사람들이 학문을 하던 순서를 어기기도 한다. 그대가 이미 이 책을 저술하였으니, 장차 이 지구상의 다른 여러 나라들에까지 관심을 넓혀서 그 나라의 흥망성쇠와 지나온 과정을 살펴 연구한다면, 실로 내 마음이 흡족할 것이다. 이에 책머리에 한 마디 말을 얹어 기리노라.

명치 임진년(1892) 천장절(天長節)[4] 사흘 후에
문학박사 川田 剛(가와다 쓰요시)
관서(館壻) 산령(山令)에서 씀

---

4) 천장절(天長節) : 일본 천황의 생일을 '천장절'이라고 한다.

조선사 서(朝鮮史序)

조선이 우리와 교통(交通)한 것은 오래되었다. 태고 적 아주 오래된 사적 이야 기록한 전적(典籍)이 망실(亡失)되어서 그 자세한 것을 알 수 없으나, 서로 왕래가 끊어진 적이 없었음은 결단코 의심의 여지가 없다. 신공황후(神功皇后)가 군사를 동원하여 정벌에 나서자 명을 받들어 조공을 바쳤고, 그 뒤로 남방 일대는 우리(일본)가 경영하고 통치하는 땅에 속하게 되었다. 이에 부(府)를 설치하고 수장(帥長)을 두어서 다스리기를 더욱 부지런히 하였다. 이때 학술과 공예에 뛰어난 자들이 잇달아 와서, 우리 문화에 도움을 준 것이 적지 않았다. 지금『일본서기』에 기록된 바를 조사해 보건대, 양국이 교섭한 사실 가운데 열에 예닐곱은 이와 같은 당시의 사정과 형편을 살펴볼 수 있게 해주는 것들이다.

중세 이후로는 교통이 드물 때도 혹 빈번할 때도 있었으니, 그 지나온 내력 또한 한결같지 않았다. 몽골이 우리나라를 쳐들어왔을 때에는 저들이 실질적으로 인도하였고, 도요토미 히데요시[豊臣秀吉]가 출병하여서는 조선 팔도를 유린하여 들에 풀 한 포기도 살아 있지 못하였다. 삼천여 년에 걸친 오랜 기간 동안 서로의 관계는 이와 같았다.

근자에 이르러 세상의 정세가 더욱 변하여, 각국의 교섭(交涉)은 날이 갈수록 빈번하고 긴밀해지고 있다. 조선은 자그마한 나라로서 동양으로 통하는 길목[5]에 위치하고 있어 강대국들이 다툼을 벌

---

5) 길목 : 원문에서는 '동양의 목구멍(東洋咽喉)'이라고 하였다. 동양에서 조선이 차

이는 요충지(要衝地)이지만, 우리나라와는 겨우 일위대수(一葦帶水: 한 줄기 띠와 같은 좁은 해협)를 사이에 두고 있을 뿐이다. 따라서 조선의 안위(安危)와 존망(存亡)이 실로 우리와 순망치한(脣亡齒寒:입술이 없으면 이가 시림)의 관계에 있으니, 일단 변고가 생긴다면 우리는 실로 가만히 앉아서 보고만 있을 수 없을 것이다. 그러나 만일 조선이 안정되어 아무런 사태도 발생하지 않는다면 통상의 이익은 오히려 급속도로 불어나 나날이 발전하게 될 것이다. 현세(現世)를 영위하는 데 유용한 학문과 사업에 진력(盡力)하려는 자가 그 역사를 알지 못한다면 되겠는가.

세상의 역사를 연구하는 자가 피아(彼我)를 참고하지 않은 관계로, 그 설(說)이 비록 상세하기는 하나 이치에 맞지 않는 것을 억지로 끌어다 댄 것들이 있다. 또한 세상 경영을 논하는 자들이 이웃나라의 정세에 정통하지 못한 관계로, 그들의 주장이 비록 기발하기는 하나 실정에 맞지 않고 소략(疏略)하다는 비난을 면하기 어려운 경우가 있는 것을 이상하게 생각하고 있었는데, 이 모든 것들이 조선의 역사를 알지 못한 데에서 연유한 것이다.

근자에 들어 문화는 나날이 개방되고 역사학은 더욱 발전하여 국내외의 역사를 저술하거나 번역하여 출판한 것이 넘치도록 많으니 이루 다 셀 수가 없다. 그런데 유독 조선의 역사에 대해서만은 아무것도 들리는 바가 없으니, 어찌 성세(盛世)의 흠이 아니겠는가.

지하는 지정학적 위상을 인체에 비유하여 식도와 기도를 통하는 입속 깊숙한 곳의 목구멍과 같다고 한 것인데, 여기에서는 대의를 살려 '동양으로 통하는 길목'이라고 풀었다.

이에 주제 넘는 일이기는 하지만, 예전에 들은 것들 가운데 가려 뽑고, 그 사이사이에 내 나름의 소견을 더하여『조선사』5편을 저술하였으니, 위로는 태고 적부터 시작하여 아래로는 금대(今代)에까지 이른다. 또한 일본·중국·한국의 대조연표(對照年表) 1권을 덧붙였다. 이로써 역대 치란흥망(治亂興亡)의 자취와 정치·문학·산업·풍속의 변천 및 지나온 내력에 대하여, 상세한 설명까지는 이룰 수 없었다 할지라도 그 대강의 줄거리는 알 수 있을 것이다. 그렇기는 하지만 저들에게는 실로 징험(徵驗)할 만한 문헌이 없어서, 여러 해 동안 찾아보고 조사하여 보았으나 안타깝게도 실마리를 찾을 수 없어 고심하여 왔다.

이제 가까스로 이 책을 엮어 내게 되었으나, 빠뜨리거나 잘못 기술한 사실이 자못 많고 철저히 규명해 내지 못한 논의(論議)도 또한 있다. 어찌 감히 궐전(闕典)을 보완하고, 우원(迂遠)·소활(疎闊)한 억지 주장의 폐단을 구제하였다고 말할 수 있겠는가. 애오라지 긴요한 부분만을 간략히 기술하여 초학자들에게 제시할 뿐이다. 조선사에 대한 집성(集成)은 후일을 기약한다.

명치 25년(1892) 8월

北總 林 泰 輔

조선사(朝鮮史)

범례(凡例)

一. 이 책은 전(全) 조선역사(朝鮮歷史)를 4기(期)로 나누었다. 한(漢)의 군현(郡縣) 이전을 태고(太古)라고 하고, 삼국정립(三國鼎立)부터 신라 경순왕(敬順王)까지의 대략 992년을 상고(上古)라고 하고, 고려 태조(太祖)부터 공양왕(恭讓王)까지의 대략 456년을 중고(中古)라고 하고, 조선 태조부터 지금까지의 대략 5백 년을 근세(近世)로 한다.

一. 상고사(上古史)는 선군(先君)이 서거한 해를 사왕(嗣王)의 원년(元年)으로 하고, 중고사(中古史) 이하는 선군이 서거한 해의 다음 해를 사왕의 원년으로 한다. 모두 구사(舊史)에 따라 고치지 않은 것은 기사(紀事)가 서로 어긋날 것을 우려해서이다. 독자는 전후의 예가 다른 경우라도 이를 책하지 말기 바란다.

一. 토지의 연혁 및 기물(器物) 등의 그림은 당시의 사정을 추정하는 데 있어서 가장 편리한 것이다. 따라서 매권마다 이를 삽입하였다.

一. 기사(紀事)는 어느 것은 상세하고 어느 것은 간략하게 하거나, 앞의 것은 간단하게 뒤의 것은 복잡하게 설명한 경우가 있다. 이는 저자가 과문(寡聞)하여 사료(史料)가 아직 완전하지 않기 때문이다. 따라서 그 취사선택에 있어서 바르지 못한 점이 없지 않으니 독자의 양해를 바란다.

一. 고구려(高句麗)는 또한 고려(高麗)라 칭한다. 그렇지만 중고(中

古)의 고려와 혼동할 우려가 있어, 상고(上古) 편에서는 고구려라 하고 중고에서는 고려라 한다.

一. 연표(年表)는 일본·중국·한국을 대조하여 일본 및 서양의 기원 연도를 붙였다. 단지 편의상 할거(割據) 상태의 나라라고 해도, 관계가 있는 것은 그 기년(紀年)을 모두 실어 어느 정도 참조하는데 편리하게 하였다.

一. 이 책을 초안(草案)함에 있어서는 비본(秘本)을 대여해 주거나 교시(敎示)를 아끼지 않은 선배 및 친구의 도움에 힘입은 바 크다. 그러나 여기서는 지면 관계상 그 이름을 일일이 열거하지 않는다. 결코 그들의 후의(厚意)를 잊어서가 아니다.

명치 25년 3월

조선사 권1

제1편 총설

제1장 지리

○조선(朝鮮) 또는 고려(高麗)로 칭한다. 아시아주의 동북쪽에 위치한 반도국으로 서경(西經) 9도 6분에서 시작되어 15도 8분에 걸쳐 있고 〔일본 동경을 영도(零度)로 한다〕, 북위(北緯) 33도 10분에서 시작되어 43도에서 끝난다. 면적은 대략 1만 4천 평방리(平方里)로 거의 일본의 10분의 6이고, 인구는 대략 1천51만 8천9백 명이다.

○경역(境域) 서쪽은 중국의 동해에 이르고, 북쪽은 만주(滿洲)의 성경성(盛京省)·길림성(吉林省) 및 러시아영(領)의 만주에 이르고, 압록강(鴨綠江)·백두산(白頭山)[1]·두만강(豆滿江)을 경계로 한다. 동남쪽은 일본해(日本海)를 사이에 두고 우리나라(일본)와 마주하고 있고 있으며, 부산포(釜山浦)에서 쓰시마[対馬]에 이르기까지는 직경 거리로 겨우 10여 리[2]에 불과하다.

○전국은 대략 경기(京畿)·충청(忠清)·전라(全羅)·경상(慶尚)·함경(咸鏡)·평안(平安)·황해(黄海)·강원(江原)의 8도(道)로 나뉘는데, 이 중에는 다른 이름이 있는 경우가 있다. 예를 들면 충청을 호서(湖西)라고 하고, 전라를 호남(湖南)이라 하고, 경상은 영남(嶺南)이라고 하고, 함경을 북관(北關)이라 하며, 평안을 관서(關西)라 하

---

1) 원문에는 '장백산(長白山)'으로 되어 있으나 이는 '백두산'으로 번역한다. 이하 동일.
2) 일본식 단위로 1리(里)는 4km이므로 10리는 40km, 즉 약 100리 길이 된다.

고, 강원을 관동(關東)이라고 한다. 경상·전라·충청을 합하여 삼
남(三南)이라고 하고, 또 도내(道內)를 나누어 주부군현(州府郡縣)으
로 한다. 그리고 왕도(王都)는 경기도 한성부(漢城府)에 두고 경성
(京城)이라고 한다 〔조선어에서는 경성을 서울[セウール]이라고 하는데, 이
는 왕도라는 뜻이다. 신라 초기에 나라 이름을 서야벌(徐耶伐)이라고 하였는
데, 이를 후세 사람들이 왕도를 서벌(徐伐)이라 하고, 이것이 바뀌어 서울(徐
菀:セウール)이라 하게 되었다고 한다〕.

○섬은 제주(濟州) 〔전라도〕, 남해(南海)·거제(巨濟) 〔경상도〕, 진도
(珍嶋) 〔전라도〕, 강화(江華)·교동(喬桐) 〔경기도〕 등이 가장 크고, 이
외에도 작은 섬이 매우 많다.

○항만(港灣)은 원산(元山) 〔함경도〕, 부산(釜山) 〔경상도〕, 인천(仁川)
〔경기도〕을 가지고 외국통상지(外國通商地)로 한다. 조선은 동서남의
삼면이 모두 바다에 접하고 있지만, 동해안은 단애절벽(斷崖絶壁)이
많아서 좋은 부두(埠頭)가 부족하다. 한편 서남쪽은 섬이 늘어 있고
포구와 항구가 고리처럼 굽어 있어 그 성격이 다르다고 할 수 있다.

○서남해의 조석(潮汐)은 특별히 다를 것은 없다. 경상도 김해부(金
海府) 주변은 비교적 완약(緩弱)하고, 울산현(蔚山縣) 이북 강원도와
함경도의 동해에 이르기까지의 조수(潮水) 간만(干滿)의 차이는 2,
3척(尺)에 불과하다.

○산맥은 백두산(白頭山) 〔장백산(長白山)이라고도 함〕이 북경(北境)에
있고 가장 고준(高峻)하며 전국 산맥의 머리가 된다. 동해안을 따라
꾸불꾸불 이어져 남쪽으로 향하고, 함경도와 강원도가 교차하는 곳
에 이르러서는 험해져서 철령(鐵嶺)을 이룬다. 또한 금강산(金剛山)

과 대관령(大關嶺)이 되어 태백산(太白山)에 이르러 산맥의 줄기가 좌우로 나누어지는데, 왼쪽 줄기는 동쪽으로 뻗고 오른쪽의 줄기는 소백산(小白山)에서 조령(鳥嶺)·속리(俗離)·덕유(德裕)의 여러 산이 되어 지리산(智異山)에서 끝난다. 그리고 덕유산의 줄기가 남행하여 해남현(海南縣)으로부터 바다를 건너 제주의 한라산(漢羅山)이 된다. 이처럼 북에서 남에 이르러 전국을 관철하는 일대 산맥이 되는데, 평안·황해·경기·충청의 산은 모두 이 지맥(支脈)에서 나온 것이다.

○하류(河流) 중에 가장 큰 것은 압록강과 두만강이다. 모두 근원은 백두산에서 비롯되어 압록강은 서남으로 두만강은 동쪽으로 흐르며, 이에 대동강(大同江)·임진강(臨津江)·한강(漢江)·금강(錦江)·낙동강(洛東江)이 이어진다. 한강은 근원이 강원도의 산중에서 발(發)하여 서쪽으로 흘러 경성(京城)의 남쪽을 거쳐 임진강을 만나 바다로 들어간다. 대략 산맥의 줄기에 해당되는 곳에 있는 함경과 강원, 그리고 경상 좌도(左道)의 물은 모두 동쪽으로 향하여 흐르고, 경상 우도(右道) 및 전라도의 앞부분에 있는 강은 남쪽으로 흘러 바다로 들어가고, 영서(嶺西)의 여러 섬의 물은 모두 서쪽으로 흘러 바다로 들어간다. 대략 전국의 지세(地勢)는 동북경(東北境)이 가장 높고 동쪽으로 편향되어 이어지며 서남쪽을 향하여 갈수록 점차 낮아져서 평탄하게 된다. 따라서 주요한 하천은 서쪽으로 흐르는 것이 많다.

○위도 상으로는 일본과 크게 다르지는 않지만 기후는 매우 춥다. 아마도 국내에 산이 많고 평지가 적어 (날씨가) 순탄하지 못한 것

같다. 대체로 여름엔 덥고 겨울엔 춥다. 여름철에는 실내에서 양초가 저절로 굽어지고 겨울철에는 맥주가 얼어 유리병이 깨질 정도이다. 북방의 두만강 같은 경우에는 6개월에 걸쳐 결빙(結氷)한다고 한다. 한편 삼남(三南) 지역은 기후가 가장 중화(中和)하다고는 하나 추위와 더위의 변화가 심하다. 특히 여름에는 큰비가 많이 내리고, 밤엔 사방에 안개가 끼고 기온이 내려가서 지척을 분별하기 어려운 날이 많다.

○산물(産物) 중에서 주요한 것은 쌀[米]·보리[麥]·사금(砂金)·구리[銅]·철(鐵)·모시[苧]·인삼(人蔘)·호랑이가죽[虎豹皮]·소가죽[牛皮]·소뿔[牛角] 등이다. 경상과 전라도는 토지가 비옥하고 산해(山海)의 이점을 갖추고 있어 다른 도에 비해 부유하고 번성하였다. 한편 함경과 강원과 같은 경우는 산악이 중첩하여 인공적인 것이 아직 미치지 못하였기에, 동물과 광물 같은 천연물 외에는 산물이 매우 적었다.

物 種類＼地名	産　暑　表			
	動物類	植物類	礦物類	工藝類
京畿	牛皮、牛骨、	人蔘、	銀、鐵、	絲、白席、
忠清	牛皮、牛骨、	人蔘、綿、	鑛砂金銀、	苧、吐紬、綿、
全羅	牛皮、牛骨、馬、干鰒、	天草、甘海苔、米、麥、人蔘、	鐵、鉛、砂金、	木綿、苧屬子、紙、國屬、磁器、
慶尚	牛皮、牛骨、馬、皮鳥皮鹿皮、蜂蜜蠟蜜、鰒貝紫苔、	米、麥、甘海苔、天草、人蔘、綿、	鐵、砂金、銅、	麻布、苧屬子、綿、磁器、
江原	中皮牛骨虎、熊膽豹虎皮、麝香、鰒、	水晶、人蔘、	砂金銅、銅、	
咸鏡	熊膽豹虎皮、蜂蜜蠟蜜、麝香、鰒貝、明太牛皮牛骨、	昆布、人蔘、	砂金鐵、硫黃、	
平安	皮牛骨豹牛、牛皮牛骨、蜂、	人蔘、	鉛鐵、砂金、銀、鐵、鑛、練鐵、	紬、絲、麻、
黃海	牛皮牛骨、蜂、	人蔘、綿、	鐵、	絲、

표 중에 O를 붙인 것은 생산액(生産額)이 가장 많은 것이지만, 종래 정밀한 조사를 한 것이 없어 그 대략적인 것을 표시한 것에 불과하다.

제2장 인종(人種)

○인종은 몽골족으로 일본인과 매우 유사하다. 피부는 황색이고 눈이 맑으며 모발은 모두 검고 콧대가 낮고 수염이 옅고 체격은 보통이다. 북방의 산간에 사는 사람들은 대단히 강한(强悍)하며, 남부 중앙 사람들은 성질이 관대하고 순하다.

○자고로 이 땅에 주거했던 원주민이 무슨 종족인지 상세하지 않으나, 일본의 기원전 4백 년부터[3] 기원후 4,5백 년 사이에 많은 한인종(漢人種)이 북부에 진입하여, 그 후 6백 년 무렵에 이르기까지 백두산의 서북쪽에 있는 부여(扶餘) 땅에 주거한 종족일 것이다. 그들이 점차 남방으로 내려와 조선반도의 원주민을 몰아내거나 혹은 정복하여 마침내 전토(全土)를 점유하였다. 부여는 지금의 만주 성경성(盛京省) 개원현(開原縣) 일대로, 원래 북이탁리국(北夷槖離國) 〔탁(槖)은 색(索) 혹은 고(藁)와 관련이 있다. 대략 탁리(槖離)와 고구려(高句麗)는 음(音)이 서로 가깝고, 탁리와 고려는 소리가 서로 통한다. 그러므로 그 후에 이르러 고구려 또는 고려라고 칭했던 것은 그 옛 이름을 따른 것으로 보아야 함〕에서 나왔다. 탁리는 내몽골(內蒙古) 커얼친[科爾沁:コルチン] 좌편 경계에 있었다고 한다. 일설에 의하면, 부여는 만주 길림성 땅으로 백두산과 송화강(松花江) 사이에 있었고 탁리 또한 송화강의 북쪽에 있다고 하는데, 어느 것이 옳은지 모르지만 탁리가 몽골지방인 것은 의심할 바 없겠다. 옛 역사가 전하기를, 고구려 동명왕(東明王)이 남쪽으로 가서 엄호수(掩㴲水)를 건널 때 물고기와 거북

---

3) 일본의 기원은 일본 최초의 천황인 신무천황(神武天皇)이 즉위한 BC 660년을 말한다. 따라서 일본의 기원전 4백 년이라 함은 대략 BC 1000년경이 된다.

이가 떠올라 다리를 이루었다고 하는데, 이는 탁리에서 부여에 이를 때 있었던 일이라고도 하고, 혹은 부여에서 고구려에 이를 때 있었던 일이라고도 한다. 이 설은 괴탄(怪誕)하고, 또한 서로 내용이 다른 것이 있기도 하여 본래 깊이 신뢰할 만한 것은 못되지만, 이는 인종이 북부에서 점차 남방으로 진출한 것을 증명하는 것이라고 봐야 할 것이다. 이 종족이 지금의 조선의 시조라고 할 수 있다. 다만 중국과의 관계는 태고부터 오늘날에 이르기까지 이어져 왔기 때문에, 한인(漢人)과 혼효(混淆)되었다는 사실 또한 알아야 할 것이다.

제3장 역대 연혁의 개략 및 정체(政體)

○조선은 나라를 세운 지 오래되었지만, 그 영토가 중국에 가까운 까닭에 항상 그 견제를 받았다. 또 중국인이 와서 왕이 되거나 그 땅을 군현(郡縣)으로 삼았다. 본국인 왕의 경우도 대개 중국에서 봉작(封爵)을 받고, 조공을 바치며 사대(事大)의 예를 다하는 경우가 많았다. 이러한 점으로 보아 조선은 거의 중국의 속국(屬國)과 같았다고 할 수 있다.

○옛날 은(殷)이 망함에 기자(箕子)가 도망하여 와서 조선의 왕이 되었다. (기자조선이) 존속된 지 대략 9백 년이 되는 준(準)왕 때 연(燕)나라 사람 위만(衛滿)에게 쫓겨나고, 위씨가 대신 통치한 지 대략 80년 만에 한무제(漢武帝)에게 멸망하였다. 무제가 그 땅을 나눠 4군(郡)으로 삼고, 소제(昭帝) 때 이를 합하여 2부(府)로 하였다. 결국 기자로부터 이에 이르기까지 1천여 년 동안 모두 중국인이 통

치한 셈이 된다. 그 후 신라·고구려·백제 삼국이 이어서 계속 일어나고 쟁란(諍亂)이 끊이지 않았다. 고구려와 백제는 7백 년 정도에 모두 망하고 신라만이 홀로 거의 천년의 세월을 존속하였는데, 그 사이 박(朴)·석(昔)·김(金)의 세 성씨가 왕위를 이어가며 한동안 태평한 정치를 이루었다. 신라가 쇠퇴하자 견훤(甄萱)·궁예(弓裔)의 무리가 각지에서 할거(割據)한 바, 왕건(王建)은 원래 궁예를 따랐지만 마침내 자립하여 왕이 되고 이를 고려(高麗)라 하였다. 고구려를 이은 지 대략 5백 년경에 당시 거란(契丹)·여진(女眞)이 북방에서 일어나, 그들의 침략을 받거나 때론 화친을 맺었다. 몽골이 이를 이어 중국을 통일하고 나서 점점 심하게 압박을 받게 되니, 안으로는 권신(權臣)들이 항상 발호(跋扈)하여 왕실이 편안하지 않았다. 그렇지만 이 시대에 이룬 문화의 발전은 신라에 비할 바가 아니었다. 그 말기에 이르러 이성계(李成桂) 등으로 하여금 요동(遼東)을 정벌하게 하나, 이성계 가 회군(回軍)한 바 그의 위세와 명망이 날로 커졌다. 마침내 이성계가 고려에 이어 왕위에 올라 국호를 부활시켜 조선이라고 하고, 명(明)에 복종하기를 더욱 힘썼다. 세종(世宗) 때에 이르러서는 세상이 잘 다스려져 평안하고 문물이 융성하였으나, 그 후 선조(宣祖) 때에 도요토미 히데요시[豊臣秀吉]의 침입을 받아 사직이 거의 망하기 직전에 이르러 명의 구원을 얻어 겨우 이를 회복하고 화해했다. 그러나 얼마 지나지 않아 만주에서 청(淸)이 굴기(崛起)하여 군사를 일으켜 공격하여 옴으로 이에 항복하였다. 이로부터 조공(朝貢)의 예를 다하였고 국왕의 교체 때마다 반드시 책명(冊命)을 받았는데, 명이 망하고 청나라가 이를 대신한 후에도 대대로 이를 게을리 하지 않았다. 현종(顯宗)·영종(英宗) 무렵에는 귀족 간의 당파(黨派)가 일어나 서로 권세를 다투었다. 그렇지만 당시는 단지 국내 분쟁의 우환만 있었던 것이 지금의 왕(고종)에 이르러서는 프랑스 및 미국과 무력 충돌을 일으키고 또 일본과도 갈등을 빚었다. 이어서 일본 및 영국·독일·러시아·이탈리아·프랑스 등의 여러 나라와 조약을 체결하여 독립국의 이름을 보존하긴 했지만, 실제로는 중국의 통제가 전보다 심해졌고, 러시아가 이를 엿보는 것 또한 일조일석(一朝一夕)의 일이 아니다. (조선은) 위치가 동양의 인후(咽喉) 부분에 해당하기에 대국(大國)의 주시(注視)를 받게 된다. 이씨조선이 개국된 지 5백 년을 경과한 현세에 내정(內政)이 정돈되지 않고 기강이 점차 문란해지니, 국세(國勢)의 위급함이 극에 달하였다.

○정체(政體)는 건국 이래 군주정치(君主政治)로, 국왕이 만기(萬機)를 총람하고 백관(百官)이 아래에서 보필하며 군현의 제도를 실시하여 왔다. 그렇지만 왕이라 칭하고 제(帝)라 하지 않으며, 훙(薨)[4]이라 칭하고 붕(崩)이라 하지 않았다. 신하가 군주를 전하(殿下)라고 부르고 폐하(陛下)라고 부르지 않는 등, 중국에 대하여 한 등급 낮추어 국왕의 예를 갖춘다. 연호(年號)의 경우도 대대로 중국의 것을 따랐다. 그래서 현재 중국의 황제가 조선왕에게 하는 예우는 병부상서(兵部尚書)의 위치에 준한다고 하겠다. 그 교제 관계가 이러하니 (조선을) 어찌 진정한 독립국이라고 할 수 있겠는가.

---

4) '훙(薨)'은 제후의 죽음을 의미하는 글자로, 황제의 죽음인 '붕(崩)' 아래 등급의 용어이다. 중국의 황제가 '붕(崩)'이라면 조선왕은 제후국의 왕이기에 '훙(薨)'이라는 아래 등급의 용어를 썼다고 봐야 할 것이다.

□역대일람(歷代一覽)

신라 백제 모든 왕의 명자(名字)와 왕호(王號) 중 하나만 있는 경우에는 왕호난(欄)에 적는다. 또한 상대(上代)는 구사(舊史)가 미비되어 상세하지 않은 경우가 많다. 그것들은 모두 제외한다.

○ 新羅

新羅百濟諸王ノ名字ト王號ト二様ナラザル者ハ○字王號ノ欄ニ書ク。又上世ハ舊史備ハラズシテ詳ナラザルコト多シ○此之ヲ闕ク。

王號	姓氏 名字	父 行及 母	年 在位 齡 后妃
赫居世居西干	朴	蒼我公	六十一 七十三 閼英夫人
南解次次雄	朴	嫡男 楚子	二十 閼英夫人
儒理尼師今	昔	嫡男 南解 太子	三十三 日知葛文王女
脫解尼師今（一云吐解）	昔	多婆那國王	二十三 八十九 阿孝夫人
婆娑尼師今	朴	儒理二子	三十二 史省夫人金氏
祇摩尼師今（一云祇味）	朴	婆娑 嫡子	二十二 愛禮夫人金氏
逸聖尼師今	朴	儒理子	二十 支所禮夫人朴氏
阿達羅尼師今	朴	逸聖 長子	三十一 內禮夫人朴氏
伐休尼師今（一云發暉）	昔	脫解子 仇鄒角干子	十二 只珍內禮夫人金氏
奈解尼師今	昔	伐休孫 內禮夫人金氏	三十四 昔氏
助賁尼師今（一云諸貴）	昔	骨正 仇道	十七 阿爾兮夫人
沾解尼師今	昔	骨正 仇道	十五 金氏
味鄒尼師今（一云味照）	金	仇道	二十二 光明夫人昔氏
儒禮尼師今（一云世里智）	昔	助賁 長子	十四 朴氏
基臨尼師今（一云基立）	昔	助賁孫	十二 阿爾兮夫人
乞解尼師今	昔	奈解孫	四十六 昔氏
訖解尼師今（一云乞解）	昔	于老	四十六 命元夫人金氏
奈勿麻立干（一云那密）	金	大伊食 仇道孫	四十六 保反夫人金氏
實聖麻立干	金	大西知伊食	十五 阿留夫人昔氏
訥祇麻立干	金	奈勿 長子	四十一 實聖王女
慈悲麻立干	金	訥祇 長子	二十一 未斯欣女
炤智麻立干（一云照知）	金	慈悲 長子	二十二 善兮夫人金氏
智證王	金	奈勿曾孫	十四 延帝夫人朴氏
法興王（一云法空）	金	智證 元子	二十六 保刀夫人朴氏
眞興王（一云深麥夫）	金	立宗葛文王	三十六 四十三 思道夫人朴氏
眞智王	金	眞興二子	四 知道夫人朴氏
眞平王（一云白淨）	金	銅輪太子	五十四 摩耶夫人金氏
善德女主	金	眞平王 長女	十六
眞德女主	金	國飯葛文王	八
太宗武烈王	金	龍春	七 二十九 文明夫人金氏

新羅・高勾麗 王系表

新羅（上段 右表）

| 文武王 | 神文王 | 孝昭王 | 聖德王 | 孝成王 | 景德王 | 惠恭王 | 宣德王 | 元聖王 | 昭聖王 |

新羅（上段 左表）

| 哀莊王 | 憲德王 | 興德王 | 僖康王 | 閔哀王 | 神武王 | 文聖王 | 憲安王 | 景文王 | 憲康王 |

新羅（下段 右表）

| 定康王 | 眞聖女主 | 孝恭王 | 神德王 | 景明王 | 景哀王 | 敬順王 |

○高勾麗

| 東明聖王 | 瑠璃明王 |

高勾麗（下段 左表）

| 太祖武神王 | 慕本王 | 閔中王 | 太祖王 | 次大王 | 新大王 | 故國川王 | 山上王 | 東川王 | 中川王 |

（고구려 왕계표 — 우상단, 右→左）

王名	註	父·關係	在位
西川王	一云西壤	相夫 中川王子	二十二
烽上王	一云雉葛	咄固 火不 西川王子	二十二
美川王		乙弗 咄固子	三十一
故國原王	一云國岡上	斯由 劉 美川王子	八
小獸林王	一云小解朱留王	丘夫 故國原王子	十三
故國壤王	一云國壤	伊連 於只支 小獸林王弟	八
廣開土王		談德 故國壤王子	二十二
長壽王		巨連 廣開土王子	七十八（九十八）
文咨明王	一云明理好 明治好王	羅雲 長壽王之孫	二十八
安藏王		興安 文咨明王子	十二

（고구려·백제 — 좌상단, 右→左）

王名	註	父·關係	在位
安原王		寶延 安藏王弟	十四
陽原王	一云陽崗上好王	平成 安原王子	十四
平原王	一云平崗上好王	陽成 陽原王子	三十一
嬰陽王	一云平陽	元 平原王子	二十八
榮留王	一云建武 一云成	大陽王弟	二十四
寶藏王		臧 永未抗建武王弟	二十七
○百濟 溫祚王			四十六
多婁王		溫祚王元子	四十九
已婁王		多婁王元子	五十二

（백제 왕계표 — 우하단, 右→左）

王名	註	父·關係	在位
蓋婁王		已婁王子	三十八
肖古王	一云素古	蓋婁王子	四十八
仇首王	一云貴須	肖古王子	二十一
古爾王		蓋婁王子	五十二
責稽王		古爾王子	十二
汾西王		責稽王子	六
比流王		仇首王子	四十一
契王		汾西王子	二
近肖古王		比流王子	二十九
近仇首王	一云須	近肖古王子	九

（백제 왕계표 — 좌하단, 右→左）

王名	註	父·關係	在位
枕流王		近仇首王子	一
辰斯王		近仇首王子 枕流王弟	七
阿花王	一云阿芳	枕流王子	十三
直支王	一云支	阿花王子	十五
久爾辛王		直支王子	七
毗有王		久爾辛王子	二十八
蓋鹵王	一云近蓋鹵王	毗有王子	二十
文周王	一云汶洲	蓋鹵王子	三
三斤王	一云壬乞	文周王子	二
東城王		文周王弟昆支子	二十二

武寧王	諱斯摩 一云隆	牟大王		二十二		
聖王	明穠	武寧王		三十一		
威德王	昌	聖王 元子		四十四		
惠王	季明	威德王 二子		一		
法王	宣 一云孝順	惠王 長子		一		
武王	璋	法王		四十一		
義慈王		武王 元子		二十		

○高麗

太祖神聖王	王 諱建 字若天	金城太守隆 長子	威肅王后韓氏	二十六 新羅亡後 九	六十七	神惠王后柳氏 三重大匡天弓女
惠宗義恭王	武 字承乾	太祖 長子	莊和王后吳氏 多憐君女	二	三十四	義和王后林氏 大匡曦女
定宗文明王	堯 字天義	太祖 二子	神明王后劉氏 贈太師內史令兢達女	四	二十七	文恭王后朴氏 三重大匡英規女
光宗大成王	昭 字日華	太祖 三子	同上	二十六	五十一	大穆王后皇甫氏 太祖女
景宗獻和王	伷 字長民	光宗 長子	大穆王后皇甫氏	六	二十七	獻肅王后金氏 新羅敬順王女
成宗文懿王	治 字溫古	戴宗旭(太祖七子) 二子	宣義王后柳氏	十六	三十八	文德王后劉氏 光宗女
穆宗宣讓王	誦 字孝伸	景宗 長子	獻哀王后皇甫氏 戴宗女	十二	三十	宣正王后劉氏 宗室弘德院君圭女
顯宗元文王	詢 字安世	安宗郁(太祖子)	孝肅王后皇甫氏	二十二	四十	元貞王后金氏 成宗女
德宗敬康王	欽 字元良	顯宗 長子	元成太后金氏	三	十九	敬成王后金氏 顯宗女
靖宗容惠王	亨 字申照	顯宗 次子	同上	十二	三十二	容信王后韓氏 贈門下侍中祚女
文宗仁孝王	徽 初諱緖 字燭幽	顯宗 三子	元惠太后金氏 侍中殷傅女	三十七	六十五	仁平王后金氏 顯宗女
順宗宣惠王	勳 初諱烋 字義恭	文宗 長子	仁睿太后李氏 中書令子淵女	四月	三十七	貞懿王后王氏 宗室平壤公基女

宣宗思孝王	運 初諱蒸 字繼天	文宗 次子	同上	十一	四十六	思肅太后李氏 工部尙書碩女
獻宗恭殤王	昱	宣宗 元子	思肅太后李氏	一	十四	
肅宗明孝王	顒 初諱熙 字天常	文宗 三子	仁睿太后李氏	十	五十四	明懿太后柳氏 門下侍中洪女
睿宗文孝王	俁 字世民	肅宗 長子	明懿太后柳氏	十七	四十五	敬和王后李氏 宣宗女
仁宗恭孝王	楷 初諱構 字仁表	睿宗 長子	順德王后李氏 朝鮮國公資謙女	二十四	三十八	恭睿太后任氏 中書令元厚女
毅宗莊孝王	晛 初諱徹 字日升	仁宗 長子	恭睿太后任氏	二十四	四十七	莊敬王后金氏 宗室江陵公溫女
明宗光孝王	晧 初諱昕 字之旦	仁宗 三子	同上	二十七	七十二	光靖太后金氏 同上
神宗靖孝王	晫 初諱旼 字至華	仁宗 五子	同上	七	六十一	宣靖太后金氏 同上
熙宗成孝王	韺 初諱悳 字不陂	神宗 長子	宣靖太后金氏	七	五十七	成平王后任氏 宗室寧仁侯稹女
康宗元孝王	祦 初諱貞 字大華	明宗 長子	光靖太后金氏	二	六十二	思平王后李氏 義方女

高宗安孝王	皞 初諱瞋 字大明 又天祐	康宗 長子	元德太后柳氏 宗室信安侯珹女	四十六	六十八	安惠太后柳氏 熙宗女
元宗順孝王	禃 初諱倎 字日新	高宗 長子	安惠太后柳氏	十五	五十六	順敬太后金氏 莊翼公若先女
忠烈王	賰 初諱諶	元宗 長子	順敬太后金氏	三十四	七十三	齊國大長公主 名忽都魯揭里迷失 元世祖女
忠宣王	璋 初諱謜 字仲昂 蒙古諱益知禮普化	忠烈王 長子	齊國大長公主	五	五十一	薊國大長公主 寶塔實憐 元晉王甘麻剌女
忠肅王	燾 小字宜孝 蒙古諱阿剌訥忒失里	忠宣王 二子	懿妃也速眞 蒙古女	十七 復位八	四十六	濮國長公主 亦憐眞八剌 元營王也先帖木兒女
忠惠王	禎 蒙古諱普塔失里	忠肅王 長子	明德太后洪氏 府院君奎女	一 復位五	三十	德寧公主 亦憐眞班 元鎭西武靖王焦八女
忠穆王	昕 蒙古諱八思麻朶兒只	忠惠王 長子	德寧公主	四	十二	
忠定王	㫝 蒙古諱迷思監朶兒只	忠惠王 庶子	禧妃尹氏	三	十五	
恭愍王	顓 初諱祺 蒙古諱伯顔帖木兒	忠肅王 次子	明德太后洪氏	二十三	四十五	徽懿魯國大長公主 寶塔失里 元宗室魏王女
禑	辛 小字牟尼奴	辛旽	般若	十四	二十五	謹妃李氏 判開城府事琳女

昌			辛禑	謹妃李氏	一	十	
恭讓王	王	瑤	定原府院君鈞	純寧宮主王氏	三	五十	順妃盧氏 昌城府院君女
○朝鮮							
太祖康獻王	李	旦 初諱成桂 字君晋 號松軒	桓祖子春 二子	懿惠王后崔氏 贈門下侍中閑奇女	七	七十四	神懿王后韓氏 安川府院君卿女
定宗恭靖王		曔 初諱芳果 字光遠	太祖 次子	神懿王后韓氏	二	六十三	定安王后金氏 月城府院君天瑞女
太宗恭定王		芳遠 字遺德	太祖 五子	同上	十八	五十六	元敬王后閔氏 驪興府院君文度公霽女
世宗莊憲王		祹 字元正	太宗 三子	元敬王后閔氏	三十二	五十四	昭憲王后沈氏 青川府院君安孝公溫女
文宗恭順王		珦 字輝之	世宗 長子	昭憲王后沈氏	二	三十九	顯德王后權氏 花山府院君恭襄公專女
端宗恭懿王		弘暐	文宗	顯德王后權氏	三	十七	定順王后宋氏 礪良府院君玹壽女
世祖惠莊王		瑈 字粹之	世宗 次子	昭憲王后沈氏	十三	五十二	貞熹王后尹氏 坡平府院君貞靖公璠女
睿宗襄悼王		晄 初字平甫 字明照	世祖 次子	貞熹王后尹氏	一	二十	章順王后韓氏 上黨府院君忠成公明澮女
成宗康靖王		娎	德宗(世祖長子) 次子	昭惠王后韓氏 西原府院君確女	二十五	三十八	恭惠王后韓氏 同上
燕山君		㦕	成宗 長子	廢妃尹氏	十一		夫人居昌愼氏 領議政承善女
中宗恭徽王		懌 字樂天	成宗 次子	貞顯王后尹氏 鈴原府院君壕女	三十九	五十七	端敬王后愼氏 益昌府院君守勤女
仁宗榮靖王		峼	中宗 長子	章敬王后尹氏 坡原府院君汝弼女	一	三十一	仁聖王后朴氏 錦城府院君墉女
明宗恭顯王		峘 字對陽	中宗 次子	文定王后尹氏 坡山府院君之任女	二十二	三十四	仁順王后沈氏 青陵府院君翼孝公鋼女
宣祖昭敬王		昖 初諱鈞	德興大院君(中宗三子) 三子	河東府大夫人鄭氏 贈領議政世虎女	四十一	五十七	懿仁王后朴氏 潘城府院君應順女
光海君		琿	宣祖 二子	恭嬪金氏	十四		夫人文化柳氏 判尹自新女
仁祖憲文王		倧 字和伯 號松窓	元宗(宣祖五子) 長子	仁獻王后具氏 綾安府院君思孟女	二十七	五十五	仁烈王后韓氏 西平府院君文翼公浚謙女
孝宗宣文王		淏 字靜淵 號竹梧	仁祖 次子	仁烈王后韓氏	十	四十一	仁宣王后張氏 新豊府院君文忠公維女
顯宗昭休王		棩 字景直	孝宗	仁宣王后張氏	十五	三十四	明聖王后金氏 清風府院君忠翼公佑明女
肅宗顯義王		焞 字明普	顯宗	明聖王后金氏	四十六	六十	仁敬王后金氏 光城府院君文忠公萬基女
景宗德文王		昀 字輝瑞	肅宗 長子	大嬪張氏 贈領議政炯女	四	三十七	端懿王后沈氏 青恩府院君浩女
英宗至行王		昑 字光叔 號養性軒	肅宗 四子	淑嬪崔氏 贈領議政孝元女	五十二	八十三	貞聖王后徐氏 達城府院君孝簡公宗悌女
正宗文成王		祘 字亨運 號弘齋	莊獻世子(英宗二子)	惠嬪洪氏 翼靖公鳳漢女	二十四	四十九	孝懿王后金氏 淸原府院君靖穆公時默女
純祖淵德王		玜 字公寶 號純齋	正宗 二子	綏嬪朴氏 忠獻公準源女	三十四	四十五	純元王后金氏 永安府院君忠文公祖淳女
憲宗體健王		奐 字文應 號元軒	翼宗(純祖子)	神貞大妃趙氏 忠敬公萬永女	十五	二十三	孝顯王后金氏 永興府院君孝簡公祖根女
哲宗熙倫王		昪 字道升 號大勇齋	全溪大院君㼅(莊獻世子孫) 三子	龍城府大夫人廉氏 贈領議政成化女	十四	三十三	明純大妃金氏 永恩府院君忠純公汶根女
今王		熙 初諱載晃 字聖臨 號珠淵	興宣大院君昰應(莊獻世子曾孫) 次子	驪興府大夫人閔氏 贈領議政致久女	二十八(登極後廿四年甲)	哲宗三年 壬子生	閔氏 驪城府院君致祿女

歷代王都表

建都年代	都名	今名	年數
○朝鮮箕子	平壤 又王儉	平安道平壤府	九百餘
○朝鮮衛滿	同		八十七
○高句麗東明王 元	卒本扶餘	平安道成川府	三十九
瑠璃王 廿二	國內尉那巖	義州	二百六
山上王 十三	丸都 又安寸忽	寧遠郡劒山	三十八
東川王 廿一	平壤		九十一
故國原王 十二	丸都		一
同 十三	平壤東黃城	平壤木覓山	八十四
長壽王 十五	平壤		百五十九

王代	古都	現地名	年數
平原王 廿八	長安	平壤	八十三
同			合計七百五
○百濟溫祚王 元	河南慰禮	忠淸道稷山縣	十三
同 十四	漢山	廣州	三百七十五
近肖古王 廿六	北漢山	楊州	百四
文周王 元	熊津	公州	六十三
聖王 十六	泗沘 又南扶餘	扶餘縣	百二十三
			合計六百七十八
○新羅朴赫居世 元	辰韓	慶尙道慶州	九百九十二
			計合九百九十二
○高麗太祖 十九	開州	京畿道開城府	二百九十六
高宗 十九	江華	江華府	三十七
元宗 十一	開城		二十
忠烈王 十六	江華		二
同 十八	開京	開城府	九十
辛禑 八	漢陽	漢城府	一
同 九	松京	開城府	七
恭讓王 二	漢陽	漢城府	一
同 三	松京		一
			計合四百五十六
○朝鮮太祖 元	漢陽		五百五十六 計〔自紀元二千五百五十一年至二千五百〕

제2편 태고사(太古史)

제1장 개국(開國)의 기원

○조선 개국의 기원은 아주 까마득하다. 전하기로는 처음에 군장 (君長)이 아니라 신인(神人)이 있었는데, 박달나무[檀木]아래에 내려와 국인(國人)이 추대하여 임금[君]이 되니 이를 단군(檀君)이라고한다. 국호(國號)를 조선이라고 하고 평양(平壤) 〔평안도 평양부(平壤府)〕에 도읍하였는데, 이는 중국 당요(唐堯)시대에 해당된다. 그 후 1천48년이 지나 상(商)나라의 무정(武丁) 8년에 이르러 아사달산(阿斯達山) 〔황해도 문화현(文化縣) 구월산(九月山)〕에 들어가 신이 되었다고 한다. 그 이야기는 황당하기에 그대로 믿을 수는 없지만, 대략 일본기원전 5, 6백 년경, 즉 상의 말기에 해당되는 때에 북부 평안도 지역에 이미 주민이 거주하고 있었다고 볼 수 있다.

〔동국사략(東國史略)에 단군의 성(姓)은 환(桓)씨 이름은 왕검(王儉)이며, 시초에 신인(神人)인 환인(桓因)의 아들 환웅(桓雄)이 있었는데 무리 3천을 이끌고 태백산(평안도 묘향산)의 신단수(神檀樹) 아래로 내려왔다. 이를 신시재세리(神市在世理)라고 한다. 아들을 생산하여 호를 단군(檀君)이라고 하고, 비서갑(非西岬) 하백(河伯)의 딸을 아내로 맞이하여 아들을 낳고 부루(扶婁)라 하였다. 우(禹)왕이 남쪽으로 순수(巡狩)하며 제후(諸侯)들을 도산(塗山)에서 만날 때 부루를 보내어 배알하게 하였다. 그가 죽으니 송양 (宋壤:평안도 성천부(成川府))에 매장하였다. 세상에 전해지기 대략 1천5백 년이라고 한다. 이와 관련하여(일본 내의) 어떤 자는 환(桓)은 신(神:カム)이고, 환인(桓因)은 신(神) 이자나기[伊弉諾], 환웅(桓雄)은 스사노오[須佐之男]의 줄임말이라고 한다. 또한 신시재세리(神市在世理)의 시재(市在)는

스사[須佐], 즉 스사노오일 것이다. 단군은 다키[太祈:タキ]로, 스사노오노미
코토[素戔嗚尊]의 아들 이타케루[五十猛神:イタケル][5]이다. 스사노오미코토
가 그의 아들 이타케루를 이끌고 신라국(新羅國)에 이르러 소시모리[曾尸
茂梨]에 거주했던 일이 우리나라(일본) 역사에 보인다. 또한 이타케루를 다
른 이름으로 한신(韓神)이라 하니, 대략 사실과 부합한다고 한다. 이 설 또
한 억지에 가까우나 참고로 부기(附記)한다.]

제2장 기씨(箕氏)의 동래(東來) 및 쇠퇴

○일본기원전 430년경에 이르러 은(殷)의 주왕(紂王)의 음란하고
잔학함이 날로 더하여 태사(太師) 기자(箕子)는 거짓으로 미친척하
여 노비가 되었다. 주(周)의 무왕(武王)이 주왕을 토벌하여 이를 멸
망시키자, 기자는 중국인 5천 명을 이끌고 조선으로 피난하여 평양
에 도읍하였다. 그리고 백성들을 인도함에 있어 덕화(德化)로 하고
예양(禮讓)의 풍습이 점차 행하여짐으로, 조선은 이로 인해 비로소
흥하게 되었다. 그 영토는 대략 지금의 황해도 이북 및 만주 남부이
다. 그 후 주가 쇠퇴하고 연(燕) 〔중국 직예성(直隷省)〕이 스스로 왕이
라고 칭하고 동방 지역을 공략하려고 한 바, 조선후(朝鮮侯) 〔이름은
미상〕가 이를 보고 스스로 왕이라고 칭하고 군사를 일으켜 연을 정
벌하려고 하였으나, 대부(大夫) 예(禮)가 간하여 이를 그만두게 하
였다. 이에 예로 하여금 연을 설득시켜 연도 마침내 공격을 멈추었
다. 그렇지만 그 자손에 이르러 점차 교만하고 잔학하여져서 연은

---

5) 원문에는 '이타케시(イタケシ)'로 되어 있는데, 이것은 '이타케루(イタケル)'의 오
류로 보인다.

마침내 장수 진개(秦開)를 보내 공격하고, 그 땅을 취하여 만번한(滿潘汗) 〔그 땅은 미상〕에 이르러 경계를 삼았다. 국세(國勢)가 마침내 약해지니, 진(秦)이 천하를 통일할 때에 장성(長城)을 쌓고 요동〔만주 성경성(盛京省) 요양주(遼陽州)〕에서 저항하였다. 그러나 40대 자손 부(否)가 진(秦)을 두려워하여 마침내 복속(服屬)하고, 부가 죽자 이어 아들 준(準)이 즉위하였다. 20여 년이 지나 진섭(陣涉)·항량(項梁) 등이 일어나 진이 크게 어지러워졌을 때, 연제(燕齊)〔중국 산동성(山東省)〕·조(趙)〔중국 직례(直隷)의 서남 지역 및 산서성(山西省)〕의 백성들이 도탄에 빠져 차츰 도망하여 준왕에게 귀부(歸附)하였다. 노관(盧綰)이 연의 왕이 되매 준왕은 연과 패수(浿水)〔압록강. 예부터 패수 또는 패강(浿江)·패하(浿河)라고 칭하는 것이 하나가 아니다. 압록강을 가리키거나 혹은 대동강을 가리킨다. 이 또한 혼동하기 쉬우므로 옆에 주(注)를 달았음〕를 경계로 하게 되었다. 관(綰)이 반란을 일으켜 흉노(匈奴)〔중국의 몽골부(蒙古部)〕에 들어갔다. 연의 사람 위만(衛滿)이 망명하여 무리 천여 명을 모아 상투를 틀고, 오랑캐 복장을 하고 동패수(東浿水)를 건너 오랫동안 서쪽 국경에 머물러 번병(藩屛)이 되고자 하니, 준왕이 이를 믿고 공경하여 박사(博士)와 제후로 삼아[6] 1백 리를 봉하여 서비(西鄙)를 지키게 하였다. 위만은 도망한 무리를 이끌어내어 마침내 큰 무리를 이루고는 사람을 시켜 준왕에게 고하게 하였다. 한(漢)의 병사들이 십도(十道)에서 찾아와 들어가 숙위(宿衛)하기를 청하더니 마침내 준왕을 습격하였다. 이에 준왕이 대적하였으나 능히 이기지 못하고, 좌우 궁인(宮人)들을 이끌고 남쪽

---

6) 원문에는 '圭를 사(賜)하였다'(圭ㅋ賜ㅈ)고 되어 있다.

으로 도망하여 바다를 건너 마한(馬韓)에 이르렀다. 조선은 이로써 망하니, 대략 기자가 처음 조선에 들어온 이래로 9백여 년이었다. 일본기원 467년(기원전 194년)이다.

제3장 위씨(衛氏)의 흥망 및 군현

○위만이 망명하여 동패수를 건널 때에 점차 진번(眞番) 〔만주 성경성(盛京省) 홍경부(興京府)〕·임둔(臨屯) 〔강원도 강릉부(江陵府)〕 및 옛 연(燕)제(齊)의 망명자를 복속시켜 마침내 준왕의 지위를 빼앗아 몰아내고 스스로 왕이 되었다. 왕검(王儉) 〔지금의 평양〕에 도읍하였는데, 이는 한의 효혜(孝惠)고후(高后) 때의 일이다. 천하가 비로소 안정되었는데 이에 위만과 조약을 맺어 외신(外臣)으로 삼고, 변경 밖의 이민족들을 지키게 하여 변경에서 노략질이 없도록 하고, 여러 나라가 입조(入朝)하고자 하는 것을 금지하지 않도록 하였다. 그런고로 위만은 병력과 재물을 얻어 부근의 소읍(小邑)을 항복시키고, 진번과 임둔을 모두 복속시켜 사방 수천 리의 영토를 차지하게 되었다. 위만의 손자 우거왕(右渠王) 때에 이르러, 예(濊) 〔강원도 강릉부〕의 군남여(君南閭) 등이 배신하여 28만의 인구를 이끌고 요동에 들러 한에 내속하게 되었다. 한무제가 그 땅을 창해군(蒼海郡)으로 삼았으나, 수년이 지나 이를 폐지하였다. 그 후 우거왕은 한의 망명인들을 다수 받아들였다. 그리고 한에 입조(入朝)하지 않고, 진국(辰國) 〔즉 삼한(三韓)〕이 한에 입조하려고 하자 이를 막고 통과시켜 주지 않았다. 무제가 원봉(元封) 2년 〔일본기원 552년(기원전 79년)〕에

섭하(涉何)를 사신으로 하여 우거왕을 설득하였다. 섭하가 떠나서 계상(界上) 패수에 이르렀을 때, 호송하는 조선의 비왕(裨王) 장(長)을 살해하고, 즉시 강을 건너 달려가 요새로 들어가 조선의 장수를 살해하였다고 보고하였다. 이로 인하여 섭하는 요동의 동부도위(東部都尉)가 되었다. 우거왕은 이에 섭하에게 분노하여 병사를 일으켜 습격하여 섭하를 살해하였다. 한은 이에 대하여 누선장군(樓船將軍) 양복(楊僕)으로 하여금 제로부터 발해로 건너고 좌장군(左將軍) 순체(筍彘)로 하여금 요동으로 나와서 공격하게 하니, 우거왕은 병사를 일으켜 요새에 진을 쳤다. 한의 두 장수 모두 형세가 유리하지 않자 한은 위산(衛山)을 보내 화의(和議)를 모색하니, 우거왕도 역시 그 속국이 되고자 하였다. 그렇지만 한의 장수들의 계략에 빠질 것을 염려하여 화의는 끝내 이루어지지 않았고, 한의 두 장수는 전진하여 성 아래에 이르렀다. 우거왕은 견고히 성을 지켜 두 장수는 능히 오랫동안 이를 함락시키지 못하니, 한은 또다시 제남태수(濟南太守) 공손수(公孫遂)로 하여금 이를 정복하게 하였다. 공손수는 도착하여 순체와 공모하여 양복을 체포하고 그 군사를 합하였다. 그러는 동안 공손수 역시 주살(誅殺)되고 순체는 두 군사를 합하여 급습하니, 조선상(朝鮮相) 노인(路人)·한음(韓陰), 이계상(尼谿相)인 삼(參)이 장군 왕겹(王唊)과 함께 공모하여 항복하고자 했지만, 우거왕이 이를 거부하자 노인(路人)·한음·왕겹 모두가 도망하여 한(漢)에 항복하였다. 이듬해가 되어 이계상 삼(參)이 사람을 보내 우거왕을 살해하고 항복하니, 위만조선이 마침내 멸망하였다. 위만이 준왕을 축출한 지 대략 87년이 되었을 때이다.

○이에 한무제는 그 지역을 나누어 진번·임둔·낙랑〔평안도 평양부〕·현도〔함경도 함흥부〕의 사군(四郡)으로 하고, 또한 삼(參)·음(陰)·겹(峽) 및 우거왕의 아들을 봉하여 제후로 삼았다.

○소제(昭帝)의 시원(始元) 5년에 평나(平那)〔평나는 대략 만주 성경성(盛京省)이다. 진 때에 유주(幽州)의 동쪽을 나누어 평주(平州)를 두었던 바, 그 옛 호칭을 따른 것임〕의 현도군을 평주도독부(平州都督府)로 하고, 임둔과 낙랑군을 동부도독부(東府都督府)로 하였다. 대략 무제 이후 판도(版圖) 전체가 한에 들어가 군현이 된 이래 50여 년이 된다. 그렇지만 이때 이미 예·맥〔강원도 춘천부〕, 동옥저〔함경도 함흥부〕, 북옥저〔만주 길림성〕, 고구려〔평안도 북경(北境)〕 등의 부락이 있었다. 그리고 고구려의 경우 가장 번성하여 스스로 일종의 정치 풍속을 갖추고 있었기 때문에, 부여 인종은 주몽왕의 건국 이전에 이미 주거하고 있었던 것이 확실하다. 그리고 한(漢)이 이들 지역을 다스림에 있어서도 원칙적으로 종속국[羈縻]의 제도를 이용하였기에 내지(內地)와 같지는 않았을 것으로 보아야 한다.

제4장 삼한(三韓)의 건국

○조선의 남부, 즉 반도의 한강 이남에 마한(馬韓)·진한(辰韓)·변한(弁韓)이 있었는데 이를 삼한(三韓)이라고 한다. 처음에는 진국(辰國)이라고 하였고, 마한이 가장 컸다. 함께 종족을 세워 진왕(辰王)이라고 하고, 월지국(月支國)〔그 땅은 미상〕에 도읍하여 한지(韓地)를 통일하였다. 그 기원은 상세히 알려져 있지 않지만, 대략 일본기원

이전에 백성들이 이미 많이 퍼졌던 것 같다.

○마한(馬韓)은 반도의 서쪽에 있다. 북쪽은 낙랑과 접하여 있으며 남쪽은 일본을 마주하고 있다. 서쪽은 바다에 향하여 있으며, 대략 54개국〔원양(爰襄)·모수(牟水)·상외(桑外)·소석삭(小石索)·대석삭(大石索)·우휴모탁(優休牟涿)·신분고(臣濆沽)·백제(伯濟)·속로불사(速盧不斯)·일화(日華)·고탄자(古誕者)·고리(古離)·노람국(怒藍國)·목지(目支)[7]·자리모로(咨離牟盧)·소위건(素謂乾)·고원(古爰)·막로(莫盧)·비리(卑離)·고리비(古離卑)·신혼(臣釁)·지침(支侵)·구로(狗盧)·비미(卑彌)·감해비리국(監奚卑離國)·고포(古蒲)·치리국(致利鞠)·염로(冉路)·아림(兒林)·사로(駟盧)·내비리(內卑離)·감해(感奚)·만로(萬盧)·벽비리(辟卑離)·구사오단(舊斯烏旦)·일리(一離)·불미(不彌)[8]·지반(支半)·구소(狗素)·첩로(捷盧)·모로비리(牟盧卑離)·신소도(臣蘇塗)·고랍(古臘)·임소반(臨素半)·신운신(臣雲新)·여래비리(如來卑離)·초산도비리(楚山塗卑離)·일난(一難)·구해(狗奚)·불운(不雲)·불사분사(不斯濆邪)·원지(爰池)·건마(乾馬)·초리(楚離). *백제(伯濟)는 중고(中古)시대의 백제(百濟)임〕이 있었는데, 큰 나라는 만여 호 작은 나라는 수천 호로 모두 10여만 호가 있었다고 한다. 지금의 전라·충청·경기의 삼도(三道) 땅이다. 준(準)왕이 위만에게 패하여 남은 무리 수천 명을 거느리고 바다를 건너 마한의 금마군(金馬郡)〔전라도 익산군〕에 자리 잡았다. 자립하여 한왕(韓王)이 되고 무강왕(武康王)이라고 하였다. 또한 조선상 역계경(歷谿卿)도 우거왕에게 간하였으나 받아들여지지 않으니 떠나서 진국에 왔는데, 백성 중에도 이를 따르는 자가 2천여 호 있었다고 한다. 그 후

---

7) 원문에는 '月支'로 되어 있는데, '月'은 '目'의 오자로 보인다.
8) 원문에는 '不離'로 되어 있는데 · '離'는 '彌'의 오자로 보인다.

기씨(箕氏)의 계통이 이어진 지 2백여 년이 지나 일본기원 669년(서기 9년)에 백제의 온조왕(溫祚王)에게 멸망하였다.

○진한(辰韓)은 마한의 동쪽에 있다. 북쪽은 예맥(濊貊)에 접하고 남쪽은 변한(弁韓)에 이웃하며, 12개국〔기저(己柢)·불사(不斯)·근기(勤耆)·난미리미동(難彌理彌凍)·염해(冉奚)·군미(軍彌)·여담(如湛)·호로(戶路)·주선(州鮮)·마연(馬延)·사로(斯盧)·우중(優中)〕이 있었다. 지금의 경상도이고, 진 때에 인민이 고역을 피하여 한국(韓國)에 무리지어 왔을 때 마한 사람들이 동쪽 경계의 땅을 떼어 주어 살게 하였는데, 이것이 12개국 중 하나이다. 그래서 혹은 이를 이름을 지어 진한(秦韓)이라고 하였다. 그들이 외부에서 흘러들어온 사람들이라는 이유로 마한에게 항상 통제를 받아 자립하지 못하고, 왕위는 계속해서 마한 사람들에 의해 이어졌다. 삼한 가운데에 지식이 가장 발달되어 철을 가지고 화폐를 만들었으며, 예·마한 및 일본과 무역업을 하기도 하였다.

〔신라의 왕자 아메노히보코[天日槍]가 나라를 동생 지고[知古]에게 넘기고 일본에 귀화하였던 것은 아마 이 시기일 것이다 (대략 히보코[日槍]가 귀화한 것은 일본서기(日本書紀)에서는 스이닌[垂仁] 천황 3년(214)이라 하고, 하리마[播磨] 풍토기(風土記)에는 오오쿠니누시노카미[大國主神] 때라고 되어 있다. 지금 그 당시의 세상을 확실히는 알지 못한다해도, 스이닌 천황 이전의 1,2백 년 동안, 즉 진(秦) 사람들이 한(韓)에 귀화한 이후일 것이다). 신라라고 칭하는 것은 12개 나라 중 사로국(斯盧國)이고, 소유하고 있던 보옥(寶玉)·명경(明鏡)·칼[刀]·창(槍) 등을 통해 지식이 발달되어 있었음을 알 수 있다.〕

○변한〔변진(弁辰) 또는 변한(卞韓)이라고도 함〕은 진한의 남쪽에 있고, 또한 12개국〔미리미동(彌離彌凍)·접도(接塗)·고자미동(古資彌凍)·

고순시(古淳是)·반로(半路)·변악노(弁樂奴)·미오사마(彌烏邪馬)·감로(甘路)·구사(狗邪)·주조마(走漕馬)·안사(安邪)·독로(瀆盧). *독로는 아마도 탐라(耽羅)일 것임]이 있었다. 지금의 경상도 남변(南邊)에 있었고 진한과 잡거(雜居)하였다. 진한 변한 모두가 큰 나라는 4, 5천 호, 적은 나라는 6, 7백 호로 총 4, 5만 호라고 한다 〔변한 땅에 관한 설은 하나가 아니다. 혹은 진한의 남부에 있다고도 하고 혹은 고구려라고도 한다. 혹은 마한이 고구려이고 변한은 백제라고도 한다. 지금은 일단 제1설을 따른다〕. 대략 삼한의 존립은 일본기원 5, 6백 년에 이르기까지지만, 시대가 아주 오랜 옛날이어서 문헌에 의한 증명이 되지 않아 정확한 역년(歷年)나 세수(世數) 등은 알 수 없다. 단지 진한만이 문명적으로 약간 발달했던 것은 진의 유민이 그 다수를 점하고 있었기 때문일 것이다.

제5장 정치 및 풍속

○태고의 이른바 조선 땅은 그 경역이 광대하지 않았다. 부락이 각지에 분산되어 있고 또한 왕래할 교통편이 없어서 기자의 정화(政化)가 아직 변경까지 미쳤다고 볼 수는 없었고, 그 풍속 또한 각각 다르다.

○기자가 그 백성을 다스림에 있어 예의와 전잠(田蠶:농사와 누에치는 법)을 가르치고 정전제(井田制)를 실시하였다. 또한 팔조(八條)의 법금(法禁)을 제정하였는데, 서로 살인하는 자는 즉시 죽음으로써 갚게 하는 것이 하나요, 상해를 입힌 자는 곡식으로 이를 보상하는 것이 둘이요, 남의 것을 도적질한 자는 남자는 재산을 몰수하고 그 집의 노예로 삼고 여자는 노비로 삼는 등 세 종류가 있었다고 한다.

그 후 수백 년이 지나 대부와 박사가 있었으며, 위씨(衛氏) 때에는 상(相)이 있고 장군이 있었지만 관직의 상세한 내용은 알 수 없다. 그렇지만 위씨와 같이 한(漢)의 군대와 대항하여 2년을 버텼던 것으로 볼 때, 백반(百般)의 제도도 틀림없이 갖춰져 있었을 것이라고 보아야 할 것이다. 그것이 한에 복속되어 군현이 되었을 때에는 법금이 점차 많아져서 60여 조(條)에 이르렀다.

○이상은 모두 중국인이 통치한 바 중국의 정치를 의방(依倣)한 것임에 이론의 여지가 없지만, 고구려 이하의 경우는 필시 고유의 풍속에 의한 것이 많았을 것이다.

○고구려는 소(消) 〔일부에서는 연(涓)이라고 함〕노부(奴部)·절노부(絶奴部)·순노부(順奴部)·관노부(官奴部)·계루부(桂婁部)의 5부족이 있고, 원래 소노부(消奴部)를 왕으로 하였으나 점차 미약해져서 나중에는 계루부가 이를 대신하게 되었다. 그 관직에는 상가(相加)·대로(對盧)·패자(沛者)·고추대가(古雛大加)·주부(主簿)·우대(優台)·승(丞)·사자(使者)·조의(皂衣)·선인(先人)이 있어 존비의 각 등급이 있었다. 그렇지만 대로(對盧)가 있으면 패자(沛者)를 두지 않고, 패자가 있으면 대로를 두지 않으며, 왕의 종족으로서 대가(大加)인 자는 모두 고추가(古雛家)라고 하였다. 소노부는 후에 왕이 되지 못했지만, 적통(適統)의 대인은 고추가라 하여 종묘를 세웠다. 절노부는 대대로 왕과 혼인하고 고추(古雛)의 칭호를 더하게 되었다. 모든 대가 역시 스스로 사자·조의·선인의 관직을 두는데, 그 이름은 모두 왕에게 보고한다. 또한 그 나라 안에서 대가(大家)로서 농사를 짓지 않고 좌식(坐食)하는 자가 1만여 호나 되었는데, 하호(下戶)가

멀리서 식량과 어염(魚鹽)을 운반하여 이들에게 공급하였다. 감옥은 없고, 죄가 있을 때는 제가평의(諸加評議)하여 이를 죽이고, 처자를 몰입(沒入)하여 노비로 삼기도 하였다.

○옥저(沃沮)는 토지가 협소하고, 대국 사이에 끼어 있어 항상 고구려에 신속(臣屬)되었다. 고구려가 그 안에 대인(大人)을 두고, 사자로 하여금 감독 통치하여 조세, 초포(貂布), 어염, 해산물 등을 바치게 하고, 미녀를 징발하여 비첩(婢妾)으로 삼았다.

○마한 및 진한에는 국읍(國邑)에 각기 거수(巨帥)가 있었는데, 그 중에서 큰 자는 신지(臣智:シチ)라 부르고 그 다음에는 읍차(邑借:オサ)가 있었다. 진한에는 거기에 더하여 검측(儉側)·번지(樊祗)〔지(祗)는 일부에서는 예(穢)라고도 한다〕·살해(殺奚) 등의 관직이 있었는데, 변한의 형법은 특히 엄하였다고 한다.

○대개 당시는 각지에 수령(首領)이 있어 그 뜻에 맡겨 부락을 통치하게 하였는데, 정치라고 할 만한 획일적인 법칙(法則)까지는 이르지 못하였다.

○태고에는 인민이 질박(質朴)한데다 기자가 또한 덕교(德敎)를 베푸니, 그 풍속이 가장 순후(淳厚)하여 밤에 문을 열어 두어도 도적 걱정이 없고, 여성들 또한 정신(貞信)하고 음란하지 않았다. 그리고 전야(田野)나 도읍(都邑)을 막론하고 먹고 마실 때 변두(籩豆:표주박 같이 생긴 그릇의 한 종류)를 사용하였다고 한다. 그렇지만 시간이 지남에 따라 세상이 변하여 위씨가 통치할 즈음에는 점차 경박하게 되어 갔다.

○고구려 땅은 큰 산과 깊은 계곡이 많고 사람들은 그 사이에 거주

하였다. 전업(田業)이 적어 스스로 힘들여 경작하여 자족할 수 없기에 음식을 절제하였다. 그렇지만 술을 빚어 저장하고 궁실(宮室)을 수리하는 것을 좋아하였고, 집집마다에는 작은 창고가 있었는데 이름을 부경(桴京)이라고 하였다. 무릎 꿇고 절할 때 한쪽 다리를 끌고, 걸을 때는 모두 빨랐다. 그 풍속이 정결하여 스스로 이를 기쁘게 여겼으며, 밤에는 남녀가 모여 노래하는 것을 즐겨하고, 귀신, 사직, 영성(零星) 〔농상(農祥)의 별. 한고조 8년(기원전 199년)에 군국(郡國)에 명하여 영성의 사당을 세우게 하였던 일이 있거니와 그 풍습이 전해진 것임〕을 세워 10월에는 하늘에 제사를 지내어 대회(大會)하니 이름 하여 동맹(東盟)이라고 하였다 〔예(濊)에서는 밤낮으로 술을 마시고 가무를 즐긴 까닭에 이를 무천(舞天)이라고 한다〕. 그리고 그 나라의 동쪽에 대혈(大穴)이 있어 수신(隧神)이라고 불렀는데, 이 역시 10월에 제사를 지냈다. 또한 혼인을 이룰 약속이 이미 정해지면 여자 집[女家]은 대옥(大屋) 뒤에 소옥(小屋)을 지어 서옥(婿屋)이라고 하고, 사위가 밤에 여자 집 밖에 와서 자신의 이름을 말하고 무릎 꿇고 절하여 여자와 동침하게 해달라고 요구한다. 그러기를 두세 번 하여 부모가 이를 들으면 소옥(小屋) 안에서 잠자게 하였다. 그리고 아이를 낳아 장대하게 되면 아내를 거느리고 자신의 집으로 돌아가게 된다. 남녀가 이미 결혼한 후에는 점차 송종(送終)의 옷을 지으며, 금은재폐(金銀財幣)가 후장(厚葬)을 치루는 데 탕진되었다. (장사지내고 나면) 돌을 쌓아 봉분(封墳)을 만들고 송백(松栢)을 심었다. 성질이 흉급(凶急)하고 기력이 있어 전투에 익숙하며 약탈[9]을 좋아했다.

---

9) 원문에는 '구초(寇鈔)'이다. 구초(寇鈔)라는 한자어는 사전적 의미로 '침입군이 약탈(略奪)하는 것'으로 되어있어, 여기서는 '약탈' 정도로 번역한다.

○예(濊)는 고구려와 동종(同種)으로 언어와 법속(法俗)이 대략 비슷했다. 마(麻)를 심고 양잠(養蠶)을 하여 면포(綿布)를 만들고, 남녀 모두 곡령(曲領)을 입는다. 남자는 넓이가 수촌(數寸) 되는 은화(銀花)를 연결하여 장식한다. 성수(星宿)를 관측하여 미리 그 해의 풍흉(豊凶)을 알고, 항상 호랑이를 섬겨 신으로 받들었다. 그 풍속은 산천을 중시하고, 산천 각부에 경계가 있어 함부로 서로 간섭할 수 없으며, 동성끼리는 결혼하지 않고 기피하는 곳이 많았다. 그리고 질병으로 사망하였을 경우에는 즉시 구택(舊宅)을 버리고 새집을 짓는다. 읍락(邑落)을 서로 침범하는 자가 있을 시에는 서로 벌하여 생구(生口)나 우마(牛馬)을 내놓게 하였으니, 이를 책화(責禍)라고 한다. 또한 사람을 죽인 자는 죽음으로 벌하여 노략질하는 일이 적었다. 사람들이 보전(步戰)에 능하고, 창을 만드는 데 길이는 3장(丈)으로 여러 명이서 같이 드는 경우도 있었다고 한다.

○동옥저(東沃沮)는 토지가 비옥하고, 산을 등지고 바다를 향하여 있어 오곡에 적합하고 밭작물도 잘되었다. 언어와 음식, 거처, 의복이 고구려와 비슷하였다. 가취(嫁娶)의 예법은 여자가 10살이 되면 이미 시댁에서 이를 맞이하여 오랫동안 길러서 며느리로 삼는 것을 허락하였다. 그리고 성인이 되면 다시 여자는 친정으로 돌려보내고, 처가에서는 전(錢) 〔당시의 전이 어떤 것인지는 잘 모르겠지만, 아마도 아직 전을 주조(鑄造)하지 못했거나 혹은 한전(漢錢)이 전해진 것일 것임〕을 요구하여 받고 다시 시댁으로 돌려보냈다. 장례에는 큰 목곽(木槨)을 만드는데 길이 10여 장(丈)으로, 한쪽 머리를 열어두어 문으로 삼는다. 새로 죽은 사람은 우선 임시로 이를 매장하고 약간만 덮

어서 피육이 모두 없어지면 뼈를 취하여 곽(槨) 안에 안치했다. 그리고 가족 모두가 하나의 곽을 사용하고, 살아있을 때 모습으로 나무를 새겨 죽은 사람의 수에 따라 만든다. 또 와력(瓦鑼)〔솥의 한 종류〕이 있어 쌀을 그 안에 놓고 배열하여 이를 곽호(槨戶)의 주위에 걸어 둔다. 인성은 굳세고 용맹하며, 창을 쓰는 보전(步戰)에 익숙하다.

○북옥저(北沃沮)는 풍속이 다를 것이 없다.

○마한(馬韓)의 백성은 전잠(田蠶)을 알아 면포를 만들고, 남자는 포포(布袍)를 입고 발에는 초교(草蹻)를 신었다. 영주(瓔珠:구슬로 된 목걸이)를 중히 여겨 옷에 매달아 장식하고, 또한 목에 걸거나 귀에 매달았다. 대개 모발을 감아서 묶고 두부를 노출시켰다. 성곽은 없고 초옥토실(草屋土室)을 만드는데, 모양이 무덤 같아 문을 위를 향하여 내고, 모든 집이 다 그 안에 있다〔경기도 제물포 부근에는 오늘날에도 항상 수혈(竪穴)에 거주하는 사람이 있다. 평지에 땅을 파서 위에 나무를 나란히 깔고 흙과 풀을 가지고 그 위를 덮었다고 한다. 그 구조가 꼭 같지는 않지만, 역시 이와 같이 전해오는 풍습이 존재하였다고 보아야 할 것이다〕. 궤배(跪拜:무릎 꿇고 절하는 것)를 모르고, 장유(長幼)와 남녀의 구별이 없다. 우마(牛馬)에 타는 것을 모르고, 성정이 용한(勇悍)하여 소란스럽게 떠들며 열심히 일을 한다.[10] 항상 5월에 경작하여 씨 뿌릴 무렵에는 귀신에 제사를 지내고, 주야로 술자리를 가지며 무리가 모여 가무를 즐겼다. 춤출 때는 수십 명이 함께 땅을 밟으며 박자를 맞추는데, 10월에 농사가 끝나도 역시 이같이 한다. 국읍에 각 1명

---

10) 원문의 일본어 : 謹呼力作ス

씩을 세워 천신에게 제사하는 것을 주관하게 하고, 이를 천군(天君)이라고 했다. 또 별도로 읍(邑)을 두어 소도(蘇塗)라고 했는데 〔소도(蘇塗)의 의미는 부도(浮屠)와 유사하다고 한다고 한다. 50여국 중에 신소도국(臣蘇塗國)이 있다. 대략 이를 따라서 이름을 붙인 듯하다〕, 큰 나무를 세워 영고(鈴鼓)를 걸고 귀신에게 제사를 지냈다. 그리고 도망하는 사람이 그 안에 들어가면 이를 돌려보내지 않았는데, 아마도 신지(神地)를 범할 수 없었기 때문일 것이다.

○진한(辰韓)은 언어가 마한과 다르고 진(秦)의 사람들의 말과 매우 비슷하였다 〔국(國)을 방(邦)이라 하고, 궁(弓)을 호(弧)라 한다. 적(賊)을 구(寇)라고 하고, 술 권하는 것[11]을 행상(行觴)이라고 한다. 서로를 부를 때 무리[徒]라고 하는 것과 같다〕. 토지가 비옥하여 오곡에 알맞고, 뽕나무를 심고 양잠하여 겸포(縑布)를 짓는다. 성책(城柵)과 옥실(屋室)이 있고, 나무를 횡으로 쌓아서 집을 짓는데 감옥과 매우 비슷하였다. 장례는 큰 새의 날개를 사용하니, 이는 사자(死者)를 날려 보내고자 하는 의미를 갖는다. 우마를 타고 혼인하는 예법이 있고, 길 가는 자는 길을 양보하고, 가무를 즐기는 풍속이 있고, 술을 마시고 거문고를 켠다. 그리고 아이가 태어날 때 그 머리를 납작하게 하기 위하여 누르는데 돌을 가지고 행하는 풍속이 있었다.

○변한(弁韓)은 진한과 잡거하며 성곽과 의복이 모두 같다. 또한 언어와 거처도 비슷하다. 단, 부엌[竈]을 모두 문의 서쪽에 만들었다. 사람들의 체격이 장대하고, 머릿결은 곱고 의복이 청결하며, 폭이 넓은 세포(細布)를 만들었다. 그리고 변한과 마한은 왜(倭)에 가까

---

11) 원문의 일본어 : 酒ヲ行ウ

운 까닭에 문신이 있는 자가 많았다고 한다.

○원래 고조선의 땅에는 몇 개의 부락이 있었는데, 그 후 고구려가 가장 강대하여 마침내 고(高)씨가 7백여 년의 사직을 세우기에 이르렀다. 그리고 부여는 즉 고구려가 유래한 곳인 바, 그 정치 풍속의 대략을 논하기로 한다.

○부여는 육축(六畜)을 가지고 관(官)의 이름을 지어 마가(馬加)·우가(牛加)·구가(狗加)와 같은 것이 있었는데, 그 읍락(邑落)은 모두 제가(諸加)에 예속된다. 형을 집행하는데 엄격하여, 사형당하는 자는 그 집안사람을 몰수하여 노비로 삼았다. 하나를 훔치면 12배로 물어야 하고, 남녀의 음란한 행위를 한 자는 모두 죽이고, 또 질투하는 여자를 증오해서 이를 죽여서 산위에 시체를 버렸다. 대개 원책(員柵:둥근 성책)을 성으로 삼고, 궁실(宮室), 창고(倉庫), 뇌옥(牢獄)이 있었다. 먹고 마시는데 조두(俎豆:제사 때 사용하는 나무그릇의 한 종료)를 사용하고, 회동할 때 배례(拜禮)하고 잔을 씻어 (단을) 오르내리며 읍양(揖讓)한다. 섣달[臘月]에는 하늘에 제사를 지내고 크게 모임을 가져 매일같이 마시고 먹고 가무하였는데 이를 영고(迎鼓)라고 하였다. 또한 군사(軍事)가 있을 때면 역시 하늘에 제사를 지냈고, 소를 잡아 그 발굽으로 길흉을 점쳤다. 행인이 밤낮없이 노래 부르기를 좋아해 그 노랫소리가 끊어지지 않았다. 형이 죽으면 형수를 아내로 하며, 무릇 장례를 치룰 때는 곽(槨)은 있으나 관(棺)은 없다. 사람을 죽여 순장(殉葬)하는데, 많을 때는 1백여 명을 헤아렸으며 상(喪)을 오랫동안 치루는 것을 영광으로 여겼다. 왕의 장례에는 옥갑(玉匣)을 사용하였다. 옷은 흰색을 숭상하고, 대인(大人)은

호리(狐狸) 유백(狁白) 혹초(黑貂)의 장식을 더하였다. 사람들은 신체가 장대하고 강용(疆勇)한데 성품이 근후(謹厚)해 노략질하지 않는다. 활과 화살, 칼과 창을 병장기로 삼았다. 그 땅은 가장 평폐(平敞)하여 오곡에 적합하고, 명마(名馬), 적옥(赤玉), 담비[貂], 날(貀:원숭이의 일종), 큰 구슬[大珠]이 나온다고 한다.

○대략 조선의 태고에 있어서는 북부와의 관계가 가장 밀접하였다. 그렇지만 삼한은 또한 스스로 별종(別種)으로 하여, 조선과는 전혀 교섭이 없는 것은 아니었으나, (삼한이) 남방을 향하여 있어 일본과 통하는 일이 많았던 것 같다.

○지금까지 위에서 논한 바와 같이, 태고의 일본과 삼한조선(三韓朝鮮)과의 관계를 열거함에 있어서, 단군이 이다케루[五十猛神]이었다는 것과 같은 까마득한 옛날에 속하는 일은 잠시 제쳐 둔다 해도, 진한(辰韓)이 일본과 무역을 하거나 아메노히보코[天日槍]가 귀화한 것 같은 일은 분명한 사적(事蹟)이라고 할 수 있다. 또한 그 관명에 신지(臣智)라고 하는 것은 국사(國史)에 나오는 소위 질지(叱知:シチ)이다. 읍차(邑借:オサ)는 아마 호좌(乎佐)로, 이는 곧 우두머리[長:ヲサ]의 뜻이다 〔オサ와 ヲサ는 음이 서로 가깝다〕. 이것에 대해서는 (조선과 일본) 상호간에 서로 증명해야 할 것이다. 또한 고구려에서는 혼인의 약속이 이미 정해지면 사위는 처갓집에 들어가 머물게 된다고 하고, 예에서는 질병으로 사망 시에는 옛집을 버리고 새집을 짓는다고 한다. 마한에 있어서는 영주(瓔珠)를 중시하여 옷에 달아 장식하고 혹은 목에 걸고 귀에 건다고 하는 것 같은 것은 일본 태고의 풍습과 매우 비슷하다. 그리고 마한 및 변한에서는 문신하는 자가

있다는 것이 왜국(倭國)에 가깝기 때문이라고 하는 것은, 다케우치
노 스크네[武內宿禰]가 에조[蝦夷][12]의 풍속을 논함에 있어 추결문신
(椎結文身)이라고 말한 것과 잘 부합한다. 여기서 소위 왜(倭)란 에
조를 가리켜 하는 말일 것이다. 더욱이 일본의 사적(史籍)에 대하여
생각해 보면, 스사노오노 미코토[素戔嗚尊], 이나히노 미코토[稻冰命]
는 모두 신라의 국주(國主)가 된다고 하고, 오시호미미노 미코토[穗
耳尊]는 신국(辛國)에서 왔다고 하는데 이 또한 분명치 않다. 이러한
것들을 종합해 보면, 태고에 있어서 양국은 서로 왕래하여 그 관계
가 긴밀했다는 것을 의심할 수 없지만, 사적에 실린 것이 손실되거
나 간략하여 그 상세한 내용을 알지 못하는 현실이 애석할 뿐이다.

---

12) 일본의 소수민족이라고 할 수 있는 아이누족의 선조로, 고대 조몬(繩文)문화의
    주역이라고도 한다.

조선사 권2

제3편 상고사(上古史)

제1장 삼국의 분립(分立)

○한이 조선의 토지를 군(郡)과 현(縣)으로 분류한 뒤 얼마 후 신라·고구려·백제의 삼국이 나란히 일어나 서로 균형 잡힌 형세를 이루었다. 그리고 처음으로 건국된 나라는 신라이다.

○신라는 본래 진한(辰韓) 땅이다. 이보다 앞서 진한조선(秦韓朝鮮)의 유민이 동해안의 산곡(山谷)에 분거(分居)하여 육촌(六村)을 이루었는데 이것을 진한(辰韓)의 육부(六部)라고 한다. 알천양산(閼川楊山)·돌산고허(突山高墟)·취산진지(觜山珍支)·무산대수(茂山大樹)·금산가리(金山加利)·명활산고야(明活山高耶)가 이것이다. 고허의 촌장 소벌공(蘇伐公)이 한 갓난아이를 길렀는데, 성장하면서 점점 기골이 장대해짐으로 육부 사람들이 그를 추존하여 왕으로 세웠다. 이를 박혁거세라 하고〔구설에 의하면 박혁거세는 처음에 커다란 알에서 태어났는데, 그 알은 호(瓠)와 같은 모양이었다. 방언에 호(瓠)를 박이라고 하였기 때문에 박(朴)씨로서 성을 삼았다고 한다〕, 일본기원 604년에 해당한다. 거서간(居西干)이라 칭하고 나라를 서라벌(徐羅伐)이라고 하였는데, 거서간은 방언으로 왕과 같다. 알영(閼英)을 왕비로 세웠는데, 행실이 어질고 내보(內輔)를 잘 하여 당시의 사람들이 이를 이성(二聖)이라 하였다. 함께 육부를 순무(巡撫)하며 농잠(農蠶)을 권장하고 독려하였다. 또한 성곽과 궁실을 지었으며, 백성이 안도하여 밤에도 문호를 걸지 않았다. 낙랑군이 침범해 왔으나 그 도(道)

있음에 감복하여 병사를 이끌고 물러갔으며, 변한(卞韓) 또한 나라를 바쳐 항복해 왔다. 동옥저(東沃沮)와 같은 나라에서는 남한(南韓)에 성인이 나왔다는 말을 듣고 양마(良馬)를 바치기에 이르렀다. 박혁거세가 승하하고 그의 아들 남해(南解)가 왕에 즉위하니 차차웅(次次雄), 혹은 자충(慈充)이라고도 한다. 방언에 무당을 자충이라 하는데, 아마도 신으로서 이를 경외하는 것일 것이다. 장녀를 석탈해(昔脫解)〔탈해는 본래 다파나국(多婆那國)의 사람이다. 그 나라는 야마토국[倭國]의 동북 1천 리에 있다고 한다. 혹은 다파나국은 곧 우리의 다지마국(但馬國)이라고 함〕와 혼인시켰다. 남해왕은 병환이 깊어 아들 유리(儒理)와 사위 탈해에게 말하기를 "내가 죽은 후 박(朴)·석(昔) 두 성씨 중의 연장자가 왕위를 이어라"고 했다. 왕이 승하하자 유리는 탈해가 덕망이 있으므로 왕위를 양보하였다. 탈해는 사양하며 말하기를 "왕위는 용인(庸人)이 감당할 수 있는 자리가 아니다. 내가 듣기로는 지혜로운 성인은 치아가 많다"고 하였다. 이에 시험 삼아 떡을 씹어보니 유리의 치아 수가 많았기 때문에 유리를 추존하여 이사금(尼師金)이라고 불렀다. 이사금은 치리(齒理)이다. 〔이후 실성(實聖)에 이르기까지 모두 이사금이라 칭한다〕. 유리왕은 임종 시 신하와 각료에게 말하기를 "탈해의 신분은 국척(國戚)으로서 보신(輔臣)의 직위에 있으면서 여러 차례 공을 세워 이름을 떨쳤다. 짐의 두 아들은 그 재능이 미치지 못하며 또한 선왕의 유명(遺命)이 있었으니, 내가 죽은 뒤 왕위에 세워라"고 하였다. 탈해가 드디어 왕위에 오르니 석씨가 이때부터 비로소 왕통을 물려받았다. 유리는 나라 안을 순행하며 궁핍한 백성에게 식량을 배급하여 구제하였다. 육부(六部)의 이름을 개정하고 성(姓)을 하사하고 〔양산부(楊山部)를 양부

(梁部), 성은 이(李)라 하였다. 고허부(高墟部)를 사량부(沙梁部), 성은 최(崔)라 하였다. 대수부(大樹部)를 점량부(漸梁部), 성은 손(孫)이라 하였다. 우진부(于珍部)를 본피부(本彼部), 성은 정(鄭)이라 하였다. 가리부(加利部)를 한기부(漢祇部), 성은 배(裵)라 하였다. 명활부(明活部)를 습비부(習比部), 성은 설(薛)로 하였다〕관제를 정하였다. 또한 이웃 나라로부터 건너와 귀화하는 자가 많았다. 탈해 때에 이르러 처음으로 백제의 침략이 있었지만 그 뜻을 이루지 못했다. 9년〔일본기원 725년(65)〕에 국호를 계림(雞林)으로 개정하였으며, 계림의 칭호는 여기서 비롯된다〔전하는 속설에 의하면, 성의 서쪽 시림(始林)의 나뭇가지에 금궤가 걸려 있었고, 흰 닭이 그 아래서 울고 있었다. 탈해가 그 궤짝을 열어 한 사내아이를 얻으니 김알지(金閼智)라 이름 붙였다. 시림의 이름을 개정하여 계림이라고 하였으며 또 국호로 삼았다고 한다. 알지는 소아(小兒)를 뜻한다〕. 파사(婆娑)에 이르러 힘을 다해 치국을 이루었다. 무기를 갈고 요새를 고치고 백성에게는 농잠을 권장하였다. 노인을 방문하여 곡식을 하사하고, 전야(田野)를 황폐하게 했을 때는 그 관리를 폄출하고, 홍수와 가뭄, 메뚜기 떼의 재난에는 곤궁에 처한 백성을 구휼하였다. 오로지 검약하기를 힘써 은부(殷富:넉넉하고 풍성함)를 기하였다. 이에 가야(伽耶)〔제4장에 상세함〕가 덕을 따르고 백제가 화합을 청하였다. 실독(悉督)[13]〔강원도 삼보부(三陟府)〕, 압독(押督)〔경상도 경산현(慶山縣)〕의 여러 나라도 역시 모두 항복하였다. 2대를 지나 일성왕(逸聖王)에 이르러 정사당(政事堂)을 두었고 제방을 쌓았으며 전야를 개간하였다. 민간의 금은주옥 사용을 금하였으며, 오직 선왕의 유법

---

13) '실직(悉直)'의 오류인가.

(遺法)을 행하였다. 이처럼 신라는 현군이 끊이질 않고 뒤를 이었기 때문에 번성하였다. 마음을 정치에 전념함으로써 나라의 토대는 점점 확고하게 되었다.

○신라의 혁거세가 왕위에 오르고 나서 21년〔일본기원 624년(기원전 36년)〕, 고구려의 시조 주몽이 왕위에 올랐다. 고구려는 곧 고조선의 땅이다. 그 북쪽에 나라가 있었으며 부여라고 한다. 부여의 왕은 금와(金蛙)의 아들로 생김새가 기이하고, 약관 7세의 나이로 활을 만들어 쏘니 명중하지 않는 법이 없었다. 부여의 속언에 활을 잘 쏘는 것을 일컬어 주몽(朱蒙:ス厶)이라 하였기 때문에 이렇게 이름 붙여졌다〔주몽은 또 추모(鄒牟)라고도 쓴다〕. 형제들이 그 재능을 두려워하여 죽이려 했기 때문에 주몽은 화가 두려워 동남쪽으로 달아나 졸본부여(卒本夫餘)〔평안도 성천부(成川府). 혹은 말하기를 졸본부여는 지금의 조선의 땅이 아니라 압록강 서쪽에 있었을 것이다. 졸본 또는 홀본(忽本)이라고도 함〕에 도착하였다. 비류수(沸流水) 상류에 수도를 정하고 국호를 고구려라 하고, 고(高)를 성씨로 하였다. 아마도 부여 인종이 남으로 옮긴 것은 이미 주몽 이전에도 있었을 것이며 졸본부여도 그 하나이다. 그렇지만 주몽이 나라를 세우게 되자 사방에서 몰려든 사람이 매우 많았다. 주몽은 비류수에 유채 잎이 흘러내려오는 것을 보고 상류에 사람이 있음을 알고 가서 이를 찾자 예상한 대로 나라가 있었으므로 비류라 하였다. 그 왕 송양(松讓)을 보고 기예를 겨루어 마침내 항복시켰으며, 또 성곽에 궁실을 지었다. 말갈(靺鞨)〔만주 길림성 및 성경성(誠京省)동쪽 경계〕이 침략해 올 것을 우려하여 이를 물리치고, 행인(荇人)〔이 지역에 대해서는 미상. 추측컨대 평안도 동쪽이거나 혹은 함경도의 남쪽에 있을 것이다〕과 북옥저(北沃

沮)를 쳐서 멸하였다. 유리왕(瑠璃王)은 선비(鮮卑) 〔내몽골 커얼친[科爾沁] 남쪽]를 내려보내 양맥(梁貊) 〔이 지역은 미상. 추측컨대 평안도 남쪽에 있을 것이다]을 멸하였다. 한의 왕망(王莽)은 고구려의 병사를 일으켜 흉노를 토벌하게 하였지만, 그 명을 거역하자 다시 엄우(嚴尤)를 보내와 공격하게 하였다. 왕상(王尙)이 따르지 않고 퇴각하여 한의 변방을 침략함이 점점 심해졌으며, 태무신왕(太武神王) 대에 이르러 부여와 전쟁하여 그 왕을 죽였다. 개마(蓋馬) 〔이 지역은 미상. 추측컨대 압록강 서북에 있을 것이다], 구다(勾茶) 〔이 지역 미상], 낙랑을 차지하고 영토를 개척하였다. 세력이 가장 강성해졌지만 말기에 이르러 한의 광무(光武)가 병사를 파견하여 바다를 건너 낙랑을 치고, 그 땅을 취하여 군현으로 삼았다.그 결과 살수(薩水) 〔평안도 청천강] 이남은 한에 속하게 되었다. 2대를 지나 모본왕(慕本王) 때에 이르러 (왕이) 포악하고 어질지 못하여 국사를 돌보지 않았다. 항시 앉을 때는 사람을 깔고 앉고, 누울 때는 사람을 베고 누웠으며, 그 사람이 움직이면 바로 죽였다. 신하 중에 간언하는 자가 있으면 이를 활로 쏘아 죽였는데, 신하인 두노(杜魯)가 자신이 재난을 입을까 두려워 결국 왕을 시해하였다. 태자 익(翊)이 불초(不肖)하여 사직을 관장하기에는 부족하였으므로, 백성이 유리왕(瑠璃王)의 손자를 맞이하여 왕으로 세우고 이를 태조왕(太祖王)이라 칭하였다. (왕은) 어려서부터 재능이 뛰어나고 현량(賢良)을 등용하고 환과(鰥寡)를 찾아 위로하였다. 때로는 출정하여 동옥저, 조나(藻那) 〔지역 미상], 주나(朱那) 〔上同] 등을 공격하고, 또 때로는 멸(滅)·맥(貊)·마한(馬韓)·선비(鮮卑)와 함께 한을 침략하고, 현토(玄菟)·요동을 공격하였다. 그 세력이 매우 성하였지만, 동생 수성(遂成)을 깊이 신임하여 권력의 남용을 방치하였다. 수성은 사냥에 빠지고 몰래 다른 마음을 품었지만, 왕은 94년의 긴 재위 기간을 거쳐 노쇠하여 알아채지 못했다. 결국 왕위를 수성에게 물려주었으며, 왕이 왕위를 양보하는 것이 이에서 비롯되었다.

○백제왕 온조는 고주몽의 아들이다. 처음에 주몽이 졸본부여에 와서 그 왕의 여식을 아내로 삼아 두 아들을 낳았는데, 첫째를 비류라 하고 둘째를 온조라 하였다. 주몽이 북부여에 있을 때의 아들 유리(類利)를 세워 태자로 삼으니, 두 아들은 양립할 수 없음을 두려워하여 오간(烏干)·마여(馬黎) 등 열 사람을 거느리고 남으로 떠났다. 비류는 미추홀(味鄒忽) 〔경기도 인천부〕에, 온조는 하남 위례성(慰禮城) 〔충청도 직산현(稷山縣)〕에 자리를 잡았다. 마한의 왕이 동북으로 1백 리의 땅을 나누어 주었는데, 비류는 미추 땅이 지대가 낮고 습기가 많아 안거(安居)할 수 없었지만, 위례는 이미 도읍이 안정되어 백성들이 안도(安堵)하는 것을 보고 부끄럽고 분하게 여겨 죽었다. 그로 인해 백성 모두 위례에 귀속하여 더욱 번영하게 되고, 이윽고 국호를 백제라 하였다. 그 계통이 고구려와 같이 부여에서 나왔으므로 부여를 성씨로 하였다. 그가 왕위에 즉위한 것은 고구려보다 20년 뒤늦은 일본기원 643년(기원전 17년)이다. 백제는 낙랑, 말갈 〔말갈은 고구려의 북쪽에 있었다. 그 속지(屬地)가 삼국의 사이에 있어 자주 백제와 신라를 침략하였음〕이 누차 경계를 혼란시키자 성을 쌓고 책(柵)을 설치하여 이를 막았지만, 그 난폭함이 여전히 끊이질 않았다. 그리하여 땅을 한수(漢水)의 남쪽으로 하고 위례의 민호(民

戶)를 이동시켜 여기에 도달하였다. 성궐(城闕)을 세우고 수도를 한산(漢山)〔경기도 광주〕으로 옮겼으며, 마한으로 사신을 보내 강역(疆域)을 정하였다. 북쪽으로는 패하(浿河)〔황해도 평산부 저나(猪攤)〕에 이르렀으며, 남쪽으로는 웅천(熊川)〔충청도 공주〕에 달했고, 서쪽으로는 대해(大海)에 닿아 있으며, 동쪽으로는 주양(走壤)에 달하였다. 또 부락을 순행하며 백성들의 인심을 위로하고 달래며 농사를 권장하고, 정사에 매우 힘을 썼다. 27년에는 마한의 왕이 쇠약함을 틈타 습격하여 마침내 멸망시켰다. 그 후 다루왕(多婁王), 이루왕(已婁王)을 거쳐 개루왕(蓋婁王)에 이르기까지는 사적(事蹟)이 확실하지 않으므로 기록이 불충분하다.

○당시 백제는 내륙에 가뭄이 들어 굶주린 백성이 고구려로 흘러들어갔다. 외말갈과 낙랑의 침략이 있어 해마다 전쟁이 끊이지 않았다. 한편 신라는 덕이 두터워 교화가 세상에 두루 미치니, 다른 나라에 비교하여 큰 차이가 났고 나라의 힘이 하늘과 땅 차이였다. 고구려는 더욱 강성해져 모든 이웃 나라를 병탄(倂呑)하니, 이때 삼국 모두 개국이 이어지고 각각 강역을 개척하였지만, 서로 침략 쟁탈하여 국력을 피폐시키는 일은 없었다. 단지 백제의 다루왕(多婁王) 때 수차 신라 변경을 침략하는 일이 있었을 뿐이다.

제2장 삼국의 중세

○신라의 아달라(阿達羅)가 서거하자 국인(國人)이 탈해의 손자 벌휴(伐休)를 왕으로 세웠다. 왕이 총명하여 사람의 옳고 그름을 잘

알아 세상 사람들이 이를 성인이라 하였다. 주군(州郡)을 순행하며
풍속을 살피고, 조분(助賁) 때에 이르러 감문(甘文)〔경상도 개녕현〕을
토벌하였으며, 골벌(骨伐)〔경상도 영천군에 있음〕의 군주도 백성을
이끌고 와서 항복하니, 왕은 그 지역 모두를 군과 현으로 삼았다.
첨해(沾解)는 사량벌(沙梁伐:경상도 상주)을 멸하고 처음으로 남당(南
堂)에서 정사를 보았다. 왕이 서거 한 뒤 후사가 없자, 국인(國人)이
조분의 사위 김미추(金味鄒)를 왕으로 세웠다 〔일본기원 921년(261)〕.
미추는 김알지의 후손이다. 이로부터 김씨가 처음으로 왕위를 이
었으며, 그 후 오랫동안 왕통은 김씨에게 귀속되었다. 왕은 친히 정
형(政刑)의 득실을 따져 빈궁(貧窮)을 진휼하고, 백성의 질고(疾苦)
를 순문(巡問) 하였다. 신료가 궁을 개작할 것을 청했으나, 백성이
고생할 것을 중히 여겨 듣지 않았다. 유례(儒禮)·기림(基臨)은 모두
조분의 자손으로 왕위를 계승하였다. 나해(奈解)의 손자 흘해(訖解)
가 그 뒤를 이어 왕위에 올랐지만, 그가 서거하자 석(昔)씨의 혈통
은 끊겼다. 대체로 신라 중세의 왕은 농사에 정성을 다하며, 정무에
힘쓰고, 그것에 방해되는 것을 제거하였다. 국력을 키우는 일은 우
연히 얻어지는 것이 아니다.

○백제는 초고왕(肖古王) 이후부터는 신라를 침략하거나 말갈을 습
격하여 주로 전투에 종사하였다. 고이왕(古爾王)과 같은 경우는 거
의 사냥에 빠져 있었지만, 관직·복색 등의 제도를 제정하였다. 그
런데 책계왕(責稽王)은 맥(貊)의 병사에 의해 살해 되었으며, 분서왕
(汾西王)은 낙랑 태수(太守)의 자객에게 살해당했다. 비류왕(比流王)
때에는 기근이 거듭되기에 이르렀지만 민생에 귀 기울이지 않고,

계왕(契王)·근초고왕(近肖古王)에 이르러서도 항상 안정된 날이 없었다.

○고구려 차대왕(次大王) 수성(遂成)은 왕위에 오르자 우보(右輔), 고복장(高福章) 및 태조왕의 아들을 살해하는 등 몹시 흉악하였다. 명림답부(明臨答夫)는 백성이 견디지 못하자 이를 죽였고, 좌보(左輔) 어지류(菸支留)는 군신과 의논하여 왕의 아우 백고(伯固)를 맞아 왕위에 앉혔다. 이를 신대왕(新大王)이라 한다. 차대왕(次大王)은 나이 일흔 여섯에, 신대왕(新大王)은 일흔 일곱에 왕위에 올랐다. 왕위에 오르자 답부(答夫)를 국상(國相)으로 하였다. 왕의 아들 고국천왕(故國川王)은 처사(處士) 을파소(乙巴素)를 초빙하여 국상으로 삼았으며, 대신(大臣)과 종척(宗戚)이 질투하는 것도 개의치 않고 정사를 맡기었고, 이를 천거한 안류(晏留)에게 상을 주는 것과 같은 일은 세상에서 드문 일이었다고 한다. 또한 사냥 다니면서 백성의 곤궁함을 보고 의식(衣食)을 내려 주었으며, 이윽고 진대법(賑貸法)〔매년 3월부터 7월까지 궁전의 곡식을 풀어 가구(家口)의 많고 적음에 따라 백성에게 빌려 주고, 겨울에 이르러 그것을 회수하도록 하였음〕을 세우는 등 매우 영명(英明)한 왕이었으나, 왕이 서거하자 왕비 우(于)씨가 그 사실을 숨기고 발상(發喪)하지 않았다. (우씨가) 왕의 아우 발기(發岐)의 집에 가서 왕위를 잇기를 권했으나 발기가 따르지 않자, 이번에는 아우 연우(延優)의 집으로 달려갔다. 연우가 이를 맞이하여 주연을 베푸니 왕후는 결국 연우의 손을 잡고 궁으로 들어와 유명(遺命)이라 꾸며 이를 왕위에 세웠으니, 이가 곧 산상왕(山上王)이다. 발기가 요동의 태수 공손도(公孫度)에게 군사를 청하여 연우를

치려하였으나 뜻을 이루지 못하고 죽었다. 왕은 또 우씨를 왕비로 삼았다. (왕비의) 음란함이 극에 달했지만 을파소가 상상(上相)의 위치에 있었음에도 잠자코 있으며 바로잡지 않았다. 동천왕(東川王)은 위(魏)와 싸워 크게 패하고 성을 평양에 지어 도읍을 옮기었다. 그렇지만 (왕이) 서거하자 국인(國人)들이 왕의 덕을 그리워하며 애상하지 않는 자가 없었으며, 근신(近臣)이 자살하여 순직하는 자가 매우 많았다. 2대 후의 서천왕(西川王)에 이르러서는 숙신(肅慎)〔만주 길림성〕이 와서 노략질을 하였는데, 왕이 그 아우 달고(達賈)로 하여금 이를 치게 하고 추장(酋長)을 죽였다. 이리하여 달고를 안국군(安國君)으로 봉하니, 모든 부족이 두려워하여 벌벌 떨었다. 아들 봉상왕(烽上王)이 왕위에 올라 숙부 달고(達固)와 아우 돌고(咄固)를 죽였다. 당시 연곡(年穀)이 되지 못하여 백성들이 의지할 바를 잃는 것도 돌보지 않고, 궁실을 대대적으로 수리하여 백성들이 부역 때문에 많이 도망쳤다. 군신이 간언(諫言)하였지만 듣지 않았으므로 국상(國相) 창조리(倉助利)가 이를 폐하니, 왕은 화를 면할 수 없음을 알고 스스로 목을 매어 죽었다. 처음에 돌고(咄固)가 죽임을 당하자 그 아들 을불(乙弗)은 해를 입을까 두려워하여 도망쳤다. 조리(助利)가 이를 민간에서 맞아드려 왕으로 세웠는데, 이가 미천왕(美川王)이다. 왕이 서거하고 나서 고국원왕(故國原王)이 왕위에 올라 뒤를 잇자, 변방에서는 점점 많은 사건이 일어나 항상 쟁란이 끊이질 않았다.

제3장 삼국의 쟁란 및 신라의 융흥(隆興)

○고구려 고국원왕(故國原王) 말기 〔일본기원 1029년(369)〕에 이르러 처음으로 백제를 침략하였다. 백제의 근초고왕(近肖古王)도 정예병을 출전시켜 이와 싸웠는데, 마침내 고국원왕이 날아오는 화살에 맞아 죽게 되었다. 그 이후부터 양국에 맺힌 원한이 매우 커 서로 출병하여 침벌하였다. 광개토왕(廣開土王)은 몸소 수군을 이끌고 백제의 모든 성을 공격하여 함락시켰다. 백제의 아화왕(阿花王)이 병마를 징집하여 이를 치려하였지만, 백성들이 이를 고통스러워하며 대거 신라로 도망침에 따라 뜻을 이루지 못하였다. 그로부터 50여 년간 양국의 전쟁은 멈추었지만, 그 원한은 더욱 풀리지 않았다. 백제의 개로왕(蓋鹵王)은 위(魏)에 사신을 보내어 군사를 일으켜 고구려 칠 것을 부탁하였지만, 위가 따르지 않았다. 또 고구려의 장수왕(長壽王)은 부도(浮屠)·도림(道琳)을 백제로 보내어, 왕에게 궁전 누각을 장엄하고 화려하게 고치고 공연히 서두를 필요가 없는 토목공사를 시작하게 하였다. 이에 (백제의) 곳간이 비고 백성이 곤궁에 빠져 나라의 국세(國勢)가 매우 위험에 처하자, (장수왕이) 몸소 장수로 출정하여 공격하였다. 7일이 지나 그 성을 함락시키고 (개로)왕을 묶어 죽였다. 개로왕의 아들 문주(文周)를 왕으로 세우고 수도를 웅진(熊津) 〔충청도 공주〕으로 옮기었다. (문주왕이) 권력을 휘두르고 법을 어지럽히자 그 신하 해구(解仇)가 왕이 사냥 나갔을 때 이를 시해하였는데, 아들 삼근(三斤)이 즉위하여 진로(眞老)에게 명해 해구를 죽였다. 동성왕(東城王)에 이르러 점점 미약해져 양국의 전쟁도 끝났지만, 한 차례 신라를 도와 고구려와 전쟁한 것으로 인해 문

자왕(文咨王)이 다시 침략해 왔다. 그러나 왕은 임류각(臨流閣)을 짓고, 연못과 정원을 만들고, 궁문을 걸어 잠그고 간하는 자를 거부함으로, 결국 신하 작가(苩加)에 의해 시해를 당했다. 아들 무령왕(武寧王)이 즉위한 뒤 작가가 모반을 일으키려 하자 이를 토벌하여 죽였다. 이로부터 성왕(聖王) 때에 이르러서는 고구려의 문자(文咨)·안장(安藏)·양원(陽原)왕과 전쟁하였는데, 성왕이 신라와 연합하여 고구려를 칠 계획을 세웠지만, 신라의 진흥왕(眞興王)이 따르지 않고 오히려 고구려와 통했기 때문에 성왕이 화가 나 신라를 침공하였다. 그렇지만 크게 패하여 결국 격살 당하였으며, 살아서 돌아간 필마가 거의 없었다고 한다.

○신라는 탈해 때, 백제 다루왕(多婁王)에 의해 자주 침략 당했다. 그 후 벌휴(伐休)부터 미추(味鄒) 때에 이르러서도 변경의 싸움이 있었는데, 고구려와는 대체로 사이가 좋았다. 내물(奈勿)은 볼모로 실성(實聖)을 보내고, 고구려의 광개토왕(廣開土王)은 또 군대를 신라에 보내 일본 병사를 쳐서 이를 구했다. 그 후 실성(實聖)은 돌아와 왕이 되었고, 내물이 자신을 외국에 볼모로 보낸 것을 원망하여 그 아들 눌지(訥祗)를 죽여 원한을 갚으려 하였으나, 오히려 눌지에 의해 죽임을 당했다. 눌지가 스스로 즉위하여 마립간(麻立干)이라 칭하였다. 마립간은 이미 있었던 말로 왕위를 나타내는 칭호이다. 이때 신라가 고구려의 변장(邊將)을 죽이고 또 백제를 구함에 따라 좋은 관계가 끊기게 되었다. 소지(炤智) 때에 이르러 고구려의 장수왕(長壽王)·문자왕(文咨王)이 빈번하게 북쪽 변경을 침공하였지만, 신라는 백제와 힘을 합쳐 이를 무찔렀다. 백제 또한 고구려의 약탈이

있을 때는 신라가 이를 도왔다. 그렇지만 진흥왕이 한 차례 백제 성왕의 청을 듣지 않은 후로 양국의 외교가 또 다시 깨져, 진평(眞平)·성덕(聖德) 때에 이르러서도 전투가 항상 끊이지 않았다. 생각건대 당시 삼국이 서로 교전하여 매우 많은 백성의 생명을 해치고 많은 국력을 낭비하였지만, 영토 분쟁이기 때문에 시비곡직(是非曲直)에 대해서 논할 만한 것이 못된다.

○삼국의 쟁란(爭亂)은 이와 같았다. 신라는 그 사이에 있었지만 헛되이 전투에 힘을 낭비하지 않고 국내 정치에 쏟음으로써, 문화의 진보는 두 나라 이상으로 앞서 나갔다. 원래 신라는 시조 이래 혹은 사라(斯羅), 혹은 사로(斯盧)라고 하여 국명이 아직 정해지지 않았다. 또 거서간(居西干)·차차웅(次次雄)·이사금(尼師金)·마립간(麻立干) 등의 칭호를 사용한 지 거의 20대에 이르지만, 지대로(智大路)에 이르러 신라국왕이라고 칭하고 법도를 제정하였으며 주(州)·군(郡)·현(縣)을 정하였다. 그 왕이 죽음에 따라 시호를 지증(智證)이라고 하였고, 국호를 정하고 왕이라 칭하여 시호를 세움은 모두 여기서 시작되었다〔일본기원 1200년대(540년대)〕. 법흥왕(法興王)은 율령을 반포하고 관제를 제정하였으며 연호를 칭하였다. 진흥왕은 이 백반의 제도를 살피고, 진평왕 때에는 관제가 더욱 더 갖추어져서 나라의 법과 풍속이 더욱 정돈 되었다. 왕이 죽고 나서 선덕(善德)·진덕(眞德)의 두 여왕이 왕위를 이어 즉위하였다. 선덕은 진평왕(眞平王)의 장녀인데 왕의 후사가 없어 즉위하였으며, 이것이 여왕 승계의 시초이다〔일본기원 1292년(632)〕. 진덕도 진평왕의 모제(母弟) 국반(國飯)의 딸이다. 이때 빈번히 백제의 공격을 받았지만

결코 좌절하지 않았고, 무열왕(武烈王)이 즉위하자 국운이 더욱 강성해졌다. 대략 진평왕 이래 사신을 수(隋)와 당(唐)에 파견하여 환심을 샀으며, 고구려·백제의 침략을 두려워하여 빈번히 도움을 부탁했다. 수와 당의 병사를 두 나라에 이용하도록 유도한 까닭도 여기에 있을 것이다.

제4장 수당(隋唐)의 내침

○수(隋)의 문제(文帝) 때에 와서 고구려의 영양왕(嬰陽王)이 말갈의 무리를 이끌고 요서(遼西)〔만주 성경성(盛京省) 서쪽 경계. 이때 고구려는 요수(遼水)의 동쪽 땅을 가지고 있었음〕를 침공하였다. 문제(文帝)가 크게 노하여 한왕량(漢王諒)으로 하여금 이를 치게 하였는데, 때마침 장마를 만나 식량 수급이 이어지지 않고 또 역병이 일어 결국 철군하였다. 왕도 또한 두려워하여 사죄하고 이와 화해하였다. 23년〔수(隋) 건국 8년〕에 이르러 문제의 아들 양제(煬帝)가 크게 병사를 일으켜 몸소 6사(師)를 이끌고 24군(軍)으로 명하여 좌우로 진격하여 요수(遼水)에 이르렀으나, 고구려 병사가 요수를 사이에 두고 지키고 있어 건널 수 없었다. 그리하여 부교(浮橋)를 만들어 강을 건너 요동성(遼東城)〔만주 성경성 요양주(遼陽州)〕을 에워싸고, 모든 군대가 함께 압록수(鴨綠水)의 서쪽에서 회합하였다. 영양왕이 대신(大臣) 을지문덕(乙支文德)으로 하여금 진영으로 보내어 거짓으로 항복하게 하였는데, 실은 그 허실을 정탐하려고 했던 것이다. 우익위대장군(右翊衛大將軍) 우중문(于仲文)이 이를 잡으려 했으나 뜻을

이루지 못하고, 문덕은 압록수를 건너 돌아갔다. 우중문이 좌익위 대장군(左翊衛大將軍) 우문술(宇文述)과 함께 뒤쫓았고 문덕은 거짓으로 달아나며 이를 유인하였다. 중문 등은 마침내 진격하여 살수(薩水)를 건너 평양(平壤)을 지나 30리를 가서 진을 쳤다. 문덕이 또다시 거짓으로 우문술에게 항복하니, 우문술 등 또한 평양성이 험고하여 손쉽게 빠져나오기 어렵다는 것을 깨닫고, 결국에는 문덕의 계략에 의해 돌아갔다. 문덕은 바로 군을 출정시켜 초격(鈔擊)하고, 살수에 이르러 수군(隋軍)의 반이 건넜을 때 뒤에서 이를 치니, (수의) 모든 군(軍)이 붕괴되어 걷잡을 수 없는 형편이 되었다. 하루 낮과 하루 밤 만에 압록수에 이르니 걷기를 4백50리. 이보다 앞서 내호아(來護兒)는 따로 강회(江淮)의 수군을 이끌고 바닷길로 해서 패수(浿水)〔대동강〕로 들어왔으나, 평양에서 고구려에 의해 패퇴하여 포구에 주둔하였는데, 문술(文述) 등이 패했음을 듣고 다시 병사를 퇴각하게 하였다. 처음에 수군(隋軍)이 요수에 왔을 때는 약 30만 5천이었으나, 돌아가 요동성에 이른 것은 단지 2천7백 명 뿐이었으며, 군수와 기계가 망실탕진(亡失蕩盡)되었다. 양제(煬帝)가 대노하여 문술 등을 철쇄로 묶어 이끌고 돌아갔다. 이 때 백제의 무왕(武王)이 수에 사신을 보내어 고구려를 치기를 청하였고, 이리하여 양제는 고구려의 동정을 엿보게 하였다. 무왕은 몰래 고구려와 통하여 수군(隋軍)이 요수를 건널 때 병사를 국경에 빈틈없이 두어 수를 돕겠다고 하였지만, 실은 양쪽의 정세를 엿보는 것이었다.

○다음 해에 이르러 양제가 재차 병사를 일으켜 요동성을 공격하였는데, 백방으로 힘을 다했지만 20여 일이 지나도 공략할 수 없었다. 마침 양현감(楊玄感)이 여양(黎陽)〔중국 하남성(河南省) 위휘부준현

(衛輝府濬縣)〕에서 모반했다는 보고가 요동(遼東)에 전해짐으로, 양제는 결국 군을 이끌고 되돌아갔다. 그 후 또 이를 정벌하려 하였으나, 수(隋) 또한 이미 혼란하여 그것으로 끝이 났다.

○영양왕(嬰陽王)이 서거하자 이복형제인 영류왕(榮留王)이 즉위하였다. 이때 수가 망하고 당(唐)으로 바뀌었으므로 영류왕이 사신을 보내어 화친을 맺었다. 그렇지만 왕 말기에 이르러 당의 사신 진대덕(陳大德)이 고구려로부터 돌아와 그 허실을 모두 진상하니, 태종(太宗)이 내심 이를 취하려는 마음이 생겼다. 그러나 이미 천개소문(泉盖蘇文)이 왕을 시해하고 왕의 조카 장(臧)를 왕위에 앉혔는데, 이가 보장왕(寶藏王)이다. 개소문이 스스로 막리지(莫離支) 〔관명〕가 되어 국사를 전횡하였다. 당이 사신을 파견하여 신라와 화해시키려 하였으나 개소문이 이를 가두었다. 이에 보장왕 3년 〔당 정관(貞觀) 18년〕, 당 태종이 스스로 수장이 되어 군을 지휘하고 신라·백제·해(奚) 〔내몽고 동남 경계〕·거란(契丹) 〔중국 직예성(直隸省) 동쪽 경계〕에게 명하여 이를 공격하게 하였다. 요동도행군(遼東道行軍) 대총관(大總管) 이세적(李世勣), 부대총관(副大總管) 강하왕(江夏王) 도종(道宗)이 진격하여 요수(遼水)를 건너 개모(盖牟) 〔만주 성경성(盛京省) 개평현(蓋平顯)〕를 쳐서 빼앗고 개주(盖州)라 하였다. 평안도(平壤道) 행군대총관(行軍大總管) 장량(張亮)은 수군(水軍)을 이끌고 동래(東萊) 〔중국 산동성(山東省) 내주(萊州)〕로부터 바다를 건너 비사성(卑沙城) 〔만주 성경성(盛京省) 해성현(海城縣)에 있음〕을 공격하여 이를 함락시켰다. 태종(太宗)이 또한 친히 나서 요동(遼東) 백암(白巖) 〔만주 성경성(盛京省) 요양주(遼陽洲)에 있음〕의 두 성을 빼앗아 주(州)로 삼고, 더

나아가 안시(安市) 〔만주 성경성 개평현(盖平縣)에 있음〕를 공격하였다. 이에 (고구려) 북부의 욕살(耨薩) 고연수(高延壽), 남부의 욕살(耨薩) 고혜진(高惠眞)이 고구려를 구원하여 그 군사 및 말갈(靺鞨)의 무리를 합쳐 진을 이루었는데, 그 길이가 40리였다. 당 태종(太宗)이 이를 보고 두려워하는 기색이었다. 도종(道宗)이 바로 평양을 치기를 청하였지만 태종이 응하지 않고 진격하니, 연수·혜진은 끝내 항복하였다. 태종이 있던 산을 이름하여 주필산(駐蹕山)이라 하였고 〔성경성 요양주(遼陽州) 수산(首山)〕, 전획(戰獲)으로 소와 말이 각 5만 필, 명광개(明光鎧) 1만 벌을 얻었으며 그 밖의 기계도 이에 준했다고 하니, (고구려의) 국력이 또한 왕성하였던 것으로 보아야 할 것이다. 그리고 안시(安市)의 성주(城主) 〔양춘(陽春)〕가 잘 방어하여 당이 인력을 모두 써서 이를 공격하였지만 빼앗지 못하였다. 태종은 요좌(遼左)가 일찍 추워지고, 풀이 마르고 물이 얼어 군사와 말이 오래 머무르기 어렵고 또한 식량이 다 떨어지자 결국 철군하였다. 처음에 출발하였을 때 병사 10만, 말이 1만 필이었으나 철수할 때는 불과 1천여 명, 말은 열에 여덟 아홉이 죽었으니, 그 후 개소문의 교만 방자함이 날로 심했다. 당이 또한 수차례 군사를 보내 국경을 침범하며 괴롭혔다. 내주(萊州) 〔중국 산동성(山東省) 내주〕에서 바다를 건너 이를 치게 하고, 또 검남도(劍南道) 〔중국 사천성(四川省)〕에 명하여 나무를 잘라 선함(船艦)을 만들게 하여 대대적으로 공격할 계획을 세웠다. 아마도 전에는 병력을 육로로 모두 집중시켜서 그 뜻을 이루지 못하였기 때문일 것이다. 그렇지만 태종의 죽음으로 결국 뜻을 이루지 못하였다.

제5장 백제 고구려의 멸망

○백제는 위덕왕(威德王)·혜왕(惠王)·법왕(法王) 모두 덕정(德政)의 인심을 유지하지 못하였다. 무왕(武王)에 이르러 강함을 자부하며 교만함으로 거의 쉴 틈 없이 신라를 공격하니, 이에 당이 사신을 보내어 이를 타이르고 병사를 거두어들이라고 하였지만 따르지 않았으며, 반약태오(盤樂怠傲)하고 욕심이 많았다. 의자왕(義慈王)이 그 뒤를 이었는데, 교사음일(驕奢淫佚:방탕하고 교만한 성격)하여 국사를 근심하지 않았다. 간신(諫臣)을 죽이고 병사를 일으켜 수시로 신라의 변경을 침범하였고, 고구려와 결탁하여 신라가 당에 조공하는 길을 막았다. 신라의 무열왕(武烈王)은 김인문(金仁問)을 당에 사신으로 보내어 백제를 치기를 청하니, 이에 의자왕 20년(660)〔당 현경(顯慶) 5년〕에 당의 고종(高宗)이 소정방(蘇定方)을 행군대총관(行軍大總管)으로 하여 수륙군(水陸軍)을 이끌고 내주(萊州)에서 바다를 건너 이를 공격하게 하였다. 무열왕은 또 태자 법민(法敏), 대장군 김유신(金庾信) 등으로 하여금 이를 성원(聲援)하게 하니, 백제의 장군 계백(階伯)이 견디지 못하고 죽었다. 당 및 신라의 병사가 도성을 둘러쌈에 백제의 민중이 모두 나서 막았지만 당의 군대가 승기를 잡고 더욱 진격하니, 왕이 마침내 소정방(蘇定方)에게 나아가 항복하였다. 소정방은 왕 이하 80여 명을 잡아 수도로 보내고 나라를 평정하였다. 당시 대략 5부(五部), 37군, 2백 개의 성, 76만 호가 있었다고 하는데, 당은 그 땅을 나누어 5도독부(都督府)〔웅진(熊津)·마한(馬韓)·동명(東明)·금연(金蓮)·덕안(德安)〕를 설치하고 각 주와 현을 통치하였다. 거장(渠長)을 발탁하여 도독자사(都督刺史) 현령(縣令)

으로 삼고, 유인(劉仁)으로 하여금 이를 수습하게 하니, 백제는 이에 이르러 멸망하였다. 시조 온조왕(溫祚王)부터 이에 이르기까지 대략 30대 왕 6백78년이다. 일본기원 1320년(660)이다.

○그 후 종실(宗室) 복신(福信) 등이 승 도침(道琛)과 주류성(周留城)〔전라도 전주 서쪽에 있음〕에서 병사를 일으켰다. 이때 왕자 부여풍(夫餘豊)은 우리 일본의 인질이었는데, 맞이하여 왕위에 즉위시키고, 당 장군 유인원(劉仁願)을 웅진성(熊津城)에 가두어 포위하였다. 복신이 권력을 전횡하여 풍과 자주 서로 시기하자 풍이 그를 제거하고, 사신을 고구려 및 우리 일본에 보내어 군사를 청하여 당의 군사를 막았다. 그러나 신라와 당의 공격이 점점 격해지자 풍은 마침내 고구려로 도망하고, 유인궤(軌仁軌)가 인원(仁願)을 대신하여 그 후를 다스렸다. 당은 다시 백제왕의 아들 융(隆)을 웅진의 도독(都督)으로 삼고, 인궤가 와서 신라와 함께 서맹을 하게 하였다. 그렇지만 그 땅은 얼마 후 신라에 의해 합병 당함으로써 백제는 결국 멸망하게 된다.

○당 고종이 이미 백제를 멸망시키고, 고구려 보장왕 20년(661)〔당 용삭(龍朔) 3년〕에 다시 설필(契苾)·하력(何力)·소정방(蘇定方) 등을 행군대총관으로 하여 두 갈래로 나누어 고구려를 치게 하였다. 신라 군대가 이에 맞춰 군량(軍糧)을 평양으로 날랐으나, 눈바람과 추위에 사람과 말이 피로하고 쇠약해지자 당은 병사를 이끌고 철수하였다. 25년〔당 건부(乾封) 원년〕에 천개소문이 죽고, 그 아들 남생(男生)이 대신하여 막리지가 되었다. 그러나 아우 남건(男建)과 권력을 다투어 남생이 결국에는 국내성〔평양도 의주. 혹은 압록강의 북쪽에 있다고 함〕에서 당에게 항복하니, 당은 이에게 관직을 내려 향도(鄕導)

로 하였다. 또 이적(李勣)을 행군대총관으로 하고, 신라왕 및 유인 원 등에게 명하여 이적의 지휘를 받게 하였다. 이적은 스스로 부여, 대행(大行) 〔만주 성경성에 있음〕의 모든 성을 함락하고, 모든 도(道) 의 군사를 모아서 압록책(鴨綠柵)에 이르렀다. 고구려인이 항거하 며 싸웠으나 이적이 이를 물리치니, 결국 평양성을 포위당한 지 수 개월 만에 왕은 버티지 못하고 남산(男産)을 보내어 항복하였다. 이 적이 이로써 돌아갔으며, 당은 바로 왕을 풀어주고 남건을 검주(黔 州) 〔중국 사천성 서양주 팽수현(彭水縣)〕로 유배 보냈다. 안동도호부를 평양에 두고 설인귀(薛仁貴)를 도호(都護)로 하였다. 5부, 1백76개의 성, 69만여 호를 나누어 9도독부(九都督府) 42주(州) 1백 개의 현으 로 하여 도호부가 이를 통치하였다. 고구려 장수(將帥) 중 공이 있 는 자를 골라 도독척사현(都督刺史縣)으로 임명하고 이를 통치하게 하였다. 시조 동명왕에서부터 이에 이르기까지 대략 28왕 7백5년, 일본기원 1328년(668)이다. 그 후 당의 고장(高臧)에게 개부의동삼 사요동도독(開府義同三司遼東都督)을 내려 조선의 왕으로 봉하였다. 또 그 자손도 왕으로 봉했지만, 부민(部民)은 점점 분산되어 고씨는 끝내 망하였다.

○생각건대 고구려는 국력이 강성하지 않았던 것은 아니다. 그렇 기 때문에 개소문이 포악무도함에도 왕과 신하가 일치할 때에는 당 태종이 신무(神武)하다 해도 이를 멸하지 못하였다. 그렇지만 그가 죽고 나서 근친이 서로 모반하니, 일반 백성들의 마음이 분산되어 결국 한 사람의 노장(老將)에 의해 멸망하였다. 한편 멀리서 그 원 인을 찾자면, 교만 방자하여 우호관계를 잃는 것이 하루 이틀의 일 이 아니다. 그 또한 멸망을 재촉하는 요인이었을 것이다.

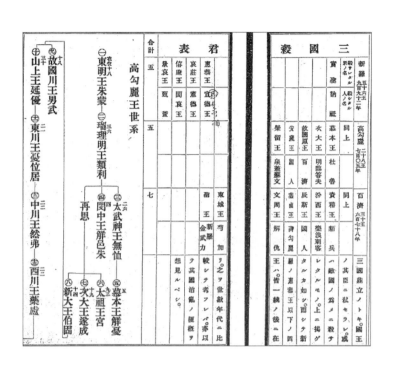

三國鼎立

高勾麗王世系

君表

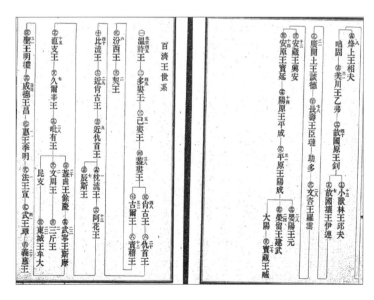

百濟王世系

제6장 가락(駕洛) 임나(任那) 및 탐라(耽羅)[14]

○삼국정립(三國鼎立) 시기에 남방에 나라가 있었는데 가락(駕洛)이라고 하였다. 가락은 처음에 9간(干)이 있었는데〔아도(我刀)·여도(汝刀)·피도(彼刀)·오도(五刀)·유수(留水)·유천(留天)·신천(神天)·신귀(神鬼)·오천(五天)〕, 각각 그 곳의 백성을 통합하여 추장(酋長)이 되었다. 산야에 모여 살며 군신(君臣) 위호(位號)가 없었지만, 일본기원 702년(42)에 이르러 김수로(金首露)라고 하는 자가 구봉(龜峯)[15]에 올라 가락의 9촌(村)을 바라보다 결국 그 땅에 이르러 나라를 열었다. 국호를 가야(伽耶)라고 하였다〔경상도 김해부. 일본기(日本紀)에서는 가라(伽羅)라고 함. 가락(駕洛)·가야(伽耶)·가라(伽羅)는 모두 동어이석(同語異釋)이지만, 김수로 이전에 가락(駕洛)이라는 명칭이 있었음에는 틀림없다〕. 그 후 개명하여 금관(金官)이라고 하였으며, 그 외에 5인이 있어 각각 5가야의 주인이 되었는데, 아라가야(阿羅伽耶)〔경상도 함안군(咸安郡). 일본기(日本紀)에 의하면 안라(安羅)〕·고령가야(古寧伽倻)〔경상도 위창현(威昌縣)〕·성산가야(星山伽耶)〔경상도 성주(星州)〕·대가야(大伽耶)〔경상도 고령현. 일본기에 의하면 임나(任那)라 함〕·소가야(小伽耶)〔경상도 고성현(固城縣)〕가 그것이다. 그 땅은 신라 서남쪽에 있으며, 동쪽으로는 황산강(黃山江)에 이르렀고 동북은 가야산(伽耶山)에 이르렀다. 서남쪽은 바다에 근접하였고 서북쪽은 지리산(智異山)과 이웃하였으며, 총칭하여 혹은 가락(駕洛)이라고 하였다. 지

---

14) 세 나라명에 대하여 각각 'カラ' 'ミマナ' 'トラ'로 일본음을 달고 있다.
15) '구지봉' 혹은 '귀지봉'이라고도 함.

금의 경상도 서남쪽으로, 아마도 태고의 변한(弁韓) 땅이었을 것이다. 수로는 성곽을 쌓고 궁실을 지었으며 때로는 출진하여 신라의 남쪽 변경을 습격하였다. 또한 음즙벌(音汁伐)〔경상도 안강(安康)〕이 실직곡(悉直谷)〔강원도 삼척부(三陟府)〕과 경계를 다투었는데, 신라에 찾아가 결정해주기를 청하자 신라왕이 이를 난처해하며 수로를 불러 물었다. 수로가 바로 결정함에 따라 왕이 육부(六部)에 명하여 수로를 대접하게 하였는데, 한지부(漢祗部)가 미자(微者)를 보내 접대하게 하니 수로가 화를 내어 부주(部主)인 심제(深齊)를 죽이고 돌아갔다. 이등(居登)이 즉위하여서는 신라에 화평을 청하고 그 도움으로 외구(外寇)를 물리치니, 그 아들을 보내 인질로 삼게 하였다. 좌지(坐知)에 이르러 용녀(傭女)와 혼인하였으며 그 무리를 총임(寵任)함에 따라 나라가 크게 혼란하게 되었다. 그때 신하 박원도(朴元道)가 이를 간언하고 또 복사(卜士)가 점서(占筮)로 깨우치게 하자, 좌지는 바로 그녀를 물리쳐 멀리하였다. 이 때 신라는 내란의 틈을 타서 이를 치려하였지만, 이에 따라 화를 면하였다. 그 후 구형(仇衡)〔삼국유사에 구충(仇衝)이라 함. 고려사에는 구해(仇亥)라 함〕은 신라와 혼인관계를 맺어 우의를 다지려 하였지만, 사소한 이유로 신라의 화를 초래하여 빈번하게 북쪽 경계를 침범당하다가 끝내 자립하지 못하고, 일본기원 1193년(533)에 이르러 신라에게 항복하였다. 신라의 법흥왕은 대우함에 있어 손님으로서의 예를 갖추었으며, 그 나라를 하사하여 식읍(食邑)으로 하고 금관군으로 삼았다. 가락은 대략 10왕 4백91년으로 멸망하였다.

○대가야 또는 임나(任那)라고 하였는데, 그 사적(史蹟)은 역사에 실

린 부분이 상세하지 않다. 시조 이진아시왕(伊珍阿豉王)〔일설에는 내진주지(內珍朱智)라고 함〕부터 도설지왕(道設智王)에 이르기까지 대략 16대 5백20년으로, 일본기원 1222년(562)에 신라의 진흥왕이 이를 멸하고 그 땅을 대가야군(大伽倻郡)이라 하였다〔성씨록(姓氏錄)에는 임나국왕에 가실왕(賀室王)·이리구모왕(爾利久牟王)·용주왕(龍主王)·좌리왕(左利王)·모류지왕(牟留知王)·풍귀왕(豊貴王) 등의 이름이 보이지만, 그 시대와 연대는 상세하지 않다〕.

○대가야는 우리 스진 천황[崇神帝] 때 소나가시치[蘇那曷叱知]를 사신으로 보내어 진장(鎭將)을 청하였다. 스진 천황은 염승진언(鹽乘津彦)을 사신으로 보내어 진수(鎭守:군대를 주둔시켜 군사적으로 중요한 곳을 지킴)하게 하였다. 또 왕자 아라시토[阿羅斯等][16]도 우리 일본에 건너 왔지만, 길을 잃었다가 스이닌 천황[垂仁帝][17] 때에 이르러 비로소 알현하였다. 스이닌 천황이 그 나라로 돌려보내고 또한 국명을 개정하여 임나(任那)라고 하였다. 아마도 아라시토가 길을 잃지 않고 도착하였다면, 선대인 미마키 천황[御間城天皇]〔즉 스진 천황〕의 신하가 되어 그 이름을 받았을 것이다. 진구 황후[神功皇后] 때에는 국왕 외에 또 일본부(日本府)가 있었다. 비자본(比自体:ヒジホ)〔경상도 창녕현(昌寧縣)〕·남가야(南伽羅:アリヒシノカラ)〔아마 소가야(小伽耶)〕·달국(喙國:トクノクニ)〔지역 미상〕·안라(安羅)·대라(大羅)〔경상도 협천군(陜川郡)〕·탁순(卓淳)〔경상도 금산군에 직지천(直旨川)이 있는데 아마도 그 근방일 것이다〕·가라(加羅)의 7개국이 모두 여기에 속

---

16) 일본서기 등에 보임. 신라에서 건너왔다고 하는 왕자.
17) 일본서기와 고사기에 전하는 일왕(日王). 스진 천황(崇神帝)의 셋째 아들.

한다. 후에 점차 부근의 소국을 합쳐 모두 임나라고 하였으며, 중신(重臣)이 항상 주재하여 제한(諸韓)을 통제하였지만, 누차 신라에 의해 침략당하여 토지가 점점 줄어들었다. 우리 일본의 게타이 천황[繼體帝]이 오우미노 게노[近江毛野]를 파견하여 신라를 타일러 그 침략한 땅을 돌려주게 하였지만, 게노[毛野]가 타협의 재능이 없어 그 일을 성사시키지 못했다. 또 백제에 명하여 부흥을 꾀하게 하였지만, 부수(府帥) 가와치노 아타이[河內直] 등이 배신하여 신라와 통하고 함께 힘을 합하지 않으니 국세는 점점 쇠약해졌다. 그 후 신라에 의해 멸망하기에 이르러서는, 기오마로[紀男麻呂]·가와베노 게이가쿠[河邊瓊岳] 등을 보내 신라를 공격하여 임나를 멸망시킨 죄를 묻고 이를 다시 일으키려 하였으나, 끝내 그 뜻을 이루지 못했다.

○생각건대 가락이나 임나라고 하는 것은 모두 하나의 부락이 다른 부락을 합쳐 총칭한 것으로, 단지 서로의 호칭이 다를 뿐이다. 그 경계지역에서는 대개 다를 바 없이 모두 같은 동족이 주거했던 것이지만, 국력이 매우 미약하여 항상 신라·백제 및 일본의 견제를 받았으며, 그 후에 결국 신라에 의해 병합되어 모두 군현이 되었다.

○탐라(耽羅)는 남해에 있으며 지금의 제주도라고 전한다. 양을나(良乙那)·고을나(高乙那)·부을나(夫乙那)의 세 신인(神人)이 있었는데, 오로지 사냥을 하며 가죽옷을 입고 육식을 하였다. 어느 날 일본의 사신이 세 여자와 더불어 말[駒]·송아지[犢]·오곡의 씨앗을 보냈다. 이에 각각 혼인하고 처음으로 오곡의 씨를 뿌리고 말과 소를 키우면서 날로 윤택해졌다고 하나 그 연대는 상세하지 않다. 백제의 문주왕(文周王) 2년(476)에 방물(方物)을 헌상하자 왕이 기뻐

하며 사신을 영접하여 은솔(恩率)로 삼았다. 이때부터 백제에 신하로 예속하여 좌평(佐平)의 관호(官號)를 받았다. 백제가 멸망함에 따라 주좌평(主佐平) 도동음율(徒冬音律)이 신라에 항복하여 속국이 되었으며, 고려가 신라의 뒤를 잇자 또 이를 공경하며 섬겼지만, 그 후 결국 한 국가의 영토에 속하게 되었다.

〔생각건대 김수로는 후한의 건무(建武) 18년 〔일본기원 702년(42)〕구봉(龜峯)에 올라 가락(駕洛)의 9촌(九寸)을 바라보고 그 땅에 나라를 창건하여 가야(伽耶)라 칭하였다고 하는데, 표류하다 다른 나라로부터 들어와 가락(駕洛) 지역을 점거한 것 같다. 그리고 그 밖의 다섯 명 5가야 땅의 주인은 모두 수로를 따르던 자일 것이다. 그렇지만 구사(舊史)에 수로는 어디 사람인지 모른다고 하며, 지금 그 나라의 이름을 가야(伽耶)라고 한다. 그 밖에도 가야·다라(多羅) 등의 이름이 있는 것을 보면 어쩌면 인도 지방에서 온 사람일지도 모르겠다. 인도의 옛날 말에 따르면 코끼리를 가야라고 하며, 야간(野干) 〔여우 종류〕을 실가라(悉伽羅)라고도 하며, 고래를 마가라(摩伽羅)라고 하였다. 함해(鹹海)를 사가라(娑伽羅)라고 하며, 산 이름에 가야산(伽耶山)·자가라(柘迦羅)가 있다. 나무에 다라(多羅)·다가라(多迦羅)가 있으며, 인명에도 담마가라(曇摩迦羅)·파라파가라(波羅頗伽羅)·석가 미다라(釋迦彌多羅)·사리불다라(舍利佛多羅)가 있다. 그리고 지명에 불타가야(佛陀伽耶)·가야성(伽耶城)·승가야라(僧伽耶羅) 〔지금의 錫蘭〕·나가라(那迦羅)가 있다. 그 밖에도 노가야(路伽耶)·비가라(毗伽羅)·사비가라(沙毗伽羅)·보특가라(補特伽羅) 등의 단어가 셀 수 없이 많다. 그렇기 때문에 조선의 가야(伽耶)·다라(多羅) 등은 어쩌면 인도 말이고, 탐라(耽羅:トラ)·백제(百濟:クダラ) 등도 필경 그 어원이 같을 것이다.

또 가락국기(駕洛國記)에 의하면 동한(東漢)의 건무 24년 〔김수로 7년. 일본기원 708년(48)〕, 가락의 허황후(許皇后)가 아유타국(阿踰陀國) 〔인도의 북부에 있음. 지금의 'アウド'〕에서 바다를 건너와 바라보니, 붉은 비단 돛과 비단 깃발을 단 배가 바다의 서남쪽에서 북쪽을 향하고 있었다. 수로왕

이 궁의 서쪽에 만전(幔殿:장막으로 만든 임시 궁전)을 배설하고 이를 기다리다 이들이 도착하자 맞이하여 궁전에 들게 하고, 가마를 함께 타고 대궐로 돌아가 왕비로 맞이하였다. 동국여지승람(東國輿地勝覽)에 이르기를, 허황후는 혹은 남천축(南天竺) 국왕의 여식이라고 한다. 이 두 설에 의하면 허씨(許氏)가 인도에서 왔음이 분명하다. 그렇지만 아유타(阿踰陀)는 인도의 북부에 있고 마갈타(摩揭陀)의 근방이기 때문에, 상고(上古)에서 말하는 소위 중천축(中天竺)이고 남천축은 아니다. 단, 고대의 전설에는 북(北)을 남(南)이라 하거나 서(西)를 동(東)이라고 하는 것과 같은 경우는 항상 있는 일이므로 의심할 바는 아니다. 아마도 김수로는 이미 인도에서 건너와 살고 있었기 때문에 그 부인도 따라서 온 것일 것이다. 그렇다면 수로가 인도인이라는 것은 거의 의심할 바가 없다.

본래 당시 인도와 중국과는 교통이 아직 크게 열리지 않았다. 그렇기 때문에 인도인이 조선에 왔다는 것은 중국의 육지를 통과한 것은 아니고, 인도에서 바로 바다를 건너 조선의 남부를 통과한 것이다. 허씨가 왔을 때도 바다를 건너 바다의 서남쪽 끝에서 북을 향했다고 하는 것은 그 항로를 증명하는데 충분하다고 할 수 있다. 이런 연유로 보면, 가락 지방 즉 조선 남부가 열렸던 것은 예로부터 인도의 풍화(風化)를 받은 것으로, 고구려 지방 즉 조선 북부가 오로지 중국문명의 여광(餘光)에 의지해 온 것과는 애당초 다르다고 보아야 한다. 이 설에 대해서는 옛날 사람들이 아직 도파(道破)하지 못한 부분이므로 고증이 매우 복잡해 질 우려가 있다. 장차 후일을 기다려 이를 상세히 논하고자 한다. 따라서 지금은 그 대략을 이와 같이 서술하는 것으로 한다.]

□가락왕 세계(世系)

생각건대 김수로의 재위 햇수는 매우 의심스럽다. 삼국사기에는 또 가야국 가실왕(嘉悉王)이 있고, 남제서(南齊書)에는 가라왕(加羅王) 하지(荷知)의 이름도 보이기 때문에, 오른쪽 세계(世系) 중에는 틀림없이 오류가 있을 것이다. 그렇지만 이를 바르게 고칠 근거가 없으므로 여기서는 그냥 구사(舊史)를 따르기로 한다.

제7장 중국 및 일본과의 관계

○고구려에 있어서 중국과의 관계는 매우 긴밀했다. 현도(玄菟:'현토'라고도 함)〔한(漢)의 현도군은 처음에 함경도(咸鏡道) 함흥부(咸興府)였는데, 후에 이맥(夷貊)에게 침략당해 서북으로 옮기었다. 지금의 함경성(盛京省) 홍경(興京) 근방이라고 함〕, 요동 같은 지역은 한이 모두 태수를 두고 이를 통치하게 하였다. 또 살수(薩水) 이남은 광무(光武) 때 한

에 속함으로써, 훗날 공손도(公孫度)가 요동에 의해 낙랑의 남쪽 경계를 분할하여 대방군(帶方郡)〔지금의 황해도〕을 두었다. 고구려는 삼면 모두 한과 영토를 접하고 있어 서로를 공격하는 일이 빈번하여 이기기도 하고 패하기도 하였는데, 산상왕(山上王) 때 한이 멸망하므로 삼국의 세상이 되었다. 동천왕(東川王) 때, 위(魏)의 명제(明帝)가 공손씨를 평정함에 이르자 낙랑·대방은 모두 위에 종속되었다. 이에 앞서 오왕(吳王) 손권(孫權)이 사신을 보내 화친을 통하려 하였지만, 왕은 그 사신의 목을 베어 위(魏)에 전함으로 해서 서로 화친을 맺었는데, 그 말년에 이르러 위의 황제 방(芳)이 관구검(毌丘儉)〔유주자사(幽州刺史)〕을 시켜 유무(劉茂)〔낙랑 태수〕·왕준(王遵)〔삭방(朔方) 태수〕과 함께 (고구려를) 침략하게 하였다. (고구려) 왕이 맞서 싸워서 이를 물리치고 승리의 여세를 몰아 진격하였으나, 검(儉)이 방진(方陣)을 치고 결사 항전하니 고구려 군이 크게 패하였다. 이에 왕이 남옥저(南沃沮)〔만주(滿洲) 성경성(盛京省) 해성현(海城縣)〕로 도망가 밀우(密友)의 힘을 빌어 겨우 탈출하였다. (고구려의) 동부(東部) 사람 유유(紐由)가 거짓으로 위의 군에 투항하여 그 장수의 가슴을 찌르고 함께 죽었는데, 왕이 그 혼란을 틈타 황급히 이를 공격하여 나라로 돌아갈 수 있었다. 그렇지만 환도성(丸都城)〔평안도 영원군(寧遠郡) 검산(劒山)〕이 난을 겪으면서 살 수 없었으므로 다시 성을 평양에 지어 수도를 옮겼다. 그 후 위(魏)·진(晉)의 정령(政令)은 동방에 두루 미치지 않아 낙랑·대방은 스스로 고구려·백제에 분속하기에 이르렀다. 봉상왕(烽上王)의 초기에 이르러 진이 정권을 잃고 선비족(鮮卑族)이 전성하여 모용외(慕容廆)가 수차례 침

략해 왔지만, 고국원왕(故國原王) 때에 이르러 모용외의 아들 황(皝)
이 점점 강성해져 연왕(燕王)이라 칭하였다. 먼저 고구려를 빼앗고,
후에 우문씨(宇文氏)를 멸하려고 스스로 강병을 거느리고 공격해
왔는데, 왕이 이를 막다가 크게 패하여 홀로 말을 타고 빠져나갔다.
황(皝)은 미천왕(美川王)의 묘를 파헤치고, 왕모를 가두었으며, 재보
(財寶)를 빼앗고, 남녀를 포로로 잡아 도성을 부수고 돌아갔다. 왕
이 사신을 보내 인질을 바치고, 조공을 헌납하며 어머니를 돌려주
기를 청하고 이와 화친하였지만, 얼마가지 않아 연(燕)도 또한 크게
혼란스러워 마침내 진왕(秦王) 부견(符堅)에 의해 멸망하였다. 모용
수(慕容垂)가 재차 일어남에 따라 고국양왕(故國壤王)·광개토왕(廣
開土王)은 모든 병사를 보내 변경에서 싸웠지만, 국력을 크게 약화
시키지는 않았다. 장수왕(長壽王) 때에는 그 세력이 가장 강성하여
남북 양조와 우의를 맺고, 위에 자주 조공을 바쳤다. 위의 효문제
(孝文帝)도 또한 각국에 사저(使邸)를 두고 제(齊)를 제일로 하였으
며, 고구려는 그 다음이었다. 그 외에 송(宋)·제(齊)·양(梁)·진(陳)
과 같은 경우에도 모두 간과(干戈)를 사용하는 일이 없었다.

○백제·신라가 사신을 중국에 보내어 방물(方物)을 바치는 일은 모
두 육조(六朝) 때에 있었다. 백제는 근초고왕 27년(372), 즉 진(晉)의
간문제(簡文帝) 감안(咸安) 2년〔일본기원 1034년(374)〕, 신라는 내물
왕(奈勿王) 26년(382), 즉 진(晉)의 효무제(孝武帝) 태원(太元) 7년〔일
본기원 1041년(381)〕이 역사에 보이는 처음 기록이다. 그렇지만 백성
이 사적으로 왕래 한 것은 이보다 훨씬 이전임에 틀림없다.

○중국의 책봉을 받은 것도 고구려가 가장 앞서 있었다. 고국원왕

이 연(燕)과 싸워 크게 패하고, 25년(355)에 사신을 파견하여 조공을 바쳤다. 연왕(燕王)이 준왕(僬王)을 정동대장군영주자사(征東大將軍營州刺史)로 하여 낙랑공(樂浪公)에 봉하고, 그 후 장수왕이 즉위하자 진이 사신을 보내 고구려왕[18]을 낙랑군공(樂浪郡公)으로 봉하였다. 송이 왕을 책봉하여 차기장군개부의동삼사(車騎將軍開府儀同三司)로 삼고, 제가 표기대장군(驃騎大將軍)으로 한 것과 같은 일은 역대로 있어온 항례(恒例)였다.

○백제는 직지왕(直支王) 12년(416)에 진(晉)으로부터 사지절도독백제제군사진동장군(使持節都督百濟諸軍事鎮東將軍) 백제왕으로 책봉받은 이래로, 무녕왕(武寧王)도 또한 양(梁)으로부터 지절도독백제제군사녕동대장군(持節都督百濟諸軍事寧東大將軍)의 책봉을 받았다. 이후로부터 이와 같은 일이 거듭되었다.

○신라의 책봉은 가장 나중으로 진흥왕(眞興王) 26년(565), 북제(北齊)로부터 왕을 봉하여 사지절동이교위낙랑군공(使持節東夷校尉樂浪郡公) 신라왕으로 삼은 것이 시초이다. 고구려가 책봉을 받고나서 백제는 대략 60여 년, 신라는 2백여 년 후이다. 아마 영토의 원근에 따라, 교제 방법에 스스로 선후(先後)·친소(親疎)의 구별이 있었던 것에 의한 것이리라.

○삼국정립(鼎立) 말기에 고구려는 영양왕(嬰陽王) 이래 수차 수(隋)와 당(唐)의 침략을 받았지만, 이를 모두 잘 방어(防禦)하다가 당 고종 때 백제·고구려가 점점 쇠란(衰亂)하여 끝내 당의 장수에 의해 멸망하였다〔이에 대하여는 이미 제4장·5장에서 상세히 기술하였다〕. 신라 통일

---

18) 원문에는 '高句麗主'로 되어 있다.

후에는 항상 당의 봉작을 받아 이에 복종하는 일에 더욱 힘썼다.

○고구려에 있어서 중국에 이어 관계가 깊었던 것은 일본이다. 고구려 광개토왕 때, 일본이 신라와 백제를 파함에 따라 왕이 이를 도와 함께 싸웠다〔일본기에 오진 천황[應神帝] 7년(276)에 고려인에게 한인(韓人)의 연못을 만들게 하였다고 전하는데, 이때의 포로였을 것이다〕. 장수왕 때에 사신을 보냈지만 일본은 그 표문(表文)의 무례함을 들어 받아드리지 않았고, 그 후 결국 사신을 통하거나 혹은 승도(僧徒)로 하여금 입조(入朝)하게 하였다. 보장왕 때〔일본 고토쿠 천황[孝德帝] 때〕 조공이 가장 많았지만, 나라가 북방에 있어 일본과 거리가 멀었으므로 관계도 저절로 멀어져 백제·신라와 같이 교류가 빈번하지는 못했다.

○백제는 근초고왕 때 일본의 진구 황후[神功皇后]가 신라를 정복한 후로 처음으로 일본에 복속하여 수차 방물을 바쳤으므로 조공이 끊이질 않았지만, 진사왕(辰斯王) 때는 그 예를 다하지 않았다. 그 때문에 일본서기의 오진 천황[應神帝] 때의 기록에 각등(角等)을 보내어 이에 대한 책임을 물었고, 백성들이 왕을 죽이고 사과하였다. 일본서기에 의하면 각등(角等)이 아화(阿花)를 왕위에 앉혔다고 하며, 아화왕(阿花王)이 또 조공하지 않음에 따라 동한(東韓) 땅을 빼앗았다. 이때부터 왕은 태자 직지(直支)를 보내어 인질로 하고 선왕의 우호관계를 회복하였다. 왕이 서거하자 직지가 아직 일본에 있으므로 태자의 둘째 아우 훈해(訓解)가 국정을 다스리며 태자가 돌아오길 기다렸다. 계제(季弟) 설례(碟禮)가 훈해를 죽이고 스스로 왕위에 올랐다. 직지가 그 부고를 듣고 통곡하며 돌아가게 해 달라고

청하자, 오진 천황[應神帝]이 병사를 붙여 직지를 보냈다. 국경에 이르자 해충(觧忠)이 맞으러 와서 말하기를 "대왕이 세상을 떠나서 설례(磔禮)가 형을 죽이고 스스로 왕위에 올랐으니, 바라건대 태자가 어서 대책을 세워라"고 하였다. 직지는 일본의 병사를 데리고 스스로를 호위하며 해도(海嶋)를 근거지로 이에 대비하였는데, 백성이 설례를 죽이고 (직지를) 맞이하여 왕위에 세웠다. 그 후 개로왕(蓋鹵王)은 여식을 보내 혼인시키고, 또 그 동생 곤지군(昆支君)를 인질로 두었다. 그리고 왕은 결국 고구려에 의해 죽임을 당하지만, 사직이 멸망하지 않은 것은 실로 일본이 보호해 준 덕택이라 할 것이다. 삼근왕(三斤王)이 죽자 곤지군의 둘째 아들 모대(牟大)〔일본기에 마타(末多)로 적음〕가 일본에서 돌아왔다. 일본의 유라쿠 천황[雄略帝]이 병사를 딸려 보호하며 보내어 왕위에 올랐다. 이를 동성왕(東城王)이라 하는데 포악하여 죽임을 당했다. 처음에 개로왕이 곤지군을 인질로 보내려 할 때 그의 임부(姙婦)도 같이 보냈고, 임부가 도중에 아이를 낳으니 사마(斯摩)라 하였다〔일본기에 도군(嶋君)으로 적음〕. 이에 사마(斯摩)가 왕위를 이었으니 이가 무령왕(武寧王)이다. 무령왕 이후는 수차례 모든 박사(博士)를 보내어 교대하게 하였다. 성왕(聖王)·위덕왕(威德王) 때에 이르러서는 임나·안라(安羅)가 항상 신라에게 침략 당함으로, 일본의 뜻을 물어 이를 부흥시키려고 백방으로 힘을 다했다. 또한 고구려 신라와 싸울 때는 수차 구원을 청했다. 일본의 긴메이 천황[欽明帝]은 기오마로[紀男麻呂]로 하여금 신라를 치게 하였으며, 오토모노무라지 사데히코[大伴狹手彦]로 하여금 고구려를 치게 하였다. 이후로 사신의 왕래가 항상 끊이지 않았다. 무왕(武王)은 또 그 아들 풍(豊)을 보내 인질로 삼았으며, 의자왕(義慈王)은 당에 의해 포로가 되어 사직이 멸망하기에 이르자, 복신(福信) 등이 풍(豊)을 일본에서 맞이하여 왕으로 세우기 위해 구원을 요청하였다. 이에 텐지 천황[天智帝]이 아즈미노히라오[阿曇比邏夫] 등을 보내어 이를 구하려고 당장군 유인궤(劉仁軌)와 백강구(白江口)〔충청도 금강(錦江)〕에서 싸웠으나 결국 패하여 풍(豊)은 고구려로 도망갔다. 그리고 장상(將相) 이하 일본에 귀화 한 자가 매우 많았다. 생각건대 아화왕(阿花王) 이후에는 일본에 깊이 복종하고 또한 일본은 사신과 병사를 보내어 이를 보호하였다. 따라서 왕위의 폐위도 좌우하는 일이 있었으며, 내정에 관여하는 일이 매우 많았다고 할 수 있을 것이다.

○백제가 멸망한 다음 해〔일본기원 1321년(371)〕, 일본의 사신 쓰모리노기사[津守吉祥]가 당으로부터 돌아오는 길에 폭풍을 만나 탐라(耽羅)에 표착하였다. 탐라왕은 그가 표착한 것을 기뻐하여 마침내 왕자 아하키(阿波岐)를 시켜 이를 배웅하게 하고 또한 방물을 바쳤다. 그로부터 대략 40년간 수차례 일본에 조공을 보냈다. 아마도 그 나라는 원래 백제에 속했는데, 백제가 당 및 신라에 망하자 일본은 병사를 출정시켜 이를 구원하였다. 이리하여 탐라는 신라의 신하가 되는 것을 바라지 않고 일본에 속하기를 바랐던 것으로 보아야 할 것이다.

○신라와 일본은 건국 이래 일찍이 교통이 열려있어 서로 이주하였다〔호공(瓠公)과 석탈해(昔脫解)가 일본에서 신라에 왔으며, 연오(迎烏)·세오(細烏)가 신라에서 일본에 온 것과 같은 예〕. 또한 변군(邊郡)을 어지

럽히는 일이 수차례에 달하고〔일본이 신라를 침구(侵寇)한 일은 박혁거세 8년 이후 매우 많았음〕왕래 또한 몹시 빈번하였지만, 그 후 우리의 진구 황후[神功皇后]가 병사를 대거 거느리고 이를 침공함에, 왕이 힘으로 대적할 수 없어서 복속하여 미사흔(未斯欣)을 인질로 보내고 매년 조부(調賦)를 바쳤다. 훗날 사신 박제상(朴堤上)을 보내어 거짓 꾀로 인질들을 송환하고, 제상은 결국 화형 당하였다〔진구 황후[神功皇后]의 정한(征韓)은 어느 왕 때인지 상세하지 않다. 미사흔(未斯欣)은 아마도 우리 국사(國史)에 나오는 미시코치[微叱許智]로 그때의 볼모이며, 필경 이때의 일일 것이다〕. 이때 백제도 사신을 보내어 일본에 조공하게 하였는데, 신라가 그 공물을 빼앗자 일본 장군 아라타 와케[荒田別] 등이 백제를 이끌고 이를 토벌하여 비자본(比自㶱) 등 일곱 지역을 평정하였다. 이래로 수차례 조공을 바쳤는데, 그 조공이 부족하다 하여 채근함이 끝이 않고 혹은 병사를 동원하기에 이르렀다. 자비왕(慈悲王)은 일본을 두려워하여 원군을 고구려에 청하였는데, 그러는 사이에 이를 의심하여 그 병사를 죽였다. 이에 고구려 장수왕이 군사를 일으켜 공격해오자 왕이 임나에 도움을 청했다. 우리의 진장(鎭將) 선반구(膳班鳩) 등이 이를 구하였지만, 아직 일본과 친한 관계를 맺지 못하였기 때문에, 유라쿠 천황[雄略帝]이 다시 기노 오유미[紀小弓] 등을 시켜 이를 치게 하였다. 진흥왕이 임나를 멸망시킴에 있어 크게 사이가 벌어져 우리의 장수 기오마로[紀男麻呂] 등과 임나에서 싸웠고, 진평왕 때 스이코 천황[推古帝]이 또 사카이 베노오미[境部臣]를 시켜 5성(五城)을 쳐서 빼앗게 하였다. 이처럼 서로 전쟁을 하면서도 조공은 더욱 게을리 하지 않았다. 그리고 진덕여왕(眞德女王) 원년(647)〔일본 고토쿠 천황[孝德帝] 대화(大化) 3년〕에 김춘추(金春秋)를 볼모로 잡고부터 무열왕(武烈王) 초기에 이르기까지 인질을 교대하게 하였다. 당시 신라는 매우 강성하여 군사를 당에 청하여 백제를 병합하려고 하였다. 일본은 또 백제를 도와 신라를 치려고 하였지만 결국은 화평하고 좋은 사이로 돌아가, 통일 후에는 수차 조공을 바치고〔당시의 조물(調物)은 금·은·동·철·칼·기(旗)·능라(綾羅)·견(絹)·포피(布皮)·구(狗)·말·낙타 등. 따로 황후·황태자 및 친왕에게 금·은·능라(綾羅) 등을 바치는 것이 관례가 되었다〕 사신이 항상 왕래하였다. 경덕(景德)·혜공(惠恭) 때〔우리 쇼무[聖武] 및 고닌[光仁] 천황 시대]에 이르러 일본은 조(調)[19]를 토모(土毛:땅에서 자라는 식물) 혹은 신물(信物)이라 칭하였고, 조(朝)를 수호(修好)라 칭하였으며, 구장(舊章)에 맞지 않는다고 질책하여 이를 거절하였다. 이로부터 사절단의 왕래가 점차 소원해져서 국가 간의 교류가 끊겼다. 그렇기 때문에 그 첫 조공이라고 한 것은 대등한 예를 갖추지 아니한 것이 확실하다. 그 후 장보고(張保皐)·견훤(甄萱)의 무리가 사신을 보내는 일이 있었지만, 또 모두 이를 받아들이지 않았다.

제8장 신라의 통일

○신라가 이윽고 당과 힘을 합쳐 백제·고구려를 멸하였으며 당은 모두 그 땅을 나누어 도독(都督) 등의 관(官)을 두고 통치하였다. 그러나 신라가 한동안 백제의 땅을 빼앗아 이를 차지하였고, 또 고구

---

19) 중국을 중심으로 한 동양의 옛날 조세 제도 가운데 각지의 특산물인 모시·베·명주·모피·지물(紙物) 따위를 나라에 바치던 일.

려를 배반한 백성들을 받아들였다. 이에 당이 자주 이를 책망하였으나 신라도 또한 굴복하지 않고 마침내 병사를 일으키기에 이르렀다. 당이 분노하여 왕의 작위를 빼앗고, 유인궤(劉仁軌)를 시켜 치도록 하였다. 왕이 바로 사신을 보내어 그 죄를 사과하였지만, 마침내 고구려의 남경(南境)에 이르기까지를 주군(州郡)으로 삼았다. 대략 무열(武烈)·문무(文武) 때에 이르러 김유신(金庾信)이 이를 보익(輔翼)하고 충과 힘을 다하여 당과 백제·고구려 사이에서 주선하여 통일의 과업을 이루었다. 추동목수(芻童牧竪)에 이르기까지 모두 그 공을 칭송하지 않는 자가 없었다.

○원래 고구려·백제가 그 나라를 세운 것은 신라보다 뒤였지만 망한 것은 이보다 앞섰다. 신라가 독존하여 그 후에 2백60여 년간 국맥을 보존한 것은 왜일까. 영토의 광협(廣狹)에 대해서 말하자면, 고구려·백제는 모두 크고 신라는 거의 그 반이었다. 갑병(甲兵)의 중과(衆寡)를 비교해도 또한 두 나라에 미치지 않기 때문에 침략의 화를 입지 않는 날이 없었다. 그렇지만 이를 두 나라와 비교하여 뛰어난 점이 있었는데, 말하자면 인화(人和)와 지리(地利)였다. 신라는 임금이 어질고 백성을 사랑하였으며, 신하는 충성으로 나라를 섬겼다. 그 법에 전사자는 깊이 예우하여 장사지내고, 작상(爵賞)의 수여는 일족에게 미쳤다. 이로 인해 사람들 모두 충신을 귀중하게 여기고 절의를 존중하였다. 전쟁에 임해서는 나아가 죽는 것을 영광으로 여겼으며, 살아서 퇴각함을 굴욕으로 여겼다. 백제가 망할 때는 오직 계백(階伯)뿐이었고, 고구려가 망할 때는 한사람도 절(節)을 위해 죽는 자가 없었다. 그런데 신라는 고구려·백제 병사를

앞에 두고도 나라를 위하여 죽은 자가 이루 헤아릴 수 없었다〔귀산(貴山)·추항(箒項)·찬덕부자(贊德父子)·해론(奚論)·눌최(訥催)·동소(東所)·죽죽(竹竹)·비녕자부자(丕寧子父子)·김흠운(金欽運)·예파(穢破)·적득(狄得)·보용나(寶用那)·반굴(盤屈)·관창(官昌)·필부(匹夫)·아진금(阿珍金)·소나(素那)·금령윤(金令胤)·취도(驟徒)·부과(夫果)·탈기(脫起)·선백(仙伯)·실모(悉毛)의 무리는 모두 사절(死絶)한 신하로서 가장 본보기가될 사람들이다〕. 이는 두 나라가 결코 미칠 수 없는 점이었다.

○또 그 지리적 이점을 논하자면, 신라는 지금의 경상도로서 기후가 온화하고 토지가 비옥하였다. 고구려의 척박(瘠薄)·한랭(寒冷)함과 다르고, 또 백제와 같이 수한(水旱)의 근심도 없었다. 그리고그 국경에는 산악이 중첩되어 외구를 방어함에 있어 매우 유리하였고, 그 지세(地勢) 또한 중국에 대하여 두 나라가 번병(藩屏) 역할을해준 것 같으므로 능압(凌壓)을 받는 일 또한 드물었다. 이것은 강대한 자가 먼저 망하고 약소한 자가 오히려 살아남는 이유이다. 그러나 신문왕(神文王) 이후에 이르러서는 점점 교치(驕侈)한 마음을가졌었지만, 성덕왕(聖德王)은 궁핍한 백성을 순무하고, 당을 섬기기를 정성껏 하므로 인해 당이 패강(浿江)〔대동강〕이남의 땅을 하사하였다. 이때에 국호를 왕성국(王城國)이라 개정하였고, 이윽고(중국과의 관계가) 예전으로 돌아갔다. 경덕왕은 마음을 민사에 쏟고, 남의 말을 관용으로 받아드렸다. 구주(九州)를 두고 군현(郡縣)을 제정하였으며, 관호(官號)도 고쳐 제도를 크게 일신하였다. 이에때때로 반적(叛賊)이 일어나 잠시 쇠미(衰微)의 징조가 없었던 것은아니지만 기강이 상존하여 아직 혼란에 빠지는 일이 없었다.

九州郡縣表

州名	尙州	良州	康州	漢州	朔州	溟州	熊州	全州	武州
小京		一		一	一		一	一	
郡數	十	十二	十一	二十七	十一	九	十三	十	十四
縣數	三十	三十四	二十七	四十六	二十七	二十五	二十九	三十一	四十四
舊名	沙伐州	歃良州	菁州	漢山州	首若州	西州	熊川州	完山州	武珍州

제9장 신라의 쇄망(衰亡)

○경덕왕(景德王)이 서거하여 아들 혜공왕(惠恭王)이 즉위하였다. 이때 다시 반역이 일어나 〔대공(大恭)·대렴(大廉)·김융(金融)·김은거(金隱居)·염상(廉相)·정문(正門)·김지정(金志貞)〕, 상대등(上大等) 김양상(金良相)이 이손(伊飱)·김경신(金敬信)과 함께 병사를 일으켜 반역자 김지정을 치고, 끝내는 왕을 시해하고 스스로 왕위에 올랐는데 이를 선덕왕(宣德王)이라 한다. 이에 경신(敬信)을 상대등(上大等)으로 삼았다. 왕이 서거하고 나서 후사가 없었으므로 군신이 왕족의 아들 주원(周元)을 왕으로 세우려하였으나 이루지 못하고 경신(敬信)이 결국 즉위하였다. 이가 바로 원성왕(元聖王)이다. 때마침

기역(飢疫)과 황한(蝗旱)으로 백성이 살기 어려웠고, 헌덕왕(憲德王)
이 애장왕(哀莊王)을 시해하여 스스로 왕위에 오름에 있어서는 기
근이 더욱 심했다. 주원(周元)의 아들 헌창(憲昌)은 자신의 아버지
가 왕위에 오르지 못하자 병사를 일으켰지만 바로 패망하였다. 흥
덕왕(興德王)이 뒤를 잇고 나서 궁핍한 자를 긍휼이 여기고 효를 기
리니 자못 칭찬할 점도 있었지만, 그 왕이 서거하자 당제(堂弟) 균
정(均貞) 및 당제(堂弟) 헌정(憲貞)의 아들 제륭(悌隆)이 왕위를 놓고
다투었다. 김양(金陽)은 균정(均貞)의 아들 우징(祐徵) 등과 균정을
받들어 왕으로 앉히고 족병(族兵)으로 숙위(宿衛)하였다. 제륭(悌隆)
의 무리 김명(金明) 등이 와서 포위하자 김양(金陽)은 포위망을 뚫
고 탈출하였으나 균정은 결국 해를 입었다. 이에 김명 등이 즉시 제
륭을 왕위에 세웠는데, 이가 위강왕(偉康王)이다. 우징(祐徵)은 화를
두려워하여 청해진(淸海鎭) 〔전라도 완도(莞島)〕의 대사 장보고(張保
皐)에게 의지하고, 김양(金陽) 또한 병사를 모집하여 청해진에 들어
와 우징(祐徵)을 보고 거사를 도모하였다. 그러던 차에 김명이 왕을
시해하고 스스로 왕위에 오르니, 이에 따라 김양은 우징을 받들어
청해진에서 병사를 일으켜 김명을 쳤다. 장보고는 병사 5천을 그의
벗 정년(鄭年)에게 주어 이를 돕게 하였다. 김양 등은 밤낮으로 행
군하여 달벌구(達伐丘) 〔경상도 대구현(大丘縣)에 있음〕에 도착하였으
며, 김명은 병사를 보내어 이를 막게 하였다. 한 번 싸워 크게 이기
고 진격하여 명(明)의 목을 베고, 민애(閔哀)라고 시호를 내렸다. 우
징을 왕으로 세우고 이를 신무왕(神武王)이라 하였으며, 국세(國勢)
가 여기에 이르러 위태로움을 떨치고 일어났다. 문성(文聖)·경문
(景文)·헌강(憲康)왕 때 반역 〔문성왕(文聖王) 때 양순(良順)·홍종(興宗)·
김이(金貳)·대은(大昕), 경문왕(景文王) 때 윤흥(允興)·숙흥(叔興)·김예(金

銳)·김현(金鉉)·근종(近宗), 헌강왕(憲康王) 때 신홍(信弘)〕이 수차 일어
났지만 모두 신속히 토벌되어 점차 평안해졌기 때문에, 당시의 군
신 모두 편안하고 한가롭게 지내며 놀고 쉬면서 가야금을 켜고 시
를 읊으며 서로 즐겼다. 서로 상대를 칭찬하며 마음이 편안하고 해
이해져서 경계하지 아니하니, 보기에는 세력이 매우 왕성한 것 같
지만 내부는 이미 부패하였다. 정강왕(定康王)이 왕위를 누이동생
진성(眞聖)에게 물려줌에 이르러 여왕은 마음 내키는 대로 음탕하
고, 더러운 짓을 행하고 아첨하여 군주의 총애를 얻는 자가 뜻을 이
루어 기강이 해이해졌으며, 당시의 정책을 비난하는 자는 하옥시
켰다. 도적이 봉기하여 주군(州郡)이 공부(貢賦:나라에 바치던 물건이
나 세금)를 보내지 아니하니 국용(國用)이 점점 궁핍해졌으며, 신라
의 쇠란(衰亂)이 여기에 이르러 극에 달했다. 효공왕(孝恭王) 때에
이르러 강역이 날로 압박을 받으나 힘으로는 막을 수 없음을 근심
하여 모든 성에 명하여 성벽을 굳건히 쌓고, 전쟁이 일어나지 않도
록 하였으나 점점 약해져 세력을 떨치지 못하였다. 경명왕(景明王)
2년〔일본기원 1578년(918)〕에 고려의 왕건(王建)이 궁예(弓裔)를 대신
하여 왕이라 칭하였고, 국력이 점차 성하니 왕이 사신을 보내어 이
를 초청하였고, 거의 대등한 예를 갖추기에 이르렀다. 경애왕(景哀
王) 때 후백제의 견훤(甄萱)이 갑작스레 왕도(王都)에 들어왔다. 그
때 왕이 포석정에서 놀며 술을 놓고 오락을 하고 있었는데, 병사가
쳐들어왔음을 듣고 급작스러움에 미처 어찌할 바를 몰랐다. 왕은 부
인과 도망쳐 성의 남쪽에 있는 이궁(離宮)에 숨었고, 시종·신료·궁
인·영관(伶官:음악을 맡아보던 벼슬아치)들은 모두 몰락을 당하였다.
견훤이 왕을 찾아 자진시켰으며 나아가 왕비를 욕보이고, 왕의 족
제(族弟) 김부(金傅)를 세워 왕으로 삼았다. 왕의 동생 효염(孝廉),

재신(宰臣) 영경(英景)을 포로로 하여 자녀(子女)·백공(百工)·병벌(兵伐)·진보(珍寶)를 모두 **빼앗아** 돌아갔다. 고려왕이 이를 듣고 사신을 보내 조제(弔祭:죽은 사람의 영혼을 조상하여 제사함)하게 하였다. 김부(金傅)가 왕위에 올랐으니 이를 경순왕(敬順王)이라 한다. 왕은 사방의 영토가 모두 다른 나라의 소유가 되고 나라의 세력이 약해 고립하여 스스로 안정을 찾을 수 없자 고려에 항복하려고 계획하였다. 왕자가 홀로 허락하지 않으며 말하기를 "당연히 충신·의사(義士)와 민심을 수합하여 목숨을 걸고 지켜야 한다"고 하였으나, 왕은 듣지 않고 마침내 서신을 보내어 고려에게 항복하겠다는 뜻을 전하게 했다. 고려왕이 항서를 받고 사신을 보내어 응답하게 하였다. 왕은 백료를 이끌고 왕도(王都)를 출발하였는데 향차보마(香車寶馬)가 이어지기를 30리 길이었다. 개경(開京) 〔경기도 개성부(開城府)〕에 들어오니 고려왕이 성밖까지 나아가 맞아들여 치사하고 유화궁(柳花宮)에 묵게 하였으며, 장녀 낙랑공주를 부인으로 삼고, 정견(庭見)의 예를 행하여 낙랑왕으로 봉하였다. 신라국(新羅國)을 없애고 경주(慶州)로 하였으며, 하사하여 식읍(食邑)으로 삼았다. 시조 혁거세부터 이에 이르기까지 박씨 10왕, 석씨 8왕, 김씨 38왕, 합하여 56왕으로 대략 9백92년에 멸망하였다. 문무왕(文武王) 때 고구려·백제를 멸망시키고 통일한 지 2백68년으로, 일본기원 1595년(935)이다. 국인(國人)이 본래 신라 시대를 나누어 3대로 하였는데, 시조에서 진덕여왕(眞德女王)에 이르기까지 28왕을 상대(上代)라 하고, 무열왕(武烈王)부터 혜공왕(惠恭王)에 이르기까지 8왕을 중대(中代)라고 하며, 선덕왕(宣德王)부터 경순왕(敬順王)에 이르기까지 20왕을 하대(下代)라 한다. 승강(昇降), 정치의 성쇄, 그 계한(界限)은 대략 이와 같다.

□신라왕 세계(世系)

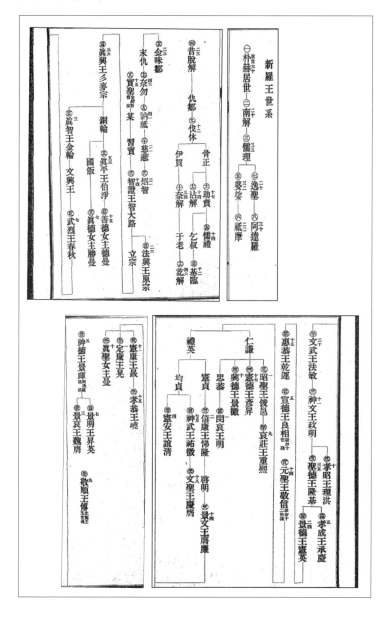

제10장 태봉(泰封) 및 후백제

○진성여왕(眞聖女王) 때에 이르러 군웅(群雄)들이 틈을 타 일어남이 위모(蝟毛:고슴도치의 털)와 같았는데, 그 중에서 가장 큰 자는 궁예(弓裔)와 견훤(甄萱)이었다. 궁예는 헌강왕(憲康王)의 서자(庶子)로 처음에 머리를 깎고 승이 되었으며, 계율에 얽매이지 아니하고 매우 담력이 있었다. 항상 자신이 나라로부터 버려진 것을 원망하고 고구려를 위하여 원수를 갚으려 하였다. 국가가 쇠란한 틈을 타 그 의지를 이루려고 생각하여 북원(北原)〔강원도 원주〕의 도적[賊] 양길(梁吉)과 투합하여 토지를 약탈하였으며, 그 후 스스로 장군이라 칭하니 군성(軍聲)이 매우 높았다. 처음으로 내외의 관직을 설치하여 왕건 및 그 아버지 융(隆)이 모두 귀의하였다. 효공왕(孝恭王) 5년〔일본기원 1561년(901)〕에 이르러 스스로 왕이라 칭하고 이윽고 국호를 세워 마진(摩震)이라 하였으며, 이것을 기원으로 하여 백관(百官)을 설치하고 도읍을 철원(鐵圓)〔강원도 철원부〕으로 정하였다. 모든 주(州)가 명망을 듣고 와 투항하였으므로 사마(士馬)가 점차 강해지고 영토가 점점 넓어져 거의 전국의 3분의 2를 차지하였다. 후에 다시 국호를 태봉(泰封)이라고 개정하고, 스스로 미륵불이라 칭하였다. 머리에 금책(金幘)을 쓰고, 몸에 방포(方袍:승이 입는 네모진 가사)를 입었고, 외출 할 때에는 항상 백마를 타고 비단으로 머리끝을 장식하였다. 동남동녀를 시켜 번개향화(幡蓋香火)를 들고 앞서 걷게 하였으며, 비구니 2백여 명에게 명하여 범패(梵唄)를 부르며 뒤를 따르게 하였다. 또 경전 20여 권을 편술하였는데, 그 말이 모두 요망하고 불경하였다. 부인 강씨가 비법을 행함을 간하자 즉시 이를

학살하는 등 교만하고 난폭함이 날로 심했다. 왕건은 처음부터 궁예에 의해 신용을 얻었으며 수차례 모든 주(州)를 정벌하여 공로를 쌓았다. 신분은 백관의 우두머리였지만 화를 입을 것을 두려워하여 자리에 있는 것을 즐거워하지 않고, 오로지 감정을 누르고 근신하고 힘써 신뢰를 얻었다. 그에 신하들이 서로 공모하여 왕건을 추대하여 왕으로 삼고 나라를 고려라고 칭하였다. 궁예가 그 변(變)을 듣고 매우 놀라 바위 계곡으로 도망가다 결국 부양(斧壤)〔강원도 평강현〕의 백성에 의해 살해당했다. 왕이라 칭하고부터 여기에 이르기까지 대략 17년 만에 멸망하였다.

○견훤(甄萱)은 본래 상주(尙州) 농가의 아들로 지기(志氣)·척당(倜儻)·지략(智略)이 있었다. 신라 말에 기강이 해이하여 도적이 줄지어 일어나니 몰래 망명을 계획하였다. 서남쪽 주현이 이르는 곳마다 호응이 있어 열 달 사이 무리가 5천에 이르렀고, 무진주(武珍州)〔전라도 광주〕를 습격하여 스스로 왕위에 올랐다. 그 때는 바야흐로 진성여왕 6년〔일본기원 1552년(892)〕이다. 마침내 도읍을 완산(完山)〔전라도 전주〕으로 정하고 후백제라 칭하였다. 관(官)을 설치하고 직을 나누고, 사신을 오월(吳越)〔중국요강성. 전류(錢鏐) 오월(吳越)에 의해 왕이라 칭함〕 및 후당(後唐)에 보내어 봉작을 받았다. 또 고려가 일어났을 때부터 화친하였지만, 견훤이 신라를 공격했을 때 신라가 고려에게 원군을 청하여 이를 막아냄에 따라 사이가 벌어졌다. 군사를 내어 함께 싸웠지만, 견훤이 결국 화해를 청하고 서로 인질을 교환하였다. 이러는 사이에 견훤의 외생(外甥) 진호(眞虎)가 인질로서 고려에 있다가 병 걸려 죽었는데, 견훤은 그가 살해당했다

고 의심하여 인질 왕신(王信)을 죽이고 수차례 고려를 침략하였다. 또 나아가 신라의 고울부(高鬱府) 〔경상도 영천군〕를 공격하여 졸지에 왕도에 들어가 경애왕(景哀王)을 죽이고, 그 족제(族弟) 김부(金傳)를 세워 왕으로 삼았다. 고려왕 스스로 정예 부대를 이끌고 견훤과 공산동수(公山桐藪) 〔경상도 경산현에 있음〕에서 싸워 패하였으니, 대장 신숭겸(申崇謙)과 김락(金樂)이 이때 죽었다. 그 후 견훤이 편지를 보내 화친을 요구하였고, 고려가 다시 편지를 보내 이에 답하였는데, 견훤이 약속을 어기고 왕을 죽인 죄를 책하며 듣지 않았다. 이렇게 하여 견훤이 또한 수차례 고려를 침략하였으며 고려의 장수가 항복하거나 죽었지만, 고창군(古昌郡) 〔경상도 안동부(安東府)〕을 둘러싸고 고려왕이 유금필(庾黔弼)의 계략에 따라 진군하여 속전하므로 견훤이 크게 패하여 도망갔다. 이로부터 군현(郡縣)이 줄지어 고려에 항복하는 일이 점점 늘었다. 견훤이 처음에 넷째 금강(金剛)을 사랑하여 왕위를 물려주려 하였는데, 장자 신검(神劍)이 이찬(伊粲)·능환(能奐)과 꾀하여 그 부자를 금산(金山) 〔경상도 금산군〕의 불사에 가두고 동생 금강을 살해 한 후 스스로 왕위에 올랐다. 견훤이 몰래 도망쳐 고려로 달아나니 고려왕이 후하게 대접하며 극진히 예를 갖추었고, 호를 붙여서 상부(尚父)라 칭하며 이에게 식읍을 하사하였다. 견훤이 수차례 신검(神劍)을 칠 것을 청하니, 왕이 스스로 삼군(三軍)을 이끌고 이를 공격하고 진격하여 일선(一善) 〔경상도 선산부(善山府)〕에 진을 쳤다. 신검이 이를 맞아 크게 패하고 끝내 항복하였다. 고려왕은 능환을 책하여 이를 죽였으나 특별히 신검은 용서하였다. 후백제가 이로써 멸망하니, 견훤이 자립한지 대략 45년, 신라가 망한 후 1년이다.

제11장 발해

○신라 통일 후 북방에 한 나라가 섰는데 발해라고 한다. 발해는 본
래 조말말갈(粟末靺鞨) 〔말갈의 부락 속말하(粟末河)를 따라 사는 사람. 속
말하(粟末河)는 지금의 송화강(松花江)으로 고구려 북쪽에 있었다. 상
고(上古) 초기부터 수차례 삼국을 침략하였는데, 고구려가 망하자
나머지 백성을 점차 (발해에) 귀속시켜 끝내는 그 지역을 병합하였
다. 일본기원 1373년 〔신라 성덕왕(聖德王) 12년(713)〕에 그 수장 조영
(祚榮), 성은 대(大)씨인 자가 스스로 진국왕(震國王)이라 칭하였다.
국가의 세력은 점점 왕성하게 된 바, 당의 예종(睿宗)은 조영을 공
경하여 좌효위대장군발해군왕(左驍衛大將軍渤海郡王)이라 하였다.
이로부터 시작하여 말갈이라는 칭호를 없애고 발해라 하였다. 그
후 무예(武藝)와 인수(仁秀)왕 때에는 점차 경우(境宇)를 개척하여,
그 땅의 남쪽으로는 신라와 접하고 동쪽으로는 바다를 면했으며 서
쪽은 거란(契丹)과 접하고 5경(京) 15부(府) 62주(州)가 있었다. 숙
신(肅愼)·예맥(濊貊)·옥저(沃沮)·고구려(高句麗)·부여(夫餘)·읍
루(挹婁)·솔빈(率賓)·불열(拂捏)·철리(鐵利)·월희(越喜)의 옛 땅을
함께 갖고 있었다 〔대략 지금의 평안도, 함경의 서쪽 경계 및 만주의 성경
·길림 두 성(省)에 해당한다〕. 또 여러 유생을 당에 보내어 문물제도
를 배우게 하였다. 정부의 조직은 대체로 당의 제도를 모방하여 관
에 선조성(宣詔省)·중대성(中臺省)·정당성(政堂省)이 있으며, 좌우
상(左右相)·좌우평장(左右平章)·시중(侍中)·상시(常侍)·간의(諫議)
가 있었다. 또 좌의 육사충인의부(六司忠仁義部), 우의 육사지예신
부(六司智禮信部)가 있으며, 각각 낭중(郎中)과 원외(員外)가 있었다.

무관(武官)에는 좌우위대장군(左右衛大將軍) 등이 있고, 그 복장(服章)에도 자(紫)·비(緋)·천(淺)·비(緋)·록(綠) 및 아(牙)·홀(笏)·금(金)·은(銀)·어(魚)의 제도가 있었다고 한다.

○무예(武藝) 또한 일본기원 1387년(727) 〔성무제(聖武帝) 신귀(神龜) 4년〕 영원장군(寧遠將軍) 고인의(高仁義)로 하여금 일본을 내빙하게 한 이래 수차 사신을 보내어 방물(方物)을 바치고 공순(恭順)의 예를 갖추었다. 일본 또한 이에 보빙(報聘)하여 항상 내왕이 끊기는 일이 없었다.

○이때 거란(契丹)의 태조 아보기(阿保機)가 서북방 〔중국 직예성(直隸省) 승덕부(承德府) 및 내몽골 古東部〕에서 일어났다. 일본기원 1576년 〔신라 신덕왕(神德王) 5년(915)〕에 스스로 천황왕(天皇王)이라 칭하였으며, 세력이 매우 강성하여 사방을 병합하려는 마음이 있었다. 1586년 〔신라 경애왕(景哀王) 3년(926), 거란 천현(天顯) 원년〕에 모든 부(部)의 병사를 이끌고 부여성(夫餘城)을 함락시키고, 그 수장(守將)을 죽이고 진격하여 홀한성(忽汗城) 〔만주 길림성에 있음〕을 포위하였다. 발해왕 대인선(大諲譔)이 패전하여 마침내 항복하니, 아보기(阿保機)는 바로 발해의 이름을 바꾸어 동단국(東丹國)이라 하였으며, 그 아들 돌욕(突欲)을 인황왕(人皇王)이라 하고 이를 다스리게 하였다. 조영(祚榮)을 왕이라 칭하고부터 대략 14왕 2백40년이 지나 발해가 망하였다. 여기에 이르러 그 세자(世子) 대광현(大光顯) 및 장군 신덕(申德), 예부경(禮部卿) 대화균(大和鈞) 등이 여당(餘黨)을 이끌고 전후(前後) 고려로 도망하니 대략 그 수가 수만호가 되었다고 한다.

□발해왕 세계(世系)

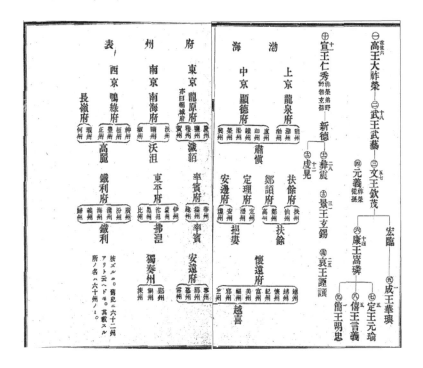

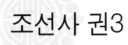

조선사 권3

제3편 상고사

제12장 제도

○정치는 삼국 모두 군현제(郡縣制)로, 고구려는 처음에 대보(大輔)
〔유리왕(瑠璃王) 22년(3) 대보합부(大輔陜父)〕·좌보(左輔)·우보(右輔)
〔태무신왕(太武神王) 8년(25), 을두지(乙豆智)를 우보로 하였다. 10년에 을두
지를 좌보로 하고 송옥균(松屋均)을 우보로 하였다〕·중외대부(中畏大夫)
〔차대왕(次大王) 3년(148), 비류나양신(沸流那陽神)을 중외대부(中畏大夫)로
하였음〕 등의 관직이 있어 정사를 돌보았다. 태조왕은 우·좌보를
개편하여 국상(國相)으로 하였고, 그 말기에 이르러 막리지(莫離支)
가 있었으며 〔천개소문(泉蓋蘇文)이 영류왕(營留王)을 죽이고 스스로 막리
지가 되었다〕, 여기에 모든 나라의 정권이 귀착하였다. 또 대주부(大
主簿)·주부(主簿)·대사자(大使者)·사자(使者)·패자(沛者)·대가(大
加)·고추가(古鄒加)·우태(于台)·조의(皂衣)·대형(大兄)·소형(小
兄) 등의 관작(官爵)이 있었다 〔수서(隋書)·당서(唐書) 모두 관 12급이
있다고 하였는데, 그 이름이 각각 다르다. 수서는 태대형(太大兄)·대형(大兄)
·소형(小兄)·대로(對盧)·의후(意候)·조졸(烏拙)·태대사자(太大使者)·대
사자(大使者)·소사자(小使者)·욕사(褥奢)·예속(翳屬)·선인(仙人)으로 하
였다. 당서는 대대로(對大盧)·울절(欝折)(華言主簿)·태대사자(太大使者)·
예의두대형(帛衣頭大兄)·대사자(大使者)·대형(大兄)·상위사자(上位使者)·
제형(諸兄)·소사자(小使者)·과절(過折)·선인(仙人)·고추대가(古鄒大加)로
하였다. 하지만 그 이름이 본국의 역사에 보이지 않는 것이 많아 모두 믿기 어

렵다]. 패자(沛者)를 좌보국상에 임명하고 우태(于台)를 중외대부에 임명하는 경우가 많았다.

○국도(國都)는 5부(五部)로 나누어 내부(內部)〔처음에 계루부(桂婁部)라 하고, 다시 황부(黃部)라 칭함〕·동부(東部)〔처음에 순노부(順奴部)라 하고, 다시 좌부(左部)라 칭함〕·서부(西部)〔처음에 소노부(消奴部)라 하고, 다시 우부(右部)라 칭함〕·남부(南部)〔처음에 관노부(灌奴部)라 하고, 다시 전부(前部)라 칭함〕·북부(北部)〔처음에 절노부(絶奴部)라 하고, 다시 후부(後部)라 칭함〕라 하였다. 대략 태고의 제도에 따르고 또 60개의 주현(州縣)을 두었다. 그 대성(大城)에 욕살(褥薩)이 있고 그 아래에 요좌(僚佐)가 있었으며, 조사(曹事)를 분담하여 이를 통치하였다.

○백제는 처음 우보(右輔)〔시조 2년, 족부(族父) 을음(乙音)을 우보로 둠〕와 좌장(左將)〔고이왕(古爾王) 7년(240), 진충(眞忠)을 좌장으로 하였고, 아화왕(阿花王)·무령왕(武寧王) 때에도 좌장이 있어 병관(兵官)·좌평(佐平)의 밑에 있었음〕이 있어 병사를 관장하였지만, 고이왕(古爾王) 27년〔일본기원 920년(260)〕에 이르러 관제를 크게 정리하고 6좌평(六左平)을 두었다. 내신좌평(內臣佐平)은 선납(宣納), 내두좌평(內頭佐平)은 고장(庫藏), 내법좌평(內法佐平)은 예의(禮儀), 위사좌평(衛士佐平)은 숙위(宿衛), 조정좌평(朝廷佐平)은 형옥(刑獄), 병관좌평(兵官佐平)은 병마(兵馬)를 통솔하였다. 또한 달솔(達率)·은솔(恩率)·덕솔(德率)·타솔(打率)·나솔(奈率)·장덕(將德)·고덕(固德)·계덕(季德)·대덕(對德)·문독(文督)·무독(武督)·좌군(佐軍)·진무(振武)·극우(克虞)의 관직이 있었다. 6좌평은 또한 1품, 달솔은 2품으로 하여 진무와 극우에 이르기까지 16품이었다. 말기에 이르러 상좌평

〔직지왕(直支王) 4년, 여신(餘信)을 상좌평이라 함〕, 중좌평과 하좌평이 있어 군국의 정사를 돌보고 대체로는 변함이 없었다. 대략 은솔 이하 관(官)은 상원(常員)이 없고, 각 부에 사(司)가 있어 중무(衆務)를 담당하였다. 내관에는 전내부(前內部)·곡부(穀部)·내부(內部)·약부(掠部)·외략부(外掠部)·마부(馬部)·도부(刀部)·공덕부(功德部)·약부(藥部)·목부(木部)·법부(法部)·후궁부(後宮部)가 있었고, 외관(外官)에는 사군부(司軍部)·사도부(司徒部)·사공부(司空部)·사구부(司寇部)·점구부(點口部)·객부(客部)·외사부(外舍部)·주부(綢部)·일관부(日官部)·시부(市部)가 있었다. 장사(長史)는 3년에 한 번 교대했다고 한다.

○서울지방은 5부(五部)로 나누어 상부(上部)·전부(前部)·중부(中部)·하부(下部)·후부(後部)로 하였다〔일본에 사신으로 보낸 자 중에는 서부(西部) 등의 이름도 보인다〕.

○왕이 나라 안을 순무(巡撫)하고, 왕족을 중용하여 정사를 맡기는 것과 같은 예는 고구려와 백제 모두 다를 바 없다.

○신라는 유리왕(儒理王) 9년〔일본기원 692년(32)〕에 처음으로 관 17등을 설치하였다. 이벌찬(伊伐湌)〔또는 이벌간(伊伐干), 천벌찬(天伐湌), 각간(角干), 각제(角祭), 서발한(舒發翰), 서불감(舒弗邯)이라고도 함〕·이척찬(伊尺湌)〔또는 이찬(伊湌)이라고도 함〕·잡찬(匝湌)〔또는 잡관(匝判), 소판(蘇判)이라고도 함〕·파진찬(波珍湌)〔또는 해간(海干), 파미간(波彌干)이라고도 함〕·대아찬(大阿湌)·아찬(阿湌)〔또 아척간(阿尺干), 아제(阿祭)라고도 함. 아찬(阿湌)에서 사중아찬(四重阿湌)에 이름〕·일길찬(一吉湌)〔또한 을길간(乙吉干)이라고도 함〕·사찬(沙湌)〔또한 살찬(薩湌),

사돌간(沙咄干)이라고 함〕·급벌찬(級伐飡)〔또는 급찬(級飡), 급벌간(及伐干)이라고도 함〕·대내마(大奈麻)〔또 대내말(大奈末)이라고도 함. 마(麻)부터 구중대내마(九重大奈麻)에 이름〕·내마(奈麻)〔또는 내말(奈末)이라고도 함. 마(麻)부터 칠중내마(七重奈麻)에 이름〕·대사(大舍)〔또는 한사(韓舍)라고도 함〕·사지(舍知)〔또는 소사(小舍)라고도 함〕·길사(吉士)〔또는 적지(籍知), 길(吉)이라고도 함〕·대오(大烏)〔또는 대오지(大烏知)라고도 함〕·소오(小烏)〔또는 소오지(小烏知)라고도 함〕·조위(造位)〔또는 선저지(先沮知)라고도 함〕가 있었다. 그 후에 이르러 태대각간(太大角干)〔또는 태대서발한(太大舒發翰)이라고도 함. 법흥왕(法興王) 7년(520)에 보임〕·대각간(大角干)〔또는 대서발한(大舒發翰)이라고도 함. 무열왕(武烈王) 7년(660) 김유신(金庾信)에게 내림〕·상대등(上大等)〔또는 상신(上臣)이라고도 함. 법흥왕 18년(531)에 철부(哲夫)가 맡음〕·금하(衿荷)·상당(上堂)·적위(赤位)〔법흥왕 7년(520)에 보임〕 등의 지위도 설치하였다. 또 한사(漢史)〔梁書 南史〕에 자분한지(子賁旱支)·일한지(壹旱支)·제한지(齊旱支)·알한지(謁旱支)·일길지(壹吉支)·기패한지(奇貝旱支) 등의 관직명이 있었다고 하는데, 일본 국사에 간기(干岐)라고 하는 것과 같을 것이다. 그렇지만 본국의 역사에 모두 이를 실지 않았으므로 지금 그것이 어느 때인지 상세히 알 수 없다.

○직제(職制)는 처음에 대보(大輔)〔남해(南解) 7년, 탈해(脫解)를 대보로 하였음〕가 있어서 군국의 정사를 돌보았으며, 또 그 직사(職事)를 통솔하는 자가 있었지만〔첨해(沾解) 때, 아찬(阿飡) 부도(夫道)는 물장고(物藏庫)를 통솔하는 종류〕, 법흥·진평 이후에 이르러 분장(分掌) 제도가 점차 정비되어 병부(兵部)·조부(調府)·창부(倉府)·예부(禮部)

등의 모든 관직을 설치함에 이르렀다 〔다음의 표를 참조할 것〕.

○지방의 정치는 국초부터 왕도(王都)를 6부(六部)로 나누고 〔제1
장 참조〕, 부(部)에 장(長)을 두었다. 또 주군현(州郡縣)을 나누어 군
주(軍主) 〔후총관(後摠管) 또는 도독(都督)이라 고침〕와 군주현령을 두고
이를 통치하였다. 그리고 왕은 친히 나라 안을 순무(巡撫)하고 또
사신(使)을 보내어 백성의 질고(疾苦)를 물어 진휼(賑恤)을 베푸는
일이 잦았다.

○통일 후에 이르러서 대개 구관제(舊官制)를 따르면서 거기에 윤
색을 가하였다. 경덕왕(景德王) 때 비로소 구주(九州)를 두고 군현
(郡縣)의 이름을 바꾸었으며, 군(郡)에 태수(太守)가 있고, 현(縣)에
소수(小守)가 있었다. 그렇지만 패강(浿江) 이남 지역은 구주(九州)
에 포함하지 않고 집사시랑(執事侍郎) 〔즉 전대등(典大等)〕에게 진무
(鎭撫)하게 하여 정부가 직할하고 있었다. 그 후 모든 관호를 바꾸
었는데, 경공왕(景恭王) 때 이르러 구관제로 복원하였다. 태봉(泰封)
이 개국함에 이르러서는 여러 가지 관직을 제정하였지만, 그것은
오랫동안 시행되지는 않았다. 그렇지만 고려 초기의 관제는 이에
근거한 것이 적지 않다고 한다.

新羅 (관제 표 1)

官位	外位	執事省	調府令	兵部	倉部	四天王寺成典	京城周作典	賞賜署	大道署	禮部	國學	音聲署
太大角干·大角干·伊伐飡·伊飡·迊飡·波珍飡·大阿飡												
阿飡	一百近費·嶽干·述干	中侍		令	令			令		令		
大宗	大宗	典大等										
	幢干 學章幸											
	貴干	大舍知										
大舍	大舍	主事	舍知	大舍	大舍	上堂	大舍	大舍	大正	大正	朝	大正
年代	創置	六真平王年	四法興王年	五法興王年	四眞平王年	二神文王年	三真平王年					

官制 表 (관제 표 2)

官位	外位	傳詔府	內省	東市典	新官	左司祿館	彩典	工匠府	左理方府	位和府	領客府	船府	倂作府	乘府	典祀署
太大角干·大角干·伊伐飡·伊飡·迊飡·波珍飡·大阿飡															
阿飡	一百近費·嶽干·述干								令	令	令	令	令	令	
大宗	大宗														
年代	創置	四眞興王年	九真平王年	十眞平王年	文武王年	二眞德王年	十文武王年	五眞平王年	三眞德王年	五眞平王年	六神文王年	六眞平王年			

外官

浿江鎭典	外官
都督郡	仕臣
原州都督	州刺史
少監	仕大舍

이 표에 든 것은 법흥·진평 이후 점차 갖추어진 것이다. 그 사이에 다소 연혁(沿革)이 없었던 것은 아니나, 그 외 관직이 비소(卑小)함에 이르러서는 명칭이 분분하여 적지 못한 것이 있다. 지금 단지 그 대략을 적어 둘 뿐이다.

○관직에 임명하고 위계를 내리는 것에는 제한이 있었다. 대아찬 (大阿湌)부터 이상은 진골(眞骨) 〔왕족〕에게 수여하고, 주주군주(州主 君主)와 같은 직위도 대체로 종척(宗戚)을 등용하였다. 진흥왕 때 이르러 인재를 골라내는 제도가 없음을 걱정하여 미남자를 뽑아 화장하고 꾸며서 이를 화랑이라고 불렀다 〔또 근랑(近郎)이라고도 한다〕. 그 무리가 매일 모여 서로 도의(道義)를 연마하고 혹은 가악상열(歌樂相悅)하게 하면서 그 사람의 사정(邪正)을 관찰하고 예망(譽望:명예와 인망)이 많은 자를 선택하여 이를 등용하였다. 이와 같이 인재를 뽑는데 힘을 썼지만, 그 골품을 논하는 일은 쉽게 고쳐지지 않았기 때문에, 널리 재능이 있는 자가 타국으로 옮겨가 업적을 쌓으려 하는 자가 나오기까지에 이르렀다. 그 후 궁술로 사람을 뽑았는데, 원성왕(元聖王) 4년 〔일본기원 1448년(788)〕에 이르러 처음으로 독서출신과를 제정하여 인재를 고용하였다. 그렇지만 당으로 유학 한 자는 반드시 이 법에 의하지 않고도 출세하는 일도 있었다.

○백관 봉록의 제도. 백제·고구려는 훈노(勳勞)에 의해 식읍(食邑)을 하사하는 예가 보이지만 상세하게 알 수가 없다. 신라는 문무왕(文武王) 때 김유신에게 전(田) 5백결을 하사하였다. 그 후에 또 김유신 및 김인문(金仁問)에게 식읍 각 5백 호를 하사하고, 강수(强首)에게 한 해에 봉조(棒租) 2백 석을 더 베풀었다. 그렇지만 이것들은 모두 백제·고구려를 평정한 것에 대한 상이기 때문에 정제(定制)는 아니다. 또 강수에게 조(租) 2백 석을 더 베풀었다는 문헌에 따라 생각해 보면, 당시의 봉록(俸祿)은 전읍(田邑)이 아니라 조를 급여하였음이 분명하다. 신문왕(神文王) 2년 〔일본기원 1342년(682)〕에 이르러 처음으로 문무 관료에 전(田)을 하사한 일이 있었지만, 단지 차이가 있다고 할 뿐 그 수를 알 수 없다. 그렇지만 신무왕 때 장보고

(張保皐)에게 식실봉(食實封) 2천 호를 하사한 일이 있었다. 그리고 경순왕이 고려에 항복했을 때 식읍 8천 호, 한 해에 녹 1천 석을 하사한 것을 보면, 백관이 받은 것은 귀척(貴戚)이라 하여도 그다지 많지 않은 것으로 보아야 할 것이다.

○내외 병마(兵馬)의 경우는 삼국 모두 이를 중요시 하여, 처음에 모두 1등관이 통솔하는 것으로 하고 국왕이 친히 임하여 열병하는 일이 있었다. 신라는 자비왕(慈悲王) 때 이미 좌우장군이 있었지만, 그 제도가 가장 갖추어졌던 것은 법흥왕이 병부(兵部)를 두고 진평왕이 시위부(侍衛部)를 설치한 후이다. 군호(軍號)가 대략 23개 있었으며, 이를 통솔하는 자는 장군(將軍), 대감(大監), 제감(第監), 소감(小監), 당주(幢柱) 등이었다. 대체로 백성을 징집하고 변경(邊境)을 지키게 하는 것은 3년을 기간으로 했는데, 만약 국가의 변고가 많다면 제때에 바꾸지 않고 6년이 지나서 귀환하는 일도 있었다.

○통일 후도 항상 병비(兵備)에 태만하지 않고, 문무왕 때에는 설수진(薛秀眞)이 육진(肉陣) 병법(兵法)을 진언하고, 경공왕(敬恭王) 때에는 김암(金巖)이 패강(貝江)에 진을 세우고 또 이를 가르치는 일이 있었다. 또 원성왕 때에는 무조(武鳥)가 병법 15권을 헌상하는 일이 있었지만, 그 법이 어떤 것인지는 지금 상세히 알기 어렵다.

○고구려와 백제는 무엇보다도 국력을 전투에 쏟았는데, 병제(兵制)는 새로이 생각할 것이 없다. 그렇지만 백제가 망할 때 일본에 귀화하는 자에는 곡나보수(谷那普首), 목소귀자(木素貴子)와 같이 병법에 익숙한 자도 있었다고 하기 때문에 필경 규율이 있었다고 보아야 할 것이다.

○그 병기(兵器)는 궁전(弓箭)〔삼국〕, 도검(刀劍)〔백제·고구려〕, 모 (鉾)〔백제〕, 창(槍)·극(戟:갈라진 창)·도끼[鉞]·포노(砲弩)〔신라〕, 고 시(楛矢)·포차(砲車)·포석(抛石)〔고구려〕, 금갑조부(金甲雕斧)·금 휴개(金髹鎧)〔백제〕, 명광개(明光鎧)·철순(鐵盾), 철적(鐵的), 고취(皷 吹)〔고구려〕. 철질려(蒺鐵蔾) 등이 있었다〔이상의 명목을 삼국으로 분 속함은 단지 사적에 보이는 것에 대하여 말하였을 뿐이며, 반드시 이에 그치 지 않는다. 이하 모두 이에 따른다〕. 또 백제에서 기치(旗幟)는 모두 황 색을 사용하고, 고구려에서는 흑기(黑旗) 혹은 적기(赤旗)를 사용하 며, 신라에서는 금색(衿色)으로서 대오(隊伍)를 나눈다. 금(衿)은 휘 직(徽織)으로 그 형태는 반달모양을 본떴다. 계[罽]도 또한 옷 위에 걸쳤지만 길이에 관한 규정은 지금도 상세히 알 수 없다.

□신라의 군호표(軍號表)

新羅軍號表

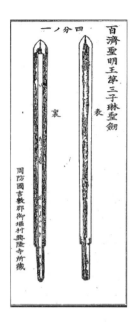

〈그림〉백제 성명왕(聖明王) 三子 임성검(琳聖劍)

○삼국정립 당시는 전투가 항상 끊이지 않아 성을 쌓고 담을 세우
는 일에 모두 큰 힘을 동원하였지만, 그 중에서 고구려 동천왕(東川
王)이 평양성을 쌓았을 때는 둘레 2만 4천5백39척, 높이 13척. 외곽
성의 축조는 둘레 8천2백 척, 토축(土築)은 2만 2백 척과 높이 32척
이었다. 또 영류왕(榮留王) 때 장성(長城)을 쌓았는데 북쪽으로는 부
여성의 동남에서 시작하여 서남쪽은 바다에 이르기 까지 천여 리,
대략 16년이 걸려서 그 과업을 이루었다고 하는 것은 가장 큰 공사
의 예라고 할 수 있다. 고구려·백제가 이미 멸망하고 신라가 통일
을 이루자 적국외환(敵國外患)의 자충(刺衝)도 심하지 않으니 크게
공력(功力)을 소비하지 않게 되었다. 오직 헌덕왕(憲德王) 때 패강
(浿江)의 장성(長城) 3백 리를 축조하였던 것이 최대의 공사가 되었

을 뿐이다.

○형제(刑制)는 고구려의 소수림왕(小獸林王) 3년〔일본기원 1033년 (373)〕, 처음으로 율령을 반포(頒布)하였다고는 하지만 지금은 전해지지 않는다. 대체로 반역한 자는 기둥에 묶어 횃불로 이를 태우고, 나중에 목을 베어 그 집안을 적몰(籍沒:중죄인의 재산을 몰수하고 가족까지도 처벌하던 일)하였다. 또 싸움에 임하여 패배하거나, 사람을 죽이고 겁탈한 자는 참형에 처했다. 물건을 훔친 자는 열 배를 보상하고 신분을 박탈하여 노비로 삼았던〔미천왕(美川王) 때에는 그 값을 보상하여 이를 태형에 처하는 일도 있었다〕것과 같이 그 법을 적용하는 일이 매우 엄격하여 범하는 자가 드물었다고 한다.

○백제에는 허리를 베고 그 처자를 죽이는 등의 형벌이 있었다. 그렇지만 반역하는 자는 그 집안을 적몰하고, 사람을 죽인 자는 노비로서 세 번 죄를 속죄하였다. 관인이 재물을 받거나 훔친 자는 그 세 배를 징수하였으며 종신금고(終身禁錮)에 처하기도 하였다. 아마도 그 법은 고구려에 비하면 약간 관대했던 것 같다.

○신라는 법흥왕(法興王) 7년〔일본기원 1180년(520)〕에 처음으로 율령을 반포하였고, 무열왕(武烈王)이 또한 이를 참작하여 이방부(理方府)의 격(格) 60여 조를 정하였지만 그 자세한 것은 알 수 없다. 그렇지만 구족(九族)을 멸하거나 혹은 멀리에 귀양 보내는 등의 형벌이 있었고, 왕이 친히 옥에 갇히어 있는 죄수를 조사하여 종종 경죄를 용서하는 경우도 있었다.

○또 국가의 큰 제사 및 태자 책립 시에 고구려·신라 모두 대사면을 행하였다.

○통일 후에는 효소왕(孝昭王) 원년〔일본기원 1352년(692)〕에 율령전박사(律令典博士) 6명을 둔 것으로 보아 매우 발달한 것이라 할 수 있겠다. 궁예(弓裔)가 왕이라 칭함에 이르러서는 가장 잔혹한 법을 적용하였다. 철태로 타살하거나 혹은 부인을 벌하는데 3척의 철 방망이를 만들어 이를 달구어 그 음부를 찔러 죽이는 일도 있었다. 하지만 이는 모두 일시적인 일로 정제(定制)는 아니다.

○조세는 고구려에서는 사람마다 세포(稅布:조세로 바치던 피륙) 5필, 곡식 5석이다. 유민은 3년에 한 번 세금을 내는데, 열 사람 모두 세포(細布) 1필, 조(租)는 호수마다 1석, 다음은 7두, 그 다음은 5두를 냈다고 전한다.

○신라는 진평왕 6년〔일본기원 1244년(584)〕, 조부령(調府令) 한 사람을 두고 공무를 보게 하였다. 그 징렴법(徵斂法)은 전(田) 1부(負)〔1백 척을 1부(負)로 함〕부터 조(租) 3승(升)을 납부한다. 태봉(泰封) 때는 전(田) 1경(頃)부터 조세 6석(碩)을 취하고 치역(置驛)의 각 호(戶)에게 사(絲) 3속(束)을 부과하자, 백성은 경직(耕織)을 버리고 유망(流亡)했다고 한다. 그리하여 신라의 제도는 이보다 관대한 것이었다고 보아야 한다.

○또 천재(天災) 등에 의해 한 해의 조조세(租調稅)를 면제하는 일은 신라·백제에서 모두 행하였지만, 백제의 징렴(徵斂)에 대해서는 달리 고려할 바가 없다.

○그 밖에 궁실을 수리하고 성곽을 짓는 등의 일이 있으면 국내의 남녀를 징발하여 사역하는 일은 삼국 모두 늘 행해왔다. 도량형(度量衡) 제도와 같은 것은 고려할 것도 없지만, 우리나라(일본)에 전해

진 고려척(高麗尺)이라고 하는 것은 필경 당시의 척도일 것이다. 대략 고려척 1척은 우리 현재의 곡척(曲尺)의 1척 1촌(寸) 7분(分) 3리(厘) 6모(毛)에 해당한다고 할 것이다. 그 밖에 신라에서 자비왕(慈悲王)이 경도(京都)의 방명(坊名)을 정하였으며, 소지왕(炤知王)이 사방에 우역(郵驛)을 두고 관도를 수리하였다. 법흥왕(法興王) 때, 외관(外官)이 가족을 거느리고 임지로 가는 것을 허용하였다. 진덕여왕(眞德女王)은 하정(賀正)의 예를 시작하였으며, 문무왕은 백사(百司) 및 주군(州郡)에 동인(銅印:구리로 만든 도장)을 하사하였다. 애장왕(哀莊王)이 공식(公式) 20여 조를 공시한 것과 같은 일들은 모두 힘을 정치에 쏟고 국가의 제도를 제정한 결과이다.

제13장 교법(教法) 문학 및 기예(技藝)

○교법(教法)이 3국에서 행해진 것은 유교·불교·도교이다.
○유교는 기자(箕子) 이래 이미 고구려 땅에 전해졌다고 하지만, 국내에 반포되지 않은 채로 거의 1천 년을 경과하였던 것이 고구려가 흥하게 되자 점차 싹이 트기 시작하여, 소수림왕 2년 〔일본기원 1032년(372)〕에 대학을 세우기에 이르러서는 그 세력이 더욱 융성하였다. 그렇지만 그 해에 진왕(秦王) 부견(符堅)이 사신을 파견하여 부도(浮屠) 순도(順道) 및 불상과 불경을 보냈다. 왕이 그 책을 자제(子弟)에게 가르치고, 이로부터 불교의 전래가 시작되었다. 5년에 초문사(肖門寺)·이불란사(伊佛蘭寺)를 세우고 순도(順道) 및 아도(阿道) 〔4년에 진(秦)에서 온 자〕를 두었다. 고국양왕(故國壤王)은 명령하

여 부처를 숭상하고 복을 빌게 하였다. 그 후 혜량(惠亮) · 혜관(惠灌)〔혜관은 처음에 수(隋)의 길장(吉藏)을 스승으로 하여 배우고 후에 일본에 건너 왔다. 처음으로 삼론종(三論宗)을 펼침〕과 같은 명승도 나오기에 이르니, 그 가르침이 점차 행해진 것을 알 수 있다. 또 영류왕(營留王) 7년〔일본기원 1284년(624)〕당의 고조(高祖)가 도사(道師)에게 명하여 천손상(天孫像) 및 도법(道法)을 가지고 와 노자(老子)를 강의하게 하였다. 왕은 백성을 이끌고 이를 들었으며, 이듬해에 사람을 보내어 불로(佛老)의 법을 배우기를 구하고, 그 후 자제를 보내어 국학에 넣음으로써 유석로(儒釋老)의 3교를 모두 수행하게 되었다. 그렇지만 도교는 다른 두 종교가 세상에 널리 알려진 만큼에 미치지 못하였다. 천개소문(泉蓋蘇文)은 보장왕(寶藏王)에게 고하기를 "3교(三敎)는 정족(鼎足)과 같아 하나를 빼는 것은 불가하다. 지금 유불이 홍하고 도교는 아직도 성행하지 못하고 있으니, 천하의 도술이 다 갖추어졌다고 할 수 없다"고 하였다. 이에 왕이 바로 사신을 당에 보내어 도교의 가르침을 구하니, 당 태종(太宗)이 도사(道士) 숙달(叔達) 등 8명을 보내어 그의 가르침을 베풀었다고 한다.

○백제의 유교의 시초는 상세하지 않으나, 근초고왕 29년〔일본기원 1034년(374)〕에 고홍(高興)을 박사(博士)로 하고, 그 후 다시 박사 왕인(王人) 및 논어를 일본에 보냈다. 혹은 박사 등을 처음에 우리 일본에 보낸 것은 아화왕(阿花王) 때라고 한다〔백제의 왕인과 논어를 우리 일본에 보낸 일에 대하여 고사기(古事記)는 초고왕(肖古王) 때라고 한다. 아마도 근초고왕을 가리키는 것일 것이다. 근초고왕 이하 여섯 왕 연대의 서기(書記)와 한사(韓史)와는 1백20년의 차가 있다. 간지(干支)의 부합에 따라 이를 추정하면 실제로 아하왕(阿花王) 때가 맞다. 직기(直岐)와 직지(直支)의

경우도 서로 맞는다. 또한 근초고왕 때에 박사를 두고부터 30년 후이므로, 어느 정도 사실에 근접한 것 같다. 단지 서로간의 역사상 각 연대의 착오가 있어 상세하게 알 수는 없다]. 그 후 무녕왕·성왕 때에 이르러 오경박사〔무녕왕 때 단양이(段楊爾), 한고안무(漢高安茂), 성왕 때 마정안(馬丁安)·왕유귀(王柳貴)〕를 교대 시킨 것을 보면, 당시 그 가르침이 행해진 것을 알 수 있다. 그렇지만 침류왕(枕流王) 원년〔일본기원 1044년(384)〕에 이미 호국(胡國)의 승려 마라난타(摩羅難陀)가 진(晋)에서 왔을 때, 왕이 그를 맞이하여 궁내로 들여 예경(禮敬)하였다. 다음 해 또 불사를 한산(漢山)에 창건하고 승을 보내니 불법은 이때부터 시작되었다. 그 후 성왕은 사신을 양(梁)에 보내어 열반경의(涅槃經義)를 청하였고, 또 석가불(釋迦佛)·금동상(金銅像)·번개경론(幡蓋經論)을 일본에 헌상하였다. 또한 그 공덕을 기리어 말하기를 "이 불법(佛法)은 모든 법 중에서 가장 뛰어난 것이라, 주공(周公)·공자(孔子)도 알 수가 없으며, 무량무변(無量無邊)의 복덕과보(福德果報)를 낳는다"고 하였다. 위덕왕(威德王)도 또한 불경과 불상, 선사(禪師)를 일본에 보내는 일이 종종 있었다. 법왕(法王)이 즉위하자 명령을 내려 살생을 금하고 사찰을 지어 승을 보내 이를 장려하였다. 불교의 번성은 아마 유교의 열 배에 달하였을 것이다. 그리고 도교에 이르러서는 끊어지고 없었다.

〔생각건대 성왕이 우리 일본에 바친 불상은 석가가 아니라 일광(一光) 삼존(三尊)의 미타불(彌陀佛)로서, 신슈(信州)의 젠코지[善光寺]의 본존이다. 당시 아직 불교가 통하지 않았던 탓에 오해하여 석가불이라고 기록한 것이라 한다〕

○신라는 원래 진한(秦漢)에서 유망(流亡)한 백성이기 때문에 유교의 전래에 대해서는 논할 것도 없지만, 이전부터 그 나라에서 행해

진 것은 불교였다. 눌지왕(訥祗王) 때 사문(沙門:불교에 입문하여 도를 닦던 사람) 묵호자(墨胡子)가 고구려에 와서 왕녀를 위해 축도한 일이 있었다. 소지왕(炤知王) 때에는 아도(阿道)라고 하는 자가 왔으며, 또 내전(內殿) 분수(焚修)의 승이 있어 왕왕 숭배하는 자가 있었는데, 법흥왕 때에 이르러 이를 크게 일으키려 하였다. 군신 모두가 이를 불가하였으나, 근신(近臣) 이차돈(異次頓)이 홀로 죽음을 두려워하지 않고 그 생각에 찬성하였다. 그렇지만 (법흥)왕 때에는 오직 도살을 금할 뿐이었으며, 그 일은 상세하지 않다. 진흥왕(眞興王) 초에 이르러 고구려를 치고, 법사 혜량(惠亮)을 데리고 돌아가 혜량으로 하여금 승통을 잇게 하였다. 백좌(百座)의 강회(講會) 및 팔관의 법〔불씨팔관(佛氏八關)의 계(戒)에 이르기를 살생을 하지 않고, 도둑질을 하지 않고, 음란(淫泆)하지 않고, 망언이 없고, 술을 마시지 않고, 고대상(高大床)에 앉지 않고, 향화(香華) 스스로 관청(觀聽)을 즐기지 않는 것이다. 관(關)은 폐(閉)이다. 팔죄(八罪)를 금하고 범하지 않게 되었다. 이 회(會)가 당시는 유일이설(唯一二說)에 지나지 않았지만, 고려에 이르러 가장 번성하였음〕을 제정한 적이 있다. 또 승 각덕(覺德)은 양(梁)에 들어가 불법을 구하고 양으로부터 불사리를 신라에 보냈다. 진(陳)은 승 명관(明觀)을 초청하여 석씨(釋氏)의 경론 1천7백여 권을 보냈다. 이로부터 훗날 진(陳)·수(隋)에 들어가 불법을 구하는 자가 매우 많았다. 왕은 또 사람을 보내어 승려가 됨을 허락하였으며, 널리 사찰을 일으켜 오직 부처를 받드는 일에 정진하였다. 말년에 이르러 삭발하고 승의(僧衣)를 입고 스스로 법운(法雲)이라 칭하였으며, 왕비도 또 비구니가 되어 영흥사(永興寺)에 거주하였다. 이때부터 날로 불교가 융성하였고, 선덕여왕과 같은 왕도 불경을 강의하고 승을 보내어 더욱 이를 장려했는데, 왕이 좋아하는 바를 아랫사람도 따름으로써 불사의 세력이 점점 성하여, 문무왕(文武王)은 개인의 재물 전답을 사찰에 보시함을 금하기에 이르렀다. 하지만 진평왕 때 귀산(貴山)과 추항(箒項)이 승려 원광(圓光)에게 가르침을 구하였다. 원광이 말하기를 "불교에 보살계가 있는데 너희들은 아마 수행은 할 수 없을 것이다. 지금 세속의 5계〔하나, 임금에게 충성한다. 둘, 부모에게 효도 한다. 셋, 친구를 사귐에 있어 신의를 가진다. 넷, 전쟁에 임함에 있어 후퇴는 없다. 다섯, 살생을 하지 않는다〕가 있다. 너희들은 이를 수행함으로써 게을리 하는 일이 없어야 한다"고 했다. 귀산(貴山) 등은 결국 절사(節死)하니, 이 역시 그 세도(世道)에 도움이 되었다고 보아야 할 것이다.

○통일 후에 이르러서도 국왕은 이를 존신(尊信)하였으며, 원효·의상·도선(道詵) 등의 명승이 있었다. 궁예는 왕위에 오르자 스스로 미륵불이라 칭하고, 장자를 청광보살(淸光菩薩)이라고 하였으며 막내아들을 신광보살이라고 하였다. 스스로 불경 20여 권을 편술하고 불교를 빌어 백성을 현혹시켰다고 하니, 그 가르침에 마음이 깊이 젖어 있었음을 알 수 있다. 또한 도선의 지리설(地理說)과 같은 것은 오늘날에 이르기까지 매우 영향력이 있다고 한다. 그렇지만 당시는 불교를 세외교(世外敎)라 하여 뜻이 있는 선비는 왕왕 유교를 배우는 자가 있었다. 신문왕 2년〔일본기원 1342년(682)〕에 처음으로 국학을 세우고, 그 후 공자 및 모든 제자의 상을 당에서 구해와 안치시켰다. 경덕(慶德)·경문(景文)과 같은 왕은 자주 대학에 가서 강의를 들었다. 또한 자제를 당에 보내어 유학 시키니 유교도 매

우 번창하였다. 단지 도교에 이르러서는 그 세력이 매우 미세하였던 것 같다.

〔생각건대, 일본기원 700년(40) 경에 인도인이 가락(駕洛)을 열었다는 것은 이미 제 6장에서 논한 대로 이지만, 당시 조선의 남부에는 불교도 또한 전래되어 있었을 것이다. 하지만 아직까지 고증이 갖추어 지지 않은 탓에 본문은 잠시 구설을 따른다. 그 외에 공예, 풍속과 같은 것도 또한 모두 이에 따른다〕

○고구려의 문학은 그 초기는 고려할 것이 없다. 소수림왕이 대학을 세워 자제를 가르치고, 또한 율령을 반포함에 이르러 매우 발달하였다. 역사는 국초에 처음으로 문자를 사용하였을 때 기록된 바가 1백 권 있어 그것을 유기(留記)라고 하였는데, 영양왕(嬰陽王) 11년(600)에 이르러 대학박사 이문진(李文眞)에게 명하여 산수(刪修)시켰으며 신집(新集) 5권으로 하였다. 그 책은 지금 전해지고 있지 않지만, 광개토왕의 비문 및 대신 을지문덕이 수의 장군에게 보낸 시를 통해서 당시의 시문(詩文)의 일면을 볼 수 있다. 대개 고구려는 형문시양가(衡門廝養家)의 집안이라 하여도 거리에 큰 집을 짓고, 이를 국당(扃堂)〔국(扃)마다 하나의 문패를 만듦〕이라고 하여, 자제가 아직 혼인하지 않은 자들이 여기에서 글을 읽고 활쏘기를 배웠다고 한다.

　　　與隋將軍于仲文詩　　　乙支文德

　　　神策究天文 妙算窮地理 戰勝功旣高 知足願云止　　　神一作長

　　　수장군 우중문에게 보내는 시　　　을지문덕

　　　신기한 계책은 하늘의 이치에 달했고, 오묘한 계산은 지리를 꿰뚫었다.
　　　전쟁에서 승리하여 공이 높으니, 족함을 알고 끝내기를 바란다.

삼국시대의 시. 후세에 전하는 것은 이 시 및 신라 진덕여왕의 태평송(太平頌)뿐으로 그 외에 남아 전하는 것이 없다.

○백제는 고이왕(古爾王) 때 관계(官階)를 정하여 문독(文督)이 있었고, 그것은 문관에게 수여했던 것일 것이다. 그렇지만 그 초기에는 아직 문자를 가지고 국사를 적는 일이 없어 기록과 같은 것은 거의 갖추어 지지 않았는데, 근초고왕 29년(375)에 고흥(高興)을 박사로 하고부터 처음으로 서기(書記)가 생겨났다. 그 후 박사 및 논어·천자문을 일본에 헌상하였으며 또한 제반의 학술을 우리에게 전하였다. 일본기(日本紀)에 인용된 백제기·백제신선·백제본기는 필경 이 나라(백제) 사람 손에 의해 이루어진 것이므로, 당시에 매우 발달해 있었음을 알 수 있다. 그렇지만 고구려·백제의 문학 수준은 신라에 비교해서 약간 미치지 못하는 것 같다.

○신라의 문학은 백성과 함께 진한(秦漢)으로부터 유전(流傳)되었는데, 그 발달이 그다지 빠르지 못했다〔구사(舊史)에 석탈해는 학문에 뛰어났다고 하지만 믿기 어렵다〕. 개국 이래 거의 3백 년이 지나 첨해(沾解) 때에 이르러 겨우 부도(夫道)와 같은 자가 서산(書算)에 뛰어났다고 전한다. 또 그 후 3백여 년이 지난 진흥왕 6년〔일본기원 1205년(545)〕에 이르러 대아찬(大阿飱) 김거칠부(金居柒夫) 등에게 명하여 처음으로 국사를 정리하게 하였다. 이때부터 문학이 발달하고 불교와 함께 성행하여, 그 후에 자제를 당에 보내어 국학에 넣었고 또 사신을 초청하여 자주 왕래 하였다. 그 학풍과 가르침에 점차 영향을 입어 책을 널리 많이 읽고, 예능에 능한 선비를 배출하기에 이르렀다.

○그렇지만 신문왕(神文王)이 국학을 세우고, 경덕왕(景德王)이 모

든 분야의 박사(博士)를 설치한 것은 통일 후였다. 신문왕 때 [일본기원 1350년(690)]에 이르러 설총(薛聰)이라는 자가 있었는데 박학하고 문장을 잘 지었다. 방언문자(方言文字)를 만들어 구경(九經)을 해석하고, 후학을 훈도(訓導)하여 문학을 발전시킨 공로가 매우 컸다. 후대에 이르러 이를 이름하여 이도(吏道)라 하였다 [이도(吏道) 또는 이문(吏文)이라 한다. 그 이토(吏吐) 혹은 이토(離吐)라 하는 것은 음에 의해 전성된 것이다]. 주로 이서(吏胥)용으로 제공되었기 때문일 것이다. 이도(吏道)는 한자를 빌어 그 나라의 성음(聲音)을 베낀 것으로, 우리의 만엽가나(萬葉假名)와 같다. 지금에 이르기까지 관부(官府)의 명령, 백성의 상고(上告) 등에는 왕왕 구두점[句讀]의 사이에 삽입하여 이를 사용하였다고 한다. 그 외 강수(强首:신라의 유학자·문장가), 최치원의 무리는 모두 문학으로 당세에 이름을 떨쳤는데, 최치원의 경우는 당에 유학하고 나서 출사하여 시어사내공봉(侍御史內供奉:조정에서 불사에 종사하는 소임)에 이르렀다. 당의 사람도 (그의) 재능과 학문이 높은 문장력을 자주 칭찬하였다. 그 저술에 제왕연대력(帝王年代曆:최치원이 지은 신라 역대 왕력)이 있고, 또 당서예문지(唐書藝文志)에도 치원의 46집 1권, 계원필경(桂苑筆耕) 20권이 실렸다. 그 저서가 많기로는 아마 세상에서 으뜸일 것이다.

○원성왕(元聖王)4년 [일본기원 1448년(788)]에 독서출신과(讀書出身科)를 제정하여 춘추좌씨전(春秋左氏傳:중국 노의 좌구명이 《춘추》를 해설한 책. 30권), 또는 예기(禮記)·문선(文選)을 읽고 그 뜻에 정통하였다. 그와 함께 논어(論語)·효경(孝經)에 밝은 자를 상(上), 곡예(曲藝)·논어·효경을 읽는 자를 중(中), 곡예·효경을 읽는 자를 하(下)로 하였다. 널리 5경(五經)·3사(三史)·제자(諸子)·백가(百家)에

능통한 자는 벼슬의 단계를 뛰어넘어 발탁하여 등용하였다 하니, 당시 학자들이 힘을 발휘했던 것은 이와 같은 전적(典籍)을 주요하게 다루었기 때문일 것이다.

이도문자(吏道文字)

隱 萬 伊 也 乙 厓 五 臥 大刀代 羅隱 乙怒 爲也 爲古 爲尼 爲面 平代 爲邦 爲厓 爲科 爲羅 刀彔 爲隱只 爲乙可 爲乙也 爲也面 爲 加尼 爲多可 爲巨乙 爲巨等 爲巨那 爲里羅 爲刀多 爲也叱多 爲乙 注乙 爲飛尼 爲巨尼臥 爲里奴多 爲乙之羅刀 僞也時尼 爲巨隱馬隱 爲只爲 是平等 是遺 是白去乙 爲白有如平 不喩 爲有在果 乙仍干 爲白有去乙 爲白平稱 爲白平矣 是如 是平彌 爲臥平事 爲邑古 爲白 臥平所 是去乙 是白良彌 向敎是事 爲有如何 爲彌 安爲去平 良中 不冬

○신라의 선덕여왕(善德女王)은 첨성대(瞻星臺)를 만들었으며, 백제는 역학박사(曆學博士) 왕보손(王保孫) 및 천문역법서를 일본에 바쳤다. 그 후 신라말기에 이르러 천문박사〔경덕왕(景德王) 8년(749)〕와 사천대박사(司天大博士)〔혜공왕(惠恭王) 15년(779)〕를 두었기 때문에 그 학문 또한 열리지 않을 수 없었다. 그렇지만 역법은 모두 당제를 답습했을 뿐으로, 천체의 운행을 관측하는 기술은 깊이 연구되지 않은 불모지로서 또한 오류(誤謬)가 있는 것을 알아야 한다.

○신라의 성덕왕(聖德王) 17년(718)에 처음으로 누각(漏刻)을 만들어 누각전박사를 두었다. 경덕왕은 또 그 인원을 늘렸으니 당시는 이를 매우 중요시 여겼던 것 같다.

○의술은 더욱 생각할 여지가 없지만, 신라 의사 김파진(金波鎭)·한기무(漢紀武)〔실성왕(實聖王) 때〕, 고구려의 모치(毛治)〔실서왕 때〕

가 일본에 왔으며, 백제의 성왕(聖王)은 의학박사 나솔왕유릉타(奈率王有稜陀), 채약사(採藥師) 시덕반량풍(施德潘量豊), 고덕정유타(固德丁有陀) 및 주금사(呪禁師)를 일본에 보냈다. (백제가) 멸망했을 때 일본에 귀화한 자 중에도 의약에 능통한 자가 있었다. 대략 나솔은 6품(六品), 시덕은 8품(八品), 고덕은 9품(九品)이었기 때문에 당시 그 기술은 중요시되었던 것을 알 수 있다. 또 고구려에서는 서천왕(西川王) 때 이미 온천에서 목욕하고 질환을 치료하는 일도 행해졌다.

○신라 통일 후에 이르러서는 효소왕(孝昭王) 원년〔일본기원 1353년 (693)〕의학박사 둘을 두고 학생을 교수(敎授)하고, 본초(本草)·갑을경(甲乙經)·소문(素問)·침경(針經)·맥경(脉經)·명당경(明堂經)·난경(難境)을 업으로 했다고 하니 보다 진보한 것으로 보아야 할 것이다.

○신라의 음악은 유리왕(儒理王) 때 국내를 순행하고 환과고독(鰥寡孤獨)을 존문(存問)함으로 민속이 환강(歡康)하여 처음으로 도솔가를 제정하였다. 이것이 가악(歌樂)의 시초라고 한다. 그 후 회락(會樂)·신열락(辛熱樂)〔유리(儒理) 때〕, 돌아락(突阿樂)〔탈해 때〕, 지아락(枝兒樂)〔파사(婆娑) 때〕, 사내락(思內樂)〔내해(奈解) 때〕, 가무(笳舞)〔奈勿 때〕, 우식락(憂息樂)〔訥祗 때〕, 확락(確樂)〔慈悲 때〕, 간인(竿引)〔지증왕(智證王) 때〕, 미지락(美知樂)〔법흥왕(法興王) 때〕 등의 모든 음악이 생겼다. 진흥왕 때 옥보고(玉寶高)라 하는 자가 지리산(地理山)〔즉 지이산(智異山)〕의 운상원(雲上院)에 들어가 가야금을 배워 신조(新調) 30곡을 만들었다. 그런데 그 제자가 모두 산에 들어가 나오지 않으니, 진흥왕이 그 길이 끊기는 것을 걱정하여 사람들에게 그 비곡(秘曲)을 배우게 하였다. 그 후 가야금을 직업으로 하는

자와 제작하는 곳이 많이 생겼다〔음곡이 이조(二調)있으며 하나는 평조(平調), 하나는 우조(羽調)이다. 양쪽 모두 187곡〕. 또한 가야(伽耶)의 악사(樂師) 우륵(于勒)·니문(尼文) 등은 나라가 어지러워질 것을 알고 악기를 가지고 와서 투항하였다〔구사(舊史)에 가야의 음악은 당악법에 따라 만들어 졌다고 하지만, 가야는 양(梁)의 중대통(中大通) 4년(532)에 이미 멸망하였으므로 그 설이 통하지 않는다. 하지만 필경 당 이전에 있었으며 중국 혹은 인도로부터 전해졌을 것이다〕. 왕은 법지(法知)·계고(階古)·만덕(萬德)으로 하여금 그 음악을 배우게 하였다〔우륵이 계고에게 가야금을, 법지에게 노래, 만덕에게 무용을 가르쳤다〕. 세 사람에게 이미 우륵이 만든 12곡을 전수하였으며, 마침 그것들을 간추려서 다섯 곡으로 하였다. 그 금(琴)을 가야(伽耶)라고 이름 하였으며, 또 문무왕도 사람을 웅진부성(熊津府城)에 보내어 당악을 배우게 하였다〔이때 당의 사람은 백제를 멸망시키고 웅진에 있었다〕. 이와 같이 국왕은 모든 힘을 음악에 쏟았음으로 그 길이 가장 번성하였다.

○고구려에는 처음 진(晉)으로부터 칠현금(七絃琴)이 전해져 왔을 때 많은 사람들이 이를 켜는 법을 몰랐지만, 국상(國相) 왕산악(王山岳)이 제도를 개선하여 1백여 곡을 만들어 이를 연주하게 하였다. 그 후 신라에 군사를 보냈을 때도 가무하여 흥을 돋았다. 또 일본에서도 고구려로부터 전해져 온 음악을 연주하였다. 백제도 또한 악인(樂人)을 일본에 보냈으며, 오(吳)에 가서 악무를 배워 온 자도 있었다. 이 두 나라에도 음악이 없지 않았지만 신라의 발달에는 미치지 못했던 것 같다.

○악기는 현금(玄琴)·가야금(伽倻琴)·비파(琵琶)·대금(大笒)·중

금(中筝)·소금(小筝)·박판(拍板)·대고(大鼓)〔신라〕, 오현금(五絃琴)·
필률(篳篥)·횡취(橫吹)·퉁소[簫]·고(鼓)·동루종(銅鏤鐘)〔신라〕, 쟁
(箏)〔신라·백제〕, 고각(鼓角)·공후(箜篌)·우(竽)·호(箎)·적(笛)·
슬(瑟)〔백제〕 등이 있었다. 또 고구려에는 갈대[蘆]를 불어 곡을 맞
추기도 하였다고 한다.

○후세에 전해진 가곡은 동경(東京)·목주(木州)·여나산(余那山)·
장한성(長漢城)·이견대(利見臺)〔신라〕, 선운산(禪雲山)·무등산(無等
山)·방등산(方等山)·정읍(井邑)·지리산(智異山)〔백제〕, 내원성(來
遠城)·연양(延陽)·명주(溟洲)〔고구려〕 등이 있다.

○서체는 신라의 승려 김생(金生)을 제일로 하며, 예행초(隸行草) 모
두 신(神)의 경지에 들어갔다고 한다. 그가 쓴 창림사비(昌林寺碑)와
같은 경우는, 원의 조맹부(趙孟頫)가 이를 평하여, 자획(字畫)이 깊
고 전형이 있어 당의 사람 명각(名刻)이라 하여도 이를 능가하는 자
가 없을 것이라고 했을 정도였으니, 그 뛰어남을 알 수 있다.

○회화는 신라에서는 승려 솔거(率去)라고 하는 자가 있어 노송
(老松) 또는 불상을 그려 세상 사람들이 신화(神畫)라 칭하기에 이
르렀다. 백제는 사신을 양에 보내어 화사(畫師)를 초빙하고, 또 그
화공 인사라아(因斯羅我), 백가(白加), 아좌태자(阿佐太子) 및 고구려
의 승려 담징(曇徵), 화사(畫師) 자마려(子麻呂) 들이 자주 일본에 가
서 그림을 잘 그렸던 것을 보면 당시의 미술이 매우 진보했음을 알
수 있다.

百濟阿佐太子所畫
聖德太子像

〔아좌태자(阿佐太子)가 일
본에 왔을 때 그렸던 성덕
태자(聖德太子)상 및 정창
원(正倉院) 창고의 미인길
화(美人吉畫)는 모두 당시
의 것으로서 매우 고박한
풍치가 있다고 한다〕

○성곽을 쌓고 불사를 짓는데 삼국 모두가 힘을 썼다. 그리고 백제
의 진사왕(辰斯王)·개로왕(蓋鹵王)·동성왕(東城王)·무왕(武王)과
같은 왕은 모두 궁실, 누각, 대사(臺榭)를 세웠는데 그 장려함이 극
에 달했다고 한다. 신라 진덕여왕(眞德女王)의 첨성대(瞻星臺)는 돌
을 쌓아 만들고, 위쪽은 사각형이고 아래쪽은 둥글게 하여 사람이
그 안에서 위로 오르게 하였으며, 높이는 수십 척이라고 한다. 경문
왕의 황룡사탑은 9층이고 높이 2백20척이라고 하니, 그 기술은 매
우 뛰어났다고 보아야 할 것이다.

〔60척의 불상, 9층탑, 성제대(聖帝帶), 이를 신라의 3대 보물이라고 한다.
성제대(聖帝帶)는 진평왕(眞平王)이 끼던 것으로, 금을 입히고 옥으로 하였
으며 길이가 10위(圍)로 62개의 떳돈이 있다고 한다〕

○도기 기술은 태고에 이미 아메노히보코[天日槍]를 따라 일본에 온
도인(陶人)이 있었다. 백제의 개로왕(蓋鹵王) 때 〔일본 유랴쿠 제(雄畧

帝) 때], 도장(陶匠) 고귀(高貴)라고 하는 자가 그 만드는 법을 우리에게 전했다. 그렇기 때문에 그 제조가 본국에서 행해졌음에는 의심할 바가 없지만, 당시는 아직 유약을 입히는 것은 알지 못했던 것 같다. 아마도 일본의 상고시대 분묘(墳墓)에서 출토된 조선토기라 칭해지는 것은 필경 그 비법에 따라 만든 것일 것이다.

○주조술(鑄造術)도 개발되어 삼국시대에 신라의 진흥왕은 60척 크기의 불상을 황룡사(皇龍寺)에 주조하게 한 일도 있었다〔이 불상은 동(銅) 3만 5천7근, 도금(鍍金) 1백20량이 된다고 한다〕. 백제의 성왕(成王)·위덕왕(威德王)은 불상 및 노반공(鑪盤工)을 일본에 보낼 정도로 그 기술은 매우 발달하였다. 또한 신라통일 후에는 자주 대종(大鐘)을 주조하였다〔경덕왕(景德王) 13년(754) 황룡사에 주조하게 한 종은 길이 1장(丈) 3촌(寸), 무게 49만 7천5백81근. 경공왕(敬恭王) 때 주조하게 한 것은 동(銅) 12만 근이었다고 한다〕. 그 외 금동불상 및 솥, 거울, 누금기(鏤金器) 등의 제작은 자주 있었다고 한다.

○신라의 지증왕(智證王)은 나무로 사자의 형태를 만들어 전선(戰船)에 실었다고 한다. 백제 위덕왕(威德王)이 불공(佛工), 사공(寺工)〔태량미다(太良未多), 교가고자(交賈古子)〕을 일본에 바쳤다고 하니 모두 조각 기술이 행해졌다고 보아야 한다. 그리고 신라가 당에 헌납한 만불산(萬佛山)과 같은 것은 심단(沈檀)·주옥(珠玉)을 조각하여 이를 만들었고, 무수한 불상 및 누각, 대전 등이 있었다. 또 자금종각(紫金鐘閣)이 있어 관렬(關捩)을 설치하여 소리를 냈는데, 그 정교함이 극에 달했다고 하니 그 기술이 진보했음은 의심할 여지가 없다.

○기직업(機織業)은 매우 진보하여 견백(絹帛)·청포(靑布)·세포(細布)·종포(綜布)·금총포(金總布)·능라(綾羅)·금주(錦紬)·어아주(魚牙紬)·조하주(朝霞紬)〔신라〕, 하금(霞錦)〔신라〕, 탑등(毾㲪)〔고구

려], 갈(褐)〔백제〕 등이 있었다. 그리고 백제는 세공(細工)〔오복서소
(吳服西素). 금부정안나(錦部定安那)]을 일본에 보냈다. 신라의 조하주
(朝霞紬)·하금(霞錦)은 당과 일본에 헌납한 것으로서 매우 좋은 품
질이었다. 또 진덕여왕은 스스로 태평송(太平頌)을 지어 비단을 짜
수를 놓아 당에 바치게 하였다.

태평송

巨唐開洪業	巍巍皇猷昌	거당개홍업 외외황유창
止戈成大定	興文繼百王	지과성대정 흥문계백왕
統天崇雨施	治物體含章	통천숭우시 치물체함장
深仁諧日月	撫運邁時康	심인해일월 무운매시강
幡旗旣赫赫	鉦鼓何鍠鍠	번기기혁혁 정고하굉굉
外夷違命者	剪覆被天殃	외이위명자 전복피천앙
淳風凝幽顯	遐邇競呈祥	순풍응유현 하이경정상
四時和玉燭	七曜巡萬方	사시화옥촉 칠요순만방
維嶽降宰輔	維帝任忠良	유악항재보 유제임충양
三五成一德	昭我唐家皇	삼오성일덕 소아당가황

○혜공왕(惠恭王) 때 바친 오채구유(五彩氍毹)는 방촌(方寸) 안에 가
무기악 열국산천의 모습이 있다. 이와 같은 물건들은 그 정교함과
화려함이 한때 가장 뛰어났다고 한다.
○신라에서 포백(布帛)을 건넬 때 원래 심(尋)을 1필이라고 했지만,
문무왕(文武王) 때 개정하여 길이 7보(步) 넓이 2척을 1필이라고 정
하였다.
○또 신라의 조선장(造船匠), 고구려의 혁공(革工)〔문자왕(文咨王) 때
수류지(須流枳) 노류지(奴流枳)], 백제의 야공(冶工)〔직지왕(直支王) 때
탁소(卓素)], 조와공(造瓦工)〔위덕왕 때 나말부노(奈末父奴), 양귀문(陽

貴文), 육귀문(陸貴文), 석마제미(昔麻帝彌)), 안공(鞍工) 〔개로왕 때의 견
귀(堅貴)〕 등 모두 그 만드는 법을 일본에 전수하였다. 또 백제에서
는 자주 옻칠을 이용하였는데, 그렇게 제작한 금휴개(金髹鎧)는 가
장 저명하다고 한다. 더욱이 신라의 관제를 보면 금전(錦典)·기전
(綺典)·모전(毛典)·마전(麻典)·칠전(漆典)·철유전(銕鍮典)·와기전
(瓦器典)·양전(楊典)·추전(鞦典)·피타전(皮打典)·탑전(鞜典)·화전
(靴典)·마전(麻典) 등의 제관(諸官)이 있어서 각각 그 일을 관장하였
다. 또 의복에는 계수(罽繡)·금라(錦羅)·초라(草羅)를 금지하고, 빗
에는 슬전(瑟鈿)과 대모(玳瑁)를 금하였고, 비녀에는 각루(刻鏤) 및
철주(綴珠)를 금하였다. 거재안교(車材鞍橋)에 자단침향(紫檀沈香)을
써서 금은주옥(金銀珠玉)을 장식하는 것을 금하였다. 함등(銜鐙)에
금은·유석(鍮石)·도금(鍍金)·철옥(綴玉)을 금했던 것을 보면 모든
종류의 공예가 매우 성하였음을 알 수 있다.

〈그림〉 신라묵도(新羅墨圖)

제14장 산업

○농업은 삼국 모두 정부에서 이를 장려하였지만, 신라는 이에 가장 깊이 주의하여 농사를 해치는 것은 극력 제거하였다. 지중왕(智證王)에 이르러 백성에게 우경법(牛耕法)을 이용하게 하였다. 또 백제는 다루왕(多婁王) 6년〔일본기원 693년(33)〕, 나라의 남쪽 주군(州郡)에 명하여 처음으로 논과 밭을 만들게 하였다. 이 두 나라는 모두 수륙 양쪽으로 파종하였지만, 백제는 항상 장마와 가뭄으로 어지러워 근심이 많았는데 지리 형세에 의한 것이었다. 경작 방법도 또 신라에 미치지 못하였다. 고구려에 이르러서는 또한 백제에 미치지 못했다.

○마를 짜는 일도 행해져 신라의 유리왕(儒理王)은 6부의 여성을 분리하여 둘로 나누고, 왕녀 둘로 하여금 부내의 여자를 통솔하여 대부(大部)의 마당에서 마를 짜게 하고, 그 공의 대소를 고려하도록 하는 일도 있었다.

○잠상(蠶桑)은 신라 백제 모두 이를 권장하여 기직업(機織業)이 매우 진보하였던 것을 보면 그것이 성했음은 분명하다.

○차(茶)는 신라 선덕여왕 때부터 있었는데, 홍덕왕(興德王) 3년(828)〔일본기원 1452년(792)[20]〕에 대렴(大廉)을 당에 보내어 차의 씨를 얻어오니, 왕이 이를 지리산(智異山)에 심게 하고부터 비로소 (차가) 행해졌다.

○신라에서 고귀한 사람은 소와 말 멧돼지 등의 짐승류를 바다 가

---

20) 한 · 일 양국 간 연대가 부합하지 않음. 필자의 오류인가.

운데에 있는 섬에서 축산하고 먹을 때가 되어 이를 사냥하였다고 하니, 이 외에도 필경 목축이 행해지고 있었음을 알 수 있다.

○백제 고구려의 군왕 중에는 전렵(田獵)에 빠진 자가 많았는데, 아마도 고래부터 사냥하여 짐승을 포획한 다음에 그 고기를 먹거나 가죽을 옷으로 하였던 풍습들이 아직도 행해졌을 것이다. 그렇지만 불교가 들어오면서 백제의 법왕은 명령을 내려 살생을 금하니 민가에서 키우는 응요(鷹鷂)를 거두어 이를 풀어 주었으며, 또 어렵(漁獵)의 도구를 태우는 일도 있었기 때문에 이들 산업은 다소 쇠퇴하였을 것이다.

○상업은 자세하지 않지만, 신라 기림(基臨) 때 곡식으로 면을 사는 자가 있었다. 태종왕(太宗王) 때에는 세상이 안정되고 풍요로우므로 경성에서 베 한 필 값이 조 30석(碩) 혹은 50석 이었는데, 태봉(泰封) 때에 이르러서는 기근 역병이 함께 유행하여 세포(細布) 한 필의 값이 쌀 5승(升)에 이르렀다고 한다. 또 고구려의 사신이 일본에 곰 가죽 한 장을 가지고 와서 그 가격 매기기를 면 60근이라고 한 것을 보면, 당시에 물건과 물건을 가지고 교역하는데 화폐를 이용하지 않았던 것이 확실하다. 그렇지만 태고에 이미 진한(辰韓)에서 철화를 만들어 교역했던 일이 있었기 때문에 중고(中古)에 이르러서도 전혀 화폐가 없었던 것은 아니고, 단지 그 유통이 크게 확산되지 않았을 뿐이다.

○신라의 소지(炤智)는 시사(市肆)를 두어 사방의 화물을 통하게 하고, 지증왕(智證王)은 경도(京都)의 동시(東市)를 설치하여 전감(典監)을 두었는데 정부에서도 이를 보호하였다. 그렇지만 그 판매하

는 자는 대개 부녀자였다고 하니 그다지 발달하지는 않았음을 알
수 있다.

제15장 풍속

○상대의 풍속은 삼국 각각 다른 점이 없는 것은 아니지만, 대개 중
국과 비슷한 점이 많다.

○자식이 아비를 대함에 있어 반드시 명령에 따라야 하는데, 고구
려 유리왕(瑠璃王)의 태자 선명(鮮明)은 아비의 명령에 따르지 않았
기 때문에 검을 내려 자살하게 하였다. 태무신왕(太武神王)의 태자
호동(好童)이 왕비의 음모에 의해 검에 엎드려 죽었던 것과 같은 일
이 왕왕 있었다. 그렇지만 형제 숙질간은 시기·쟁탈이 매우 빈번
하여서, 시조 동명왕(東明王)이 부여를 떠나 나라를 세운 것은 원
래 형제에 의한 시기에서 비롯되었다. 태무신왕은 그 종조조부(從
祖祖父) 부여왕 대소(帶素)를 죽였다. 차대왕은 그 형 태조왕(太祖
王)의 선위를 받았음에도 불구하고 오히려 막근(莫勤)과 막덕(莫德)
을 죽였고, 서천왕(西川王)은 그 아우 일우(逸友)와 발소(勃素)를 죽
이고, 봉상왕(烽上王)은 그 숙부 안국군(安國君)을 죽이고 또 그 아우
돌고(咄固)를 죽였던 것과 같은 사건은 대개 시기 때문에 빚어진 일
이다. 그 후 한동안 이와 같은 일이 역사에 보이지 않았지만, 그 멸
망함에 있어서는 천개소문(泉蓋蘇文)의 아들 남생(男生)·남건(男建)
등 형제가 권력을 다투고 결국에 남건이 형 남생의 아들 헌충(獻忠)
을 죽이며 서로 싸운데 그 원인이 있으니, 윤상(倫常)의 괴란(壞亂)

이 매우 심했다.

○신라는 효제(孝悌)를 기리고 기로(耆老)를 물어 환과고독(鰥寡孤獨)을 무휼(撫恤)함이 왕왕 있었다. 경덕왕은 향덕(向德)이 부모가 밥을 굶고 병에 걸리자 자신의 살을 잘라 먹게 한 상으로 조 300곡, 가택 1구, 약간의 구분전(口分田)을 하사하였으며, 유사(有司)에 명하여 비석을 세워 이를 기념하게 하였다. 혜공왕(惠恭王)은 성각(聖覺)이 모친이 병들었을 때 허벅지 살을 떼어 이를 먹게 한 바 조 300석을 하사하였다. 문무왕(文武王) 때 사찬(沙飡) 여동(如冬)이 벼락을 맞아 죽었는데, 사람들이 모두 그가 어머니를 때린 것에 대하여 벌을 받았다고 하는 것은, 올바른 도리는 아니지만 정부가 민심의 교화에 깊이 이용하였다고 해야 할 것이다. 마침 기강(僖康)·신무(神武) 때에는 숙질(叔姪) 간이 자리다툼을 하여 서로 싸우는 일이 있었지만, 고구려만큼 많지는 않았다. 또 군신의 관계에 대해서 보면, 왕을 시해하는 자가 적었고 절개에 죽는 선비가 많았던 것은 삼국 중 신라에 미치는 곳이 없었다. 그리고 백제는 모두 이에 반대되었던 것을 보면 그 풍속이 후박(厚朴)하였을 것으로 추측된다. 〔제3편 제5장, 제8장 참조〕

○죄 있는 자의 재산을 몰수하고 그 가족을 잡아들여 노비로 삼는 일은 태고부터 있었지만, 삼국시대에 이르러서도 그 풍습은 여전히 행해졌다. 그렇지만 고구려에서는 수묘인(守墓人)을 전매(轉買)하는 일도 있어서 광개토왕(廣開土王)은 이를 금하였다. 신라에서도 또 곡미(穀米)를 대여한 후, 그것을 갚지 못하면 노비로 삼는 일이 있었던 것을 보면 (노비가) 반드시 죄 있는 자만은 아니었다. 단지 노

비는 가장 비천하여 일반 서민(黍民)과 동등하게 교류할 수 없었으며, 백성도 몸을 팔아 노비가 되는 것을 매우 부끄럽게 생각했던 것 같다.

○고구려의 혼인은 대개 남녀상열(男女相悅)을 통해 행하였다. 그 예식은 남자 집에서는 돼지와 술을 보낼 뿐이고, 재빙(財聘)을 쓰는 일은 없었다. 만약 재물을 받는 일이 있다면, 사람들 모두가 이를 천하게 보아 노비로 파는 것이라 하였다. 국왕은 수명의 부인을 거느렸고, 처음에는 큰 차등이 없었지만 나중에는 왕후 다음으로 소후(小后), 부인(夫人) 등으로 불리는 자들이 있었다. 또는 정부인(正夫人), 중부인(中夫人), 소부인(小夫人) 등의 구별이 있었다. 그렇지만 왕이 혹 민가(民家)의 여인과 정을 통하거나, 혹은 형왕(兄王)의 비를 세워 왕후(王后)로 삼는 일도 있었다.

○백제도 또한 국왕이 신하의 처를 뺏으려 하였으며, 또는 임신한 부인을 동생에게 주는 자도 있었기에 음설(淫媟)하고 무례함을 알 수 있다.

○신라는 왕족을 제1골(第一骨)로 하고 그 다음의 귀족을 제2골(第二骨)로 하였다. 제1골은 모두 그 동족 간, 형제 중 여자, 고이(姑姨), 종자매에 이르기까지 모두 청하여 부인으로 하였다. 제2골의 딸과는 혼인하지 아니하고, 혹시 혼인한다 하여도 첩잉(妾媵:부인의 몸종)으로 하고 정처(正妻)로 삼는 일은 없었다. 대체로 중매를 통해 혼인하는 것을 상례로 하지만, 그 중에는 남녀상열을 통해 부부가 되는 일이 있었다.

○통일 후에 이르러서는 그 예법이 잘 정비되었다. 신문왕(神文王)

이 일길찬(一吉湌) 김흠운(金歆運)의 여식을 맞이하여 왕비로 삼았던 때는 우선 이찬(伊湌) 문영(文穎)과 파진찬(波珍湌) 삼광(三光)을 보내어 초대하게 하였으며, 또 대아찬(大阿湌) 지상(智常)을 보내어 폐백(幣帛) 15수레[輿], 미주(米酒), 찬구(饌具) 1백35수레, 조(租) 1백50차(車)를 하사하였다. 그리고 이찬 문영·개원(愷元)을 보내 김씨를 왕비로 책봉하였는데, 파진찬(波珍湌) 대상손문(大常孫文), 아찬(阿湌) 좌야길숙(坐耶吉叔) 등에게 명하여 각각 그 부인과 사량(沙梁) 및 양이부(梁二部)의 부인 각 30명을 이끌고 이를 맞이하게 하였다. 좌우에 시종(侍從)도 꽤 많았다고 한다. 그 후 소성왕(昭聖王)·애장왕(哀莊王)과 같은 경우는, 당에 고하여 왕후와 동성(同姓)인 것을 꺼려 다른 성을 칭하게 한 일도 있었다〔소성왕의 어머니는 아버지의 이름이 신술(神述)로 신(神)과 신(申)이 동음이므로 신씨(申氏)라고 하였다. 애장왕의 어머니는 아버지의 이름이 숙명(淑明)이었으므로 숙씨(叔氏)라고 하였다〕. 또 경문왕(景文王)이 헌안왕의 여식을 영화부인(寧花婦人)이라 하고, 그 동생을 차비(次妃)로 하였듯이 자매를 나란히 거두는 일도 있었다.

○하늘 및 산천의 신을 제사지내는 일은 고구려·백제 모두 고대부터 행해오던 일이지만, 고구려에서는 그 제례가 가장 성행하여 하늘을 도성 밖에서 제사지냄에 있어 돼지를 희생시켜 바쳤다. 또 국사(國社) 및 기자(箕子)의 신을 제사하였다. 3월 3일 낙랑구(樂浪丘)에 모여서 사냥하고 짐승을 포획하여 하늘 및 산천의 신에게 제사하던 것은 후세까지 이어졌다.

○백제의 시조는 스스로 천지에 제사하였다. 이로부터 매년 사중

(四仲), 즉 중춘(仲春)·중하(仲夏)·중추(仲秋)·중동(仲冬)에 왕이 하늘과 5제(五帝)를 제사지냈다.

○신라에는 정월 15일 떡으로 새에게 제사하였다〔소지왕(炤智王) 때 새가 책을 받들고 와서 왕이 화를 면하게 했다는 고사가 있다〕. 또 세수(歲首)·진오(辰午)·해자(亥子) 날로 제삿날을 정하여 기원하였고, 이를 신일(愼日) 또는 도달(切怛)이라고 하였다〔용은 비를 일으키고, 말은 노동에 종사하여 사람에게 공이 있다. 돼지와 쥐는 농사지은 사람에게 피해를 입혔다. 도달(切怛)이란 비수(悲愁)로 하여 금기하는 뜻이다〕. 신라에서 무당을 자충(慈充)이라고 하였는데, 왕을 차차웅(次次雄)이라 칭하고 이를 경외함을 보면 필경 귀신을 숭상하는 풍속이 있었음을 알 수 있다. 보통 명산대천을 제사함에 있어 대사(大祀)·중사(中祀)·소사(小祀)의 구분이 따로 있었으며, 성문(城門)·팔사(八蜡)를 제사하는 일이 있었다. 선덕왕(宣德王)은 또 사직(社稷)의 단을 세우고 제사하였다. 그렇지만 백제·고구려와 같이 천지(天地)를 제사지내는 일이 없었던 것은, 중국의 천자(天子)는 천지를 제의하고, 제후(諸侯)는 명산대천의 땅에 있는 것을 제사지낸다는 의(義)에 따라 그 예분(禮分)을 지켰던 것이라고 한다.

○고구려의 상례(喪禮)는 사자(死者)를 염하여 집안에 두어 3년을 지내고 길일을 택하여 이를 장사지냈다. 장사지낼 때는 고무악(皷舞樂)을 만들어 이를 장송하였다. 매장이 끝나면 사자(死者)의 옷과 완구, 마차를 묘 옆에 두고 장례에 참여했던 사람들은 다투어 이를 집어가는 일이 있었다. 순사(殉死:순장)의 풍습도 행해져서 동천왕(東川王)이 서거했을 때는 이를 금하였으나, 묘에 와서 자살하는 자

가 많고, 백성이 잡목을 베어 시체를 덮고 그 땅을 시원(柴原)이라 이름 붙이는 일이 있었다. 또한 국왕 및 국상의 묘에는 묘를 지키는 민가를 두었으며, 처음에는 묘지 위에 석비를 세우는 일이 없었지만, 광개토왕 때 처음으로 선조를 위해 이를 세웠다. 왕이 서거했을 때 세운 비석은 매우 광대하였고 사면에 글자를 새겼다고 한다.

〔광개토왕의 비는 만주 성경성 회인현(懷仁縣) 동구(洞溝)에 있다. 원래 땅속에 매몰되어 있었지만 지금부터 계산하여 89년 전에 이를 파냈다. 그 전후 넓이 5척 67촌, 양쪽 4척 45촌, 높이 1장 8척 남짓으로, 그 아래 몇 척 더 있는지 모른다. 또 그 비 옆에서 세로 8촌, 폭 45촌 정도로 기형적인 기와가 한 개 더 나왔다. 측면의 좌우에 '願大王之墓安如山固如丘(대왕의 묘가 언덕과 같이 편안하기를 기원한다)'라는 11자가 있었다고 한다. 아마도 묘지명(墓誌銘:묘지에 기록한 글)의 한 종류일 것이다. 그 밖에 이 근방에 고분이 수백 개가 있는데, 원주민은 이를 고려분(高麗墳)이라고 칭하였다. 모두 지하에 기둥을 세우고 돌을 포개어 만들었다. 그 중 장군분(將軍墳)이라 일컬어지는 무덤이 가장 광대하고 견뢰(堅牢)하다고 한다. 필경 고구려 시대의 유적인 무덤일 것이다〕.

○신라는 왕이 서거하면 남녀 각 다섯 명을 순사(殉死)시켰는데, 지증왕(智證王) 때 이를 금하였다. 또 상복 입는 법을 제정하였지만 그 상세한 것은 알 수 없다. 대개 소복(素服)을 입고 혹은 곡을 하고 혹은 가무를 하는 일이 있었다〔수서에 고구려에서는 부모 및 남편 상에는 3년을 상복을 입었으며, 형제는 달을 넘겨 끝냈다. 신라에서는 왕 및 부모·처자의 상에는 1년 동안 상복을 입었다고 한다〕. 그 묘에는 수호(守戶)를 두고 비를 세워 공로를 기념하는 것은 고구려와 다르지 않다. 문무왕(文武王) 때에 이르러 부처님의 가르침에 따라 유언을 고하고 처음으로 화장을 한 이래, 효성왕(孝成王)·선덕왕(宣德王) 때에는 모두 관을 태워 뼈를 동해에 뿌렸다. 이것은 상제(喪制)의 일대 변화

이다 〔신문왕(神文王) 원년(681). 그 아버지 문무왕을 화장한 것은 일본의 몬무제(文武帝) 다이호[大寶] 3년이 처음으로, 지토 천황[持統天皇]을 화장한 것보다 불과 23년 앞서는 일이다〕.

○백제는 왕자(王者)의 해골을 지상에 드러나게 두기도 하였다. 개로왕(蓋鹵王)이 고구려 부도(浮屠) 도림(道琳)의 이야기를 듣고 석곽(石槨)을 만들어 아버지의 뼈를 묻은 것은 그 자신을 망하게 한 원인을 만들었다고 할 정도였으니 그 조략(粗略)함을 알 수 있다. 대개 백제·신라에는 사망한 자를 꺼려 부모형제, 부부라고 해도 스스로 임하지 않았고, 타인을 시켜 장사를 치르게 하는 풍속이 있었다.

○삼국 모두 국왕은 그 부조(父祖)를 위하여 사당을 지었다. 고구려 왕은 왕왕 졸본에 가서 시조를 제사지내는 일이 있었다. 신라는 왕의 즉위 후 2,3년 지나 시조를 제사지내는 것이 구례(舊例)였지만, 소지왕(炤知王) 9년(487)에 신궁을 내을(奈乙) 〔시조가 처음에 태어난 곳이라고 한다〕에 두고부터 항상 신궁을 제사하였다. 혜공왕 12년(776)에 이르러 처음으로 미추왕·무열왕·문무왕 나란히 조이(祖禰)를 세우고 5묘(五廟)라고 하였다. 1년에 대체로 여섯 번 제사를 지냈다. 〔정월 2일·5일, 5월 5일, 7월 상순, 8월 15일〕. 아마도 미추왕(味鄒王)은 김씨(金氏)의 시조이고, 무열왕·문무왕은 백제·고구려를 평정하는데 큰 공덕이 있었으므로 불천주(不遷主)로 삼았을 것이다. 그 후 원성왕(元聖王)은 내물(奈勿)의 원손(遠孫)으로 하여금 왕위를 잇게 하였는데, 그 고조(高祖)부터 이하를 추봉(追封)하여 모두 대왕으로 하였으며 어머니를 태후로 하였다. 성덕·개성(開聖) 〔선덕왕의 고효방〕 두 묘의 주인을 옮기고, 조상의 사당으로써 여기

에 합사하였다. 애장왕(哀莊王)은 5묘의 제도를 개정하여 시조 대왕
〔박혁거세〕, 고조 명덕왕(明德王)〔원성왕의 고효양(考孝讓)〕, 증조 원성
왕, 황종 혜충왕〔소성왕(昭聖王)의 고인겸〕, 황고 소성왕을 5묘로 하
였고, 별도로 무열왕과 문무왕을 2묘(二廟)로 하였다. 이와 같이 역
대 모두 5묘로 한 것은, 중국의 천자는 7묘, 제후(諸侯)는 5묘인 제
도를 따라서 천자(天子)보다 한 등급 내린 것이었다.

○의복 제도는 가장 정비되었던 것으로, 백제는 고이왕(古爾王) 27
년〔일본기원 920년(260)〕에 관제를 정하고, 6품 이상은 자색(紫色)을
입었다. 11품 이상은 비색(緋色)을 입고, 16품 이상은 청(青)을 입
고, 왕은 자대수(紫大袖)의 포(袍), 청금(青錦)의 하의, 소피대(素皮
帶), 조혁리(鳥革履)를 신었다. 또 한사(漢史)에 좌평(佐平)에서 장덕
(將德)에 이르기까지는 자대(紫帶), 시덕(施德)은 조대(皂帶), 고덕(固
德)은 적대(赤帶), 계덕(季德)은 청대(青帶), 대덕문독(對德文督)은 황
대(黃帶), 무독(武督)부터 극우(剋虞)에 이르기까지는 백대(白帶)를
하였다. 대개 관인은 모두 비색(緋色)을 의복으로 하고, 서민은 비
색·자색을 입을 수 없었다. 부인의 옷은 도포를 닮았으며 소매가
컸다고 한다. 아마도 고이왕 이후의 제도였을 것이다.

○고구려에서는 삼(衫)은 통수(筒袖), 하의는 통을 크게 하였다〔남
제서(南齊書)에 영명중(永明中), 고려사신이 왔는데 궁고(窮袴)를 입었다고
한다. 궁고(窮袴)는 전후 잠방이가 있어 서로 통하지 않게 한 옷이다〕.

○신라는 법흥왕 7년〔일본기원 1180년(520)〕에 백관의 공복을 제정
하여, 태대각간부터 대아찬에 이르기까지는 자의(紫衣), 아찬(阿飡)
부터 급찬(級飡)에 이르기까지는 비의(緋衣)를 입었다〔이상은 모두

아홀(牙笏:조선 시대에 일품에서 사품까지의 벼슬아치가 몸에 지니던 홀)].
대내마(大奈麻)·내마(奈麻)는 청의(靑衣), 대사(大舍)부터 선저지(先
祖知)까지는 황의(黃衣)를 입었다.

〔생각건대 중국에서 자비녹청(紫緋綠靑)을 사대부가 입는 정복(命服)으
로 했던 것은 수(隋) 양제(煬帝) 대업 6년에 시작되어, 그 제도가 마침내 당
(唐)에 정착하였다. 그리고 백제의 고이왕 27년은 대업 6년에서부터 3백50
년 앞서고, 신라의 법흥왕 7년은 90년 앞선다. 대개 삼국의 문물은 중국으
로부터 전래된 것이 많았는데, 오직 의복(衣服) 제도만이 이를 앞선 것은
무슨 연유일까. 또 백제 근초고왕 때에 봉공(縫工)을 일본에 바쳤고, 일본
에서 그 제도를 사용하였다. 이를 한의(韓衣)라 하는데, 소매가 길고, 옷의
가장자리에 좁은 헝겊을 덧대었다. 이후 조정의 신하는 모두 청색으로 물
들인 옷을 사용하였으며, 홍유(紅紐)를 달았다. 귀인의 복장은 금의(錦衣)
에 속옷을, 천민은 포포(布袍)에 속옷을 사용하였다. 존비제(尊卑制)가 있
었다고 하며, 아직 복색으로 귀천을 구분하는 일은 없었다. 만약 정말로 백
제에서 자비청(紫緋靑) 색으로 직위를 나누었다면, 우리가 어찌 이를 따르
지 않았겠는가. 매우 의심이 가는 대목임으로, 잠시 기록하여 박식한 사람
의 고증을 기다린다〕
○또 관모는 이찬(伊湌), 잡찬(匝湌)은 금관, 파진찬(波珍湌)·대아찬
(大阿湌)·금하(衿荷)는 비관(緋冠), 상당(上堂)·대내마(大奈麻)·적
위(赤位)·대사(大舍)는 조영(組纓:실로 짠 갓 끈)을 달았지만, 진덕여
왕 3년〔일본기원 1309년(649)〕에 모두 당의 제도에 따라 관복을 개정
하였다. 그 후 부인의 의상도 개정하였다.
○백제는 왕이 오라관(烏羅冠)을 쓰고 금화(金花)로 장식하였으며,
6품 이상은 은화(銀花)로 장식하였다.

〈그림〉 백제국 임성관(琳聖冠)

스오 국(周防國:지금의 야마구치
현[山口縣] 동부) 요시키 군[吉敷
郡] 미호리무라[御堀村] 흥륭사
(興隆寺) 소장.
관의 제작은 갈조류(褐藻類) 해조
(海藻)인 황포(荒布)를 발라서 굳
힌다. 흑견(黑絹)으로 싸서 높이
4촌 5부, 둘레 전후 6촌 3부, 좌
우 5촌 5부 정도(제1도). 별도로
흑마(黑馬)의 꼬리로 짠 부채꼴
과 같은 물건을 둘러서 뒷면에서
묶는다(제2도). 아마 오라관(烏羅
冠)과 같은 종류일 것이다.

○고구려는 왕은 백라(白羅)를 썼으며 금으로 장식하였다. 귀인은
관을 소골다(蘇骨多)라 하여 대부분 자라(紫羅)를 사용하였는데, 이
조우(二鳥羽)를 꽂고 그리고 금은을 장식하였다. 서민은 변(弁)을
썼으며, 부인은 머리에 건괵(巾幗)²¹⁾을 더하였다.

○백제의 부인(婦人)은 머리를 땋아 목 뒤에서 돌리고 혼인하지 않
은 사람은 한 가닥을 내려뜨려 장식으로 하고, 이미 혼인 한 사람은
나누어 양 갈래로 하였다. 신라는 대략 분대(粉黛)를 하지 않고, 또

---

21) 부인들이 머리를 꾸미기 위하여 사용하였던 쓰개의 하나. 고구려 때부터 사용된
것으로 오늘날 머릿 수건의 효시라고 할 수 있다.

는 머리를 변발로 두변을 감아 돌렸고[22] 거기에 잡채(雜綵) 및 구슬로 장식하였다. 머리가 매우 장미(長美)하여 4,5척에 달하는 사람도 있었다고 한다.

○또 고구려에서 여자는 팔찌를 팔에 차는 풍습도 있었다〔중국에서 팔찌를 찬 것은 후한(後漢) 때부터 시작되었다고 하니, 필경 그 풍습이 전해 온 것 일 것이다〕.

○이상은 대개 삼국시대 때 행해졌던 일이지만, 진덕여왕 이래에 이르러서는 그 모습이 일변하였다. 대체로 진골부터 평민에 이르기까지 복두(幞頭)·관표(冠表)·표의(表衣)·내의(內衣)·반비(半臂)·고(袴)·요대(腰帶)·대(帶)·표(裱)·배당(褙襠)·단의(短衣)·표상(表裳)·내상(內裳)·요반(褾襻)·소(梳)·채(釵)·말(襪)·요말(褾襪)·화(靴), 신발의 종류에 대해서 사용할 수 있는 것과 금하는 것을 매우 상세히 정하였다. 남녀 존비에 따라 물론 동일하지는 않지만, 의복은 계수(罽繡)·금라(錦羅)·초라(草羅)를 금하였다. 능시(綾絁:사치스런 의복)·견명(絹綿)·주포(紬布) 등을 사용하는 것을 허락했던 것은 상하를 통틀어 크게 다르지 않았다. 그렇지만 흥덕왕(興德王) 때에 이르러서는 일반적으로 사화(奢華)를 겨루어 이물(異物)의 진기함을 숭상하고, 토산품의 비야(鄙野)함을 혐오하여 존비의 차별도 점차 허물어지니, 다시 엄하게 이를 금지하게 되었다.

○또 신라에서 길을 갈 때 남자는 마차 혹은 말을 타고, 부인(婦人)은 오직 말만을 탄 것으로 보인다. 진골부터 평민에 이르기까지는 거재(車材)·욕자(縟子)·좌자(坐子)·전후헌(前後幰)·낙망(絡網)·우

---

22) 『隋書』新羅伝 '婦人辮髪繞頭、以雑綵及珠為飾'

양(牛軮)·늑환(勒環)〔이상은 마차에 사용하는 것〕, 안교(鞍橋)·좌자(坐子)·장니(障泥)·함(銜)·등자(鐙子:말을 탔을 때 두 발을 디디는 기구)·인(靷:안장에 매는 가죽 끈)·추(鞦)〔이상은 말에 사용하는 것〕 등으로, 남녀존비 별로 정해졌던 것은 의복제도와 같았다. 하지만 이는 중인(中人) 이상에 관련된 것일 것이다.

○음식은 대개 곡류는 방아[碓]·공이[杵]·맷돌[碾磑]을 이용하여 정착(精鑿)하였으며, 소·말·돼지·닭·생선 그 밖의 육류도 먹었다. 고구려는 이미 술을 잘 만들어 저장하였으며, 백제의 양주공〔인번(仁番)〕이 일본에 온 적이 있으므로, 술을 마시는 일은 고대부터 일반적으로 행해졌을 것이다. 또 백제에는 봉밀(蜂蜜)·우유를 사용하기도 하였다. 고구려에서는 유피(楡皮)를 산에서 채취하는 일이 있었던 것을 보면, 이것들도 먹었을 것이다. 신라에서는 일찍부터 떡 및 찰밥[糯飯] 종류가 있어, 먹고 마실 때는 유상(柳箱) 혹은 동와(銅瓦)의 그릇을 사용하였다고 한다.

○불교가 점점 융성해짐에 따라 신라의 법흥왕은 도살을 금하고, 백제의 법왕도 또한 살생을 금했던 것은 보건대, 육식의 풍속을 줄였던 것이 분명하다.

○국왕이 궁실을 짓는 것은 국초부터 역사에 보이지만, 그 제도가 상세하지 않다. 고구려는 왕궁·관부 및 불사·신묘(神廟)는 기와로 지붕을 덮었으며, 그 밖의 주거의 대부분은 산골을 따라 모초(茅草)로 집의 지붕을 이었다. 백성은 동월(冬月)에는 긴 구덩이를 만들어 온화(熅火)를 태워 온기를 얻었다고 한다. 백제는 조와공(造瓦工)을 일본에 바쳤던 일이 있었기 때문에, 와옥(瓦屋) 제도가 있었음은 의

심할 바 없다. 그렇지만 종실(宗室) 복신(福信)이 병이라며 굴실(窟室)에 누웠다고 하고, 또 탐라(耽羅)에서 여름에는 혁실(革室)이 있고 겨울에는 굴실이 있었다고 하는 것을 보면, 당시 혈거(穴居)의 풍습도 있었다는 것을 알 수 있다.

○신라는 옥사(屋舍) 제도가 있어 진골은 방의 넓이가 24척, 6두품은 21척, 5두품은 18척, 4두품부터 백성에 이르기 까지는 15척을 넘을 수 없었다. 또 당와(唐瓦)를 얹지 않고, 비첨(飛簷)을 달지 않고, 금(金)·은(銀)·유(鍮)·석(石)·백납(白鑞)의 오채(五彩)로 장식하지 않고, 계석(階石)을 갈지 않고, 염록(簾綠)에 금계((錦罽)·수(繡)·능(綾) 등을 금하였다. 그 밖에 원장(垣墻)·문(門)·구(厩) 등의 대소(大小)·정조(精粗)에 이르기까지 존비귀천의 질서가 정연하여 어길 수 없었다. 이 제도가 정해진 것은, 그 시대를 상세하게 알 수 없지만 필경 통일 이후일 것이다. 헌강왕 때쯤에는, 왕도(王都)는 민간도 와옥(瓦屋)을 만들었고, 모(茅)를 사용하는 일은 적었다. 밥을 지을 때도 숯(炭)을 사용하고, 신초(薪樵)를 이용하지 않았다고 하는 것으로부터 당시의 주거(住居) 상태를 엿볼 수 있다.

○이 시대에 행해졌던 잡기는 복서(卜筮)·관상〔백제〕·바둑[圍碁]·투호(投壺)〔백제·고구려〕, 축국(蹴鞠)〔고구려·신라〕, 저포(樗蒲)[23]·악삭(握槊:쌍륙)·농주(弄珠)[24]〔백제〕 등으로, 복무(卜筮)·바둑 같은 것이 가장 성행했었던 것 같다.

---

23) 백제 때에 있었던 놀이의 하나. 주사위 같은 것을 나무로 만들어 던져서 그 끗수로 승부를 겨루는 것으로, 윷놀이와 비슷하다.

24) 나무로 둥글게 만든 여러 개의 공을 하나씩 높이 던졌다 받았다 하면서 놀던 공놀이.

조선사 권4

제4편 중고사(中古史)

제1장 고려태조의 창업 및 성종(成宗)의 치(治)

○고려태조 왕건(王建)은 처음에 궁예(弓裔)를 따라서 여러 주(州)를 정벌(征伐)하였다. 위덕(威德)이 날로 성하여 백성들 스스로 복종하였다. 궁예는 마음대로 무도(無道)를 행하여 나라 안팎이 모두 그를 원망하고 두려워하였다. 이에 신라 경명왕(景明王) 2년〔일본기원 1578년(918)〕에 왕건의 기장(騎將:기병(騎兵)의 장수) 홍유(洪儒)·배현경(裴玄慶)·신숭겸(申崇謙)·복지겸(卜智謙) 등이 서로 공모하여, 밤에 왕건의 저택[第]에 들어가 추대(推戴)하여 왕으로 삼고자 하였으나 왕건은 이를 받아 들이지지 않았다. 이에 부인(夫人) 유씨(柳氏)가 갑옷을 가져와 그에게 입히고 여러 장군들이 옹위[25]하고 나왔다. 마침내 즉위하여 국호를 고려라 하고 논공행상(論功行賞)을 하였다. 이듬해 도읍을 송악(松嶽) 〔경기도 개성부(開城府)〕으로 정하고, 궁궐을 창건(創建)하였다. 3성6관9시(三省六官九寺)를 설치하고, 시전(市廛)을 세우고 방리(坊里)를 구별하여 5부(部)로 나누고, 6위(衛)를 설치하고, 조고(祖考)를 추시(追諡)하여 건국의 기초가 대략 갖추어졌다.

○그때에 이르러 궁예는 정변의 소식을 듣고 도망가다 죽었다. 한편 신라는 점점 미약해져 빙례(聘禮)를 갖추어 마침내 항복을 청하

---

25) 원문에는 '부옹(扶擁)'. 《고려사절요》의 원문에도 '부옹(扶擁)'으로 되어 있다.

기에 이르렀다. 바야흐로 태조 즉위 18년 [일본기원 1595년(935)]이
다. 이보다 앞서 후백제(後百濟)의 견훤(甄萱)이 남방(南方)에 할거
(割據)하여 침략해 오고, 또한 신라의 도읍지에 들어가 시역(弑逆)을
행하였다. 왕은 이를 듣고 견훤을 치려했으나 크게 패적(敗績:공적
을 잃는다는 뜻으로, 자기 나라의 패전을 이르는 말)하고, 그 후 여러 차례
견훤과 싸워 운주(運州) [충정도 홍주(洪州)]를 정벌하기에 이르러 유
금필(庾黔弼)이 마침내 견훤을 무찔렀다. 웅진(熊津) 이북(以北) 의
모든 성은 대세를 보고 귀부(歸附)하였는데, 이 해에 이르러 견훤도
또한 그 아들 신검(神劍)에 의해 유폐되었으나 몰래 빠져나와 도망
하였다. 이듬해 왕이 친히 신검을 토벌하니, 신검 등이 문무백료(文
武百僚)를 거느리고 항복하였으므로 나라 안[海內]에서 또 다시 왕의
명을 거스르는 자가 없었다.

○왕은 이어서 신하를 독려함에 절의(節義)를 갖고 행하기 위하여
정계(政誡) 1권과 백료(百僚)를 훈계하는 책[26] 8편(篇)을 지어 국내
에 반포하고, 또한 주부(州府)의 호칭을 바꾸고, 공신각(功臣閣)을
지어 삼한(三韓)의 공신을 동서(東西)의 벽에 그렸다. 그리고 대광
(大匡) 박술희(朴述熙)를 불러 훈요십편(訓要十篇)을 내렸는데, 그 뜻
은 후사(後嗣)가 종정사욕(縱情肆欲:기분 내키는 대로 욕심을 부림)하여
패란강기(敗亂綱紀:기강을 무너뜨림)함을 우려하여 길이 귀감으로 삼
고자 함에 있었다. 서중(書中)에는 나라를 가지게 됨을 부처의 힘이
라 하여 불사(佛事)를 말함이 가장 많았다. 후세의 모든 왕들이 부
처를 숭상하고 승(僧)을 믿는 자가 연이어 나온 것은, 훈요(訓要)가

---

26) 계백료서(誡百寮書)

이를 계도한 것에 연유하는 바가 크다. 그렇지만 왕건은 원래 기도 웅심(氣度雄深:기우(氣宇)와 도량이 크고 깊음)하고, 관후(寬厚)하고 제세(濟世)의 기량이 있어, 그 책략 또한 매우 주목할 만하다. 5백 년 기업을 열수 있었음은 결코 우연이 아니다.

○이어 아들 혜종(惠宗)이 즉위하였다. 대광(大匡) 왕규(王規)가 왕의 아우 요(堯)와 소(昭)가 역심(逆心)[27]이 있음을 참소(讒訴)하였으나, 왕은 그것이 무고(誣告)임을 알아차리고 그들 대하기를 더욱 후하게 하니, 규가 이번에는 왕을 시해하려 하였다. 왕이 몰래 거처를 옮겨 그 화를 면할 수 있었지만, 그때부터 (왕이) 의기(疑忌)하는 일이 많아 나라 전체가 근심하고 두려워하였다. 정종(定宗)은 신속히 내란을 진정시켜 종사(宗社)가 흔들리지 않았으며, 광종(光宗) 집권 초기에 매우 칭찬할 만할 점이 있었다. 처음으로 과거를 실시하여 후생들의 경진(競進)의 바람을 일으켰으나, 그 후로는 점차 사치(奢侈)가 행해졌다. 그 말년(末年)에 이르러 참소를 믿고 살생을 좋아하여 훈신(勳臣)과 숙장(宿將) 모두 주서(誅鋤)를 면치 못하였다. 경종(景宗)이 그 뒤를 잇기에 이르러 구신(舊臣) 중 남아 있는 자는 불과 40여 명뿐이었다. 이에 참서(讒書)를 태우고 무고(無辜)한 자를 풀어 주고 엄체(掩滯:앞길이 열리지 아니하여 세상에 나서지 못하고 파묻혀 있음)한 이를 발탁하고 조조(租調)를 감면하여 온 나라가 매우 기뻐하였다. 그렇지만 말년에 이르러 탐락을 일삼고, 장사(莊士:뜻과 행실이 올바른 사람)를 멀리하고, 소인(小人)과 사귀기 좋아하여 또다시 정교(政敎)가 쇠퇴하였다. 생각건대 혜종(惠宗) 이후 여기에 이르기

---

27) 원문에는 '이도(異圖)'

까지의 약 4대는 초창(草創)의 시기로, 군주가 자주 실덕(失德)을 면치 못하고 간신히 성업(成業)을 보수(保守)함에 지나지 않았다.

○성종(成宗)이 즉위하여 열심히 정치를 행하여, 관제(官制)를 정하고 언로(言路)를 열고 12목(牧)과 3성(省), 6조(曹), 7시(寺)를 정하였다. 효(孝)를 장려하고 나이든 자를 위문하였으며, 현재(賢才)를 구하고 수령(守令)을 격려하였다. 주현(州縣)으로 하여금 학사(学舍)를 경영하고, 전장(田莊)을 공급케 하고, 여러 차례 교지를 내려 문학(文學)을 장려하였으며, 종묘사직을 세워 10도(道)를 정하고 12군(軍)을 두었다. 이와 같은 제반 법도정치는 훌륭하여 태조의 유업(遺業)이 이때에 비로소 완비(完備)의 지경에 이르렀다. 또한 최승로(崔承老)의 수많은 상소(上疏)는 조종행사(祖宗行事)의 미악(美惡)을 논열(論列)하고, 역대 군주들의 정치적 득실에 관하여 언급하였는데 그 강직함이 개절(剴切)했던 것, 또한 서희(徐熙)가 거란이 쳐들어 왔을 때 땅을 가르자는 논의를 물리치고, 적의 진영에 사신으로 가서 항례(抗禮)·쟁변(爭辯)하여 굴하지 않았던 것 모두 당시에 빼놓을 수 없는 일로, 성종의 치(治)를 잘 보익(輔翼)했다 해야 할 것이다.

제2장 강조(康兆)의 난 및 거란(契丹)과의 관계

○성종이 서거하고 목종(穆宗)이 즉위하였는데, 어머니 천추태후(千秋太后)가 섭정(攝政)을 하였다. 태후의 외족(外族) 중에 김치양(金致陽)이라는 자가 있어 태후와 정을 통한 후 갑자기 관직이 바뀌

어 합문통사사인(閤門通事舍人)이 되어 국정을 장악하였다. 태후는 안에 거하며 권세를 휘둘러 친당(親黨)을 각처에 심어 권력이 나라 전체에 미쳤다. 이때에 왕은 아직 후사가 없었고, 태조의 여러 손자 들도 모두 죽어 오로지 대량군(大良君) 순(詢)이 있을 뿐이었다. 천 추태후는 이를 꺼려 강제로 출가(出家)하게 하고, 김치양과 사통(私 通)하여 낳은 아이를 세워 왕으로 삼고자 하였다. 왕이 병을 앓게 되자 계략을 더욱 서둘렀는데, 왕이 이를 알고 채충순(蔡忠順) 등을 불러 황보유의(皇甫愈義)에게 명하여 순(詢)을 맞아들이게 하고, 서 북면도순검사(西北面都巡檢使) 강조를 불러 입위(入衛)를 명하였다. 그 때에 나라 안팎이 흉흉(洶洶)하여 왕이 이미 서거했다고 전해졌 다. 강조는 이를 틈타 거병하여 국난을 진정시키고자 갑졸(甲卒) 5 천을 거느리고 평주(平州) 〔황해도(黃海道) 평산부(平山府)〕에 이르렀 으나, 왕이 아직 서거하지 않았음을 듣고 어찌할 바를 몰랐다. 그 러나 그 기세를 멈출 수가 없어서 결국 폐립(廢立:임금을 폐하고 새로 다른 임금을 맞아 세움)하기로 뜻을 정하고, 따로 사람을 보내어 대량 군을 맞아들이게 하였다. 이에 유의(愈義)가 대량군을 받들어 즉위 케 하였는데 이가 현종(顯宗)이다. 강조는 결국 목종을 폐위시켜 양 국공(讓國公)이라 하고, 김치양 부자를 죽이고, 태후 및 그 도당들을 유배시키고 결국 목종을 시해하니, 신민(臣民)들은 이에 통분하지 않는 이가 없었다. 한편 현종은 아직 물정을 모르니, 강조로 하여금 이부상서참지정사(吏部尙書參知政事)로 삼고 오로지 연등팔관회(燃 燈八關會)에 급급하였다. 거란의 성종(聖宗)이 강조가 목종을 폐위 하고 이를 시해함을 듣고 병사를 일으켜 들어와 그 죄를 물음에 이르렀다.

○거란은 태조[28) 때에 사신과 낙타 50마리를 보내어 좋은 관계를 맺고자 하였으나, 태조는 거란이 발해와 맺은 맹약을 저버리고 이를 멸망시킨 무도(無道)함을 이유로, 그 사신은 해도(海嶋)로 보내고 낙타는 만부교(萬夫橋) 밑에 묶어서 모두 굶겨 죽게 한 일이 있었다. 이로 인해 틈이 벌어지게 되었다.

○성종 12년(993) 〔거란 성종 통화(統和)11년〕에 거란 동경(東京) 〔滿州 盛京省 遼陽州〕 유수(留守) 소항덕(蕭恒德)이 병사를 이끌고 쳐들어와, 고려가 경계를 침식(侵蝕)함을 책(責)하였다. 왕은 곧바로 박양유(朴良柔)·서희·최량(崔亮) 등을 시켜 이를 막게 하였고, 또 친히 서경(西京) 〔平安道平壤府〕에 행차하여 곧바로 나아가 안북부(安北府) 〔平安道安州〕에 머무르고자 하였다. 그때 소항덕의 병사들의 기세가 매우 왕성하여 봉산군(蓬山郡) 〔平安道에 있음〕을 공격하여 우리의 선봉(先鋒)을 잡았다는 말을 듣고, 진군하지 못한 채 되돌아와 곧바로 서경(西京) 이북 지역을 떼어 주려고 하였다. 이에 서희(徐熙)가 극구 이를 간언하였다. 이에 서희를 거란 진영에 사신으로 보냈는데, 서희는 소항덕과 대등한 예를 차리고 쟁변(爭辯)하여 굴하지 않았으므로, 마침내 강화를 맺고 (거란이) 병력을 파(罷)하였다. 만약 당시에 서희가 없었다면 서경(西京)의 이북지역은 필시 고려의 소유가 되지 못했을 것이다. 당초 고려가 중국에 대해서는 태조 이래로 항상 그 봉책을 받고 정삭(正朔)을 받들었는데, 이때에 이르러 송에 군사를 청하여 거란에게 보복하려 하였다. 송(宋)이 이를 따르

---

28) 원문에는 '我太祖'로 되어 있다.

지 않았으므로 결국 관계를 끝내고, 비로소 거란의 연호를 따르고 봉책을 받았다.

○목종이 강조에게 시해를 당하게 되자, 현종 원년〔일본기원 1670년 (1010), 거란 통화 28년〕에 거란의 성종(聖宗)은 친히 보병과 기병 40 만을 거느리고 의군천병(義軍天兵)이라 칭하고, 강조의 죄를 묻고자 압록강을 건너 홍화진(興化鎭)〔평안도 의주〕을 포위하였으므로, 현 종은 강조와 안소광(安紹光) 등을 시켜 이를 막게 하였다. 이에 강 조는 병력을 이끌고 통주(通州)〔평안도 선천부〕로 출정하였는데, 거 란의 병사들은 강조를 포박하여 이를 베고 기세를 몰아 진군하여 서경을 공격하였다. 왕은 중랑장(中郞將) 지채문(智蔡文)으로 하여 금 이를 돕게 하였다. 지채문이 가서 투항한 자를 베고 문을 닫아 굳게 지키게 하고 서둘러 돌아와 서경의 패전 상황을 아뢰니, 강감 찬(姜邯贊)이 왕에게 권하여 남쪽으로 행차토록 하였으므로 지채문 등이 (왕을 모시고) 경성을 나섰다. 거란의 병사들이 서경을 공격하 여도 함락시킬 수 없자, 포위를 풀고 동쪽을 통해 경성에 들어가 궁 묘(宮廟)를 태우고 민가도 또한 모두 없애버렸다. 왕은 하공진(河拱 辰) 등으로 하여금 거란의 진영에 가서 화친을 청하도록 하였는데, 이때에 왕은 양주(揚州)〔충청도 지금과 같음〕, 광주(廣州)〔전라도 지 금과 같음〕를 거쳐 마침내 나주(羅州)〔전라도 지금과 같음〕로 들어가 고 있었다. 성종(聖宗)은 그 길이 멀다는 것을 듣고 병사들을 퇴각 시켰다. 그러는 사이에 (거란은) 누차 양규(楊規) 등에 의해 패하고, 또한 큰 비로 인해 타마(駝馬)가 피핍(疲乏)하게 되어 마침내 압록 강을 건너 되돌아갔다. 이리하여 왕 또한 경성으로 돌아올 수 있었

다. 그리고 사신을 보내어 철군을 감사하였다. 거란은 왕으로 하여금 친조(親朝:왕이 직접 황제국의 조정에 들어가 예의를 갖추는 것)토록 하였으나 왕이 따르지 않자, 이에 홍화(興化)·통주(通州)·용주(龍州)〔평안도 용천부(龍川府)〕·철주(鐵州)〔평안도 철산부(鐵山府)〕·곽주(郭州)〔평안도 곽산부(郭山府)〕·귀주(龜州)[29] 〔평안도 귀성부(龜城府)〕의 6성(城)을 요구하기를 멈추지 않았으며, 또한 통주·곽주 등을 공격하기도 했다. 이리하여 곽원(郭元)을 송(宋)에 보내어 구원을 요청하고 송의 연호(年號)를 사용하였다. 현종 9년(1018)에 거란의 소배압(蕭排押)이 또다시 무리를 이끌고 침략하였다. 이에 강감찬(姜邯贊)·강민첨(姜民瞻) 등으로 하여금 이를 막도록 하였고, 영주(寧州)〔평안도 안주(安州)〕에 주둔 진군하여 홍화에 이르러 이를 크게 물리쳤다. 소배압은 병사들을 이끌고 경도(京都:개경)로 진군했는데, 강민첨 및 조원(趙元) 등은 다시 이를 물리침으로 소배압은 병사들을 되돌렸다. 강감찬이 이들을 귀주(龜州)에서 맞아 싸워 분격하여 타마(駝馬)와 갑장(甲仗)을 빼앗았는데, 이를 일일이 헤아릴 수가 없었다. 처음에 거란과 교전한 이후로 이를 파한 것이 이때보다 심한 적이 없었다. 그렇지만 결국 대적할 수 없음을 알고, 그 후에 사신을 보내어 봉표(奉表:임금의 등극을 축하하는 표를 올리는 것)하고, 번(藩)으로 칭하고, 조공을 바치며, 그 정삭(正朔)을 봉하여 사빙(使聘)이 늘 왕래하였다.

○덕종(德宗) 때에 거란에 내란이 있음을 기회로 우호관계를 끊고 북방 경계의 관방(關防:제방을 쌓고 관문을 놓아 만든 방위진지)을 설치

---

29) '구주'라고도 한다.

하였는데, 압록강이 바다에 임하는 곳부터 시작하여 정변(靜邊)〔함경도 고원(高原)군에 있음〕, 화주(和州)〔함경도 영흥부(永興府)〕에 이르러 사방으로 1천여 리 남짓하게 이어졌다. 그 돌로 성을 쌓았으며 높이와 두께가 각각 25척이라고 한다. 정종(靖宗) 초에 거란이 문서를 보내 이를 책(責)하니, 결국 화의하여 예를 갖추기가 옛날과 같게 되었다.

○문종(文宗)이 뒤를 이어 더욱 정치에 마음을 쏟아 절검(節儉)을 중히 여기고 형옥을 명확히 함과 동시에, 최제안(崔齊顔)·최충(崔冲)을 불러들여 시정(時政)의 득실을 논하고 군무(軍務)를 정비하였다. 모든 도에 무문사(撫問使)를 파견하여 장리(長吏)의 근만(勤慢)함을 안험(按驗)하고 백성의 질고(疾苦)를 살피니, 나라는 부강해지고 치세는 평화로웠다. 이때 송(宋)도 또한 인종(仁宗) 때에 이르러 영현(英賢)을 배출하고 문물은 매우 번성하니, 왕은 더더욱 이를 추종하였다. 그렇지만 현종(顯宗) 때에 거란과 우호관계를 맺고부터 송과 교류를 끊은 지 거의 50년이 되니, 이때에 이르러서도 여전히 거란을 두려워하여 (송과) 소통하지 아니하였다. 그 후 거란은 국호를 요(遼)로 고쳤다. 이리하여 고려는 요와 송 두 나라와 수호를 유지하였는데, 단 그 봉책은 항상 요로부터 받았다. 생각건대 당시 요는 번성하고 송은 부진했기 때문이었을 것이다. 그렇지만 송은 종국에 여진과 함께 요를 공격하여 이를 멸하였고, 여진은 더욱더 융성하여 기세를 북방에 떨치기에 이르렀다.

제3장 여진(女眞)의 역(役)

○여진은 고려의 동북에 위치하고 있고, 지금의 함경도 동북경계 및 만주 길림(吉林)·흑룡강(黑龍江) 두 성(省)의 땅이다. 원래 말갈의 후예들로 통일된 바가 없었고, 단지 흑수〔黑水:곧 흑룡강〕에 있는 자들을 동여진, 서쪽에 있는 자들을 서여진이라 하였다. (그들은) 성종(成宗) 이래로 사신을 보내어 방물을 헌상하거나 혹은 변경을 침입하는 일이 있었다. 문종 때에는 그 부족이 복속(服屬)하는 일이 매우 많았고, 숙종(肅宗) 때에 이르러서는 동여진의 수장 영가(盈歌)[30]와 우야소(烏雅束)[31]가 잇따라 강성했었는데, (이들이) 고려를 그 조종(祖宗)이 나온 곳으로 삼아 신속(臣屬)들이 매우 공근(恭謹)하였다. 때마침 내란으로 인해 기병(騎兵)을 일으켜 정주(定州)〔함경도 덕원부(德原府)〕관외(關外)로 와서 진을 쳤는데, 변리(邊吏)가 이를 잘못 판단하여 우리에게 계략을 도모한다 하여 조정에 보고하였다. 이에 임간(林幹)에게 명하여 이를 치도록 하였는데 임간이 크게 패하고, 다시 윤관(尹瓘)으로 하여금 이를 대신하게 하였으나 또 패하였다. 왕이 이에 화를 내어 서소(誓疏)를 지어 또다시 군사를 일으키려 했으나 뜻을 이루지 못하고 서거하였다. 예종(睿宗)이 즉위하기에 이르매 열심히 다스리기를 도모하였다. 고과(考課)를 행하고 직언을 구했으며, 선왕의 뜻을 이어받아 재위 2년(1107) 윤관을 원수(元帥)로 하고 오연총(吳延寵)을 부원수(副元帥)로 삼아 병사 17

---

30) 'エンコ'라는 독음(讀音)이 달려 있다.
31) 'ウヤショ'라는 독음이 달려 있다.

만을 거느리고 토벌하여 크게 이를 무찔렀는데, 수급(首級)을 벤 것
이 거의 5천이었다. 이로 인해 땅의 경계를 획정(劃定)하여 영(英)
[함경도 길주(吉州)에 있음]·복(福)[함경도 단천군(端川郡)]·웅(雄)[함
경도 길주(吉州)에 있음]·길(吉)[함경도 지금과 같음]·함(咸)[함경도 함
흥부(咸興府)]의 제주(諸州) 및 공험진(公嶮鎭)[함경도 회령군(會寧郡)]
에 성을 쌓고 비를 세웠다. 또한 선주(宣州)[함경도 덕원부(德源府)]
및 통태(通泰)[함경도에 있음]·평융(平戎)[함경도에 있음]의 두 진(鎭)
에 성을 쌓아 이르기를 북계(北界)의 9성(城)이라 하고, 남계(南界)의
백성을 옮기게 하여 이를 채워 모두 고구려의 옛 땅을 되찾았다.

○여진이 그 본거지를 잃었으므로 맹세코 보복하려 하여 제부(諸
部)에 호령하여 매년 와서 싸웠는데, 윤관(尹瓘)·오연총(吳延寵) 등
이 크게 패하여 고려의 병사들을 잃는 경우가 많았다. 게다가 9성
은 멀리 떨어져 있어 지키기가 어려웠고, 여러 번 병사들을 소집하
여 나라 안이 소란하였다. 그리고 여진 또한 이를 염고(厭苦:어떤 일
을 싫어하고 괴롭게 여김)하여 요불(裵弗)을 보내어 강화(講和)를 맺도
록 하였다. 이에 그 요청을 수락하고, 전구(戰具)와 자량(資粮)을 내
지로 보내어 그 성을 철수하고 9성을 여진에게 반환하였다. 그 후
여진은 우야소(烏雅束)의 남동생 아구다(阿骨打)[32]가 즉위했는데, 침
착하고 용감하며 병법을 잘 깨달아 국세가 날로 강해졌다. 일본기
원 1775년(1115년)[예종10년]에 이르러 국호를 고쳐 금(金)이라 하
고 황제라 칭하였다. 그렇지만 그 뜻은 요(遼)를 꾀하는 것에 있었
기 때문에 극구 고려에게 화친을 요구했다. 그리하여 고려는 금과

---

32) 'アクタ'라는 독음이 달려 있다.

요 사이에서 모두 교류를 맺어 불화를 일으키는 일이 없었다. 왕은
처음에 땅의 경계를 개척할 마음이 있었으나 점차 용병(用兵)의 어
려움을 알고, 무기를 보관하여 둔 채 사용하지 않고 학문을 닦았다.
또한 고아를 구제하고, 노인을 부양하고, 학문을 일으켜 가르침을
확립하고,[33] 매일 유신(儒臣)들과 육예(六藝)를 강론하여 태평치세
를 이루었다. 이 때 송의 휘종(徽宗)이 대성악(大晟樂)을 왕에게 하
사하였으므로, 왕이 이사량(李思諒)[34]을 보내어 이에 감사하게 하였
다. 휘종은 금의 국토가 고려와 접해있으므로 자량(資諒)을 타일러
이들을 송에 데리고 오게 하였으나, 자량은 금이 매우 교활하므로
교류하지 말아야 한다고 말하고 돌아왔다. 왕도 또한 심히 이를 근
심하였는데, 때마침 송의 의관으로 고려에 온 자가 그 나라로 돌아
간 일이 있었다. 왕은 그에게, 금과 통교하는 것은 불가하다고 말하
게 하였다. 그러나 휘종은 듣지 않았고, 해로(海路)를 통해 금과 약
속하고 요를 협공하여 이를 멸망시켰다. 송은 결국 휘종·흠종(欽
宗) 두 황제가 다 금에 잡히는 화를 당하게 되었고, 금의 세력이 날
로 성하여지자 고려는 스스로 신하라 칭하고 이를 섬겼다. 이에 송
은 후장(侯章)을 고려에 보내어 군사를 일으켜 금을 토벌하게 하려
하였고, 또한 양응성(楊應誠)을 보내어 두 황제를 데려가는데 돕기
를 바랐으나 고려는 모두 따르지 않았다. 이리하여 그 금과는 봉책
을 받고, 방물을 헌상하고, 사절들이 여러 차례 왕래하며 길흉을 상
문(相問)하는 예를 행하기가 멸망할 때까지 변함이 없었다.

---

33) 원문의 일본어 : 教を立てる
34) '이자량'의 오기(誤記)인 듯하다.

제4장 이자겸(李資謙) 및 묘청(妙淸)의 변(變)

○예종이 서거하자 태자 해(楷)가 아직 어려 왕의 여러 동생들이 왕권에 대한 야심이 있었다. 외조부인 이자겸(李資謙)이 태자를 봉하여 즉위하니 이가 인종(仁宗)이다. 이자겸은 예종 말부터 점차적으로 사횡(肆橫)하였는데, 이때에 이르러 중서령(中書令)이 되었고, 더욱 권세를 부려 재신(宰臣) 중에 자신을 따르지 않는 자는 귀양을 보냈다. 권세가 온 나라 안에 충천하여 그 딸을 왕에게 시집보내어 족속(族屬)으로 하여금 요직에 포열(布列)시키고, 당시의 명신(名臣)들이 이쪽으로 마음을 기울여 아첨을 하거나 그 집에서 집무를 하거나 함에 이르렀다. 이자겸은 또한 군국(軍国)에 관하여 알고자 하여 왕이 그의 집으로 행차하여 책봉을 내릴 것을 청하였으나, 왕은 이를 매우 꺼렸다. 이에 내시(內侍)지후(祗候) 김찬(金粲), 녹사(錄事) 안보린(安甫鱗) 등이 왕의 뜻을 헤아려 동지추밀원사(同知樞密院事) 지녹연(智祿延)과 공모하여 이자겸을 제거하고자 하여 상장군(上將軍) 최탁(崔卓)과 오탁(吳卓) 등을 불러서 이를 도모하였다. 이때에 척준경(拓俊京)이 이자겸 편을 들어 문하시랑평장사(門下侍郎平章事)가 되고, 그 동생 척준신(拓俊臣)과 함께 심히 권세를 부렸다. 최탁·오탁 등이 이를 시기하여 군을 이끌고 궁에 들어가 우선 척준신을 죽이자, 이자겸과 척준경이 이를 보고 두려워하여 재추백료(宰樞百僚:조정 내 모든 벼슬아치)를 그의 집에 소집하였다. 척준경이 사태의 시급함을 보고 군졸을 소집하여, 궁문을 부수고 소리를 치며 들어가 불을 질러 이를 태우자 순식간에 불이 궁궐내 침전(寢殿)까지 번

졌다. 왕은 걸어서 근신(近臣) 10여 명과 산호정(山呼亭)에 이르러서는, 해를 당할 것을 두려워하여 왕위를 이자겸에게 양위하려 하였다. 이에 평장사(平章事) 이수(李壽)가 큰소리로 그 뜻을 꺾게 하니, 그 일은 결국 멈추었다. 이자겸은 곧바로 왕을 자신의 집으로 옮기게 하여 좌우 모두 자신의 무리들을 중용하였다. 왕은 동정(動靜)과 음식(飮食)도 자유롭지 않았으며 우울하고 무료(無聊)하였다. 이자겸은 또한 독약으로 왕을 해하려 하였으나, 왕비가 일부러 넘어져 이를 엎어뜨려 그 화를 면했다. 그러는 사이에 척준경은 점차 이자겸과 사이가 벌어지고, 왕은 은밀히 내의(內醫) 최사전(崔思全)으로 하여금 척준경에게 일러 왕실에 힘을 미치게 하였다. 이에 이자겸이 병사들을 일으켜 궁궐을 침범하자, 척준경이 갑옷을 입고 들어가 왕을 모시고 나왔다. 이자겸의 무리들이 이를 쏘았으므로 척준경이 사람을 보내 이자겸을 불러오게 하였다. 이자겸이 소복(素服)을 입고 도착하자 곧바로 이를 붙잡아서 영광군(靈光郡)〔전라도 지금과 같음〕으로 유배를 보내고, 그 자손과 잔당도 역시 모두 먼 곳으로 나누어 유배를 보냈다. 그 후 척준경 또한 공적을 믿고 점차 발호(跋扈)하였으므로, 전에 지은 죄를 물어 암타도(巖墮嶋)〔전라도 영광에 속함〕로 유배를 보냈다. 이로 인해 이씨의 난은 완전히 진정 국면으로 돌아가기는 했으나, 왕은 다시 묘청, 백수한(白壽翰) 등의 음양화복설(陰陽禍福説)에 현혹되어 서경의 변을 초래하게 되었다.

○음양화복설(陰陽禍福説)은 신라의 승려 도선(道詵)에 의해 이미 시작되어 숙종(肅宗)은 남경(南京:지금의 서울)을 만들고, 예종(睿宗)은 용언(龍堰)에 새로운 궁을 짓기 시작하였다. 그렇지만 아직 그 폐해

가 크지 않았으나, 묘청 때에 이르러서는 그 화가 가장 심했다. 묘청은 서경의 승려이다. 일자(日者:점치는 사람)인 백수한(白壽翰)이라 하는 자가 있었는데, 묘청을 스승으로 삼았다. 이 두 사람은 음양비술(陰陽秘術)로 대중을 미혹시켰으며, 정지상(鄭知常) 또한 깊이 이설을 신봉하였다. 묘청 등이 마침내 상언(上言)하기를 "서경의 임원역(林原驛)은 음양가가 말하는 이른바 대화세(大華勢)이다. 만약 도읍을 이곳에 세우면 천하는 통일이 될 것이며, 금도 경의를 표하며 스스로 항복할 것이다"고 하였다. 이에 대화궁(大華宮)을 임원(林原)에 짓고, 왕은 마침내 수차례 서경으로 행차하였다. 이때 묘청·백수한 등이 몰래 큰 떡을 만들어 그 속을 비우고는 볶은 기름을 넣어 대동강에 빠뜨렸다. 그러자 기름이 점점 수면에 떠올라 오색구름과 같으니, 이를 보고 신룡(神龍)이 침을 뱉는다 하여 백관이 표하(表賀:표문을 올려 축하)하기를 청하였다. 그 후 왕이 사람을 시켜 이를 조사하게 하여 그 거짓됨을 알았으나, 묘청을 신봉함은 약해질 줄 몰랐다. 임원개(任元凱)·임완(林完) 등이 상소하여 이를 죽일 것을 청하였으나 허락하지 않았다. 묘청이 또다시 왕의 서경행차를 청하여 역모를 이루려고 하였으나, 왕은 대신간관(大臣諫官)의 말을 따라 서경에 가지 않았다. 재위 13년 묘청이 마침내 유참(柳旵)·조광(趙匡) 등과 함께 서경을 차지하고 모반하였다. 유수(留守)의 원료(員僚:중앙정부에서 파견된 관리) 및 병마사(兵馬使)를 잡아 가두고, 병사를 보내어 절령(岊嶺) 〔황해도 봉산군(鳳山郡)에 있음〕의 길을 차단하였다. 그리고 모든 성의 병사들을 징발하여 국호를 천위(天爲)라 하고, 연호를 정하며, 군을 천건충의군(天建忠義軍)이라 하였다. 이에 평장사(平章事) 김부식(金富軾) 등에게 명하여 이를 정벌케 하였다. 김부식이 출발함에 있어 근신(近臣) 김안(金安), 정지상 및 백수한 등이 내통했으므로 우선 이들을 죽이고, 병사를 이끌고 성주(成州)〔평안도 성천부(成川府)〕에서 연주(漣州)〔평안도 개천군(价川郡)〕를 따라 안북부(安北府)에 이르렀다. 그리고 요연(僚椽)을 서경에 보내어 회유케 하였다. 조광(趙匡)은 곧바로 묘청과 유참(柳旵)을 베고 윤첨(尹瞻) 등으로 하여금 이를 바치게 하였으나, 윤첨 등은 결국 하옥되었다. 조광이 이를 듣고 다시 반란을 일으키자 김부식이 계속하여 이를 공격하기를 수년, 결국 이를 무찔렀다. 이에 조광이 자살함으로 서경은 비로소 조용해졌다. 생각건대 전에는 이씨의 난을 치루고 후에는 묘청의 화를 부른 것은 왕의 천성이 자애롭기만 하고 우유부단함에 기인한 바가 없지 않지만, 그렇다 하더라도 학문을 사랑하고, 스승을 예로써 대하고, 절검(節儉)을 숭상하고, 연유(宴遊)를 절제하였으며, 관사(官寺)를 줄여 송 및 금에게 신사(臣事)로서의 예를 다하여 이웃국가와의 우호를 잃지 않았다. 이로 인해 변경이 오래도록 무사하였다. 또한 음양화복설은 서경의 변을 거치기는 하였으나 결국 인멸(湮滅)되지 않고, 의종(毅宗)·고종(高宗)·공민왕(恭愍王)·공양왕(恭讓王)에 이르러서도 자주 술사(術士)를 신용하였다. 이를 통해 그것이 사람의 마음에 깊이 침투해 있었음을 알 수 있다.

제5장 정이(鄭李)의 흉역(兇逆)[35]

○인종 말기에 임후(任后)가 둘째 아들을 사랑하여 태자를 바꾸려고 하였다. 시독(侍讀) 정습명(鄭襲明)이 정성껏 보호하여 태자 현(晛)은 결국 폐위되지 않고 그 왕위를 이었는데, 이가 바로 의종(毅宗)이다. 정습명이 이때에 승선(承宣)으로서 인종의 고탁(顧託)[36]을 받아 널리 잘못된 것을 바로잡는데 힘썼다. 왕은 초기에 정습명을 꺼리어 마음대로 행동하지 않았는데, 후에 참언(讒言)하는 자의 말을 듣고 그의 직책을 거두었다. 정습명은 결국 독약을 받고 죽었다. 이때부터 황음무도함에 빠져 대성(臺省)[37]과 간관(諫官)[38]이 간언하여도 듣지 않았다. 환관 정함(鄭諴)을 권지합문지후(權知閤門祗候)로 임명하였는데, 권세를 부리고 교구참질(交構讒妬)함에 이르지 않음이 없어 벼슬아치들을 속박(箝制:자유롭지 못하게 억누름)하였다. 생각건대 환관이 조관(朝官)의 관직을 받음은 여기서 비롯되었다고 할 수 있다. 왕은 또한 이궁(離宮)을 궁궐의 동쪽에 만들고 많은 지대(池臺)와 정사(亭榭)를 지어 명화(名花)와 괴석(怪石)을 모아 치려(侈麗)함이 그지없게 하고, 총애하는 제신과 시를 읊으며 창화하고 밤낮으로 감가(酣歌) 유연(流連)의 도락에 빠졌다. 또한 도교(道敎) 혹은 불교를 숭봉하고 여러 가지 제초(齋醮)와 유행(遊幸)의 비용이

---

35) 임금에게 불충하고 부모에게 불효하는 흉악한 짓. 또는 그런 짓을 하는 사람.

36) 고탁(顧託): 임종(臨終)을 당하여 주위의 사람들에게 후사(後嗣)의 안위와 보호, 뒷일을 부탁함. 또는 그 부탁. '탁(託)'은 '탁(托)'으로도 쓰임.

37) 고려(高麗) 때의 어사대(御史臺) 대관(臺官)과 중서(中書) 문하성(門下省) 성랑(省郎)의 합칭(合稱)이다.

38) 사간원(司諫院) 사헌부(司憲府)의 벼슬아치를 통틀어 이르는 말.

매우 많아 행차를 담당하는 아첨배들이 백성에게 이를 착취하여 공급하였으나, 이에 관련해서는 조정의 신하 중에 간언하는 자도 없고, 많은 신하들이 보이는 것만을 가리켜 상서로이 여겼다. 정월에는 왕 스스로 신료의 가표(賀表)를 만들어 백관에게 선시(宣示)하였다. 임종식(林宗植) 한뢰(韓賴)의 무리 또한 문조사화(文藻詞華)로 아첨하기를 일삼고, 임금의 총애를 빌미로 모든 일에 오만방자했다. 무사를 경멸하고, 무사는 왕의 유행(遊幸)이 일정하지 않으므로 (경비 등으로) 제대로 먹을 수가 없어 가끔 얼어 죽는 자가 생기게 되었다. 이에 관련하여 대장군 정중부(鄭仲夫) 등이 매우 분개하여 반역을 꾀하고자 하는 마음을 품었다. 왕이 보현원(普賢院)에 행차하였을 때, 정중부는 산원(散員) 이의방(李義方), 이고(李高) 등과 서로 공모하여 난을 일으켰다. 우선 임종식·이복기(李復基)·한뢰 등을 죽이니, 무릇 문관의 벼슬을 받은 자는 크고 작음을 막론하고 해를 입지 않은 자 없었고, 시체가 쌓여 산과 같았다. 왕은 두려워 정중부를 불러 난을 멈추게 하려 하였으나, 정중부는 순순히 듣지 않았다. 왕을 데리고 돌아가 핍박하여 이를 거제(巨濟) 〔경상도 지금과 같음〕로 추방하고, 왕의 동생 호(晧)를 맞아들여 즉위케 하였으니 이가 명종(明宗)이다. 사신을 금에 보내어 선왕이 병으로 인해 왕위를 동생에게 물려주었다고 고하였다. 금의 세종(世宗)이 찬위(纂位)를 의심하여 순문사(詢問使)를 보내어 이를 따져 물었다. 이때에 동북면 병마사(東北面兵馬使) 김보당(金甫當)이 병사들을 동쪽 경계에서 일으켜, 정중부·이의방을 토벌하고 선왕을 복위시킬 것을 꾀하고는 장순석(張純錫)·유인준(柳寅俊)을 남로병마사(南路兵馬使)로 삼았다. 장순석과 유인준 등은 거제에 이르러 선왕을 받들어 모시고 나와 경주에 거하였다. 안북도호부(安北都護府)가 김보당을 잡고 이의방이 이를 국살(鞠殺:국청(鞠廳)에서 중죄인을 신문하여 죽임)하였다. 김보당은 죽음에 임하여 이르기를 문신이 모두 이 모의에 참여하였다고 하니, 이로 인해 많은 조정의 신하들을 죽이고 전날의 화를 피했던 자들도 이에 이르러 죽음을 면치 못했다. 또한 장군 이의민(李義旼)은 정중부의 명을 받아, 경주에 가서 선왕을 끌어다가 곤원사(坤元寺)의 북쪽 못가에서 등뼈를 부러뜨려 이를 시해하고 연못에 던져 버렸다. 생각건대 정중부가 난을 일으킨 것이 경인년(庚寅年)에 있었고, 김보당이 병사를 일으켜 패한 것이 계사(癸巳年)에 있어, 고로 이를 경계(庚癸)의 난이라 한다. 문신들이 화를 당함이 이때보다 심한 적이 없었다. 이 일이 있은 후 3경(三京), 4도호(四都護), 8목(八牧)으로부터 군(郡), 현(縣), 관(館), 역(驛)의 직임에 이르기까지 모두 무인을 임용하기에 이르렀다. 본래 의종(毅宗)은 매우 사치를 좋아하여 미술을 발달시킨 것 또한 이때였으나, 비참한 말로를 면치 못했다. 이는 송의 휘종(徽宗)과 그 행적이 거의 비슷하다. 그리고 세상과 동떨어져 있음 또한 매우 비슷하니 이 어찌 기묘하다 하지 않을 수 있으리오. 그 후 또다시 서경의 유수(留守) 조위총(趙位寵)이 병사를 일으켜, 정중부와 이의방을 토벌할 것을 모의하여 격서(檄書)를 동북의 양 경계에 전달하였다. 이에 절령(岊嶺) 이북 20여 성이 모두 이에 응하자, 곧바로 평장사(平章事) 윤인첨(尹鱗瞻)으로 하여금 3군을 이끌고 가서 서경을 공격케 하였다. 윤인첨은 절령에 이르러서 패하여 돌아갔고, 서병(西兵)은 경도(京都)로 향했다. 이의방은 분노하여 이를 격파하고 승리의 기세를 몰아 도망하는 자들을 좇아 대동강에 이르렀는데, 다시 서병으로 인해 패하고 돌아왔다. 이에 재차 윤인첨으로 하여금 서경을 공격하게 하였다. 포위당한 채 지키던 것이 해를 넘기자 조위총(趙位寵)도 먹을 것이 다하여 매우 궁곤하였다. 마침내 사신을 금에 보내어 절령 이북의 40여 성을 내속하고 군대를 일으켜 구원해 줄 것을 요청하였으나, 금주(金主)는 허락하지 않고 사신을 포박해서 (고려로) 보냈다. 윤인첨 등이 마침내 서경을 공격하여 이를 무찌르고, 조위총을 생포하여 이를 베어 죽였다. 이에 앞서 이의방은 정중부의 아들 균(筠)에게 죽임을 당하였다. 정중부는 문하시중(門下侍中)이 되어 점점 발호하고 그지없이 탐욕하여 집안의 하인 문객들도 모두 권세로 인해 방자하고, 아들 균 및 송유인(宋有仁) 등은 안팎으로 권세를 부려 흉자무도(凶恣無道)하였다. 장군 경대승(慶大升)은 늘 이들을 토벌하고자 하였는데, 마음속으로 감추고 드러내지 않았다. 때마침 정균(鄭筠)이 은밀히 공주에게 장가들 것을 기도하여 왕은 이를 근심하였다. 경대승은 이를 기회로 삼아 밤에 궁에 들어가 정균을 직려(直廬:숙직하는 장소)에서 베어 죽이고, 정중부·송유인 등을 잡아 이들을 죽여서 저자에 효수(梟首)하였다. 그렇지만 왕은 원래 성격이 유약하고 겁이 많아 안일함에 빠져 유희를 일삼고 정치에 개의치 않았다. 이에 분경(奔競)[39]의 풍조를 이루고 회뢰공행(賄賂公行:뇌물이 공공연하게 행해짐)하여, 환관이 권력을 휘둘러 조정의 정사를 혼란하게 함은 의종 때보다 심했다. 또한 무신의 뜻에 따라 상장군(上將軍) 최세보

---

39) 지지 않으려고 몹시 다투는 일. 금품, 연줄 그 밖의 온갖 방법으로 벼슬자리를 구함.

(崔世輔)로 하여금 동수국사(同修國事)로 삼아 시역죄(弑逆罪)를 감싸게 하거나, 이의민(李義旼)이 난을 일으킬 것을 두려워하여 중권(重權)을 위임한 것은 분명 두 번 다시 있어서는 안 될 일이었다. 이리하여 이의민은 점점 탐학(貪虐)하기를 일삼고, 그 모든 아들들도 또한 몹시 난폭하였다. 이로 인해 장군 최충헌이 이의민을 죽이고 그 삼족을 멸하고, 그 노예 및 권속들도 모조리 베어 죽였다. 이때부터 최씨의 권세는 날로 강하여져 가고 왕실은 더욱 약해졌다.

제6장 최씨의 전횡(專橫)

○최충헌은 이미 이의민을 베어 죽이고 위세가 점점 강하여져서, 많은 조신(朝臣)을 죽이고 두경승(杜景升) 등을 유배시켰다. 그리고 명종(明宗)을 창락궁(昌樂宮)에 유폐시키고 그 동생 민(旼)을 맞아들여 즉위시켰는데, 이가 신종(神宗)이다. 최충헌의 동생 최충수(崔忠粹) 또한 횡자(橫恣)하여, 그 여식을 동궁(東宮)에게 시집보내려 하였다. 이에 최충헌이 말렸으나 듣지 않고 마침내 병사를 이끌고 서로 공격하여 최충수를 죽였다. 최충헌은 삼중대광수태위상주국(三重大匡守太尉上柱國)이 되어 스스로 횡폭하니, 변(變)이 예기치 않게 일어날 것을 두려워하여 문무의 벼슬아치 및 군졸 중에서 매우 강하고 힘 있는 자들을 그 집에 직숙(直宿)하게 하였는데, 이를 도방(都房)이라 하였다. 출입할 때에는 합번(合番)과 옹위(擁衛)함이 마치 전진(戰陣)에 나가는 것과 같았다. 그리고 정병(政柄:정권,관리임명권)을 전담하여 회뢰(賄賂)를 초납(招納)하여 관작(官爵)을 팔았는

데, 당대의 명류(名流) 금의(琴儀)·이규보(李奎報)·이공로(李公老)·최자(崔滋) 등 모두가 이를 추종하여 따랐다. 신종(神宗)이 서거하고 그 아들 희종(熙宗)이 즉위하였는데, 최충헌을 수태사 문하시랑 동중서문하평장사(守太師門下侍郎同中書門下平章事)로 삼았다. 그리고 그 옹립의 공이 있음으로 인하여 신하의 예로 대하지 않고, 은문상국(恩門相國)이라 칭하고 진강후(晉康侯)로 봉하였다. 최충헌은 책사(冊使) 및 제왕(諸王)들을 모아 그 집에서 연회를 베풀었는데, 그 장막 안에 꽃과 열매 그리고 노래하는 기생들이 넘쳐났던 것은, 삼한(三韓) 이래로 신하의 집으로서 그러한 예가 없었다고 한다. 왕 부자(父子)는 충헌에 의해 왕으로 설 수 있었으므로 사사건건 제재를 받아 무익하게 실권이 없는 자리를 지키고, 동정(動靜)·호령(號令)도 자유롭지 못했다. 겉으로는 예우를 한다고 하지만 속으로는 견딜 수가 없었다. 내시 왕준명(王濬明) 등이 이를 알고, 왕을 위해 모의를 하여 승병을 잠복시켜 최충헌을 죽이려고 했으나 결국 실패하였다. 이 일로 인해 최충헌은 왕을 원망하여 폐위시키고 강화〔경기도 지금과 같음〕로 파천시켰다. 태자 지(祉)를 인천(仁川:경기도 지금과 같음)로 내어 쫓고 명종의 아들 정(貞)을 맞아들여 즉위시켰는데, 이를 강종(康宗)이라 하였다. 얼마 지나지 않아 강종이 서거하자, 최충헌은 고종(高宗)을 모시어 즉위시켰다. 이때에 최충헌이 나라를 마음대로 함이 이미 오래 되어 황음(荒淫)만을 일삼고 국정을 돌보지 않았다. 거란 병사들이 왔을 때 이를 얕보고 대비책을 강구하지 않음으로 인해 적세(賊勢)가 들끓었다. 최충헌은 처음에 졸오(卒伍)에서 일어나 마침내 국권을 장악하고, 조신(朝紳)들을 책륙(磔戮:찢어 죽인다는 의미)하고 생령(生靈)을 괴롭히니, 그 잔인 포악함이 정중부·이의방보다 더 심했다. 그러나 즉위시킨 왕이 넷, 폐위한 왕이 둘이라 하더라도, 강조나 정중부와 같이 시역(弑逆)하는 일은 없었다. 최충헌이 죽고 그 아들 우(瑀) [나중에 개명]는 충헌이 점탈 (占奪)한 공사(公私)의 토지와 전민(田民)을 각기 그 주인에게 돌려 주고, 한사(寒士)를 발탁하여 인망을 쌓아 마침내 참지정사(參知政事) 이병무상서(吏兵部尙書)가 되었다. 그리고 정방(政房)을 자신의 집에 두어 문사(文士)를 뽑아 이에 속하게 하여 칭하기를 필도지(必闍赤) [몽골의 관직명 책을 알고 글의 뜻에 정통한 자를 말함]이라 하였다. 이에 앞서 이미 몽골과 좋은 관계를 맺었었는데, 그 후 몽골이 대거 쳐들어 왔다. 최우는 마침내 왕을 협박하여 도읍을 강화로 옮겼다. 이때에 나라의 승평(昇平)이 이미 오래 지속되었고, 민심도 이 땅을 편안히 여겨 천도하기를 꺼린다 하여도, 최우를 두려워하여 감히 말할 자가 없었다. 오로지 야별초지유(夜別抄指諭) 김세충(金世沖) 만이 최우를 힐책하자 최우는 이를 베어 죽였다. 국가의 환란은 이 때에 가장 심했다. 그리고 최우는 오직 연락(燕樂)을 일삼았다. 왕에게 향연을 베풀고 재추(宰樞)에게 연회를 베푸는데 있어 그릇, 요리, 연주와 노래, 북소리[皷吹]가 모두 성대하기가 이를 데 없었다. 최우의 아들 최항(崔沆)이 이를 이어 추밀원부사(樞密院副使)가 되었고, 이윽고 문하시중(門下侍中)에 올랐다. 이 역시 살생을 일삼으니, 모두 사감(私憾)이 있는 자는 난을 일으킨다고 무고하였다. 몽골은 다시 사신을 보내 국왕으로 하여금 뭍으로 나와 이를 맞이하게 하였으나, 최항은 이를 듣지 않았다. 사람들은 모두 최항이 잔꾀로 나라를 그르칠 것을 걱정하였다. 몽골이 마침내 군사를 일으켜 많은 주군(州郡)을 도멸하였다. 최항이 임종할 때에 선인열(宣仁烈)·유능(柳能)에게 그 아들 의(竩)를 맡기며, 그를 잘 보도(輔導)하여 그가 가업을 계승하도록 부탁하였다. 최의는 연소하고 암렬(闇劣)하여, 현사(賢士)를 예우하지 않고 용례경조(庸隷輕躁)의 무리를 친신(親信)하였다. 또한 (최의가) 대사성(大司成) 유경(柳璥), 별장(別將) 김인준(金仁俊) 등과 서로 증오하니, 이로써 유경과 김인준 및 도령낭장(都領郎將) 임연(林衍) 등이 서로 공모하여 최의를 죽이고 정권을 왕에게 돌려주었다. 왕은 재위한 지 오래되었으나 권신들에게 제재를 받아 자유로울 수 없었는데, 이렇게 되자 군신에게 잔치를 베풀고 심히 기뻐하였다. 이 일이 있기 전에 최씨는 나라를 마음대로 할 생각으로 뭍에 나가 강화를 맺지 않았기 때문에, 몽골의 군사가 수차례 쳐들어 왔을 때, 최의가 죽임을 당하게 되자 비로소 강화를 맺었다. 왕이 서거하자 태자 전(倎)이 몽골에서 돌아와 즉위하였는데, 이를 원종(元宗)이라 하였다.

○이로써 최씨 4대가 반거(盤踞)한 화는 끝이 났다. 김인준이 공이 있음으로 인해 크게 등용이 되어 시중(侍中)이 되고, 해양후(海陽侯)에 봉해졌다. 김인준은 예전에 권신(權臣)을 죽이고, 축적(蓄積)한 재산으로 남 돕는 일을 많이 했음으로 남들한테 악언(惡言)을 들어도 개의치 않았다. 그러나 그 가신(家臣)이나 자식들은 앞 다퉈 탐학을 일삼고, 세력을 믿고 횡자(橫恣)하였다. 이때 임연(林衍)은 추밀부사(樞密副事)였는데, 김인준과 사이가 벌어진데다가 왕이 김인준을 꺼린다는 것을 알고 환관 최은(崔摁) 등과 모의하여 김인준을 죽이고, 그의 아들 및 그 무리들을 모두 잡아 죽였다.

○임연이 김인준을 베어 죽인 후 그 기세가 조야(朝野)로 향했다. 환관 김경(金鏡)·최은 등이 자신을 해할 것을 의심하여 잡아들여 이를 베고, 시중(侍中) 이장용(李藏用)과 모의하여 왕(원종)의 동생 안경공(安慶公) 창(淐)을 모시어 왕위에 오르게 하고, 왕을 협박하여 별궁으로 옮기게 하였다. 이때에 세자 심(諶)이 몽골에서 돌아오는 도중에 변이 있단 소식을 듣고 다시 몽골로 돌아갔고, 몽골은 이에 흑적(黑的)을 보내어 폐립한 일을 책하였다. 임연이 두려워하여 대답할 말을 찾지 못하자, 흑적이 권하여 왕을 복위시켰다. 이윽고 왕이 몽골에 가게 되었을 때, 임연은 폐위에 관한 일을 발설할 것을 두려워하여 그 아들 임유간(林惟幹)으로 하여금 따라가게 하였으나, 몽골에서 모두 그 사실을 알았다. 임연은 결국 우민(憂悶)하여 등창이 나서 죽었다. 왕이 돌아오고 나서, 우선 상장군 정자여(鄭子璵)로 하여금 와서 백성에게 타일러 구경(舊京)을 도읍지로 삼게 하였다. 그러나 임연의 아들 임유무(林惟茂)가 명을 거절하고 듣지 않자, 홍문계 등 삼별초(三別抄)〔좌우별초(左右別抄) 및 신의(神義)〕에게 알려 잡아서 이를 처단하였다. 이에 온 나라가 크게 기뻐하여 도읍지를 구경(舊京)으로 바꾸었다. 삼별초는 원래 순행(巡行)하며 폭력을 금하게 하는 자들로서, 최우 때에 시작되어 늘 권신의 조아(爪牙)[40]가 되어 충성을 다하였다. 김준이 최의(崔竩)를 베고, 임연이 김준을 베고, 홍문계가 임유무를 베어 죽였던 것 같은 것은 모두 그 힘을 빌렸음이라. 이에 장군 배중손(裴仲孫)·노영희(盧永禧) 등이 또다시 삼별초를 이끌고 강도(江都)에 거하여 반란을 일으켰다.

---

40) 적의 습격을 막고 임금을 호위하는 신하를 비유적으로 이르는 말.

이에 추밀원부사 김방경으로 하여금 이를 토벌하게 하자 역적들이 도망하여 진도(珍島)〔전라도 지금과 같음〕로 들어갔는데, 그 세력이 매우 왕성하였으므로, 김방경은 다시 몽골 원수(元帥) 흔도(忻都) 등과 함께 힘을 합쳐 크게 이를 무찔렀다. 김통정(金通精)은 여당(餘黨)을 이끌고 탐라(耽羅)로 숨어들었는데, 이들은 (탐라의) 험준함을 믿고 더욱 창궐(猖獗)하여, 남해안지역에 출몰하여서 자주 약탈하였는데, 김방경 등이 마침내 토벌하여 이를 평정하였다. 이로 인하여 최충헌이 권력을 손에 넣고 마음대로 한 지 약 80년, 국왕은 허울뿐인 왕위를 가졌으나 비로소 그 권력을 왕실로 되돌렸다. 생각건대 정씨 이씨가 흉역(兇逆)을 행했을 때부터 최씨 및 김·임 두 성씨의 전횡에 이르기까지 요컨대 무신의 횡행이 미치지 않은 곳이 없었는데, 이러한 화를 없앤 것은 사실 몽골의 힘을 빌린 것이다. 이로 인해 내우(內憂)는 가까스로 없어졌다 하더라도 외환이 점점 커져 왕실 또한 그 권세를 유지할 수 없게 되었고, 결국 몽고의 전제(專制)를 받기에 이르렀다.

제7장 몽골의 입구(入寇) 및 일본의 역(役)

○몽골은 중국 북부에서 일어나 일본기원 1866년(1206)〔희종(熙宗) 2년〕에 이르러 대조(大祖)[41] 테무진(鐵木眞)이 워난하(斡難河)〔외몽골의 북쪽 경계에 있음〕상류에서 제위(帝位)에 오르고 징기즈칸(成

---

41) '太祖'의 오기(誤記)인가.

吉思汗)이라 하였는데, 힘을 사방으로 뻗쳐서 그 세력이 매우 왕성하였다. 고종(高宗) 3년 거란의 잔얼(殘孽)인 금산(金山)·금시(金始) 두 왕자가 옛 요의 땅을 되찾고자 하여, 하삭(河朔)의 백성들을 위협하여 스스로 대요(大遼)라 칭하였다. 그런데 몽골이 이를 토벌하자 두 왕자는 곧바로 동쪽으로 향해 무리 9만 남짓을 이끌고 압록강을 건너 의(義)〔평안도 지금과 같음〕·정(靜)〔현재 의주(義州)에 속함〕·삭(朔)〔평안도 지금과 같음〕·창(昌)〔평안도 창성부(昌城府)〕등의 주에 들어갔다. 그리고 서경을 향해 마침내 대동강을 건너 서해도(西海道)로부터 진격해 들어갔다. 장단(長湍)〔경기도 지금과 같음〕·원주(原州)〔강원도 지금과 같음〕·충주(忠州)〔충청도 지금과 같음〕·명주(溟州)〔강원도 강릉부(江陵府)〕를 침략하고, 선회해서 함주(咸州)〔함경도 함흥부(府)〕로 나아가, 여진 땅에 들어가 그 병사들을 얻어 또다시 기세를 떨쳤다. 그리고 장구(長驅:멀리 달림. 먼 곳까지 몰아서 쫓아감)하여 내려와 고주(高州)〔함경도 고원군(高原郡)〕·화주(和州)〔함경도 영흥부(永興府)〕로 쳐들어가 예주(豫州)〔함경도 덕원부(德原府)에 있음〕를 함락시켰다. 초기에 병마사(兵馬使) 김취려(金就礪) 등이 이를 무찌르는 일이 있었다고는 하나, 당시 날쌔고 용맹한 병사들은 모두 최충헌 부자에게 속해 있고, 관군은 대체로 늙고 쇠약하여 싸움에 견디지 못하니, 적의 무리들은 세력이 점점 세어졌다. 5년〔몽골 태조 13년〕에 이르러서는 몽골의 원수(元帥) 합진(哈眞)이 동진(東眞)〔이때 금의 선무포(宣撫蒲), 선만로(鮮萬奴)가 요동에 자리를 잡고 동진이라 불렀음〕의 병사들과 함께 와서 도왔다. 그리고 원수(元帥) 조충(趙冲)과 김취려(金就礪)가 몽골의 동진과 병력을 합하여 이를 평정하였고, 이때부터 몽골과 좋은 관계를 맺었다. 그 사신이 올 때마다 나라에서 국신(國贐)을 이들에게 베풀었는데, 그 후에 몽골의 사신 저고여(著古與)가 귀국 도중에 금의 사람에게 해를 당하니, 몽골은 고려가 이를 죽이지 않았나 의심하여 마침내 살리타(撒禮塔)로 하여금 치게 하였다. 철주(鐵州)를 함락시키고 귀주를 포위하였는데 병마사 박서(朴犀), 분도장군(分道將軍) 김경손(金慶孫)이 이를 토벌하여 물리쳤다. 몽골은 또다시 평주(平州)로 해서 경성(京城)에 이르렀다. 그리고 선회하여 충주(忠州)·청주(淸州)〔충청도 지금과 같음〕로 향하였는데, 지나가는 곳마다 잔멸(殘滅)하지 않는 곳이 없었다. 이러한 일로 하여 후하게 토산물을 바치고, 또한 사신을 파견하여 상표(上表)하여 다른 뜻이 없음을 알렸다. 그렇지만 최우가 도읍을 강화로 옮겨 그 난을 피하려 하였으나, 이후에도 계속 몽골이 침입해 오자 결국 족자(族子) 영녕공(永寧公) 준(緯)을 왕자로 칭하고 몽골에 보내어 독로화(禿魯花)〔몽골어 볼모라는 말임〕로 삼았다. 그후 몽골이 또다시 군대를 보내어 국왕으로 하여금 강화를 떠나 뭍으로 나와 이를 영접하게 하였다. 최우의 아들 최항, 최의가 연이어 권력을 잡고 수긍하지 않았으므로, 몽골의 원수 야굴(也窟)·차라다이(車羅大) 등이 수없이 쳐들어왔다. 그리하여 백성 중에 살육(殺戮)을 당하는 자가 넘쳐나 다 셀 수 없었다. 조휘(趙暉) 등이 결국 화주(和州)〔함경도 영흥(永興)府〕이북 땅을 몽골에 내놓으니, 몽골은 곧바로 쌍성총관부(雙城摠管府)를 화주에 설치하기에 이르렀다. 최의가 죽임을 당하자 태자 전(佺)을 보내어 조현(朝見)하게 하고 강화의 성을 부수었다. 고종(高宗)이 서거하니 태자가 돌아와 왕위에 올랐는데, 이를 원종(元宗)이라 한다. 그 해 〔일본기원 1920년(1260)〕 몽골의 세조 쿠빌라이(忽必烈)가 즉위하였다. 이때 이후로 늘 몽골에 복속하여, 간사한(憸邪) 무리들이 또한 그 사이를 왕래하고, 때로는 몽골의 명으로 특산물을 내 놓으라고 요구하여 자신의 욕심을 채우거나, 몽골의 왕에게 권하여 일본과 통교하기를 요구하는 자도 있었다. 고려는 이때부터 몽골의 명을 받들어 배를 만들고 징병하여, 일본의 역(役)에 있어서는 크게 힘에 되었다.

○일본은 고려 초부터 통상(通商) 왕래만 하고 사빙(使聘)을 받아들이는 일은 없었다. 고종(高宗)·원종(元宗) 때, 일본 변방의 백성들이 주현(州縣)을 침략하였는데, 이에 대해 사신을 보내어 좋은 관계를 맺고 이를 금할 것을 청하였다. 그렇지만 그러한 우환이 여전히 끊이질 않았으므로 원종 8년, 즉 일본기원 1927년(1267) 〔가메야마 천황[龜山天皇] 문영(文永) 4년]에 이르러 몽골의 병부시랑(兵部侍郎) 흑적(黑的)을 국신사(國信使)로 일본에 보냈다. 왕은 추밀원부사 송군비(宋君斐)를 향도(嚮導)로 삼았는데, 흑적(黑的) 등이 거제도에 이르러 풍랑이 험한 것을 두려워하여 되돌아왔다. 왕은 송군배로 하여금 흑적을 따라 몽골에 가서 해상이 위험한 상황을 아뢰게 하였다. 이듬해 또다시 흑적 등을 파견하여 왕으로 하여금 일본을 회유하여 입조토록 하였다. 왕은 곧 기거사인(起居舍人) 반부(潘阜)로 하여금 몽골의 서신 및 국서를 지니고 일본에 가게 하였으나 일본은 답하지 않았다. 그 후 여러 차례 사신을 일본에 보냈으나 모두 그 뜻을 이룰 수 없었다. 이로써 몽골은 고려에게 권하여 더욱더

군수(軍需)⁴²⁾를 갖추게 하였다. 이때에 이미 몽골은 국호를 원(元)이라 하였고 국세는 날로 강성해졌다. 15년〔가메야마 천황[龜山天皇] 문영(文永) 11년 元世祖至元 11년〕에 도원수(都元帥) 흔도(忻都),⁴³⁾ 우부원수(右副元帥) 홍다구(洪茶丘) 등으로 하여금 일본을 치게 하였고, 고려는 도독사(都督使) 김방경, 추밀원부사 김선(金侁), 상장군 김문비(金文庇)로 하여금 이를 돕게 하였다. 몽한군(蒙漢軍) 2만 5천, 고려군 8천, 전함 약 9백 척이 합포(合浦)〔경상도 창원부〕로부터 출발하여 일본의 쓰시마[對馬]·이키[壹岐] 및 히치쿠[肥筑]의 연해(沿海)를 침범하였는데, 큰바람과 비를 만나 전함이 파손되었고, 김선은 익사하고 많은 군사를 잃었다. 이때에 원종(元宗)은 이미 서거하였고 태자 거(昛)가 즉위하였는데, 이를 충렬왕(忠烈王)이라 한다. 왕은 태자였을 때부터 원에 가서 왕녀를 아내로 얻고, 그 후 여러 차례 원에 입조하여 그 뜻을 봉영(逢迎)하여 배를 만들고 병사를 일으켜 일본을 토벌할 것을 청하였다. 원도 또한 이미 송을 멸망시킨 후 그 기세를 몰아 사방을 합치고자 하여, 정동행중서성(征東行中書省)을 고려에 두고 왕에게 명하여 군홍(軍興)의 책무를 맡기었다. 정동(征東) 원수 흔도(忻都), 우승(右丞) 홍다구(洪茶丘) 등에게 명하여 몽한(蒙漢) 및 고려군 4만 명, 전함 9백 척을 거느리고 합포(合浦)를 출발하게 하고, 고려의 검의중찬(僉議中贊) 김방경이 이를 좇았다. 우승(右丞) 범문호(范文虎)는 별도로 강남군 10여 만 명, 전함 35백 척을 이끌고 강남(江南)〔중국 강소성〕에서 출발하여 전군 약 14만여 명이

---

42) 원문에는 '군수(軍須)'
43) 원문에는 '구씨[クツ]로 음을 달고 있다.

일본으로 쳐들어갔는데, 히치쿠 해상에서 축노상함(舳艫相銜)[44]으로 진력하여 싸웠다. 그러나 때마침 구풍(颶風)이 크게 불어 큰 파도가 이니, 그 파도로 인해 전함이 뒤집혀 가라앉았다. 일본의 병사가 이를 기회로 습격하니, 소수의 군사만이 살아남아 고려의 국경에 이르렀다. 원의 병사 13만 중에서 남은 자는 3만 명, 고려의 병사는 1만 중에서 죽은 자가 7천여 명이라고 한다. 바야흐로 충렬왕 7년으로 일본기원 1924년(1281)이다〔고우다 천황[後宇多天皇] 홍안(弘安) 4년, 원 지원(至元) 18년〕. 원은 두 차례 병사를 일본으로 보내어 모두 크게 손해를 보았음에도 여전히 징예(懲艾)하지 않고, 그 후 여러 차례 고려에 명하여 전함을 수리하고 군량을 비축하여 또다시 거병을 꾀했다. 고려는 또한 김유성(金有成)을 선유사(宣諭使)로 삼아 일본에 보내어 초유(招諭)하고자 하였으나, 구류되어 돌아오지 못했다. 그리고 원의 세조 또한 붕어하자 그 일은 결국 끝나버리고, 이후로 일본과의 통상 왕래는 오랫동안 끊겼다.

제8장 원실(元室)의 전제(專制)

○고종(高宗)·원종(元宗) 때에 원은 고려를 침학(侵虐)하고자 힘썼다. 이로 인해 화주(和州)는 이미 원의 쌍성총관부가 되고, 원종 때에는 또한 최탄(崔坦)이 서경을 가지고 원에 귀부(歸附)하고 그 병사를 청하여 이를 진압하였다. 원은 곧바로 서경을 내속시키고 동

---

44) 고물과 이물이 서로 잇닿아 있다는 뜻으로, 많은 배가 잇닿아 있는 모양을 이르는 말.

녕부(東寧府)라 고쳐 불렀다. 그리고 자비령 〔즉 절령(岊嶺)〕을 경계로 그으니, 그로 인하여 고려의 북부는 완전히 원의 소유가 되었다. 또한 다루가치(達魯花赤)를 고려에 두어 국정(國政)을 청단(聽斷)하고, 군량을 징수하고, 부녀자를 요구하는 일이 끊이지를 않았다. 충렬왕은 원 섬기기를 매우 공손히 하여 수차례 왕래하였다. 그리고 응방(鷹坊)을 설치하여 사냥에 빠지는 바람에 백성들이 매우 괴로워했다. 원에서 내안(乃顔)이 반란을 일으켰으나 패하자 그 남은 무리들과 합단(哈丹)이 쳐들어 와서 철령(鐵嶺)을 넘어 교주도(交州道)에 들어가서 양근(楊根)〔경기도 지금과 같음〕을 함락시켰다. 왕은 피신하여 강도(江都)로 들어가서 원에 군사를 청하였다. 원은 곧바로 나만알대왕(那蠻歹大王) 및 설도간(薛闍干) 등으로 하여금 이를 돕게 하니, 마침내 함께 힘을 합쳐 합단(哈丹)을 무찔렀다. 왕은 또다시 원에 청하여 왕위를 세자 원(謜)에게 물려주었다. 이를 충선왕(忠宣王)이라 한다. 그리고 원의 성종은 충선왕이 많은 옛 구장(舊章)을 개편하여 전횡하니, 해를 넘기지 않고 충렬왕으로 하여금 다시 왕위에 오르게 하였다. 이후로 왕은 간사한 무리와 가까이 지내며, 연회의 쾌락에 빠져 정사를 돌보지 않았다. 처음에 원은 고려의 왕을 책봉하여 정동행중서성사(征東行中書省事)로 삼았으나, 이때에 왕이 그 무리를 복종시키지 못함으로, 기와르기스[闊里吉思]를 파견하여 정동행성평장정사(征東行省平章政事)로 삼았다. 그러나 기와르기스는 옛 습속을 바꾸려고 하고 백성을 능히 화집(和輯)하지 못한다 하여 파면되었다. 이때에 전왕(충선왕)은 원에 있으면서 숙위(宿

衛)⁴⁵⁾ 생활을 하였는데, 오기(吳祁)·석천보(石天補)·송린(宋璘) 등이 왕의 부자(父子)를 이간하였다. 이에 좌중찬(左中贊) 홍자번(洪子藩) 등이 왕궁을 포위하고 오기를 잡아서 원에 보냈으나, 여전히 왕은 그 계략에 빠져 전왕이 귀국하는 것을 막았다. 또한 계국대장공주(薊國大長公主:충선의 后)를 서흥후(瑞興侯) 전(琠)에게 다시 시집보내려 하자, 원은 형부상서(形部尙書) 탑찰아(塔察兒) 등으로 하여금 와서 회유하도록 했다. 이에 왕이 감읍(感泣)하고, 탑찰아는 이윽고 송린 등을 잡아 가두었다. 그 후 왕이 원으로 가자, 이번에는 왕유소(王惟昭)·송방영(宋邦英) 등이 또다시 빈번하게 전왕을 헐뜯었다. 홍자번은 중서성(中書省)에 가서 그 죄를 고하니, 중서성이 왕유소 등을 구속하였다. 이때에 원의 성종이 붕어하니, 전왕이 성종의 조카인 아유르발리파드라[愛育黎拔力八達]와 모의하여 무종(武宗)을 왕으로 세웠고, 그 공으로 말미암아 심양왕(瀋陽王)으로 봉하여졌다. 이로 인하여 아유르발리파드라의 뜻을 받들어 왕을 경수사(慶壽寺)로 옮기게 하고, 왕이 임명하는 자는 모조리 이를 파면하고, 서흥후(瑞興侯) 및 왕유소·김방경 등을 베어 죽여 버리고, 왕은 오로지 팔짱만 끼고 있을 뿐으로 국정은 모두다 전왕에게 돌아갔다. 이러는 사이에 왕도 또한 서거하여 전왕이 원으로부터 돌아와 왕위를 이었으니 이가 곧 충선왕이다. 충선왕은 세자였을 때부터 원에 있으면서 조정(朝政) 일을 여문(與聞)하였으므로, 즉위하게 됨에도 그 나라(고려)에 있고자 하지 않았다. 결국 수년이 지나 결국 왕위를 충

---

45) 당에 인접해 있는 군소국가의 왕자들이 궁중에 머무르면서 황제를 호위하던 의장대.

숙왕(忠肅王)에게 물려주었다. 연안군(延安君) 호(燾)를 세자로 삼고, (본인은 늘) 연경(燕京) 〔중국 직예성(直隷省) 순천(順天), 원의 도읍지〕에 머물며 명유학사(名儒学士)와 교류하며 지냈다. 원의 인종(仁宗)이 붕어하고 영종(英宗)이 즉위하여 테무데르[鐵木迭兒]가 권세를 부리게 되자, 환관 빠이앤투그스[伯顏禿古思:고려인으로 원의 조정에 출사한 사람]에게 참소를 당하여 토번(吐蕃)⁴⁶⁾의 살사길(撒思吉)로 유배를 당했다가 최성지(崔誠之)·이제현(李齊賢) 등이 백방으로 청원함으로 인해 타사마(朶思麻) 〔중국 서장(西藏)에 있음〕로 양이(量移)⁴⁷⁾되었다. 토번(吐蕃)에 있기를 약 4년, 태정제(泰定帝)가 즉위함에 이르러 사면을 받고 돌아와 연저(燕邸) 〔고려 임금이 원(元)의 서울인 연경(燕京)에 머물던 저택〕에서 서거하였다. 충선왕이 토번에 있을 때, 충숙왕이 원에 가서 찬성사(贊成事) 권한공(權漢功) 등이 상왕(上王) 때부터 권력을 이용하여 뇌물 받은 것을 고하자, 이를 구실로 육지에서 먼 섬으로 유배를 보냈다. 이로 인하여 권한공 등은 왕을 원망하여 상서문을 원에 보내어 왕을 폐위시키고, 심왕(瀋王) 호(暠)를 즉위시킬 것을 모의하였다. 유청신(柳淸臣) 등은 또한 정동행성(征東行省)을 세워 국호를 파하고 내지(內地)로 준할 것을 청하였으나 모두 이뤄지지 않았다. 유청신 등이 또한 왕이 맹롱음아(盲聾音啞)⁴⁸⁾하여 정사(政事)를 돌보지 못한다고 무소(誣奏)하니, 이에 원은 평장정사(平章政事) 매려(買驢)로 하여금 이를 감찰하게 하여 그 거짓됨을 알

---

46) 토번(吐蕃) : 7세기 초에서 9세기 중엽까지 활동한 티베트왕국 및 티베트인에 대한 당(唐)·송(宋) 때의 호칭.

47) 멀리 유배된 사람의 죄를 감등하여 가까운 곳으로 옮기던 일.

48) 원문에는 음(音)에 입구 변이 있는 글자로 되어 있다.

았다. 그렇지만 왕은 모든 것에 염증을 느끼고 왕위를 세자 정(禎)에게 물려줄 것을 청한 바, 원이 왕의 국새(國璽)를 취하여 세자에게 하사하였다. 이를 충혜왕(忠惠王)이라 한다. 왕은 원에서 돌아와서는 오로지 유희와 사냥만을 일삼았다. 이에 원의 왕은 또다시 충숙왕으로 하여금 왕위를 복위하게 하였으나, 그 후 왕은 그 정사를 게을리 하고 나아가 교외에 머무르며, 폐행(嬖幸:남에게 아첨을 하여 귀염을 받음)하는 박청(朴靑) 등을 신임하고 국사를 돌보는 일이 없었다. 충혜왕은 초기에 원에 가서 승상(丞相) 엔티무르[燕帖木兒]와 매우 친하게 교류하였다. 그 당시 태보(太保) 빠이앤[伯顏]은 엔티무르가 권력을 잡고 휘두르는 것을 증오하였고, 또한 왕을 대함에 있어서도 예의가 없었다. 그러던 차에 엔티무르가 죽자 그 관계는 더욱 소원해졌다. 충숙왕이 서거함에 왕위를 잇기를 구했으나, 빠이앤은 이를 감추고 아뢰지 않고 심왕 호를 왕으로 세우고자 하였다. 호는 곧바로 정승(政丞) 조적(曹頔) 등과 모의하여 왕궁을 습격하였으나 패하여 죽임을 당하니, 원은 결국 충혜왕으로 하여금 왕위를 이어받게 했다. 그러나 곧이어 단사관(斷事官) 두린(頭麟) 등을 파견하여 왕을 체포하고 원으로 돌아오게 하여 잡문(雜問)하였다. 빠이앤은 은밀히 조적(曹頔)의 무리를 도왔으나, 마침 빠이앤이 실각함으로 (충혜왕이) 풀려나 왕위에 다시 오를 수 있었다. 그렇지만 왕은 황음무도(荒淫無道)하여, 간사한 무리는 득세하고 충직한 신하들은 배척을 당하니, 이로 인해 원의 사신 대경(大卿)・도치(朶赤)가 와서 왕을 포박하여 돌아갔다. 왕은 결국 게양현(揭陽縣)〔중국 광동성 조주(潮州)〕으로 유배되었는데 한 사람도 따라오는 사람 없었고, 갖은 어려움과 고초로 인해 가는 도중에 악양현(岳陽縣) 〔중국(中國) 호남성(湖南省) 악주(岳州)〕에 이르러 서거하였다. 그러나 백성들이 이를 듣고도 슬퍼하는 이가 없었다고 한다. 충목(忠穆)·충정(忠定)은 모두 요충(幼冲)하여, 왕위를 잇고도 모후(母后)가 전제(專制)하여 강윤충(康允忠)·신예(辛裔)·전숙몽(田淑蒙)·정사도(鄭思度) 등이 연줄을 등에 업고 권세를 부렸다. 충정왕은 또한 광혹(狂惑) 무도(無道)하니 원이 이를 폐위시키고 충혜왕의 동복형제 전(顓)을 왕으로 세웠는데, 이가 바로 공민왕(恭愍王)이다.

○공민왕은 왕위에 올라 열과 성을 다하여 정사를 행하였다. 그 때 원은 정치상황이 쇠하여 호걸이 사방에서 일어났다. 이때에 승상 탈탈(脫脫)이 고유(高郵) 〔강소성 揚州府 高郵州, 이때에 張士誠이 高郵를 근거지로 하여 국호를 周라 하였음〕를 정벌함에 있어, 왕은 정승(政丞) 유탁(柳濯)과 염제신(廉悌臣)으로 하여금 군사 2천여 명을 이끌고 가서 이를 돕게 하였다. 그렇지만 왕은 결코 원실(元室)에 굴종하려 하지 않았다. 이에 기철(奇轍)·노책(盧頙)·권겸(權謙)의 무리들이 모두 원의 왕실과 혼인의 인연을 맺고, 그 명성과 위세를 등에 업고 본국을 업신여기고 반역을 꾀함으로, 모두 이들을 주살하였다. 정동행성(征東行省) 이문소(理問所)를 파하고, 원의 연호를 중지하고, 옛 관제로 되돌리고, 인당(印瑭)과 강중경(姜仲卿)을 서북면병마사(西北面兵馬使)로서 서북 경계를 토벌하게 하였다. 인당은 압록강을 건너 파사부(婆娑府) 〔만주 盛京省 奉天府 동남쪽 경계〕를 공격하여 무찔렀다. 유인우(柳仁雨)를 동북면병마사로 하여 쌍성(雙城)을 함락하고, 함주(咸州) 이북의 모든 진(鎭)을 수복하였다. 원이 단사관(斷

事官) 살적한(撒迪罕)을 보내어 이를 책하자, 곧바로 인당을 베어 죽이고 이를 사과하였다. 생각건대 (공민왕은) 원의 쇠란(衰亂)을 틈타 국권을 회복하려 하였으나, 그 뜻을 능히 이룰 수가 없었다. 그리고 그 쇠란(衰亂)의 여파는 오히려 해독(害毒)을 고려에 끼친 면이 있었다. 홍두군(紅頭軍) [유복통(劉福通)이 병사를 일으켜, 홍건을 그 호(號)로 하고 한림아(韓林兒)를 맞이하여 왕으로 세우고 송제(宋帝)라 하였음] 이 원에서 일어나면서 그 병세(兵勢)가 크게 기세를 떨치니, 마침내 압록강을 건너 의(義)·정(靜)·린(麟) [평안도 의주에 속함] 의 모든 주를 함락시켰다. 그러나 곧 서북면 부원수 안우(安祐), 상장군 이방실(李芳實) 등이 이들을 쳐서 내쫓았다. 그 후 군수(軍帥) 반성(潘誠)·사유(沙劉)·관선생(關先生) 등이 무리 10여 만을 이끌고 다시 삭주(朔州)·이성(泥城) [평안도 창성부(昌城府)] 으로 쳐들어와서 절령의 경계되는 울타리를 부수었다. 왕은 곧바로 태후를 모시고 남쪽으로 행차하여 복주(福州) [경상도 안동부] 로부터 상주에 이르렀고, 적군은 마침내 경성을 함락하였다. 총병관(摠兵官) 정세운(鄭世雲)이 안우(安祐)·이방실(李芳實)·김득배(金得培) 등의 제장(諸將)을 지휘하여 경성을 포위하고, 사유와 관선생 등을 베고 이를 평정하여 경성을 수복하였다. 평장 김용은 평소부터 세운을 질시하고, 또한 안우 등이 공이 있어서 총애받을 것을 두려워하여, 교지(矯旨)하여 안우(安祐)로 하여금 정세운을 죽이게 하였다. 그리고 그 사이에 안우(安祐) 및 이방실(李芳實)은 김득배(金得培)를 죽였다. 그 화는 오직 변경의 침요(侵擾)뿐만이 아니었다. 이 때에 원의 나하추(納哈出)도 또한 심양(瀋陽) [만주 盛京省 奉天府] 의 땅에 자리 잡고 행성승상이라 칭하였다. 그가 북쪽 변경지역으로 쳐들어 왔는데, 이성계가 공격하여 이를 물리치니, 그 후에는 서로 통호(通好)하게 되었다. 이에 앞서 최유(崔濡)가 죄를 지어 원으로 도망갔는데, 승상 삭사감(溯思監) 및 환관 박불화(朴不花)에게 아첨하고, 김용으로 하여금 내통하여 왕을 음해하여 덕흥군(德興君) 〔타스티무르[塔思帖木兒]. 충선왕의 서자〕을 왕으로 세울 것을 모의하였다. 때마침 왕이 상주(尙州)로부터 돌아와 성남흥왕사(城南興王寺)의 행궁(行宮)에 있었는데, 김용은 자신의 무리를 보내어 행궁을 포위하였다. 밀직사(密直使) 최영(崔瑩), 부사 우제(禹磾), 지도첨의(知都僉議) 안우경(安遇慶) 등이 경성에서 행궁으로 가서 적들을 쳐서 이를 평정하고 김용을 베었다. 이에 원은 덕흥군을 세워 왕으로 삼고, 최유(崔濡)가 이를 받들어 모시고 병 1만을 이끌고 왔는데, 최영·안우경 등이 또다시 이를 쳐서 무찔렀다. 이미 삭사감(擗思監) 박불화(朴不化)가 죄를 짓고 쫓겨났으므로, 원은 왕이 죄없음을 알고 왕(공민왕)으로 하여금 복위하게 하였다. 그리고 최유를 붙잡아 보내니, 결국 최유는 주살되었다. 그 후로 원은 점점 쇠퇴하여 그 관계가 점차 소원해졌다. 그러던 차에 명의 태조가 연경으로 들어가니, 결국 원의 왕은 북쪽으로 도주하였다. 이로써 고려는 마침내 원의 제압을 벗어날 수 있었다. 생각건대 충렬왕 때 원에 복속되었을 때부터 약 백 년간은 국왕이 거의 원실(元室)의 여자를 부인으로 맞아들이고, 태자였을 때부터 조현이 항상 끊이지 않았다. 그렇지 않으면 오랫동안 수도에 머물기도 했다. 일국의 정교(政敎)·호령(號令)에서 왕위의 폐위에 이르기까지 모두 그 명을 받들었다. 간사한 무리들은 또한 그 사이를 왕래 하며 자식이 그 아비를 헐뜯고, 신하가 그 주군을 참소하여 시종 편안하고 조용할 날이 없었다. 이는 가히 원실(元室)의 전제(專制)시대라 할만하다.

제9장 신씨의 흉역(凶逆) 및 계위(繼位)

○공민왕이 재위한 지 이미 오랜 시간이 지나게 되었다. 세신대가 (世臣大家)가 반근(盤根)·체결(締結)하여 서로 속이고 은폐하는 것을 걱정하던 차에, 편조(遍照)라는 중이 미천한 출신에도 불구하고 총혜(聰慧)·변급(辨給)함을 기뻐하여 사부(師傅)라 하고, 국정(國政)을 행함에 있어서도 의심하지 않았다. 편조는 권세를 잡은 지 30일만에 훈구대신을 참훼(讒毀)하였다. 이공수(李公遂)·경천흥(慶千興) 등을 파면하고, 허유(許猷)·변광수(邊光秀)·홍인계(洪仁桂) 등을 유배시키고, 무릇 자신을 비방하는 자는 심하게 중상 모략하였다. 비로소 성을 신(辛)이라 칭하고 이름을 돈(旽)이라 고쳐, 삼중대광(三重大匡) 영도첨의(領都僉議)가 되었다. 간관(諫官) 정추(鄭樞), 이존오(李存吾) 등이 상소하여 이를 배척하기를 청하였으나, 왕은 크게 화를 내고 모두 이를 물리쳤다. 이때부터 재상 대간(臺諫)이 모두 신돈에게 붙어 입을 여는 자가 없었다. 그리고 나라의 권력은 모조리 신돈에게 귀속되고, 그 교만 방자함이 날로 심하여져, 왕이 걸어서 그 집에 행차함에 신돈은 왕과 나란히 앉는 등 군신의 예도 없었다. 그 출입을 할 때는 의위(儀衛)와 승여(乘輿)를 따라함에 이르렀다. 이 때 왕이 후사가 없음을 걱정한 바, 신돈은 왕을 설득하여 여러

차례 문수회(文殊會)를 개설하여 아이 얻기를 바랐다. 신돈은 처음에는 두타행(頭陀行)으로 왕에게서 신임을 받았다. 그러나 나중에는 첩이 셀 수 없이 많고, 탐음(貪淫)을 자행하고, 또한 위복(威福)을 행하여 은혜와 원수를 반드시 갚았다. 세가대족(世家大族)을 대부분 주살하여 당여(黨與)가 조정에 가득하였다. 왕은 본래 시기심이 많아 심복의 신하라도 그 권세가 강하게 되면 반드시 꺼리어 이를 베었다. 신돈은 스스로 권력과 기세가 큰 것을 알고, 왕이 이를 꺼릴 것을 두려워하여 은밀히 왕을 시해하고자 모의 하였으나 그 일이 발각 났다. 왕은 곧바로 신돈을 수원(水原)〔경기도 지금과 같음〕으로 유배시킨 후에 베어 죽이고, 그를 따르는 무리를 멸하고, 신돈이 내쳤던 경천흥 등을 다시 불러 들였다. 이 일이 있기 전에 왕은 노국공주가 서거했을 때부터 이를 슬퍼하여 병을 앓았다. 공주를 위해 영전을 세웠는데, 그 장려함이 이를 데 없어 백성들은 이로 인해 고생을 했다. (공민왕은) 소년인 한안(韓安)·홍륜(洪倫) 등을 총애하고, 또한 홍륜 등으로 하여금 여러 비(妃)를 능욕하게 하여 사내아이를 얻으려고 했다. 그리고 점차 비(妃)들이 임신을 하는 일이 생기자 그 자(홍륜)를 죽여 입을 막고자 한 일을 환관 최만생(崔萬生)에게 누설하였는데, 오히려 최만생 및 홍륜에 의해 시해를 당했다.

○신돈이 죽임을 당하자, 왕은 그 아들 모니노(牟尼奴))〔혹자가 말하기를 "신돈의 자식은 명을 다 채우지 못하고 죽었다"고 한다. 그 이유는 양육하는 자가 은밀히 인근의 아이를 데려다가 이를 바꿔치기했다고 함〕를 데려다가 궁중에 들여 수시중(守侍中) 이인임(李仁任)에 위탁하였다. 그리고 이르기를 "신돈의 집에 들어가 그 종을 예뻐하여 낳은 소생이

라"고 하였다. 마침내 이름을 우(禑)라 하고, 강녕부원대군(江寧府院大君)으로 봉하여 백문보(白文寶)·전녹생(田祿生)으로 하여금 보좌하게 하였다. 왕이 시해 당하게 되자 이인임은 백관을 거느리고 우(禑)를 왕으로 세웠다. 우는 처음에는 학문에 매진하였으나 점차 성장하면서 오로지 유희를 멈추지 않으니, 백군녕(白君寧) 등이 상소하여 이를 간언하였으나 받아들이지 않았다. 남의 부녀자를 빼앗고, 출유(出遊)가 일정치 않고, 사냥에 빠졌으며, 광폭함이 날로 심하여졌다. 이때에 기근이 거듭되고, 바깥에서는 왜구로 인해 골머리를 앓고 있는데도 안에서는 영락에 빠져 있었다. 제비(諸妃)들에 대한 공급이 경쟁적으로 사치스러워져 창고가 모두 바닥이 나고, 미리 3년의 공물을 거두었으나 여전히 모자라 별도로 징수하여 보태기에 이르렀다. 그 황음하고 방자하기가 너무 심하여 이루 다 기록할 수가 없다. 초기에 이인임이 신우를 도와 왕으로 세운 이래로 자신의 친당(親黨)을 온 나라에 심었다. 임견미(林堅味)·염흥방(廉興邦) 등이 그 심복이 되어 매우 권력을 휘두르니, 최영·이성계 등이 그 하는 짓에 대해 분개하여 힘을 합쳐 이를 제거하였다. 이리하여 최영은 문하시중이 되고, 이성계는 수문하시중이 되었다. 명(明)이 철령위(鐵嶺衛)〔고려의 함령이북 지역을 관장하였기 때문에 철령위라고 한다. 아마도 압록강 근방에 있었을 것이다. 그 후 영역을 서북으로 옮기고 그 옛날이름을 따랐다. 즉 지금의 성경(盛京)성 철령현이다. 이때 세운 곳의 명칭은 지금의 철령현과 같지 않음〕를 세우게 되는데, 우(禑)는 최영의 말을 받아들여 조민수(曺敏修)·이성계 등으로 하여금 요동을 공격하게 하였다. 제군(諸軍)이 이미 압록강을 건넜을 때, 대국(大國)

을 쳐들어가는 것은 불가하다 하여 이성계가 여러 원수(元帥)들과 군사를 되돌려 최영을 내치기를 청하였지만, 우(禑)는 이를 받아들이지 않았다. 이에 제군이 곧바로 성을 포위하고, 곽충보(郭忠輔) 등이 즉시 들어가 최영을 찾아내어 고봉현(高峯縣) 〔경기도 교하부(交河府)〕에 유배를 보내고, 이어서 우(禑)를 강화도로 내쫓았다. 이성계는 처음에 조민수와 상의하여 왕씨의 후예를 왕으로 세우려 하였다. 그러나 조민수는 이인임이 천거한 은혜를 생각하여 판삼사사(判三司事) 이색(李穡)과 모의하여 우(禑)의 아들 창(昌)을 세웠다. 창은 이인임의 친척 이씨 출신이기 때문이다. 창은 왕위에 올랐으나, 간관제신이 상소하여 조민수를 유배 보내고, 이인임의 자손을 가두고 최영을 베었다. 우(禑)는 이미 폐위되어 답답함과 슬픔을 견디지 못하다가 은밀히 곽충보로 하여금 이성계를 해하고자 모의하였으나, 곽충보가 배반하여 이를 이성계에게 고하니, 이성계 등은 서로 상의하여 우(禑)를 강릉(강원도 지금과 같음)으로 보내고, 창(昌)을 강화로 추방하여 폐위시켜 서인(庶人)으로 만들었다. 신우(辛禑)가 즉위하여 이렇게 되기까지 약 14년, 신씨가 이성(異姓)으로 왕위를 이었다고는 하나, 공민왕이 이미 우(禑)를 자신의 아들로 삼아 한때 신민이 모두 받들어 모시어 왕으로 삼았다. (이는) 여느 왕위를 찬탈해 온 군주와는 같지 않았다. 그렇지만 황음 방자하여 고려의 국조(國祚)를 쇠하게 한 죄는 참으로 용서받을 수 없을 것이다. 공양왕이 즉위하게 되자 우(禑)와 창(昌)은 모두 베어 주살을 당하였는데, 이 어찌 당연치 않다 할 수 있겠는가.

제10장 북원(北元) 및 명(明)과의 관계

○공민왕 17년〔일본기원 1368년(708)〕, 중국은 원의 혜종이 이미 북으로 도망하여 상도개평부〔중국 직례성(直隷省) 선화부(宣化府)〕로 옮겨감으로, 명의 태조가 이를 대신하여 제위에 오르매, (고려에게) 사신으로 와서 고하게 하였다. 왕은 곧바로 원의 연호를 정지하고, 사신을 명에 보내어 등극을 축하하였다. 그리고 동녕부〔원종(元宗) 11년에 원이 평양을 내속(內屬)하여 동녕부라 하였는데, 충렬왕 16년에 이를 파하였다. 생각건대 동녕부는 그 후 압록강의 서쪽에 추가로 설치한 것이리라〕를 공격하여 북원(北元)과의 관계를 끊고, 명으로부터 관복, 악기, 서적을 받아 과거의 정식(程式:표준이 되는 방식)을 반포하였다. 그리고 고려는 그 정삭을 봉하고, 복색(服色)을 바꾸고, 자제(子弟)를 명에 보내 입학시키고, 3년에 1빙(聘)의 약조를 따랐다. 그러나 공민왕이 시해되고 신우가 왕이 되자, 이인임이 나라를 마음대로 하여 명에 신하로서 복종하려 하지 않았다. 아마도 선왕이 시해되었으므로 힐책당하여 자신이 그 죄를 받을 것을 두려워하여, 북원(北元)과 화친하여 그 화를 완화시키려 한 것이리라. 이에 김의(金義)로 하여금 명의 사신인 채빈(蔡斌) 등을 돌아가는 도중에 죽이게 하였고, 김의는 마침내 북원으로 도망갔다. 또한 사신을 북원으로 보내어 선왕의 상(喪)을 고하니, 북원이 사신을 보냈다. 이에 이인임·지윤(池齋)이 이를 맞이하고자 하였으나, 김구용(金九容)·이숭인(李崇仁)·정도전·정몽주 등과 이를 두고 심하게 다투다가 결국 그 사신을 위로하여 돌려보냈다. 처음에 북원은 공민왕이 서거함을 들

고 심왕(瀋王) 호(暠)의 손자 탈탈불화(脫脫不花)를 봉하여 이를 들여보내려 하였으나, 우(禑)의 왕위가 이미 정해졌으므로 이를 봉하여 고려국왕으로 하였다. 이 일이 있은 후로 원의 연호를 사용하고, 사신을 파견하여 그 책명(册命)에 대해 감사하였다. 이러다가 국론은 다시 바뀌어 사신을 명에 보내어 승습(承襲:아버지의 봉작을 이어받음) 및 선왕의 시호를 청하였는데, 명은 사신을 죽이고 또한 거짓이 많음을 책하여 세공(歲貢:해마다 나라에 바치는 공물)으로 금(金) 1백 근, 은(銀) 1만 량, 양마(良馬) 1백 필, 세포 1만 필을 징수하였다. 이에 (고려는) 사신을 파견하여, 사자를 죽였다는 것은 본국이 알지 못하는 일이라 분소(分疏:구실을 대어 이야기함)하고, 또한 세공을 수차례 바쳤으나 그 수가 약속과 같지 않다고 책하며 받아들이지 않았다. 그리고 이를 청하기가 더더욱 간절하니, 그 수를 더욱 늘여 말 5천 필, 금 5백 근, 은 5만 량, 포(布) 5만 필로 하였다. 명조(明祖)는 또 우리(고려)가 과거에 북원과 내통했다고 의심했었는데, 마침 표류한 제주사람을 잡고 보니 명의 정삭을 봉하고 있음을 알았다. 그리고 정몽주가 사신으로 가게 되었을 때 아뢰어 대답함이 상명(詳明)한 것을 좋게 보고 그 노함이 마침내 풀렸다. 이에 책명하여 고려국왕이라 하고, 선왕에게 시호를 하사하고, 세공을 감면하여 양마(良馬) 50필로 하였다. 또한 값을 정하여 말 살 것을 명령하였는데, 그 후 고려가 진상하는 말이 둔한 것에 노하였다. 그리고 철령 이북은 원래 원에 속해 있었다 하여 이를 요동에 귀속시켰다. 이를 두고 우왕이 최영과 의논하여 명하기를, 5도의 성을 정비하고, 모든 원수(元帥)를 서북에 배치시켜 불우(不虞)에 대비하고, 사신을 명에 파견하여 철령 이북 공험진에 이르기까지는 원래 고려의 땅이었으므로 이를 경계로 할 것을 청하였다. 이때에 요동에서부터 철령위를 세울 것을 고하였다. 최영이 곧바로 우왕에게 권하여 요(遼)를 공격하게 하였다. 이에 이성계가 간언하였으나 받아들여지지 않았다. 우왕이 친히 진격하여 평양에 주둔하고, 최영에게 팔도도통사란 직분을 더하여, 조민수를 좌군의 장군, 이성계를 우군의 장군으로 삼아 좌우 군사 약 3만 8천여 명이 평양을 출발하였다. 이미 압록강을 건너 위화도 [압록강에 있음]에 이르렀을 때 큰비를 만나 섬 안에 주둔하였는데, 죽는 병졸들이 매우 많았다. 좌우군의 장수가 상서(上書)하여 회군[班師]할 것을 청하였지만 우왕은 이를 듣지 않았다. 이성계가 결국 모든 원수(元帥)들과 회군하자 우왕은 급히 경성으로 돌아갔다. 이성계가 경성에 이르러 우왕을 폐위시키고, 창(昌)을 왕으로 세웠다. 이리하여 명은, 철령 이북 경계에 관한 것은 고려가 말하는 것이 이치에 맞음으로 철령위 세울 것을 파하였다. 이에 고려는 사신을 파견하여, 우왕의 왕위를 내놓고 최영이 요를 공격한 죄를 물어 이를 처형할 것을 고하였다. 그리고 창왕의 친조(왕이 나라를 몸소 다스림)를 청하였지만, 명은 공민왕이 시해된 이후, 왕씨 성을 빌렸다고는 하나 다른 성을 가지고 왕위를 잇는 것은 삼한세수(三韓世守)의 계책은 아니라고 책하고, 창왕의 친조를 원치 않았다. 이로 인해 이성계 등이 또 창왕을 폐위시키고 공양왕을 세웠다. 그 후 윤이(尹彝)·이초(李初) 등이 명에 가서, 이성계가 그의 인친(姻親)을 세워서 병마를 움직여 상국(上國)을 침략할 것을 모의한다고 고하여 명이 병사를 일으켜 와서 토벌해 줄 것을 청하였으나, 명은 그 무망(无妄)함을 알고 윤이와 이초를 벌하였다. 이 일이 있은 후에 결국 명에게 신하로서 섬기기를 게을리 하지 않았다.

제11장 왜의 침입

○일본은 몽골의 침공[役]이 있은 후에 교통(交通)이 한동안 끊겼었는데, 충정왕 2년 〔일본기원 2010년(1350), 고무라카미제[後村上帝] 쇼헤이[正平] 5년〕에 이르러서 고성(固城) 〔경상도 지금과 같음〕·죽림(竹林) 〔경상도 거제현에 있음〕에 쳐들어 온 이래로 수차례 변경지역을 침략하였다. 이는 원래 일본 근해의 유적(流賊)으로서 그 성명도 소상하지 않다. 고로 이를 통틀어 왜구(倭寇)라 칭한다. 이때 일본은 남북 양조가 병립하여 전란이 끊이지 않았다. 이러므로 진서(鎭西:규슈)의 무뢰 도당들이 고려 및 원의 인근 해역을 침범한다고는 하나, 원래부터 정부가 그 일에 관여하여 알 수 있는 지역이 아니었으므로 그 행위를 금하지 못하였다. 공민왕 초에 내부소윤(內府少尹) 김휘남(金暉南)으로 하여금 이를 막게 하였으나, 김휘남은 능히 이를 막아내지 못하고 서강(西江) 〔곧 예성강〕으로 도망하였다. 이리하여 도성(都城)의 계엄(戒嚴)이 분산됨에 따라 화를 입지 않는 해가 없었다. 이에 제장(諸將)에게 명하여 이를 막고자 하였으나, 왕은 오로지 토목공사만을 일삼았다. 이로써 각 방면의 정무가 황폐하여 느슨해졌고, 곳간의 쌀은 다 없어져 텅 비고, 무기는 쌓인 채로 썩어 능히 싸워 지킬 수 있는 대비가 없었다. 모든 군은 그저 관망만 할 뿐 감히 진군하는 자가 없었다. 이에 왕은 곧바로 김일(金逸) 등

을 일본에 파견하여 이를 금하여 주도록 청하였다. 그러나 쇼군[將軍] 아시카가 요시미쓰[足利義満]가 사임을 하면서 남북이 양립하여 분란이 끊기지 않게 되고, 따라서 금령(禁令)이 효력을 발생할만한 상황이 아니므로 성과가 없었다. 왕은 또한 제장(諸將)이 여러 차례 패하는 것을 분히 여겨 친히 5군을 이끌고 출정하였으나, 역시 크게 패하였다. 신우가 즉위한 초기에 판전객사사(判典客寺事) 나흥유(羅興儒)를 일본의 통신사로 하여 해구(海寇)를 금할 것을 요청하였다. 그러나 요시미쓰는 거기에 음모가 있을 거라고 의심하여 나흥유를 옥에 가두었는데, 때마침 승려 양유(良柔)가 귀화하여 일본에 있으면서 그가 첩자가 아님을 증명하였으므로, 요시미쓰는 이를 놓아주고 돌려보냈다. 이때에 후지 쓰네미쓰[藤経光]⁴⁹⁾라고 하는 자가 투항하여 와서 순천(順天)〔전라도 지금과 같음〕에 거하였는데, 전라도 원수 김선치(金先致)가 이를 유인하여 죽이고자 하였다. 그러나 쓰네미쓰가 그 계략을 알고 무리를 이끌고 되돌아갔다. 그 후로 (왜구들이) 더욱 분노하여 침략할 때마다 부녀와 어린아이를 남김없이 마구 죽이니, 이에 전라 양광(楊廣) 빈해(瀕海)의 주군(州郡)이 숙연(肅然)하고 텅 비어 있었다고 한다. 조사민(趙思敏)·목충(睦忠) 등의 여러 장수들로 하여금 이를 막게 하였으나, 그 횡포가 날로 심해지고 게다가 강도(江都)를 노략질하여 경성이 크게 떠니, 그렇게 당할 것을 두려워하여 도읍을 철원으로 옮기려고 하기까지에 이르렀다. 최영과 이성계가 여러 차례 이들과 싸웠으나 공방이 계속됨

---

49) 원문에는 '藤原経光'로 되어있는데, 이것은 '藤経光'의 오류로 보인다. 다른 역사서에는 모두 후자이다.

으로, 우환이 그 후로도 완전히 끊이지를 않았다. 이에 (왕은) 곧바로 대사성 정몽주를 일본에 보내어, 수호(修好)하여 노략질 금할 것을 청하였다. 정몽주가 적극적으로 근린외교의 이해를 논하니, 진서(鎭西:규슈)의 단다이[探題] 이마가와 사다요[今川貞世]는 이를 후하게 접대하고 포로들도 돌려보냈다. 그리고 승려 신홍(信弘)을 보내어 도적들을 잡아들이게 하였으나, 능히 힘으로 제어할 수가 없었다. 그렇지만 당시 침범을 당한 곳은 대체로 서남쪽의 경계지역으로, 동북쪽 경계지역은 해를 입은 곳이 적었다. 진(鎭)을 동강(東江)〔경기도 풍덕현(豊德縣)〕과 서강(西江)에 두고 둔수(屯戍:군영을 지킴)를 설치한 이후로 서로(西路)의 방어는 점점 빈틈이 없어졌다. 대신에 강릉·홍천〔강원도 지금과 같음〕·회양(淮陽)〔위와 같음〕의 경계지역에 도량(跳梁:함부로 날뜀)하여 나아가 함주·홍원(洪原)〔함경도 지금과 같음〕·북청〔위와 같음〕을 휩쓸었는데, 제장(諸將)들이 나아가 이들과 싸워 모두 무찔렀다. 이때에 왜로 인한 우환이 날로 심하여졌다. 조정은 다른 방책도 없이 그저 진병(鎭兵)의 법석(法席)을 중외(中外)의 불우(佛宇)에 마련하는 등의 일 정도였는데, 이성계가 이를 쳐부수게 되어서 적들의 세력은 점차 약해졌다. 그렇지만 그 후 경상 전라 등은 왜구의 소굴(巢窟)로서 침략이 여전히 끊이지를 않았다. 이에 해도원수 정지(鄭地)가 상서(上書)하여, 이키[壹岐]·쓰시마[對馬]의 두 섬을 멸하여 변환(邊患)을 영원히 없앨 것을 청하였다. 신창(辛昌) 때에, 경상도 원수 박위(朴葳)로 하여금 병선 1백 척을 이끌고 쓰시마로 쳐들어가게 하였는데, 이는 생각건대 정지가 책략을 쓴 것이리라. 왜구(倭寇)가 미친 곳은 남변(南邊)의 주현(州縣)이 가장 심하였는데, 그 지방은 사람들이 두려워하여 인적이 끊겼다고 한다. 그리고 서쪽은 바다의 서쪽 패강(浿江)에서 동북쪽은 홍원북청의 경계지역에 이르기까지 그 화를 입지 않은 곳이 없었다. 결국 고려의 거의 전국토를 (왜구가) 유린(蹂躪)하기에 이르렀다. 고려 쇠망의 원인을 들자면 왜구도 또한 그 하나라고 하지 않을 수 없을 것이다.

□왜구(倭寇)의 침입표

	倭寇表	京畿	忠淸	全羅	慶尙	江原	咸鏡	平安	黃海
忠定二				紫燕島一夫二木島中島橫川					
同三				南海寧島喬桐楊天爲		南陽			
恭愍元			喬桐 楊天爲	喬島 橋安邑					
同三			洛州同原仁州州楊天爲	開州 同富吉 樂安郡	紅金海 全羅道		結毛浦 合浦	江華道	
同四			全州	同安郡					
同六			鎭成江	會州 淀津		泗州 泗川			
同七			靈光 江陵 西	平海 牙州		南康昌昌松田 朔州外曲			
同八									
同九									
同十									
同十一									袈溪

고려사에 있고 통감(通鑑)에 없는 것은 오른쪽 옆에 선을 그었다.
통감에 있고 고려사에 없는 것은 이중선을 그었다.

	同十二	同十三	同十四	同十五	同十六	同十八	同十九	同二十	同廿一
京畿	[illegible]	[illegible]	[illegible]	[illegible]	江華、			[illegible]	[illegible]
忠清						[illegible]			洪州、[illegible]
全羅							[illegible]		[illegible]
慶尙		[illegible]							[illegible]
江原									江陵、[illegible]
咸鏡									[illegible]
平安							[illegible]		
黃海								海州、[illegible]	[illegible]

	同廿二	同廿三	辛禑元	同二	同三	同四
京畿	[illegible]	[illegible]	[illegible]	江華、	[illegible]	安山、仁州、[illegible]
忠清			[illegible]	[illegible]	[illegible]	[illegible]
全羅			[illegible]	[illegible]	[illegible]	[illegible]
慶尙	[illegible]	[illegible]	[illegible]	[illegible]	[illegible]	[illegible]
江原		江陵、三陟、[illegible]				
咸鏡						
平安					[illegible]	[illegible]
黃海	海州、	安州、又、又、			[illegible]	[illegible]

	同四	同五	同六	同七	同八
京畿	[illegible]	[illegible]			
忠清	[illegible]	[illegible]	[illegible]	[illegible]	[illegible]
全羅	[illegible]	[illegible]	[illegible]	[illegible]	[illegible]
慶尙		[illegible]	[illegible]	[illegible]	[illegible]
江原		[illegible]		[illegible]	[illegible]
咸鏡					
平安		[illegible]			
黃海		[illegible]			

同九	同十	同十一	同十三	同十四	恭讓元	同二	同三
[illegible]	[illegible]		江華、			[illegible]	[illegible]
[illegible]	[illegible]		[illegible]	[illegible]	[illegible]	[illegible]	
[illegible]	[illegible]		[illegible]	[illegible]	[illegible]	[illegible]	
[illegible]	[illegible]			[illegible]	[illegible]		
[illegible]		[illegible]					
[illegible]		[illegible]					
	[illegible]	[illegible]		[illegible]			

제12장 고려의 멸망

○신우(辛禑)가 황음광망(荒淫狂妄)하여 인군(人君)의 덕이 없고, 왜
구(倭寇)가 강량(强梁)하여 국력은 점점 피폐되었음은 이미 사직멸
망의 징조였다. 게다가 요동을 정벌하기 위해 대군을 일으키니, 이
에 이성계가 회군하게 됨에 이르러서는 세상 민심이 왕을 떠나 완
전히 그를 따르게 되었다. 이러하니 신우가 폐위되어 강화에 있으
면서 은밀히 이성계를 죽이고자 하였다. 이에 이성계 및 심덕부(沈
德符)·지용기(池湧奇)·정몽주(鄭夢周)·설장수(偰長壽)·성석린(成石
璘)·조준(趙浚)·박위(朴葳)·정도전(鄭道傳) 등의 아홉 명의 신하가
상의하여 신우를 파천하고 창을 폐위시켰다. 그리고 신종(神宗)의
원손(遠孫) 요(瑤)를 맞아들여 왕으로 세웠는데, 이가 공양왕이다.
그러나 국세는 이 시점에 이르러 어찌할 수가 없었다. 더구나 왕은
유약하여 어떻게 해야 할 바를 모르고 그저 슬피 울 뿐이었다. 즉위
초에 간관제신들의 말을 받아들여 조민수를 폐하여 서인으로 만들
고, 이색(李穡)·이숭인 등을 유배시키고, 신우와 신창을 베었다. 신
씨가 왕씨로 바뀌게 됨에 따라 당파가 서로 나뉘어 군신상쟁(群臣
相爭)하여 상소하고, 시폐(時弊)를 논하고 정법(政法)을 논의하였다.
탄핵이 빈번히 이루어짐으로 옥화(獄禍)가 만연하고, 장상대신이
유배되거나 죽임을 당하거나 하는 자가 매우 많았다. 왕은 오로지
봉불(奉佛)하기 만을 힘쓰고, 능히 이 난국에 제대로 대처하지를 못
하였다. 따라서 곳간은 비고, 정사(政事)는 날로 어지러워졌다. 삼
군도총제부를 세워 나라의 군사업무를 통괄하게 하여 이성계를 도
총제사로 삼고, 배극렴(裵克廉)을 중군총제사로 삼았다. 조준을 좌

군 통제사로 삼고, 정도전을 우군통제사로 삼았다. 왕은 이성계를
깊이 의지하고 신뢰하였는데, 이성계는 병으로 인해 사직하였지만
문무의 대권은 모두 그 손 안에 있었다. 그의 위망(威望)이 날로 성
하여 정도전·남은(南誾)·조준·윤소종(尹紹宗) 등이 은밀히 (이성계
를) 추대하려는 뜻을 모았다. 그러나 오로지 정몽주만이 충의를 다
하였고, 재상(宰相)이 되어서는 윤소종·남은·정도전 등을 물러나
게 하고 이성계를 해하려고 모의하였다. 이에 이성계의 아들 이방
원이 조영규(趙英珪)로 하여금 길에 잠복하여 정몽주를 죽이게 하
였다. 사헌부 도평의사사가 또다시 상소하여 정몽주의 무리인 설
장수·이무(李茂)·우현보(禹玄寶) 등 수십 명을 유배시키매, 결국
왕씨에게 충성을 다하는 자는 모두 제거되었다. 이로 인해 수문하시
중 배극렴 등이 왕대비의 교지를 받들어 왕을 폐위시키고 원주(강원
도 지금과 같음)로 추방하므로 고려는 결국 망하게 된다. 생각건대 태
조가 신라 경순왕의 투항을 받았을 때부터 이때에 이르기까지 왕씨
32왕 4백42년, 신씨의 대를 합쳐 약 4백56년이다.

○또한 사대부 사이에서 변론 탄핵이 성행하여, 아침에 벼슬에 있
다가 저녁에 직을 빼앗겨 진퇴출척(進退黜陟)의 무상함이 이때보다
심한 적이 없었다. 생각건대 일세풍상(一世風尙)이 여기까지 이르게
된 것은, 당시 송학(宋學)이 성행하여 학자들이 대체적으로 송 때의
습속에 물들어 있었기 때문일 것이다.

□고려왕 세계(世系)

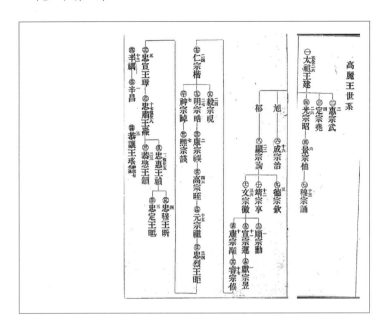

조선사 권5

제4편 중고사

제13장 제도(制度)

○관제(官制)는 태조(太祖)가 개국 초에 신라와 태봉(泰封)의 제도를 참용(參用)하고, 이어서 3성6관9시6위(三省六官九寺六衛)를 두어 대체적으로 당의 제(制)를 모방하였다. 성종(成宗)에 이르러 제도를 새로이 하여, 관(官)에 상수(常守)가 있고, 위(位)에 정원(定員)이 있어 제도는 크게 정비가 되었다. 내사문하성(內史門下省)은 백규(百揆:백관(百官)의 서무(庶務)를 관장하고, 어사도성(御事都省)은 백관(百官)을 총령(總領)하였다. 3사(司)는 중외(中外)의 전곡출납(錢穀出納) 회계(會計)의 업무를 관장하고, 중추원(中樞院)은 출납숙위군기(出納宿衛軍機)의 행정을 관장하였다. 다음으로 6부(部)를 세워, 이부(吏部)는 문선훈봉(文選勳封)의 행정을 관장하고, 병부는 무선(武選)·군무(軍務)·의위(儀衛)·우역(郵驛)을 관장하고, 호부(戶部)는 호구(戶口)·공부(貢賦)·전양(錢粮)을 관장하고, 형부(刑部)는 법률(法律)·사송(詞訟)·상언(詳讞)을 관장하고, 예부(禮部)는 예의(禮儀)·제향(祭享)·조회(朝會)·교빙(交聘)·학교(學校)·과거(科擧)를 관장하고, 공부(工部)는 산택(山澤)·공장(工匠)·영조(營造)를 관장하였다. 그리고 어사대(御史臺)는 규찰(糾察)·탄핵(彈劾)을 관장하고, 국자감은 유학교회(儒學敎誨)를 관장하고, 비서성(秘書省)은 경적(經籍)과 축소(祝疏)를 관장하였다. 그 외 위위시례빈성(衛尉寺禮賓省) 이하의 제사(諸司)가 있었다. 이때에 이르러 재상6부(宰相六

部)를 통합하고 6부제사(六部諸司)를 통합하여, 간단한 것은 번잡함을 절제하고 비천한 것을 귀히 받아들여, 백사(百事)를 잘 다스리는 문종(文宗)·예종(睿宗)에 이르러서는, 약간 증감이 있었다고는 하나 대체적으로 성종의 옛 제도를 따랐다. 그렇지만 그 귀천(貴賤)을 나누어 노능(勞能)을 서(敘)함에 품(品)·작(爵)·훈(勳)·계(階)가 있어 질서가 점점 잡혀간 것은 아마 문종 때였을 것이다. 이후 거의 2백 년 동안 변경된 점이 없었던 것은 아니나 전체적으로는 크게 다를 바가 없었다. 여기서 문종시대의 관제를 열거해 보면 다음의 표와 같다.

○충렬왕에 이르러 관제가 원을 본뜬 것은 모두 개정하였다. 충선은 선왕의 양위로 인해 즉위하였다. 부자지간에 서로 질서 없이 개정하여, 관제는 크게 어지러웠다. 첨의밀직(僉議密直)은 항상 도평의사(都評議司)에서 회의를 하고, 상의(商議)라는 명칭이 또 생겨나 국정에 참여하는 자가 670명에 이르러 6부는 허설(虛設)이 되었다. 백관은 흩어져서 통할(統轄)이 되지 않았음으로 법령(政令)은 좋은 성과를 얻지 못하였다. 공민왕 때와 같은 경우는 20년간 4번 관제를 고쳤는데, 혹은 구제(舊制)를 따르고 혹은 신제(新制)를 사용하여 결국 그 번잡함이 이루 말할 수 없었다. 지금 이를 일일이 열거할 여유가 없으므로, 그 중 가장 중요한 관제에 대해 연혁의 약표를 제시하기로 한다.

□관제연혁 약표

○관계(官階)는 문종 때에 크게 정비되었고, 충렬왕 이후 많은 변혁이 있었다. 그러나 지금 그 변화의 요점을 살펴보면, 오직 3품 이상의 계급을 늘리고 4품 이하를 줄였을 뿐이다. 세대가 점점 밑으로 내려옴에 따라 명기(名器:어떤 직위와 그에 따르는 수레나 옷이라는 뜻으로, 벼슬자리를 비유적으로 이르는 말)가 점점 가벼워진 것은 다음의 표에 명확히 나타나 있다. 공민왕 때에는 중랑장우하(中郎將牛下)를 없애고 봉익직일필(奉翊直一匹)이란 말이 생기게 되었다고 한다. 이 또한 당시의 사정을 미뤄 짐작할 수 있을 것이다.

□ 관계연혁표(官階沿革表)

○지방의 정치는, 태조 초기에는 일이 처음인 것이 많아 아직 경리 (經理)에 여유가 없었다. 23년에 처음으로 모든 주부군현의 이름을 고쳤다. 성종에 이르러 10도(道)를 나누어 주현(州縣)을 정하였고, 12주의 절도사(節度使)를 설치하고 수령을 두었다. 아마도 당시의 조직은 민정과 군무를 처음부터 나누어서 둘로 할 수가 없었을 것 이다.

	十	道									
開城府	關內道	中原道	河南道	江南道	嶺南道	嶺東道	山南道	海陽道	朔方道	沮西道	合計
赤縣六	州廿九	十三	十一	九	十二	九	十	十四	七	十四	百廿八
畿縣七	縣八十一	四十二	三十四	四十三	四十八	三十五	三十七	六十二	六十二	四 / 鎭七	九百四十

二	十					節	度	使			
楊州	廣州	忠州	清州	公州	晉州	尙州	全州	羅州	昇州	海州	黃州
左神策軍	奉國軍	昌化軍	全節軍	安節軍	定海軍	歸德軍	順義軍	鎭海軍	竟海軍	右神策軍	天德軍

○현종(顯宗) 초기에 절도사를 폐하였다. 5도호75도(五都護七十五道) 의 안무사(安撫使)를 두었다. 그 후에 안무사를 파하고 4도호(四都

護) [안동(安東)·안남(安南)·안서(安西)·안북(安北)]와 8목(牧) [광(廣)·
충(忠)·청(淸)·진(晋)·상(尙)·나(羅)·공(公)·황(黃)]⁵⁰⁾을 두었다. 이때
부터 정하기를 5도(道) [양광(楊廣)·경상(慶尙)·전라(全羅)·교주(交州)·
서해(西海)]와 양계(兩界) [동북(東北)]로 하여, 모두 4경(京) [왕경(王
京)·서경(西京)·동경(東京)·남경(南京)], 8목(牧), 15부(府), 1백29군
(郡), 3백35현(縣), 29진(鎭)이다.

○문종(文宗) 때에는 서경(西京)·동경(東京)·남경(南京)에 모두 유
수(留守)·부유수(副留守) 이하의 관을 두었다.

○대중도호부(大中都護府)·대도독부(大都督府)·제목(諸牧)·방어진
(防禦鎭)·지주군(知州郡)에는 사부사(使副使) 이하의 관직이 있었다.
제현(諸縣)에 현령(縣令)이 있고, 제진(諸鎭)에 진장(鎭將)이 있었다.
그 외에 때에 따라서 연혁이 있었다고는 하나, 병마사·안무사·안
렴사(安廉使)·염문사(廉問使)·권농사(勸農使) 등의 제사(諸使)가 있
어 군무(軍務)를 다스리고, 백성들의 질고를 살피고, 수령(守令)의
전최(殿最)⁵¹⁾를 살피는 등의 일을 관장했다. 그리고 어떤 때는 경성
에 머물면서 원격(遠隔) 명령을 하거나 혹은 다른 관직을 가지면서
이를 겸하거나 하였으니, 반드시 주현(州縣)에 주재하는 것은 아니
었다. 향직(鄕職)에는 호장(戶長)·부호장(副戶長), 병정(兵正)·부병
정(副兵正), 창정(倉正)·부창정(副倉正) 이하의 관직이 있었고, 현종

---

50) 광주(廣州)·충주(忠州)·청주(淸州)·진주(晋州)·상주(尙州)·나주(羅州)·공
주(公州)·황주(黃州)

51) 전최(殿最) : 고려·조선 시대에 관찰사가 각 고을 수령의 치적을 심사하여 중앙
에 보고하던 일. 전(殿)은 맨 아래 등급을, 최(最)는 맨 위 등급을 말하는데, 고과
평정의 뜻으로 썼으며, 해마다 음력 유월과 섣달에 시행하였다.

(顯宗) 때에 그 제도가 확실히 정해졌다. 그리고 태조는 신라왕의 항복을 받아 (그를) 경주의 사심관(事審官)으로 삼았다. 부호장 이하의 관직 등에 관한 것을 알리게 하고나서 성종은 그 인원을 정했었는데, 충숙왕 때에 이르러서는 널리 공전을 차지하여 많은 민호(民戶)를 숨겨서 그 폐해가 가장 심하므로 이를 파하였다.

○주부군현(州府郡縣)을 달리 세우는 것은 원래 정전(丁田)의 많고 적음에 따라 차등을 두었던 것이, 나중에는 양반명족(兩班名族)의 향관(鄕貫)을 가호(加號:주군현(州郡縣) 등의 읍격(邑格)을 승격시키는 일)하여 현(縣)을 승격하여 군(郡)으로 하였고, 군을 승격하여 부(府)로 하였고, 부를 승격하여 주(州)로 하였다. 혹은 반역(叛逆) 등에 의해 이를 강등시키는 경우도 있었다.

○병제는 대체로 당의 부위의 법을 모방하여 6위(衛)를 두었다. 위(衛)에 상장군과 대장군이 있어 제영(諸領)을 통치하고, 영(領)에 장군이 있어 군을 통치했다. 1영(領)을 각각 1천 명으로 하여 도부(都府)를 세웠다. 6위를 합쳐서 42도부(都府) 4만 2천 명이었다. 그리고 응양(鷹揚)·용호(龍虎)의 2군을 두어 각각 상장군(上將軍)과 대장군(大將軍)이 있었는데, 6위 위에 서서 서로 지배하지 않고 서로 견제하며, 함께 국가의 번병(藩屛:왕실이나 나라를 수호하는 먼 밖의 감영이나 병영)이 되었다. 그 제도는 다음과 같다.

二軍六衛表 將校＼軍衛	鷹揚軍 一領	龍虎軍 二領	左右衛 保勝十領精勇二領	神虎衛 保勝五領精勇二領	興威衛 保勝七領精勇五領	金吾衛 精勇六領役領一領常領一領	千牛衛 海領一領常領一領	監門衛 一領	合計 四十五領
上將軍	一人	一人	一人	一人	一人	一人	一人	一人	八人
大將軍	一人	一人	一人	一人	一人	一人	一人	一人	八人
將軍	一人	二人	十二人	七人	十二人	八人	二人	一人	四十五人
中郎將	二人	四人	二十四人	十四人	二十四人	十六人	四人	二人	九十人
郎將	五人	十人	六十人	三十五人	六十人	四十人	十人	二人	二百二十二人
別將	五人	十人	六十人	三十五人	六十人	四十人	十人	二人	二百二十二人
散員	五人	十人	六十人	三十五人	六十人	四十人	十人	二人	二百二十二人
尉	二十人	四十人	二百四十人	百四十人	二百四十人	百六十人	四十人	二十人	九百人
隊正	四十人	八十人	二百四十人	二百八十人	二百四十人	三百二十人	八十人	四十人	三千八百人

○숙종(肅宗) 때 여진과 사이가 벌어짐으로 인해, 날로 병력을 연마시켜 마침내 별무반(別武班)을 설치하고, 문무산관(文武散官)·이서(吏胥)로부터 상고(商賈)·복예(僕隸)·승도(僧徒)에 이르기까지 속하지 않은 사람이 없었다. 그리고 무릇 말이 있는 자는 신기(神騎)로 삼고, 말이 없는 자는 신보(神步)·도탕(跳盪)·경궁(梗弓)·정노(精弩)·발화(發火)의 군으로 하였는데, 한때 공을 크게 거두기도 하였다. 그 후 의종(毅宗) 때에 2군(軍) 및 6위(衛)의 제장군(諸將軍)이 회동하여 일을 논의하여 이르기를 중방(重房)이라 하였고, 이때부터 서로 지배하지 않았던 것을 합하여 권력을 하나로 모은 결과 무신이 강해졌다. 상장군 정중부(鄭仲夫), 별장 이의민(李義旼) 등이

난을 일으켰을 때에 중방의 권력이 더욱 커져서 최충헌이 국명(國命)을 장악하게 되었다. 문무관리·한량(閑良)·군인 중에 용력(勇力) 있는 자를 초치하여 그 집에 숙직하게 하여 도방이라 하였고, 이때부터 광용(壙勇)의 병사들은 모두 충헌 부자의 차지가 되었다. 그리고 거란 유얼(遺孽)이 쳐들어오자 정숙첨(鄭叔瞻)으로 하여금 5군(軍)을 거느리고 이를 막게 하였으나, 대체적으로 늙고 쇠약하여 전투를 견디어 내지 못하였다. 이에 재차 조충을 보내어 거란을 무찔렀는데, 최충헌은 (그를) 꺼리어 그 공로에 보답하지 않았다. 이때부터 6위(衛)의 병사들은 날로 모손(耗損)이 되고, 도방의 병력은 날로 강성해졌지만, 그 후 김인준·임연 등이 중노(衆怒)에 의해 최씨를 베었다. 그러나 왕실이 이를 스스로 토벌하지 못하니, 권신을 하나 제거하면 또 다른 권신이 나타났다. 원종이 복위하였을 때, 원의 병력에 의지하여 임연을 제거하여 권신의 화가 가까스로 멈추었다고는 하나, 삼별초의 난이 이로 인해 다시 일어났다(제6장 참조). 또한 여러 차례 변란을 거치면서 부위병(府衛兵)도 점차 정원을 채우지 못하게 되어 왕궁의 호위도 더욱 약해졌다. 공민왕 이후에 이르러서는 제도(諸道)에 모두 원수(元帥)가 있었다. 그리고 도원수(都元帥), 상원수(上元帥), 부원수, 지병마사(知兵馬使), 병마사(兵馬使), 절도사의 부하들이 있어 호령문(號令門)이 많고, 군정이 통일되지 않아 왕실이 그 권력을 능히 총괄하지 못하였다. 이처럼 왕실이 견제 당하는 상황에서, 공양왕에 이르러 3군도총제부(三軍都摠制府)를 세워 모든 원수들의 인장을 거두고, 이성계로 하여금 3군도총제사(三軍都摠制使)로 삼았다. 이때부터 병권(兵權)이 모두 하나로 귀속되어 6위의 이름을 폐하니, 마침내 국가가 멸망하기에 이르렀다.

○주현(州縣)의 군(軍)이 각처에 산재하고, 양계(兩界) 6도(道)에 각종 명칭이 있어 매우 복잡하였으나 모두 6위(衛)에 속했던 것으로 봐야 할 것이다. 그렇지만 문관이 서로 섞이는 것은 이미 전술한 바와 같다. 그 장교(將校) 및 사졸(士卒)의 수는 구사(舊史)에 보이지만 상세하지 못한 점 있으니, 지금은 이를 생략한다.

○수군은 태조 때에 이미 이를 정리하여 제도(諸嶋)의 이권을 취한 일이 있었다. 현종(顯宗)은 과선(戈船)을 만들어 진명구(鎭溟口)에 정박시켜 동북의 해적을 막았다. 원종(元宗)은 전함병량도감(戰艦兵糧都監)을 두었는데, 몽골이 일본에 쳐들어갔을 때 그 전함은 모두 고려에서 이를 준비하였다. 신우(辛禑)는 또한 경기좌우도(左右道)의 군인을 모아 기선군(騎船軍)으로 삼고, 동서강의 왜구를 막았다. 공양왕은 박인우를 양광(楊廣) 좌우도의 수군도만호(水軍都萬戶)로 삼았던 일이 있었으나, 수전(水戰)은 가장 큰 약점인 바, 항상 왜인의 침입으로 곤란을 당하였다. 둔전(屯田)은 현종(顯宗) 때에 가주(嘉州) 〔평안도 가산군(嘉山郡)〕에 설치한 이후로 각 도에 설치하였는데, 공민왕 때에는 권세 있는 가문 때문에 점탈을 당한 관계로 군수(軍需)를 돕는 것에는 이르지 못하였다.

○그 외 간수군(看守軍)·위숙군(圍宿軍)·검점군(檢點軍)·삼별초와 같은 것은 모두 경찰상(警察上)의 일을 관장하는 것이지만, 당시는 이를 병정(兵政) 안에 속하게 하여 별도로 그 국(局)을 설치하지 않았다.

○무학(武學)은 매우 불완전하였다. 정종(靖宗) 때, 김해병서(金海兵書)는 무략(武略)의 요결(要訣)로 연변(沿邊)의 주진(州鎭)에 각 한 권

씩을 하사하였다. 예종(睿宗) 때에는 무학생(武學生) 17명을 두고, 인종(仁宗)은 급제하기가 쉬워 유명무실하므로 이를 파하였다. 그 후 공민왕 초기에 이색(李穡)은 무거(武擧)의 과(科)를 설치할 것을 청하였으나 시행되지는 못하였다. 공양왕 때에 이르러서야 무과를 설치하여 병서와 무예에 정통한 자를 뽑도록 정했을 정도가 되니, 그것이 정비되지 못했음을 알 수 있다. 당시 병기의 주요한 것은 궁노(弓弩)와 도검(刀劍) 등으로, 박원작(朴元綽)이라는 자가 병기 개발에 정진하여 덕종 때에 수질노(繡質弩)를 만들게 하고, 또한 8우노(八牛弩) 24반병기(二十四般兵器)를 변성(邊城)에 두기를 청하였다. 정종 때에는 수질구궁노(繡質九弓弩)를 만들어 헌상하였다. 신교(神巧)하기 그지없었으므로, 왕이 명하여 이를 만들게 하여 동서변진(東西邊鎭)에 둔 적이 있었다. 그 후 궁노(弓弩)의 사용은 더욱 성행하여, 문종 때에도 노수전(弩手箭) 6만 척과 거노전(車手箭) 3만 척을 서북로(西北路)에 보낸다고 하고, 또한 여러 차례 수질구궁노(繡質九弓弩)를 쏘는 연습을 하는 일이 있었다. 전(箭)에는 대우전(大羽箭)·유엽전(柳葉箭)·편전(片箭) 등이 있었고, 편전은 그 중에서 가장 장기(長技)가 있었다고 한다.

○박원작(朴元綽)은 또한 덕종 때에는 뇌등석포(雷騰石砲)를 만들게 한 일이 있는데, 아마도 상고의 제도와 같은 기계를 사용해서 돌을 발사하는 것이었을 것이다. 인종 때 김부식(金富軾)이 서경을 공격하니, 그때 화구(火具) 5백여 석(石)을 만들어 조언(趙彦)이 만든 석포로 하여금 투방(投放)하였다. 그 화염이 번개와 같았고, 그것이 큰 바퀴와 같았으며 불기운이 점점 세어졌다고 하니, 아마 화약

을 사용했던 것 같다. 단지 구사(舊史)가 전하는 바에 의하면, 신우(辛禑) 때에 최무선(崔茂宣)이라 하는 자가 원의 염초장(焰硝匠) 이원(李元)에게 배워 화포를 만들고, 건의하여 화통도감(火熥都監)을 설치하고 이를 관장하여, 마침내 왜구의 배를 태웠을 때에 그것이 처음으로 사용되었다고 한다. 그렇지만 원의 세조가 일본에 쳐들어갔을 때 이미 화포를 사용하였고, 고려는 그 군을 따랐으므로, 신우 때 이전에 이미 화약이 전해진 것은 의심할 여지가 없을 것이다.

○목마(牧馬)의 행정은 군사와 긴밀한 관계가 있으므로, 여기에 그 대략을 설명하기로 한다. 모든 목장은 용양농(龍驤隴) 이하 약 10개소가 있어 전목사(典牧司)가 이를 관장하였다. 의종(毅宗) 때에는 축마요식(畜馬料式)을 제정하여 목마에 매우 신경을 썼다. 그 후 말은 모든 섬에 방목함으로 탐라와 같은 경우는 매우 많이 번식하게 되었는데, 원에게 사대한 이후로 탐라는 별도로 원에 속하여 그 관할이 되었다. 또한 국가에 변고가 많음으로 마축(馬畜)이 부족함을 고하자, 충렬왕은 마축자장별감(馬畜滋長別監)을 두었다. 그럼에도 그 번식이 충분하지 못하자, 후에 이르러서는 백관 및 승도(僧徒) 등에게 전마(戰馬)를 내놓도록 하는 일이 누차 있었더라.

○고려의 정치는 대체적으로 당의 제도를 바탕으로 하지 않은 것이 없었다. 그 중 형법과 같은 것이 가장 대표적인 예로, 옥관령(獄官令) 및 명례(名例)·위금(衛禁) 이하 12율(律)이 있었다. 그리고 그 형을 집행함에 있어서 태장도류사(笞杖徒流死)가 있었고, 각각 감속당면(減贖當免)의 법이 있었다. 지금 그 중 하나를 들어, 이를 당률(唐律)과 대조한 것이 다음 표이다.

	唐	高麗
名例	五十七條	十二條
衛禁	三十三條	四條
職制	五十八條	十四條
戶婚	四十六條	四條
廐庫	二十八條	三條
擅興	二十四條	三條
盜賊	五十四條	六條
鬪訟	五十九條	七條
詐偽	二十七條	二條
雜律	六十二條	二條
捕亡	十八條	八條
斷獄	三十四條	四條
合計	五百條	六十九條

唐高麗皆同

笞刑					杖刑		
一十頭編	二十	三十	四十	五十	六十	七十	八十
一斤	二斤	三斤	四斤	五斤	六斤	七斤	八斤

徒刑					流刑			死刑	
一年	一年半	二年	二年半	三年	二千里	二千五百里	三千里	絞	斬
二十斤	三十斤	四十斤	五十斤	六十斤	八十斤	九十斤	一百斤	一百二十斤	一百二十斤

○위 표처럼 당률(唐律)은 약 5백 조이고 고려는 69조이다. 그리고 별도로 옥관령 2조를 붙였을 뿐이다〔고려에는 영격식(令格式)의 선정이 없다〕. 그 번잡함을 피하고 간략화 한 것을 보면 당시의 사정이 고려되었던 것 같다. 그러나 그 조목이 상세하지 않으니 취사의 당부(當否)는 섣불리 논단할 수 없다. 다만 구체적으로 5형 제도를 보면 완전히 당률을 인습하여 다를 바가 없다. 그 유형(流刑)이 2천 리[52]부터 3천 리에 이른다고 하는 것은 결코 고려와 같은 협소한 땅에서는 불가능하다고 할 수 있다. 그러므로 당시의 법률도 또한 허문(虛文)에 속하는 점이 있고, 모두가 다 실제로 행해지지는 않았음을 알

---

52) 중국의 1리(里)는 약 0.5km 한국의 1리는 약 0.4km이나 일본의 1리는 약 3.9km 이다. 해당 글에서는 일본의 측량단위를 기준으로 설명하고 있는 듯하다.

아야 한다. 그리고 세월이 지남에 따라 법강(法綱)이 점차로 느슨하여져 그 폐해가 더욱 심해지니, 신우(辛禑) 때에는 명하여 원의 지정조격(至正條格)을 따르게 하였다. 전법사(典法司)는 또한 명률(明律) 및 의형이람(議刑易覽)〔원 때 중국의 이어(俚語)로 만든 율(律)임〕을 짐작경정(斟酌更定)하여 행할 것을 요청하였으나, 그 후 정몽주가 명률(明律) 및 지정조격(至正條格)의 법령을 취하여 참작(參酌)·산정(刪定)하여 신율(新律)을 선정하여 추진하였다. 그러나 그 대에 이르러 사직이 멸망하니 이를 이용하지는 못하였다. 아마도 그 법은 당을 모방했다고는 하나, 태조가 매우 불교를 좋아하여 자비를 근본으로 한 이후에, 악에 관대하고 폭력을 선처함으로 강기(綱紀)가 부진하여 무신들이 점차 발호하였다. 명종(明宗)·고종(高宗) 이후에 이르러서는 권신들이 연달아 일어났다. 그리고 피고자를 험문(驗問)하지 않고 곧바로 물속에 던지는 상황에 이르러서는 정형(政刑)이 크게 흐트러져서 참혹한 상황이었다. 그렇지만 당시는 조목(條目)이 매우 간소하였다. 따라서 사람에게 위임하고 법에 맡기지 않는 풍조가 있었으니, 그 사람과 시간에 의해 관엄(寬嚴)이 크게 다름을 알아야 한다.

○민사(民事)의 소송은 대체로 사전(私田)의 분쟁이나 양천(良賤)에 관한 것으로, 지방은 그 수령 및 안렴사(按廉使)에게 이를 소송하도록 하였다. 그리고 혹은 경관(京官)에 월고(越告)하거나, 혹은 유사(攸司)에 제소하지 않고 곧바로 대내도당(大內都堂)에 제소하는 것을 모두 법으로 금하였다.

○조세제도에 대하여 말하자면, 우선 전지(田地) 및 도량형(度量衡)

의 개략을 제시해야할 필요가 있다. 당시 전지의 종류를 들자면, 공음전(功蔭田)·구분전(口分田)·공해전(公廨田)·영업전(永業田)·녹과전(祿科田) 등의 명목이 있었다. 대개 전시과(田柴科)로서, 이를 받고 신몰(身沒)하면 공납하는 것을 공전(公田)이라 하고, 조세를 관에 내지 않고 신민(臣民)의 사유(私有)로 하는 것을 사전(私田)이라 한다.

○전지(田地)를 측량함에 있어서 1척(尺)을 파(把)라 하고, 10파(把)를 속(束)이라 하고, 10속(束)을 부(負)라 하였다.

○1백부(百負)를 결(結)로 하였다. 이는 신라 이래로의 제도이다. 그러나 문종(文宗) 23년에 이르러서 다시 양전(量田)의 법을 정하였다.

전(田)1결(結) 방(方)33보(步)	전(田)6결(結) 방(方)80보(步)8부(分)
전(田)2결(結) 방(方)47보(步)	전(田)7결(結) 방(方)87보(步)4부(分)
전(田)3결(結) 방(方)57보(步)3부(分)	전(田)8결(結) 방(方)90보(步)7부(分)
전(田)4결(結) 방(方)65보(步)	전(田)9결(結) 방(方)99보(步)
전(田)5결(結) 방(方)73보(步)8부(分)	전(田)10결(結) 방(方)1백4보(步)3부(分)

○이 때 6촌(寸)을 1부(分)로 하고, 10부(分)를 1척(尺)으로 하고, 6척(尺)을 1보(步)라 하고, 1백 보(步)를 1결(結)이라 하였다〔보(步)와 부(負)하고는 아마도 음(音)이 서로 상통한다〕. 그렇지만 부속(負束)의 명칭은 결국 폐하지 않고, 명종 때에 이르러 또다시 그 수(數)를 사용하였다.

○또한 전지의 등급을 정하여 불역(不易)의 땅을 상전(上田)이라 하고, 1역(易)의 땅을 중전(中田)이라 하고, 재역(再易)의 땅을 하전(下田)이라 하였다. 불역(不易)의 산전(山田) 1결(結), 1역전(易田) 2결

(結), 재역전(再易田) 3결(結)은 모두 평전(平田) 1결(結)에 준한다.

○미속(米粟:쌀과 벼)을 재는 법은 10작(勺)을 1합(合)이라 하고, 10합(合)을 1승(升)이라 하고, 10승(升)을 1두(斗)라 하고, 15두(斗)를 소곡(小斛)이라 하고, 20두(斗)를 대곡(大斛)이라 하였다. 그리고 정종(靖宗) 때에는 매년 봄가을에 공사(公私)의 평(枰)·곡(斛)·두(斗)·승(升)·평목(平木)·장목(長木)을 평교(平校)하고, 문종 7년에 관곡(官斛)의 법을 정하였다.

미곡(米斛) 1척(尺) 2촌(寸)	패조곡(稗租斛) 1척(尺) 4촌(寸) 5부(分)
미장곡(末醬斛) 1척(尺) 3촌(寸) 9부(分)	대소두곡(大小豆斛) 1척(尺) 9부(分) 〔4종 모두 장(長) 광(廣) 고(高) 같음〕

○원종(元宗) 때 군마(軍馬)의 식량을 재는 것에 있어서, 말 1필(匹)에 하루 5승(升)으로 쳤다. 그리고 고려의 27만 석(碩)은 원의 13만 5천 석이라고 하는 것이 보이니, 그 양은 원의 반액이었을 것이다. 대략 정종 이래로 그 제도를 만들었다는 것은 전술한 바와 같으나, 명종(明宗) 때에 평두량도감(平斗量都監)을 두어 두(斗)·승(升) 모두 개(槩)를 쓰게 하였다. 그리고 이를 어기는 자는 경(黥)을 쳐서 섬으로 유배시켰는데도, 미처 해를 넘기기도 전에 또다시 전과 같이 되었다. 공민왕 때에는 모든 도의 향리가 조세를 징수하는데 사사로이 대두(大斗)를 만들어 잉량(剩量)함으로, 주군관(州郡官)으로 하여금 감시하여 중외공사(中外公私) 모두 그 두곡(斗斛)을 똑같이 했다고 하는 일이 있었으니, 그 난잡불법(亂雜不法)함을 익히 알 수 있다. 저울에는 근(斤) 〔또는 근(觔)〕·양(両)·목(目)·도(刀)·전(錢)·

푼(分) 등의 명칭이 있어서, 현종(顯宗) 6년에 권형(權衡)을 정한 일이 있었다. 그러나 그 제도는 상세하지 않다. 충렬왕 2년 원에 상서(上書)하여, 칭제(秤制)가 상국(上國)과 다르므로 칭자(秤子)를 구하여 사용한 일이 있으니, 이때부터는 원의 제도를 따랐을 것이다.

○조세(租稅)제도는 기록이 미비하여 그 상세함을 알 수 없으나, 당시 조세라 칭하는 것 중에는 대략 두 종류의 구별이 있었던 것 같다. 태조는 이미 태봉(泰封)의 가혹한 정치를 폐하고, 신라의 제도로 복귀하여 전(田) 1부(負)로부터 조세 3승(升)을 거두었는데, 성종(成宗) 11년(992), 공전(公田)의 조세는 4분의 1을 취하였다. 수전(水田)·한전(旱田)에 따라서 등급을 정함이 다음과 같다.

水 田 一 結		
上	中	下
二石十一斗二升五合五勺	二石十一斗二升五合	二石一斗二升五合

旱 田 一 結		
上	中	下
一石十二斗一升二合五勺	十斗六升二合五勺	缺

○위 표는 일반 백성으로부터 걷는 조세로, 보통 전(田)을 경작하는 자가 내지 않으면 안 되는 것이었다. 그 후 신우(辛禑) 14년(1388)에 이르러서, 조준(趙浚)은 공사(公私)의 조세 거두기를 1결(結)마다 쌀 20두(斗)로 하여 민생을 후하게 할 것을 청하였으나, 공양왕 3년(1391)에는 수전(水田) 1결, 조미(糙米) 30두(斗), 한전(旱田) 1결, 잡곡 30두(斗)로 하는 것이 보일 뿐이므로 그다지 변혁(變革)한 곳이 없었던 것 같다.

○보통 공전을 받는 자는 위의 조세를 백성으로부터 징수하여 자신의 소득으로 삼고, 그 중에서 얼마간을 나누어 관에 내는 것이다. 현종(顯宗) 4년(1163)에 문무양반 모든 궁원(宮院)의 전은, 30결(結) 이상을 받는 자는 1결부터 세금 5승을 거두었다. 문종(文宗) 23년(1069)에 전세(田稅)를 정하여 1부(負)에 쌀 7합(合) 5작(勺)을 내고, 합하여 1결당 7승 5합, 20결당 쌀 1석으로 하였다. 신우 2년(1376)에는 공신전(功臣田)의 조세에서 3분의 1을 취하고, 사사전(寺社田)은 그 반을 징수하였다. 공양왕 3년(1391)에는 능침(陵寢)과 창고궁사(倉庫宮司), 그리고 공해(公廨)·공신전을 제외한 보통 전(田)을 가진 자는 모두 세를 걷을 것. 수전 1결에 백미 2두(斗), 한전(旱田) 1결에 황두(黃豆) 2두로 했던 것은 아마도 공전을 받은 자가 내놓는 조세일 것이다.

○이러한 등급의 조세를 거둘 때, 처음에는 모두 세미(稅米) 1석에 모미(耗米) 1승을 거두어들였던 것을 문종(文宗) 때에 정하여 모미 7승으로 하였다. 그렇지만 그 후에는 어느 때는 2두를 거둘 때도 있었다.

○조세 제도는 대략 위와 같았지만, 공양왕 때에 이르러서는 혹은 1전(田)에 대여섯 주인이 있어, 각기 그 조세를 거두어들이는데 경전(耕田)의 다과(多寡)를 불문하고 호(戶)의 대소(大小)를 보는 등의 일이 있었으니, 당시 백성들이 곤고했음을 알 수 있다.

○또한 공부(貢賦)라 하여 각종 물품을 바치게 하는 일이 있었다. 광종(光宗) 때에 그 액을 정하였으나, 그 다소에 관해서는 알 수가 없다. 그 후 우피(牛皮)·근각(筋角)·중포(中布)·저포(紵布)·면주(綿紬) 등을 평포(平布)에 접어 이를 거두었다. 그리고 그 다소를 잘 헤아려 작정한 일도 있었지만, 자칫 잘못하면 횡렴(橫斂)에 빠지는 일이 있었다.

○그리고 선종(宣宗) 때에 잡세(雜稅)라 하여 율백(栗柏)〔대목(大木) 3승, 중목(中木) 2승, 소목(小木) 1승〕, 칠목(漆木) 1승, 마전(麻田)〔1결 생마(生麻) 11량(兩) 8도(刀), 백마(白麻) 5량 2목(目) 4도(刀)〕 등의 세금이 있었다. 충혜(忠惠) 때에는 산세(山稅)라 하여 송자(松子)를 헌상하게 한 일이 있다. 그 후 산택세(山澤稅)를 걷는 것이 점점 무거워져서, 공민왕은 명하여 이를 가볍게 하였다.

○또한 요역(徭役)이 있어, 보통 백성의 나이 열여섯을 정(丁)이라 하여 처음으로 국역(國役)에 복무하고, 60세를 노(老)라 하여 역을 면해 주었다. 그 등급은 모두 주군(州郡)에서 매년 호구를 조사하여, 양민(良民)과 천민(賤民), 그리고 생구(生口)를 분간(分揀)하여 호적을 만들어 이를 호부(戶部)에 바쳤다. 그 호적에 의해 사역(使役)한 자로, 인정(人丁:인부)의 많고 적음으로 나누어 9등(等)으로 하여 그 부역을 정하였다. 신우 때에는 외방(外方)의 민호도 경중(京中)

의 법에 의해 대중소(大中小)의 3등으로 분간하여, 그 중호(中戶)는 2호를 하나로 하고, 소호(小戶)는 3호를 하나로 하였다고 한다.

○이상의 조세(租稅)·공부(貢賦)·요역(徭役)은 이른바 당의 조용조(租庸調)의 일종으로, 전지(田地)·인신(人身)·가옥(家屋)에서 내놓는 것을 말한다. 그 외 염세(鹽稅)와 같은 것은 국가의 용도(用度)를 돕는 것이 우선이지만, 고려 초기의 제도는 고려할 만한 것이 없다. 충렬왕(忠烈王) 때부터 염세별감(鹽稅別監)을 모든 도에 파견하고, 충선왕(忠宣王) 때에는 정부에서 염창(鹽倉)을 설치하였다. 백성은 본관(本貫)의 관사(官司)에 가서 포(布)를 바치고 소금을 받았는데, 만약 사적으로 판매하는 자가 있으면 엄벌에 처해지는 일이 있었다. 당시 모든 도의 염가(鹽價)의 세입(歲入)은 포(布) 4만 필이었다고 한다. 그런데 공민왕 때에는 염호(鹽戶)가 산망(散亡)하여 날로 줄어들지만 조세는 옛날과 같이 거두어들임으로, 백성은 오로지 세금을 내기만 하고 소금을 받지 못한 것이 10년이나 된 적도 있었다.

○보통 나라에 큰 일이 있어 용도가 부족하면, 금은포백미두(金銀布帛米豆) 등을 군신(群臣) 및 백성으로부터 임시로 과렴(科斂)하여 그 비용을 지변(支辨)하는 일이 있었다. 원에 사대하기 시작한 이후로는 이렇게 함으로써 국신(國贐)을 보조하고, 군량을 충당한 일은 여러 차례 있었다. 그 수의 다소는 때에 따라서 한결같지는 않았으나, 백성에게서 취한 것은 무예(無藝:대중 없이 함부로 함)하다고 해야 할 것이다. 그렇지만 즉위 및 행행(行幸)으로 인해 온정을 베풀고, 때로는 수재(水災)·한재(旱災)·충재(蟲災)·상재(霜災) 등의 재해 때

문에 조세를 감하고, 결부(欠負)를 견감(蠲減:조세 따위의 일부를 면제하여 줌)하여 요역을 면제하는 일이 여러 차례 있었다. 그리고 재해로 인해 감면하는 자는, 4부(分) 이상 손해를 보면 조(租)를 면제하고, 6부의 경우에는 조포(租布)를 면제하고, 7부는 조포(租布)와 역(役) 모두를 면제하는 제도가 있었다. 이를 보면 백성도 또한 어떤 때는 무거운 책임에서 벗어나는 일이 없었던 것도 아니다.

○봉록(俸祿)에는 각종 제도가 있어, 문무백관으로부터 부병(府兵)·한인(閑人)에 이르기까지 과(科)에 따라서 간전(墾田)을 내리고, 또한 초채지(樵採地)를 지급하는 것을 전시과(田柴科)라 하였다. 태조 때에 전을 나눌 때는 관계(官階)를 따질 것 없이 사람의 성행(性行)의 선악·공로(功勞)의 대소를 보고 이를 지급하였는데, 경종(景宗)에 이르러서는 처음으로 직(職)·산(散)·관(官) 각 품의 전시과를 세워 각 인품으로 이를 정하였다. 그 후 목종(穆宗)·문종(文宗)에 이르러 경정(更正)하는 일이 많았는데, 18과(科)를 정하여 그 제도가 크게 정비되었다. 대략 전시(田柴)는 그 사람이 죽으면 이를 관에 반납하였다. 단 부병(府兵)은 나이 스무 살에 처음으로 받아 예순 살에 반환하고, 일흔 살 이후에는 구분전(口分田) 5결(結)을 지급하였다. 그리고 전사한 군인의 부인 및 5품 이상의 부부가 모두 죽고, 남자가 없고, 아직 시집가지 않은 여자만 있는 경우에는 5결 혹은 8결을 지급하는 일이 있었다.

□전시과(田柴科) 연혁표

○다음으로 공음전시(功蔭田柴)가 있었다. 경종(景宗) 2년 개국 공신 및 향의귀순성주(向義歸順城主) 등에게 훈전(勳田)을 하사하여 50결에서 20결에 이르렀는데, 문종 3년(1049)에 다시 양반공음전시(兩班功蔭田柴)의 법을 제정하였다. 공음전시는 이를 자손에 전하였다. 만약 아들이 없으면 사위·조카·양자·의자(義子)에게 전하였다. 모반대역(謀叛大逆) 등을 제외한 모든 경우는, 그 아들에게 죄가 있다하여도 그 손자에게 죄가 없으면 3분의 1을 지급하였다.

□ 공음전시표(功蔭田柴表)

品	田	柴	
一品	二十五結	十五結	門下侍郎平章事以上
二品	二十二結	十二結	參政以上
三品	二十結	十結	
四品	十七結	八結	
五品	十五結	五結	

○다음으로 공해전시(公廨田柴)가 있었다. 즉 주부군현(州府郡縣) 관역(舘驛) 등의 직분전(職分田)이다. 성종(成宗)·명종(明宗) 때에 이를 정하였다.

□공해전시표(公廨田柴表)

	鄉部曲千丁以下	一百丁以上	五十丁以上	大路驛	中路驛	小路驛	
柴 表							
	二十結	十結	十五結	六十結	四十結	二十結	公須田
		三結	五結	五結			紙田
	二結	三結	三結	二結			長田
				十五結	兩界二十結 東道二十結	東界二十結 西道五結	公須柴地

	州縣千丁以上	五百丁以上	五百丁以下	二百丁以下	一百丁以下	一百丁以上	六十丁以上	三十丁以上	二十丁以下	
公 廨 田										
	三百結	二百五十結		七十結	六十結	四十結	二十結	十結	七結	公須田
	八十結	十五結		十結	十結				七結	紙田
		五結				四結				長田
	八十結	六十結		四十結	二十結	二十結				公須柴地
百以上六十結 十二收勿論丁多少 一百結知州準雜										

上ニ揭グルハ成宗ノ時ノ制ナリ明宗ノ時定メシ所ハ西京ニ沙ラザレバ之ヲ略ス

위 표에 게재한 것은 성종(成宗) 때의 제도이다. 명종 때 정한 바는 서경(西京)뿐으로 전체에 걸친 것이 아니므로 이를 생략한다.

○이상은 모두 토지로 준 것인데, 그 외에 미속(米粟)으로 준 것도 있었다. 이를 녹봉(祿俸)이라 하였다. 문종 때에 크게 정비되었고, 인종(仁宗) 때에 다시 이를 개정한 바 있다. 안으로는 비주(妃主)·종실(宗室)·백관(百官)으로부터 밖으로는 3경(京)·주부군현(州府郡縣)에 이르기까지 녹(祿)이 없는 자가 없었는데, 많게는 3,4백 석(石)으로부터 적게는 4,5 석(石)에 이르렀다. 그 제도가 매우 복잡하여 지금 일일이 열거할 여유가 없다.

○전시과제도는 태조로부터 시작하여 여러 대를 거쳐 점차 정비되었다. 대략 건국 초기의 전수(田數)는 크게 약 80만 결로 이를 지급하는데 부족이 생기는 일이 없었으나, 그 후로는 수수법(收授法)이

점차 흐트러졌다. 겸병양탈(兼幷攘奪)의 바람이 크게 일어, 이미 벼슬을 하거나 이미 시집간 자가 다시 한인(閑人)의 전(田)을 받아먹거나, 항오(行伍)를 이행하지 않는 자가 군전(軍田)을 허위로 받아먹거나, 아버지는 사사로이 그 자식에게 주고 아들은 이를 숨겨 나라에 반환하지 않았다. 혹은 재상으로 전 3백 결을 받아야 할 자가 송곳 하나 세울 땅이 없음에 이르렀다. 이러하므로 공양왕 초기에 조준(趙浚) 등이 건의하여 사전(私田)을 개혁하게 하였는데, 거실세족(巨室世族)의 무리가 모두 이를 따르지 않아 매우 혼란스러웠다. 이때 6도(道) 간전(墾田)의 수가 거의 50만 결이었다. 그 중에서 10만을 우창(右倉)에 귀속시키고, 3만으로 4고(庫)에 속하게 하여 공상(供上)을 충당하였고, 10만을 좌창(左倉)에 귀속시켜 녹봉(祿俸)으로 하고, 기전(畿田) 10만으로 조사(朝士)에게 지급하니, 나머지는 단 17만 뿐이 되었다. 그렇기 때문에 진원역사(津院驛寺)의 전(田), 방진해도(方鎭海道)의 군(軍)과 같은 경우는 공급이 부족했다. 공양왕 3년에 다시 경기 6도의 전을 측량하였는데, 그 수는 다음과 같다.

경기 〔실전(實田) 13만 1천7백50결(結) 황원전(荒遠田) 8천3백87결(結)〕
6도 〔실전(實田) 49만 1천3백42결(結) 황원전(荒遠田) 16만 6천6백43결(結)〕

○위의 전으로 과(科)에 따라서 준급(准給)하는 것이 보이지만, 해가 바뀌면서 또 바뀌게 되니 아마도 충분히 정돈되지 못했던 것 같다.
○녹봉은 문종 때 좌창(左倉)의 세입미속맥(歲入米粟麥) 모두 13만 9천7백36석 13두를 과에 따라 공급하였다. 서경(西京)의 관록(官祿)은 서경의 대창(大倉)이 서해도의 세량(稅粮) 1만 7천7백22석13두를 공급하였다. 외관록(外官祿)은 반은 좌창(左倉)에서 공급하고 반

은 외읍(外邑)에서 공급하는 제도였는데, 고종(高宗)·원종(元宗) 이후에는 국가가 다사(多事)하여 창름(倉廩)이 허갈함으로 녹을 능히 나누지 못하여, 결국 기현(畿縣)에서 녹과전(祿科田)을 공급하여 이를 보완하였다. 공민왕 이후에는 왜구로 인해 조운(漕運)이 통하지 않아 그 녹(祿)을 공급하지 못하였다. 그로 인해 재상의 봉(俸)도 불과 수곡(數斛)에 지나지 않았으며, 7품 이하는 그저 포자(布子)를 받을 뿐이었다.

○학제(學制)는 신라가 아직 망하지 않았을 때, 태조가 이미 서경에서 학교를 세워 정악(廷鶚)을 서학박사(書學博士)로 하고, 별도로 학원(學院)을 만들어 6부의 생도를 모아서 이를 교수하게 하였다. 또한 겸하여 의복이업(醫卜二業)을 두었다. 성종(成宗)은 경학의학(經學醫學)의 박사 각 1인을 12목(牧)에 두고, 국자감을 창설하여 전장(田庄)을 공급하였다. 수서원(修書院) 〔書籍을 두는 곳으로 지금의 도서관과 같은 것〕을 설치하여 학문을 장려 하였으나 크게 번성하지는 못했다. 그러나 문종 때에 12도(徒) 〔제14장에 상세함〕가 일어나게 되어 사학(私學)이 가장 성하였다. 예종(睿宗)이 처음으로 국학(國學)에서 양현고(養賢庫)를 세워 선비를 양성하고, 널리 학사(学舍)를 설치하여 유학(儒學) 60명, 무학(武學) 17명을 두고, 명유(名儒)를 선정하여 학관박사(學官博士)로 삼았다. 인종(仁宗) 때에 이르러서 학식(學式)을 다음과 같이 정했다.

국자학생(國子學生) 3백 명 : 문무관 3품(文武官三品) 이상의 자손들.
대학생(大學生) 3백 명 : 문무관 5품(文武官五品) 이상의 자손들.
사문학생(四門學生) 3백 명 : 훈관 3품(勳官三品) 이상 및 문무관 7품(文

武官七品)의 자식들.

보통 잡로(雜路) 및 공상악명(工商樂名) 등의 천사(賤事)에 관련된 사람, 대소공친(大小功親)이 범가(犯嫁)한 사람, 가도(家道)가 바르지 않은 사람, 악역(惡逆)을 범하고 귀향(歸鄉)한 사람, 천향부곡(賤鄉部曲)인 사람 등의 자손 및 사죄(私罪)를 범한 사람은 입학을 허락하지 않는다.

국자학(國子學) : 율학(律學), 서학(書學), 산학(算學)

8품 이하의 자식 및 서인(庶人)이다. 7품 이상의 자제로 정원(情願)하는 사람도 또한 허락한다.

○국자학·대학·사문(四門) 모두 박사와 조교를 두고 경(經)을 나누어서 교수(教授)하였고, 율서(律書)·산학(算學)은 단지 박사를 설치하였다. 보통 경(經)은 주역(周易)·상서(尚書)·주례(周禮)·의례(儀禮)·예기(禮記)·모시(毛詩)·춘추좌씨전(春秋左氏傳)·공양전(公羊傳)·곡량전(穀梁傳)을 각 1경(一經)으로 하고, 효경(孝經)·논어(論語)는 반드시 겸통(兼通)하게 하였다. 모든 학생의 과업은 효경(孝經)·논어(論語)는 공히 1년을 한도로 하고, 상서(尚書)·공양(公羊傳)·곡량전(穀梁傳)은 각 2년 반을 한도로 하였다. 주역(周易)·모시(毛詩)·주례(周禮)·의례(儀禮)는 각 2년, 예기(禮記)·좌전(左傳)은 각 3년으로 하였다. 우선 효경(孝經)·논어(論語)를 읽고 다음으로 모든 경(經)을 읽으며, 또한 산술(算術) 및 시무책(時務策)을 배우고, 여유가 있으면 서(書)를 배우고, 더불어 국어(國語)·설문(說文)·자림(字林)·삼창(三倉)·이아(爾雅)를 읽는 것으로 하였다.

○인종(仁宗) 또한 모든 주에 명하여 학교를 세우고 주현학생(州縣學生)을 두었다. 성종(成宗) 때에 박사를 12목에 두었다 하더라도

아직 학교라 할 수 없었기 때문에, 이 학교를 시초로 한다. 학제가
정비된 것은 위와 같다. 그러나 그 후 국자(國子)의 모든 학생들이
상서(上書)하여, 국학 생도가 2백명에 불과한데도 유사(有司)가 이
를 줄여 그 비용을 절감하고자 한 것을 들어 간언한 일이 있는 것을
보면, 학생 수도 그 정원이 채워지지 않았음을 알 수 있다. 원종(元
宗)은 동서학당(東西學堂)을 두고 각 별감을 보내어 교도(教導)하게
하였다. 충렬왕은 당시의 유사(儒士)는 오로지 과거(科擧)의 문(文)
을 익혀 널리 경사(經史)에 통달하지 않는 자 없으므로, 최옹(崔雍)
등 7인을 경사(經史)의 교수로 삼았다. 또한 국학대성전(國學大成殿)
을 새롭게 하였다. 이때 안향(安珦)이라고 하는 자가 건의하여 국학
의 섬학전(贍學錢) 〔지금의 학교 자본금. 그 법은 각 품으로 하여금 은포(銀
布)를 내게 하였다. 왕도 또한 내고(內庫)의 전곡(錢穀)을 내어 이를 도왔다.
그리하여 그 자본을 가지고 이자를 취하여 교양의 자금이 됨]을 두고, 또한
서적을 강남(江南)에서 사들여서 모든 일이 크게 정비가 되었다. 제
생(諸生)이 경서를 지니고 다니면서 열심히 학문을 닦는 자들이 수
백을 헤아렸다. 충선왕(忠宣王)은 또한 박사 유연(柳衍)을 강남에 보
내어 경적(經籍) 1만 8백 권을 구입하고, 원도 또한 송의 비각(秘閣)
에서 소장하던 서적 4천3백71책(冊)을 하사하였다. 공민왕 때에 이
르러서는 국학은 유명무실하고, 12도(徒) 동서학당(東西學堂)도 전
반적으로 퇴이(頹圮)함으로, 명하여 이를 집치(葺治)하게 하고, 그
외 모든 학교를 정비하게 하였다. 그리고 이색이 대사성을 겸직하
게 됨에 이르러서는 학도들도 점차 많아졌다. 공양왕도 또한 유학
교수관(儒學教授官)을 경중5부(京中五部) 및 각 도에 두어 이를 장려

하였다. 12도는 본래 사학(私學)이었지만, 이때에 이르러서는 국학 동서학당과 병립하여, 보통 과거에 응시하고자 하는 자는 우선 도중(徒中)에 속하여 배우고 정부도 이를 매우 정중하게 대하므로, 공양왕 3년(1391)에 이를 파할 때까지 연면히 끊이지 않았다.

○과거로 선비를 뽑는 것은, 광종(光宗)이 후주(後周)사람 쌍기(雙冀)의 말을 들어 이를 행한 것이 시초이다. 그 법의 상당 부분을 당의 제도를 사용하여, 과목에는 제술(製述) 〔즉 진사(進士)〕과 명경(明經)의 2업(業)이 있었다. 그 외 의복(醫卜)·지리(地理)·율서(律書)·산(算)·삼례(三禮)·삼전(三傳)·하론(何論) 등도 각기 그 과목으로 이를 시험보고 관직을 받았다. 명경대부(名卿大夫)라 하여도 모두 과목(科目)을 거쳐서 진출하였는데, 그 법(法)은 친시(親試) 〔경종(景宗)〕·복시(覆試) 〔성종(成宗)〕·감시(監試) 〔덕종(德宗)〕·봉미(封彌)[53] 〔文宗〕·전시(殿試) 〔충렬(忠烈)〕·삭시(朔試) 〔충선(忠宣)〕 등의 이름이 있었다. 그리고 인종 14년(1136)에 정한 시선(試選)의 식(式)은 과거의 가장 정비된 형태이다.

제술업(製述業) : 경의(經義)·시(詩)·부(賦)를 연속하여 시험을 쳐서 뽑는다.

명경업(明經業) : 상서(尙書), 주역(周易), 모시(毛詩), 대소경(大小經) 〔대경(大經)은 예기(禮記), 소경(小經)은 업경(業經)〕, 춘추(春秋)를 사용한다.

명법업(明法業) : 율령을 사용한다.

명산업(明算業) : 9장(章) 〔10卷〕, 철술(綴術), 삼개(三開) 〔三卷〕, 사가(謝家)를 사용한다.

---

53) 원문에는 '彌'의 왼편에 '糸'가 변으로 붙어 있다.

명서업(明書業) : 설문(說文), 오경자양(五經字樣)을 사용한다.

의업(醫業) : 〔서목(書目)은 제15장 의술 부분에 실었으므로 이를 생략함〕

주금업(呪噤業) : 위와 같음.

지리업(地理業) : 신집지리경(新集地理經), 유씨서(劉氏書), 지리결경(地理決經) 〔8卷〕, 경위령(經緯令) 〔2卷〕, 지경경(地鏡經) 〔4卷〕, 구시결(口示決) 〔4卷〕, 태장경(胎藏經) 〔1卷〕, 가결(謌決) 〔1卷〕, 소씨서(蕭氏書) 〔10卷〕를 사용한다.

하론업(何論業) : 하론(何論), 효경(孝經), 곡례(曲禮), 율(律)을 사용한다.

○위의 책에 관해서는 10조(十條)를 첩경(貼經)하여 6조(六條) 이상을 통하고, 3, 4조를 첩경하여 완전히 통하였다. 그리고 이것을 읽는 것에 파문통(破文通)·의리통(義理通), 4궤(机)·6궤(机) 등의 제도가 있었다. 그렇지만 뽑는 것은 진사(進士)가 가장 많았고, 명경(明經)이 그 다음이다. 구사(舊史)에 의거하여 이를 계산해 보면, 광종(光宗)으로부터 공양왕 때에 이르기까지 진사는 대략 6천 명, 명경 4백40명이다. 그 외 의복(醫卜)·명법(明法)·명서(明書)·산(算)·3례(禮)·3전(傳)과 같은 것은 목종 초기에 끝나게 되는데, 5,6명 내지 2,30명 사이를 넘지 않았다.

○과거 외에 유일(遺逸)·현량(賢良) 등의 천거가 있었다. 그리고 문음(門蔭)·성중(成衆)·애마(愛馬)·남반잡로(南班雜路) 등의 선서폐전(選叙陞轉) 방도도 있었다. 초기에는 전선법(銓選法)이 매우 정연하였지만, 고종(高宗) 때 최우(崔瑀)가 정방(政房)을 사저에 둔 이후부터 회뢰(賄賂)가 행하여져서 전선(銓選)이 무너졌다. 충렬왕 이후 국비가 모자라므로 사람들이 은(銀) 또는 속(粟)을 내어 관직을 얻

는 것을 허락하였는데, 납입되는 것의 다소를 가지고 그 차제(次第)를 정하는 것 또한 쇠계(衰季)의 난정(亂政)이다. 그리고 과목의 문란이 점점 심해졌다. 흑책(黑册)〔충숙왕 때에 비목(批目)을 내림에 있어 권력을 부리는 자. 싸워서 도말(塗抹) 찬정(竄定)하여 주묵(朱墨)을 분별할 수가 없음에 이름. 이 때 사람들이 이를 흑책정사(黑册政事)라 하였다. 흑책이란 어린아이들이 글자를 베껴 써서 익힘을 말한다〕, 분홍(粉紅)〔신우(辛禑) 때에 권문세가의 젖내 나는 아이를 급제시킴. 당시의 사람들 이를 나무라면서 분홍방(粉紅榜)이라 하였다. 그 어린아이가 분홍 옷을 입고 있었던 것에 연유함〕의 비난이 일시에 전파됨에 이르러 고려의 업(業)은 결국 쇠퇴하였다.

○과거(科擧)로 사람을 등용하는 것은 전술한 바와 같으나, 뽑는 사람은 모두 사대부의 자녀이고 그 신분이 미천한 자는 처음부터 참여할 수가 없었다. 그리고 직분을 한정한다고 하는 것이 있어서, 전리(電吏)·장수(杖首)·소유(所由)·문복(門僕) 등의 자손으로 제술(製述)·명경(明經)의 업(業)에 오르는 자는 5품으로 한정하고, 의복(醫卜)·지리(地理)·율산(律算)의 업은 7품으로 한정하였다. 또는 대소공(大小功)의 부모에게 시집가서 낳은 자 및 공상악인(工商樂人)의 자녀는 공이 있다고 해도 그저 물건만 하사하고 벼슬길을 금했다고 하는 일도 있었다. 그 제도가 때에 따라 동일하지 않다고 해도 미천한 자는 영달의 길을 막을 따름이었다.

○대략 고려 5백 년의 제도를 되돌아보면, 그 초기에 있어서는 당의 제도를 모방하는 것이 열에 일곱 여덟이었고, 충렬왕 이후에는 원의 제도에 의한 것도 있었다. 그러는 동안 이해득실이 없지는 않

았으나, 이는 요컨대 고려가 당의 제도를 모방한 것은 대체로 구법을 인습했을 뿐이었고, 그 손익짐작(損益斟酌)의 방법에 있어서는 일본이 예전에 당의 제도를 모방한 것에 비하면 그에 미치지 못함이 많더라.

제14장 교법(敎法)

○유학은 초기에는 그다지 성행하지는 않았다. 그러나 성종(成宗) 때에 이르러 열심히 주공(周孔)의 가르침을 부흥시켜 부자자효(父慈子孝), 형우제공(兄友弟恭)의 유풍(遺風)을 알리려 하였다. 경학박사(經學博士)를 12목에 두고 매우 힘을 썼다. 문종(文宗) 때에 이르러 최충(崔冲)이라 하는 자가 9재(齋)를 만들어 제생을 교육하였고, 그 무리에 예속하는 자를 최공도(崔公徒)라 하였다. 그 외 유신(儒臣)의 도(徒)를 세우는 자가 약 11명〔홍문공(弘文公)·광헌공(匡憲公)·남산(南山)·서원(西園)·문충공(文忠公)·양진공(良愼公)·정경공(貞敬公)·충평공(忠平公)·정헌공(貞憲公)·서시랑(徐侍郎)·귀산(龜山)〕이 있었다. 세상은 이를 12도(徒)라 칭하였다. 그리고 최충(崔冲)의 도(徒)가 가장 번성하였다. 이때에 그를 해동공자(海東孔子)라 하였는데, 왕 또한 국자감에 가서 공자에게 재배(再拜)하고 백왕(百王)의 스승으로 이를 존숭하였다. 예종(睿宗)은 학생을 송에 보내고, 또한 청연각(淸讌閣)·보문각(寶文閣)에서 학사(學士)와 경적(經籍)을 강론하고, 학교를 설치하여 생원(生院)을 두고, 예악(禮樂)으로 성속(成俗)하려 하였다. 인종(仁宗)은 제생들이 노장(老莊)의 가르침을 배우는 것을

금하였다. 또한 서호부(書戶部)로 하여금 5전(典)을 백성에게 가르치게 하여, 여리(閭里)의 아이들에게 논어(論語)와 효경(孝經)을 나누어 주고 유신(儒臣)으로 하여금 경을 강론하게 한 것은 예종(睿宗) 때에도 다르지 않았다. 아마도 당시는 유학이 가장 번성한 때였을 것이다. 그 후 학문이 행하여지지 않은 것은 아니었으나, 대체적으로 사부문장(詞賦文章)의 업에 지나지 않다. 그러던 것이 충렬왕 때 안향(安珦)이 섬학전(贍學錢)을 모금하니, 신하로서 왕에게 충성하고, 자녀로서 아비에게 효도하고, 아우로서 형을 공경하는 것이 공자의 도임을 설파하고, 무인으로 하여금 전(錢)을 내게 하였다. 왕 또한 대성전(大成殿)을 지어 선성(先聖)을 배알하니, 유학이 다시 흥륭(興隆)하게 되었다. 그렇지만 아직 정주학(程朱學)을 강론하는 자가 없었는데, 충숙왕 때에 백이정(白頤正) 이라는 자가 원에 가서 정주학의 학문을 닦고 돌아왔다. 이제현(李齊賢)·박충좌(朴忠佐)가 그를 따라 배우고, 또한 권보(權溥)는 건의하여 주자의 사서집주(四書集注)를 간행하였다. 우탁(禹倬)은 정씨역전(程氏易傳)에 정통하여 생도(生徒)에게 교수하니, 성리학이 이리하여 비로소 행하여졌다. 그 후 이색(李穡)·윤택(尹澤)·권근(權近)·이인복(李仁復)의 무리를 배출해냈다. 이색은 대사성을 겸하여 생원(生院)을 늘려 설치하고, 또한 김구용(金九容)·정몽주(鄭夢周)·박상충(朴尙衷)·박선중(朴宣中)·이숭인(李崇仁) 등이 학관(學官)을 겸하게 되니, 학자가 분집(丛集)하여 성리학은 점점 더 성행하였다. 그리고 도덕과 풍렬(風烈:큰 명성과 공적)이 당대에 가장 뛰어났던 자는 이색과 정몽주로, 정몽주가 이치를 논함이 다른 이들보다 가장 뛰어나 제유(諸儒)가 모두 탄복하였다. 그 충의대절(忠義大節)은 당시를 풍려(風勵)함이 가장 컸다고 한다. 그러나 당시 유학에 관한 저서는 불과 윤언이(尹彦頤)의 역해(易解), 권근(權近)의 입학도설(入學圖說), 오경천견록(五經淺見錄)과 같은 것뿐이었다.

○국학에서는 문선왕(文宣王)의 사당을 세워, 매년 봄가을 이중(二仲)의 상정(上丁)에 석전(釋奠)을 행하여, 안회(顏回) 이하 73인, 좌구명(左丘明) 이하 23인을 배향하였다. 그러나 본국사람으로 모실 수 있던 것은 오직 신라의 최치원(崔致遠)과 설총(薛聰) 두 사람뿐이었다. 그리고 국왕이 친히 이를 제사하여 제주(祭酒)·사업(司業)·박사(博士)·헌관(獻官)이 되었다. 모든 주현에서도 또한 지방장관(地方長官)이 주가 되어 석전을 행하였으니, 유학을 국교로 삼아 이를 존숭했음을 알 수 있다. 그렇지만 국왕이 석전에 정성을 쏟은 것은 문종(文宗)·예종(睿宗)·인종(仁宗) 등의 몇 왕으로, 그 외는 반드시 그렇지는 않았다. 어떤 때는 제주(祭酒)·사업(司業)·박사(博士) 등이 행해지지 않은 경우도 있었다.

○불교는 태조가 이를 깊이 신봉하여, 즉위 초에 인도[天竺]의 법사 마후라(摩睺羅)와 질리부일라(喳哩嚩日羅)가 왔을 때 왕은 모두 예의를 갖추어 영접하였다. 그리고 나라를 소유하게 됨도 불력(佛力)이라 하고, 그 훈요를 저술함에 있어서도 불사(佛事)를 많이 넣어 연등팔관(燃燈八關) 설파에 심취하였다. 성종은 승도(僧徒)를 국사(國師)와 왕사(王師)로 삼고, 덕종(德宗)은 보살계(菩薩戒)를 받았으며, 그 후 모든 왕이 대체적으로 이를 본받았다. 그 외 도량(道場)을 설치하고, 사원으로 행차하여 승려에게 음식을 대접했던 일은 역대를

통틀어 일일이 셀 수가 없다. 또한 인종(仁宗) 때에 묘청(妙淸)·백수한(白壽翰)이 왕을 설득하여 관정도량(灌頂道場)을 상안전(常安殿)에 설치한 이래로, 원종이 즉위하자 관정(灌頂)의 예를 행하고, 충선왕도 또한 관정도량을 세운 일이 있다.

○성종 때에 사문(沙門) 30여 명을 송의 항주(杭州) 〔중국 절강성(浙江省) 항주부(府)〕에 보내어 영명사(永明寺)의 지학선사(智學禪師) 밑에 들어가 배우게 하고, 사문(沙門) 등은 종경록(宗鏡錄)을 받아 돌아왔다. 이를 선종(禪宗)의 시초로 삼는다. 그리고 문종 때에 그 아들 후(煦)·규(竀)의 머리를 축발(祝髮)하여 승려로 삼았다. 후는 성품이 총명하고 슬기로웠다. 처음으로 화엄(華嚴)을 업으로 삼고 한편으로는 유술(儒術)을 섭렵하였다. 그는 은밀히 본국을 벗어나 송으로 들어가 구법(求法)을 하였는데, 돌아올 때에 석전경서(釋典經書)를 요·송에서 사들여 간행하여 천태종을 창립하였다. 그가 죽자 대각국사(大覺國師)라는 시호를 주었다. 불교는 이 일을 계기로 점점 더 융성하였고, 이후 왕자가 승려가 되는 일이 역대의 항례가 되었다. 결국 당시 행해진 불교는 크게 교종(敎宗) 〔천태종의 종류〕과 선종(禪宗) 〔자은종(慈恩宗)·조계종(曹溪宗)의 구별이 있음〕이라고 할 수 있다. 그렇지만 교종은 선종처럼 성행하지 못했던 것 같다.

○개괄하여 이를 논하자면, 고려시대는 불교가 가장 융성한 시대였다. 그러나 공양왕 때에 이르러 송유정주학(宋儒程朱學)이 성행하게 되자, 사대부 사이에서는 왕왕 석가모니를 배척 상소(上疏)하여 이로 인해 다투는 일이 잇따라 일어났다. 이것이 근세 초기에 불교를 일소(一掃)하게 된 연유이다. 아마도 고려 말 정주학(程朱學)의 흥

릉(興隆)은 단지 불교의 쇠퇴로 이르게 할 뿐 아니라, 조정 사대부의 풍습에서 상제(喪祭)의 예(禮)에 이르기까지 모조리 변하지 않는 것이 없어, 그 영향이 매우 크다 해야 할 것이다. 도교(道敎)에 대해서 말하자면, 예종(睿宗)이 처음으로 원시천존(元始天尊)의 상(像)을 옥촉정(玉燭亭)에 두어 달에 제사 지내게 하였고, 의종(毅宗)은 승도(僧道) 수백여 명을 모아서 항상 재초(齋醮)를 설치하여 낭비가 헤아릴 수 없었다고 하니, 전혀 행해지지 않은 것은 아니었으나 크게 성행하지도 않았던 것 같다.

〈그림〉 불상도(佛像圖)

이 불상은 대마국(對馬国) 가미아가타군[上縣郡]의 가시네촌관음당[樫根村觀音堂]에 있다. 현재 16체(體)를 가지고 있는데, 나뭇결[木理]이 단단하고 치밀하[堅緻]여 오엽송(五葉松)과 비슷하다. 전체의 칠은 다갈색을 띠고 있으며 면부(面部)에 분채(粉彩)의 흔적이 있고 중량(重量)이 매우 가볍다. 전하여 이르기를, 조선(朝鮮) 건국(建國) 후에 심히 불법을 빈척(擯斥)하여 고려의 불상을 바다에 던졌는데, 우리 [일본] 고하나조노제[後花園帝]의 교토쿠[享德]연간 중에 대마국(対馬国) 사스우라[佐須浦]에 떠내려 온 것이라 한다.

제15장 문학(文學) 기예(技藝)

○문학(文學)은 광종(光宗) 때에 쌍기(雙翼)의 건의를 채용하여 과거로써 선비를 뽑은 이후로 문풍이 한동안 흥하였다고 하나 실속은 없고 겉만 화려하였다. 성종 때에 이르러 학교를 세우고 수서원(修書院)을 두었는데, 현종(顯宗)은 남행(南幸)의 난을 거쳐 아직 위세를 떨치지 못하였다. 문종(文宗) 때에 최충이 이러한 문풍을 일으키는 것을 자신의 임무로 삼았다. 그 학문은 9경(經)3사(史)로 하고, 때때로 시를 짓고 예를 익히는 것에 있었다. 무릇 과거에 응시하려 하는 자는 모두 도중(徒中)에 속하였으므로 문학이 크게 성행하였다. 또한 인종(仁宗) 및 숙종(肅宗)·예종(睿宗)과 같은 경우는 군신(群臣)과 연회를 베풀어 시를 짓는 일이 자주 있었다. 의종(毅宗)에 이르러 그러한 풍조가 점점 더 성하여져서 경조부박(輕躁浮薄:말이나 행동이 신중하지 못하고 가벼움)한 김돈중(金敦中), 한뢰(韓賴)의 무리와 창화(唱和) 감음(酣飮)하였는데, 결국 무장들의 분노를 사서 왕은 시역(弑逆)의 화(禍)를 입고, 무릇 문관(文冠)벼슬을 받은 자는 모두 죽임을 당했다. 문학의 부화(浮華)의 폐해가 이에 이르러 거의 극에 달하였다. 그 후 이규보(李奎報)·금의(琴儀)·이공로(李公老)·유승단(兪升旦) 등과 같이 시를 잘 짓고 글에 능한 자들이 있었으나, 당시의 학자는 대체적으로 승도(僧徒)들을 따라 장구(章句)를 배우게 되니 그것이 한때 쇠퇴했음을 알 수 있다. 충렬과 충선왕은 모두 문학을 좋아하였는데, 충선은 원에 가서 만권당(萬卷堂)을 연경

(燕京)의 저택에 세우고 염복(閻復)·요수(姚燧)[54]·조맹부(趙孟頫)·
우집(虞集) 등과 교유하면서 사서(史書)를 연구하였다. 이제현(李齊
賢)은 그 사이를 주선하여 글월에 대한 명망이 최고로 높았다. 충혜
왕 때에는 거자(擧子:과거(科擧)를 보는 사람)로 하여금 율시사운(律詩
四韻) 1백 수를 읊고, 소학(小學)·5성(五聲)·자운(字韻)을 공부한 후
에 시험을 보게 하였다. 그렇지만 충목왕(忠穆王)은 이두(李杜)의 시
를 보려고 하였으나, 시신(侍臣)들은 정사에 도움이 되지 않는다 하
여 이를 권하지 않으니 당시 시부(詩賦)에 대하여 비하하였다는 것
을 알 수 있다. 공민왕 이후에는 문학의 인사들이 계속해서 배출되
고, 정도전(鄭道傳)·윤소종(尹紹宗)·권근(權近) 등과 같은 이는 그
중 가장 쟁쟁한 자들이었다. 그리고 문장제작(文章制作)은 볼 만한
점이 매우 많았으나, 그 번성함은 결코 중엽 이전의 것에 미칠 바가
못 되었다. 고려 일대(一代)에 저술에 진력하여 서적으로 남긴 것은
겨우 수십 종에 지나지 않았다. 역사에서는 김부식(金富軾)의 삼국
사기(三國史記)가 가장 저명한 것에 속하지만, 아직 비루하다는 비
난을 면치 못하였다. 시문(詩文)에서는 온아(溫雅) 혹은 호건(豪健)이
라 하여 각각 장점과 단점이 있고, 이규보(李奎報)·이숭인(李崇仁)·
이색(李穡)·정몽주(鄭夢周) 등의 문집과 같은 것은 후세에도 많이
읽혔다.

○서적의 인행(印行)에 관해서는, 그 초기는 상세하지는 않다. 그
렇지만 성종(成宗) 때에 대장경을 간각(刊刻)함에 있어서 송본(宋本)
및 거란본(契丹本)을 구하여 교합(校合)하였고, 이를 후세에 고려본

---

54) 원문에는 '수'에 해당하는 한자는 女변과 '遂'가 합쳐진 글자로 되어 있다.

(高麗本)이라 칭하였다. 현재 장경(藏經) 간본(刊本)은 이것보다 더 좋은 것이 없고, 또한 이보다 더 오래된 것이 없다고 한다. 인쇄술이 이미 행해지고 있던 것을 알 수 있다. 그 후 정종 때에는, 최호(崔顥) 등이 제를 봉하여 새롭게 양한서(兩漢書)와 당서(唐書)를 간행한 일이 있었다. 그리고 비서성(秘書省)으로부터 신간의 예기(禮記), 모시(毛詩)의 정의를 바친 일이 있었으나, 이때까지도 그렇게 성행하지 않았다. 문종 때에는 서경의 유수(留守)가 아뢰기를, 진사명경(進仕明經) 등을 공부하는 데 필요한 서적이 거의 모두 전사(傳寫)하여서 오탈자가 많으므로, 비각(秘閣)의 구경(九經), 한진당서(漢晋唐書), 논어(論語), 효경(孝經), 자사(子史), 제가(諸家)의 문집(文集), 의복(醫卜), 지리, 율산(律算)의 제서(諸書)를 제학원(諸學院)에 두게 할 것을 청하니, 왕은 각 한 권을 인쇄하여 이를 보낸 일이 있었다. 그 후 여러 번 제주현(諸州縣)으로부터 의서(醫書)·역사(歷史) 등을 조인(雕印)하여 바친 일이 있었다. 또한 선종(宣宗) 때에는 서적 4천 권을 요·송·일본에서 구입하여 모두 일괄적으로 간행한 일이 있었다고 하니 한동안 번성하였음에 틀림이 없다. 그렇지만 모두 관부(官府)가 하는 것이고, 민간에서 간행하는 것이 아니었다. 그리고 대체적으로 중국의 서적을 번각(飜刻)할 뿐이었던 것인데, 명종(明宗)은 최유청(崔惟淸)이 찬술한 이한림집주(李翰林集注) 및 유문사실(柳文事實)을 보고 이를 가상히 여겨 판목에 새겨 전한 일이 있었다. 이것은 아마도 본국인이 편집한 것을 간행한 것의 시초일 것이다.

○활자인판(活字印板)은 이보다 조금 늦은 것 같다. 공양왕 4년

(1392)에 서적원(書籍院)을 두어 주자(鑄字)로 서적을 찍어 냈다고 하니, 중고 말에는 이미 행해졌던 것이 분명하다.

○천문력상(天文曆象)은 많은 사람들이 천기(賤技)로 여겨 이를 배우지 않았다. 원종(元宗) 때 천문을 알아 대학박사로 관직을 받은 자가 있었는데 사람들이 모두 그를 조롱했을 정도이니, 그 기술이 더 이상 진보하는 일이 없었다.

○역법(曆法)은 당의 선명력(宣明曆)을 사용하였다. 선명력은 고려 초 당시 거의 백 년이 지난 것으로, 그 기술(技術)이 이미 차이가 있었다. 당에서는 여러 차례 이를 고쳤지만, 고려에서는 옛것을 따랐다. 문종 때에는 역서(曆書)를 편찬하는 자가 많았다〔태사(太史) 김성택(金成澤)의 십정력(十精曆), 이인현(李仁顯)이 칠요력(七曜曆), 한위행(韓爲行)의 견행력(見行曆), 양원호(梁元虎)의 순갑력(遁甲曆), 김정(金正)의 태일력(太一曆)이 있었다〕. 그 법이 상세하지는 않지만, 아마도 그 대체적인 것에 있어서는 발명한 것이 아니었을 것이다. 충선왕(忠宣王) 때에 최성지(崔誠之)가 원에 있으면서 곽수경(郭守敬)의 수시력(授時曆)의 법을 배웠는데, 개방(開方)의 기술이 전해지지 않았다. 이에 교식(交食)의 일절(一節)은 여전히 선명의 구법(舊法)을 따름으로 맞지 않는 부분이 많음에도 개수(改修)할 바를 몰랐다.

○일식(日食)·혜패(彗孛)·비류(飛流) 등을 자연의 큰 변화로서 두려워하는 것은 중국과 다를 바가 없었다.

○의술(醫術)은 태조 초에 서경에 학교를 지어 의복(醫卜)의 2업(業)을 두고, 성종(成宗)은 의학박사(醫學博士) 각 1원(員)을 12목에 두고, 유학(儒學)과 마찬가지로 이를 장려하였다. 그러나 당시 사서인

(土庶人)의 병자는 의료 혜택을 볼 수 없었다. 또한 약물이 없어 죽게 되는 사람이 많음으로, 의술이 여전히 성행하지 않았다. 문종(文宗) 때에 의약을 송에 청하고, 숙종(肅宗) 때 송으로부터 신의보구방(神醫普救方)을 하사받았고, 또한 송의 의관(醫官) 모개(牟介) 등이 의생(醫生)을 가르친 일이 있었다. 예종 때 태자가 서(書)를 송에 보내어 대방맥(大方脈)·창종과(瘡腫科) 등의 의술을 청하여 양종립(楊宗立) 등 일곱 사람을 오게 하였다. 대략 당시의 의술은 모두 송으로부터 전래한 것이다. 그리고 인종(仁宗) 14년(1136)에 시선(試選)의 방식을 정하여, 의업(醫業)은 소문경(素問經)·갑을경(甲乙經)·본초경(本草經)·명당경(明堂經) 〔3권〕·맥경(脈經) 〔10권〕·침경(針經) 〔9권〕·난경(難經) 〔1권〕·구경(灸經)을 사용하였고, 주금업(呪噤業)은 맥경(脈經)·유연자방(劉涓子方)·소경창저론(小經瘡疽論) 〔7권〕·명당경(明堂經)·대경침경(大經針經)·본초경(本草經)을 사용하였다. 이는 상고 시대에 교수(教授)했던 서적과 크게 다르지 않고, 그것에다가 2, 3종을 늘렸을 뿐이다. 충렬왕 때에 원의 세조(世祖)가 사신을 보내 의사를 요청하였는데, 설경성(薛景成)이 가서 약을 써서 효험이 있으므로 상을 후하게 받았다고 한다. 또한 의술에 정통한 자가 없지는 않았으나, 공양왕 말기에 이르러서는 의업에 종사하는 사람이 관(官)에 있으면서 녹을 먹고, 스스로 존대(尊大)하여 호부가(豪富家)가 아니면 가서 구제하지 않았다. 또한 헌사(憲司)는 사람들이 진고(陳告:윗사람에게 사실을 털어놓고 아룀)하는 것을 허용하도록 청한 일이 있으니, 당시 그 풍조가 패괴(敗壞)했음을 알 수 있다.

○음악(音樂)은 아악(雅樂)·당악(唐樂)·속악(俗樂)의 3종이 있어 이

를 잡용(雜用)하였다.

○성종(成宗) 때에 교사(郊社) 종묘(宗廟)를 세워 제사할 때에 아악을 사용하였다. 그렇지만 재적(載籍)은 존재하지 않음으로 그 상세함을 알 수가 없다. 예종(睿宗) 때 송의 휘종(徽宗)은 대성악(大晟樂)을 하사하였다. 이로 인해 이를 대묘(大廟)에 추천하여 새롭게 구실등가(九室登歌)의 악장(樂章)을 지었는데, 의종(毅宗) 때에 유신(儒臣)들이 마음대로 절과 박을 고쳐서 율려(律呂)가 착란하였다. 명종(明宗) 때에 이르러서는 악공(樂工)이 도찬(逃竄)하여 타업에 종사하게 되니, 악(樂)의 결란(缺亂)이 매우 심했다. 공민왕 때에 여러 차례 악장(樂章)을 만들었고, 명의 태조 또한 편종(編鐘)·편경(編磬) 등의 악기를 하사하였으므로 이에 태상(太常)의 악공(樂工)들로 하여금 가서 업(業)을 배우게 하였다. 결국 송(宋)과 명(明)으로부터 하사받은 것은 모두 이른바 아악이다.

○당악(唐樂)은 대개 예종(睿宗) 이전 중국으로부터 전해진 것이다. 그렇지만 또한 본국에서 개작한 것도 있었다. 그 중에서 북포동완(北暴東頑)〔북포는 거란을 가리키고, 동완은 일본을 가리킴〕의 사(詞)가 있는 것을 보면 알 수 있다. 그 곡사(曲史)에 보이는 것은 헌선도(獻仙桃)·수연장(壽延長)·오양선(五羊仙)·포구락(抛毬樂) 등 약 40여 곡이 있다.

○속악(俗樂)은 즉 본국의 악(樂)이며, 그 곡에는 동동(動動)·서경(西京)·대동강(大同江)·오관산(五冠山) 등의 24곡이 있다. 또한 삼국의 속악도 왕왕 존재했는데 모두 이어(俚語)를 사용하였다. 결국 고려음악의 진상을 알 수 있는 것은 이 두 개에 불과하다.

○대체적으로 당악(唐樂)과 속악(俗樂)은, 무대(舞隊)는 조삼(皁衫)이고, 악관(樂官)은 주의(朱衣), 기(妓)는 단장(丹粧)이었다. 그 악기는 아악에는 종〔금종(金鐘), 편종(編鐘)〕·경〔옥경(玉磬), 편경(編磬)〕·금(琴)·슬(瑟)·소(簫)·적(笛)·생(笙)〔소생(巢笙), 화생(和笙), 우생(竽笙)〕·훈(塤)·고(皷)〔진고(晋皷), 도(鼗)〕·축(柷)·어(敔) 등을 사용하였다. 그리고 당악(唐樂)에는 방향(方響)·퉁소(洞簫)·적(笛)·아쟁(牙箏)·대쟁(大箏)·교방고(敎坊皷)를 사용하고, 속악에는 현금(玄琴)·가야금(伽耶琴)·대금(大琴)·아박(牙拍)·무애(無㝵)·무고(舞皷)·혜금(嵇琴)·중금(中笒)을 사용하였다. 필률(觱篥)·비파(琵琶)·장고(杖皷)·박(拍)은 당악 속악 모두 이를 사용하였다고 한다.

○서법(書法)에 능한 자는 역대에 많았다고 하겠는데, 예종 때에 홍관(洪灌)이 신라의 승려 김생(金生)의 체를 본받았다고 한다. 고종(高宗) 때는 곽예(郭預)가 있어 서법(書法)이 오똑하고 굳세어 일가를 이루었다. 당세에서 이를 본받아 흡연(翕然)하게 일변(一變)한다고 하니 아마 그럴 만도 하였을 것이다. 그 외 요극일(姚克一)·문공유(文公裕)·문극겸(文克謙)·이암(李嵓)·승려 탄연(坦然)·영업(靈業)·이지명(李知命)·기홍수(奇洪壽)·이인로(李仁老)·최환(崔峘)·이존비(李尊庇)·한유(韓脩)·유공권(柳公權) 등은 모두 일대의 명필이었다. 그리고 공민왕(恭愍王)과 같은 왕은 서화(書畵)가 모두 신묘함에 이르렀다고 한다.

○인종(仁宗) 때에 이녕(李寧)이라 하는 자가 있었는데, 이준이(李俊異)에게 배운 그림이 아주 뛰어나 사신을 따라 송에 들어갔다. 휘종(徽宗)은 왕가훈(王可訓)·진덕지(陳德之)·전종인(田宗仁)·조수

종(趙守宗)으로 하여금 이녕 밑에서 그림을 배우게 하였다고 하니, 그만큼 묘수(妙手)였음을 알 수 있다. 의종(毅宗) 때에 이르러서는 내합(內閤)의 회사(繪事)는 이녕이 모두 이를 주관하였고, 그 아들 광필(光弼)도 또한 그림으로 명종에게 총애를 받았다. 명종(明宗)은 도화(圖畵)에 정통하고 산수화에 특히 뛰어났다고 하는데, 광필 및 고유방(高惟訪) 등과 회화만을 일삼고 정무는 돌아보지 않았다. 광필이 없었다면 삼한의 도화는 거의 끊어지게 되었을 거라며, 고려를 빛낸 것을 칭찬하였다. 여기서 그에 대한 애정이 돈독함을 볼 수 있다. 또한 당시는 공신당(功臣堂)을 지어 국가에 공훈이 있는 자는 그 모습을 벽에다 그렸다. 그리고 국학(國學)의 벽상(壁上) 및 문선왕묘(文宣王廟)의 좌우 복도에 72현(賢), 21현(賢)을 그리는 일이 있었으니, 회화 또한 필요했던 것이리라.

○의종(毅宗) 때에 정각(亭閣)을 세웠는데 금벽(金碧)이 선명했다 하고, 공민왕 때에 원의 재인(梓人) 원세(元世)를 제주로부터 불러들여 영전을 짓게 했다고 하는데, 그런 것들이 결국 당시의 가장 장려(壯麗)한 건축물이었을 것이다. 그리고 금은유동(金銀鍮銅)으로 전우(殿宇)·문호(門戶)를 장식하거나 기명(器皿)을 만들거나 하는 것도 또한 매우 성행하였다. 또한 송에 헌상한 자하배(紫霞杯)·오색유리잔(五色瑠璃盞), 원에 헌상한 화금자기(畵金磁器)와 같은 것은 매우 정교하였다. 자하배는 옥색의 파려(玻瓈)라고 하니, 이것들의 제법(製法)에도 통달한 것이었으리라. 나전기(螺鈿器)는 문종 때부터 있었는데, 원종(元宗) 때에는 전함조성도감(鈿函造成都監)을 두어서 이를 만들었다. 아마도 그 만드는 법은 일본으로부터 전한 것이라고

한다. 그 외에 필묵지(筆墨紙)와 같은 것은 최고로 정량(精良)하여서 중국인도 자주 이를 칭찬하였다.

제16장 산업(産業)

○농업을 권장하는 것은 태조 이래로 역대의 왕들이 모두 힘을 썼다. 어떤 때는 병기를 거두어 농기를 만들고, 병란 기근 때에는 양식과 씨앗을 백성에게 나누어 주었고, 어떤 때에는 관가의 소를 임대하여 농경을 돕게 하는 일이 있었다. 처음에는 지방장관으로 하여금 권농사(勸農使)를 겸하게 하였는데, 그 후 수양도감(輸粮都監)·권농별감(勸農別監)·농무도감(農務都監) 등의 관도 설치하였다. 또한 광종 때에 간전제(墾田制)를 제정하였다. 진전(陳田)을 간척하여 일군 사람은, 그 밭이 사전(私田)인 경우 초년에 거둔 곳은 전급(全給)하고, 2년째에 비로소 전주(田主)와 반을 나눈다. 공전(公田)의 경우는 3년을 한도로 전급(全給)하고, 4년째에 비로소 법에 의해 조세를 거둔다. 예종 때에는 3년 이상의 진전은, 간경(墾耕)하여 거두는 것은 두 해에 걸쳐 전호(佃戶)에게 모두 지급하고, 3년이 되면 전주(田主)와 반을 나눈다. 2년 된 진전은 4등분을 하여, 4분의 1은 전주, 4분의 3은 전호로 한다. 1년 된 진전은 3등분을 하여, 3분의 1은 전주, 3분의 2는 전호로 하였다. 이것은 간경(墾耕)하는 사람이 많지 않았기 때문에 이를 장려한 것이다.
○공민왕 때에 백문보(白文寶)라 하는 사람이 처음으로 중국의 제도를 본받아 수차(水車)를 만들어 관개용(灌漑用)으로 공급하였다.

이 또한 농업상의 진일보라 할 수 있겠다.

○잠상(蠶桑)도 농사와 함께 이를 장려하였다. 현종(顯宗) 때에는 모든 주현으로 하여금 매년 상묘(桑苗)를 정호(丁戶)에는 20근, 백정(百丁)에는 15근을 전두(田頭)에 심게 하였다. 인종(仁宗)·명종(明宗)·공민왕(恭愍王)도 뽕[桑]·밤[栗]·옻[漆]·닥[楮]·베[麻]·잣[柏]·배[梨]·대추[棗]·과목(果木) 등을 심게 한 일이 있었다.

○목면(木棉)은, 신우(辛禑) 때에 문익점(文益漸)이라 하는 자가 원에 사절로 가서 목면의 씨를 얻어 귀국한 후에 그의 장인 정천익(鄭天益)으로 하여금 그것을 심게 하였다. 초기에는 아직 배양 기술을 잘 알지 못했었으나 후에 점차 번연(蕃衍)하였다고 한다. 그리고 씨아와 물레는 모두 정천익이 이를 처음 만들었다고 한다.

○무릇 조정에서는 선농(先農)〔신농(神農) 후직(后稷)〕과 선잠(先蠶)을 제사하였다. 적전례(籍田禮)를 행하는 것 또한 모두 농상(農桑)을 장려하는 뜻에서 나오지 않은 것이 없다. 그렇지만 산천임수(山川林藪)가 전 국토의 7할이어서 경직(耕織)의 노(勞)는 겨우 구체(口體)의 봉양(奉養)을 지탱할 뿐이었다고 하니, 그 발달이 원래부터 충분하지 않았던 것이다.

○상업(商業)은 목종(穆宗) 때에는 경시서(京市署)를 두어 시전(市廛)을 구검(勾檢:속속들이 조사함)하는 일을 관장하고, 숙종(肅宗)은 주전관(鑄錢官)을 두어 화폐를 만들었다. 사민(四民)이 각기 그 업(業)에 힘쓰는 것은 실로 나라의 기본일진대, 서경의 습속(習俗)은 상업을 주로 하지 않아서 백성들이 그 이득을 잃게 되었다. 이에 유수관(留守官)에게 명하여, 화천별감(貨泉別監)을 보내어 매일 시사(市肆)를

감독하게 하고, 상고(商賈)로 하여 무천(懋遷:물화(物貨)의 교역을 힘써 행함)의 이득을 얻게 하였다. 또한 경성(京城) 좌우(左右)에 주무(酒務)를 두고, 가구(街衢)의 양방(兩傍)에 각각 점포를 두고, 주현에 명하여 미곡(米穀)을 내어 주식점(酒食店)을 열어 백성들의 무역을 허락한 것은 모두 장려의 방법이 아닌 것이 없다. 그런데 신우(辛禑) 때에 경성의 물가가 등귀(騰貴)함에 따라 상인들이 잇속 다툼을 하게 되었다. 이에 경시서(京市署)로 하여금 물가를 평정하여 이를 표시하고, 그 인식이 없는 것을 매매 하면 죽이도록 하였다. 공양왕 때에는 사라(紗羅)·능단(綾段)·초자(綃子)·면포(緜布) 등 그 경중장단(輕重長短)에 따라 세를 거둔 것은 오히려 이를 억제하려는 의도에서 나온 것이다. 이로써 당시 상업의 상태를 살필 수 있다.

○그리고 그러한 상업의 성쇠는 화폐의 유통 여하와 관련하여 설명할 수 있다. 지금 그 연혁에 대해 생각해 보건대, 고려 초에는 아직 화폐제도가 없어서 오로지 추포(麤布:거친 베)를 사용하다가 성종 때에 비로소 철전(鐵錢)을 사용하였다. 목종은 추포의 사용을 금하고 전(錢)을 사용하도록 힘썼다. 그런 당시의 백성들은 이를 편리하다 여기지 않으니, 나중에는 오직 차주식미(茶酒食味) 등의 음식점에서는 전(錢)을 사용하고, 그 외의 교역에서는 토산물을 사용하도록 허용하였다. 숙종(肅宗) 때에 주전관(鑄錢官)을 세워 전화(錢貨)〔푼(文)을 해동통보(海東通寶)라 하였음〕 및 은병(銀瓶)〔은(銀) 한 근(斤)으로 만들고 본국의 지형을 본떴다. 보통 활구(闊口)라 함〕을 주조하고, 각처에 점포를 열어 전(錢)의 이익을 알게 하였다. 그렇지만 예종 초기에도 전(錢)의 사용이 불편하다고 호소하는 자가 왕왕 있었던 것

을 보면, 그 보급 정도가 크게 빠르지 않았음을 알 수 있다. 충렬왕 때에는 쇄은(碎銀)을 사용하였다. 그리고 원으로부터 지원보초(至元寶鈔)·중통보초(中統寶鈔)를 구별하여 통행하게 하였다. 충혜왕은 새로운 소은병(小銀瓶)을 사용하였는데, 이는 5종포(綜布) 15필(疋)에 해당하고, 구병(舊瓶)의 사용이 금지되었다. 그러던 것이 공민왕 때에는 은병(銀瓶)도 나날이 변하여 동(銅)이 되었다. 마루(麻縷:삼실)도 날로 거칠어져서 포(布)를 만들지 않게 되었다. 그 후 동전(銅錢)〔삼한중보(三韓重寶)·삼한통보(三韓通寶)·동국통보(東國通寶)·동국중보(東國重寶)·해동중보(海東重寶) 등 몇 종류의 전(錢)이 있었다고는 하나 언제 만들어졌는지는 상세하지 않음〕도 통용되었지만, 공양왕 때에는 동전·은병 모두 폐하여 통용되지 않고 오로지 5종포(綜布)를 사용할 뿐이었다. 그 포(布)도 점점 조잡해져서 불편함이 심해지자, 의자(議者)가 혹은 추포(麄布)를 금하고 저폐(楮幣)를 만들어서 저폐와 5종포를 함께 통용하게 하려 했으나 결국 통용되지 않았다.

○이와 같이 역대에 화폐가 없었던 것은 아니나 그 상황을 자세히 살펴보면, 주요 통화는 화폐보다는 포루(布縷)에 있었고, 포루보다는 미속(米粟)이었다. 이로써 당시의 물가라고 했던 것에 대해서 생각해 보건대, 그것은 대략 쌀로써 가늠했던 것 같다. 아마도 쌀이 분합취산(分合聚散)에 편하기는 포루(布縷)와는 비교할 바가 못 되었기 때문에, 그것이 일반적으로 행해진 이유일 것이다. 여기서 당시의 물가사(物價史)에 보이는 것을 정리하면 아래의 표와 같다.

○외국과의 무역은 심히 미미하여 원래부터 일정한 조규(條規)가 있었던 것이 아니다. 그러나 국사(國使)가 왕래할 때마다 토산물을 가져와 무역하는 일은 송과 요·금·원 및 일본에 있어서 모두 그렇게 하였고, 그리하여 상민이 사적으로 왕래함도 또한 매우 성행하였다.

□물가표

物價表

年代\種類	成宗十二	同	顯宗五	睿宗十	同	同	同	同	仁宗六	同	同	高宗四三	元宗十五
布	四十匹	六十四萬匹	廣布一匹	大綃一疋	小平布一疋	細紬二疋	大綾一疋	中綃一疋	結紬一疋	以上	大教一	一匹	一疋
米		十二萬八千石	八石	一石七斗	一斗二升五合	七斗	四石	一石	六斗	五碩	一碩	四斗	六升	十二斗
銀	一同	千金	一同							銀瓶一斤				二斗一斤
雜物										小馬一疋	特牛一頭		

年代\種類	忠烈三	同八	同九	忠宣	同	同	忠肅	忠惠元	恭愍	同三	同八	同九	同十一	同十二
布		五十餘石	十五石	十八九石	二十石	一匹	一匹	賓布十匹	八九匹	五綜布十五匹	大布一匹	大布一匹	大布一匹	大布一匹
米	五十餘石	十五石	十八九石	二十石			一匹	八九斗	五石	二斗二升	二斗	二斗	五六斗	一四斗
銀	銀幣一斤	銀瓶一	銀瓶一	一同	一斤				上品瓶	貼瓶	薪小銀瓶一		
雜物	五十餘石			一同四石	銀六十四石	一斤			鹽二石				

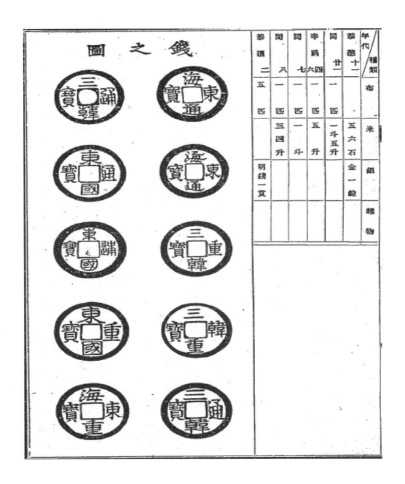

제17장 풍속(風俗)

○당시 사민(士民) 사이에는 엄격한 계급의 구별이 있었다. 사인(士人)은 대체로 족망(族望)을 자랑하여 유(柳)·최(崔)·김(金)·이(李)와 같은 네 성(姓)은 귀족이라 칭하였다. 그 미천한 자들은 원래부

터 능히 영달할 수가 없었고, 환자(宦者)와 노비(奴婢)는 그 중에서 가장 천히 여김을 받았다.

○환자(宦者)는 중국처럼 부형(腐刑)을 당한 자가 아니고, 강보(襁褓) 속에 있을 때 개[狗]에게 뜯겨 거세당한 자이다. 이들은 궁중에서 사역만 할 뿐 참직(參職)을 허락받지는 못하였던 것이 의종(毅宗) 때에 비로소 권력을 행사하게 되었다. 원을 섬기게 되자 제국공주(齊國公主)가 몇 사람을 원에 바쳤는데, 그 사람들이 매우 총애를 받고 나서부터 사람들은 모두 이를 흠모하여 부형(父兄)이 자제를 거세하는 경우가 있었고, 혹은 분원하여 스스로 거세하는 경우도 있었다. 그리고 백안독고사(伯顔禿古思:빠앤투그스)·방신우(方臣祐)·이대순(李大順)·고용보(高龍普) 등과 같은 사람은 원에 있을 때, 위복(威福)을 전횡하다가 그 주인을 배반 참소하여 크게 화를 초래하게 되었다.

○노비(奴婢)는 연대를 거침에 따라 점점 번성하였다. 사족(士族)의 집에서 사역하는 자를 사노비(私奴婢)라 하고, 관아 주군에서 사역하는 자를 공노비(公奴婢)라 하였다. 그리고 노비와 양인(良人)은 혼인관계를 맺을 수가 없었다. 8대의 호적에 있어서 노비에 관계되지 않은 자가 되어야 비로소 벼슬을 얻을 수 있었고, 만약 큰 공이 있어도 상을 내릴 때 전백(錢帛)으로 하고, 관작을 내리지 않는 제도였다. 그러나 고종(高宗) 때에 최항(崔沆)이 정권을 잡아 인심을 수습할 목적으로 가노(家奴) 이공주(李公柱)를 별장(別將)으로 삼고, 섭장수(聶長壽)는 교위(校尉)로 삼았다. 최의(崔竩)가 또 이공주를 낭장(郎將)으로 삼았을 때부터 노예가 배참(拜參)하는 것이 시작되

었다. 그렇지만 충렬왕 때에 원의 활리길사(闊里吉思)가 정동행중서성평장사(征東行中書省平章事)가 되어 노비법을 개혁하였다. 그 부모 중 한사람이 양인(良人)인 자는 허락하여 양인으로 삼고자 하였지만, 왕이 상표(上表)하여 그 불편함을 말하고 이를 금지하였다. 결국 그 구습은 여전히 변하지 않았다. 대체적으로 (노비에는) 네 종류〔기상(寄上)한 자, 투속(投屬)한 자, 선왕이 사여(賜與)한 바 있는 자, 사람들이 상무역(相貿易)한 자〕가 있어, 재물과 마찬가지로 매매(賣買)를 하였다. 성종 때에는 그 값이 노(奴:남자노예)의 나이 15세 이상 60 이하는 포(布) 1백 필, 15세 이하와 60세 이상은 50필이었다. 비(婢)의 나이 15세 이상 50 이하는 1백20필, 15세 이하와 50세 이상은 60필이라고 하였다. 공양왕 때 혹은 말과 소를 가지고 이와 바꾸었는데, 노비(奴婢) 두세 명이 말 한 필(疋)에 해당한다고 한다. 또한 권세에 투증(投贈)하고, 불우(佛宇) 신사(神祠)에 시납(施納)하는 일도 있었다. 그러할 경우에 이들을 대하는 것이 매우 잔혹하여, 병 있는 자도 의료의 치료를 하지 않고, 죽을 경우에는 매장하지 않고 살을 버려 군구(群狗)에게 먹게 하였다고 한다. 그렇지만 광종 때에 노비를 안검(按檢)하여 시비를 추변(推辨)하게 하였다. 그때부터 그 주인을 배신하고 상전을 업신여기는 풍조가 성행하였다. 문종(文宗) 이후에는 도관(都官)이 있어서 노비의 부적 및 결송(決訟)에 관한 업무를 관장하였다. 신종(神宗) 때에는 노비가 서로 단합하여 각기 그 주인을 죽이고 천적(賤籍)을 불태우려고 모의한 일이 있으니, 이는 그 속박에서 벗어나고자 하는 것으로 지극히 당연한 일이었다. 그런데『고려사(高麗史)』는 노비를 논하여 말하기를, 우리나라는 노비제도가 있음으로써 풍속의 교화에 큰 도움이 되었으니, 내외(內外)가 엄격해지고 귀천(貴賤)이 구분되어 모든 예의가 이로부터 행해지지 않는 것이 없다고 했다. 아마도 고대로부터의 습관으로 학사대부(學士大夫)라 하더라도 이를 그르다고 여기는 자가 없었다.

○노자(老者)를 존경하고 독질(篤疾:매우 위독한 병)을 불쌍히 여기는 것은 정부에서 매우 신경을 썼다. 보통 남녀 나이 80세 이상 및 병든 자에게는 술과 먹을 것과 다과와 베와 비단 등을 내리고, 혹은 구정(毬庭)에서 대접을 하고, 혹은 시정(侍丁)을 베풀고, 혹은 조(租)를 내려 몸을 회복케 하는 일이 여러 번 있었다. 생각건대 순후(淳厚)의 풍속을 이루고자 한 것이었다. 호주상속법(戶主相續法)은 정종(靖宗) 때에 제정되었다. 보통 백성이 후사를 세울 때에 적자(嫡子)가 없으면 적손(嫡孫), 적손이 없으면 동모제(同母弟), 모제(母弟)가 없으면 서손(庶孫)을 세우고, 남손(男孫)이 없으면 여손(女孫)으로 하는 것으로 정했다. 문종(文宗)은 보통 후사가 없는 자가 만약 형제의 자식이 없으면 다른 사람의 세 살 이전의 버려진 아이를 키워 자신의 자녀로 삼는 것을 허락하였다. 그리고 그 자손 및 형제의 자녀가 있음에도 다른 성(姓)의 아이를 거두어 키우거나, 백숙(伯叔) 및 손자의 항렬에 있는 자를 양자로 삼는 것을 금하였다.

○국왕의 배우(配偶)는 왕후(王后) 외에 부인(夫人)·귀비(貴妃)·숙비(淑妃)·덕비(德妃)·현비(賢妃)가 있었다. 정종(靖宗) 이후에는 궁주(宮主)·원주(院主)·옹주(翁主)의 호칭이 있었고, 개복(改復:이전의 관직이나 직업에 다시 오름)에는 정해진 바가 없었다. 대체적으로 왕족은 지귀(至貴)하여 군하(群下)들과 혼인해서는 안 되는 것으로 하

고, 왕씨(王氏)로 통혼(通婚) 하는 것을 일대의 정제(定制)로 하였다. 그리고 그 중에서 가장 이상하게 여겨지는 것이 있었는데, 고자매(姑姉妹)의 근속(近屬)으로서 왕후에 책봉하는 경우가 왕왕 있었던 것이 바로 이것이다. 광종(光宗)의 대목후(大穆后), 덕종(德宗)의 경성후(敬成后), 문종(文宗)의 인평후(仁平后)와 같은 경우는 모두 그 자매이다. 그렇지만 이를 숨기고 외가의 성을 칭하였다. 원을 섬기게 되어서는 시종 원실(元室)의 여자를 왕실로 들였다. 충선왕은 원왕의 뜻을 받들어 명문 15가를 간택하여 왕실과 통혼(通婚)할 것을 정하고, 종친(宗親) 문무(文武) 양반의 동성인 사람을 며느리로 들이는 것이 금지되었다. 이보다 먼저 숙종 때에는 공친(功親)의 혼가를 금하였고, 의종(毅宗) 때에는 당고(堂姑)·종자매(從姉妹)·당질(堂姪)·여형(女兄)·손녀(孫女)와 서로 결혼하는 것을 금하였던 일이 있었으나, 동성을 금하는 것은 이때가 처음이었다.

○국왕 외에는 대체적으로 일부일처로 아이가 없어도 축첩(蓄妾)하는 일은 드물었다. 그리고 남자가 이유 없이 부인을 버리는 자는 이를 벌하고, 처첩이 멋대로 나가서 개가(改嫁)하는 자는 유죄(流罪) 또는 도죄(徒罪)에 처하는 법이 있어, 사대부의 부녀자로서 재가를 하는 일은 매우 드물었다. 다만 당시는 관기(官妓)가 매우 많아서, 상류사회에서는 이따금 이를 총애하여 재상의 신분으로 창가(倡家)에 머무는 일이 있었다. 신우(辛禑) 때에는 기생의 신분으로 옹주(翁主)가 되는 일도 있었다. 그리고 충혜왕(忠惠王)이 서모(庶母)를 강간하고, 신하의 부인과 통정함을 예삿일로 삼고, 또한 이러한 일을 이상히 여기지 않았다. 공민왕(恭愍王)이 근신(近臣)으로 하여금

제비(諸妃)의 몸을 더럽히게 하고, 신우가 망령되이 다른 이의 처첩에게 음란한 행동을 한 것들은, 그 음설하고 비례(非禮)함에 대해 차마 말로 표현할 수 없다. 그렇지만 중엽 이래로 왜구가 쳐들어왔을 때 부녀자들이 스스로 목숨을 끊어 몸을 더럽히지 않은 자가 많음을 보면, 그 수절함이 매우 정정(貞正)하다고 해야 할 것이다.

○혼인의 예(禮)는, 충렬왕 때에 세자 원(謜)이 원(元)의 진왕(晋王) 가말라(甘麻剌)의 딸에게 장가를 들 때 백마 81필을 황제에게 납폐(納幣)하고, 게다가 태후 및 진왕에게 각각 백마 81필을 헌상했다고 한다. 신우가 안숙로(安淑老)의 딸을 맞아들일 때에는 폐포(幣布) 7천5백 필, 백금 1천5백 량을 쓰고 나머지 물건들도 이에 상응했다고 하니 그 융성했음을 알 수가 있다.

○보통 국가의 제사(祭祀)에는 대중소의 구별이 있어 환구(圜丘)·방택(方澤)·사직(社稷)·태묘(太廟)·별묘(別廟)·경령전(景靈殿)·제릉(諸陵)을 대사(大祀)로 하고, 선농(先農)·선잠(先蠶)·문선왕묘(文宣王廟)를 중사(中祀)라 하고, 풍사(風師)·운사(雲師)·뇌신(雷神)·영성(靈星)·마조(馬祖)·선목(先牧)·마보(馬步)〔신이 재난을 일으켜 말을 해하는 것을 말함〕·사한(司寒) 등을 소사(小祀)라 하였다.

○천지사직(天地社稷)을 제사지내는 예(禮)는 처음에는 잘 갖추어지지 않았는데, 성종에 이르러서 친히 환구에서 하늘에 제사를 지내어 기곡(祈穀)하고, 태조에게 배향하였다. 그리고 사직을 세웠는데, 사단(社壇)은 동쪽에 있고 묘단(廟壇)은 서쪽에 있었다. 이러한 것은 매우 상세한데, 현종(顯宗)에 이르러서는 비로소 지기(地祇)를 방택(方澤)에서 제사지냈다.

○그 외 국가의 고사(故事)에, 두루 천지 및 산천에 대하여 궐정(闕庭)에서 제사지내는 것을 초(醮)라 하여 여러 차례 이를 행하였다. 문종(文宗)이 친히 구정(毬庭)에서 초(醮)를 행하였고, 충렬왕이 삼계(三界)에 대해 강안전(康安殿)에서 초(醮)를 행하는 일들이 매우 많았다. 그리고 비가 내리기를 기원하고, 구름이 생기기를 기원하여 재변(災變)을 물리치도록 한 것은 역대로 대체적으로 이를 행하지 않는 일이 없었다.

○왕의 상례(喪禮)는 당의 풍속을 모방하여 일정한 의례가 없었고, 그때에 임하여 일을 행하였다. 일이 끝나면 입에 올리기를 꺼려 전하지 않으니, 그 상세한 것은 알 수가 없다. 단, 태조는 원릉(園陵)의 제도(制度)는 한위(漢魏)의 고사에 따르고 현종(顯宗)의 상(喪)은 양암(諒闇)·반곡(反哭), 모두 당 덕종(德宗)의 고사와 같이 하였다고 한다. 상복(喪服)은 5복(五服)제도가 있어서 참최(斬衰)와 제최(齊衰)로 3년 상복을 입었다고 하는 일이 있으나, 경(景)·순(順)·숙(肅)·예(睿)·인(仁)의 제왕(諸王)은 모두 유조(遺詔)하여 일(日)을 월(月)로 고쳤다. 명종(明宗)이 서거하자 종실 백관 및 사서인(士庶人) 모두 3일간 상복을 입었다. 단, 장례도감(葬禮都監)은 장일(葬日)까지 장복을 입었다. 신종(神宗)이 서거하자 26일을 감하여 14일로 하였다. 강종(康宗)·고종(高宗)·원종(元宗)의 경우에는 모두 유조(遺詔)하여 3일 후에 상복을 벗었다. 제신(諸臣)의 경우에는, 성종(成宗) 때에 6품 이하 부모(父母)의 상에는 백일 후에 소사(所司)가 권고하여 출사(出仕)하게 하였고, 참복연각(黲服宴角) 차림으로 일을 했다〔목종 때 또다시 고쳐서 5품 이하로 하였다〕. 충렬왕 때에 사졸(士卒)은

부모상(父母喪)을 당하여도 50일이 지나면 곧바로 종군(從軍)하게 하였다. 공민왕(恭愍王) 6년에 이르러서는 이색(李穡) 등이 3년상을 행할 것을 청하니, 이윽고 백관에게 명하여 이를 행하게 하였다. 그렇지만 대체적으로 1백 일째에 상복을 벗는 것은 옛날과 같았지만, 단지 해관(解官:벼슬자리를 내놓게 함)하고 일을 하지 않을 뿐이었다. 공양왕(恭讓王)은 복제(服制)를 경정(更定)하여, 우선적으로 명의 제도에 의하여 부모상일 때에는 28개월째에 비로소 길복(吉服)을 입고, 3년 동안은 부인을 얻거나 잔치하는 것을 허락하지 않았다. 단, 군관은 3년상을 면제하였다.

○아마도 고려왕조의 시대는 형식적으로 3년상 제도(制)를 세웠을 뿐으로, 실제로는 모두가 지켜진 것은 아닌 것 같다. 그렇지만 상례(喪禮)가 두터웠음은 여러 차례 역사상에 보이니, 대신(大臣)의 상(喪)에는 왕왕 관(官)이 그 장사(葬事)를 다스리고, 증관(贈官)하고 시호[諡]를 내렸다. 또한 부의(賻儀)를 내리기를, 성종(成宗)이 시중(侍中) 최승로(崔承老)에게〔포(布) 1천 필, 면(麵) 3백 석, 경미(粳米:멥쌀) 5백 석, 유향(乳香) 1백 근, 뇌원차(腦原茶) 2백 각(角), 대차(大茶) 10근〕, 목종(穆宗)이 내사령(內史令) 서희(徐熙)에게〔포(布) 1천 필, 모맥(麰麥) 3백 석, 쌀 5백 석, 뇌원차 2백 각(角), 대차(大茶) 10근, 전향(栴香) 3백 량(兩)〕, 현종(顯宗)이 평장사(平章事) 최항(崔沆)에게〔견(絹) 3백 필, 포(布) 5백 단(端), 미맥(米麥) 각 1천 석〕와 같은 경우는 가장 우후(優厚)한 상례였다. 그리고 고종 때에 최우의 부인이 죽자, 금은 금수(錦繡)로 감실(龕室)을 장식하고, 석실은 꾸미기가 이를 데가 없었다고 한다. 왕비 왕씨가 서거하자 최우는 관곽(棺槨)을 바쳤는데, 모두 금

은으로 장식하여 사치하고 아름답기가 이를 데 없었다고 한다. 또한 관곽(棺槨)에 금박을 장식하는 것이 금지된 적도 있었으니, 당시 장례의 사치한 풍조가 행해졌던 것은 분명하다. 공민왕이 노국공주(魯國公主)를 위해서 사도감(四都監)〔빈전(賓殿)·국장(國葬)·조묘(造墓)·재(齋)〕, 13색〔산소(山所)·영반(靈飯)·법위의(法威儀)·상유(喪帷)·이차(轜車)·제기(祭器)·상복(喪服)·반혼(返魂)·복완(服玩)·소조관곽(小造棺槨)·묘실(墓室)·포진(鋪陳)·진영(眞影)〕을 설치하여 상사(喪事)를 돕고, 수정능호(守正陵戶) 1백14를 두었다. 그리고 전(田) 2천2백40결, 노비 46구, 포(布) 1만 5천2백93필을 능방광암사(陵傍光岩寺)에 봉납한 것은, 사사로운 정에 이끌린 것에 의한 것이라고 하지만 그 후함이 각별하였다고 할 수 있다. 인종(仁宗) 때에, 유탕(遊蕩)하여 그 부모의 상중(喪中)에 유골을 사우(寺宇:절)에 모셔 놓고 여러 해 동안 장사지내지 않는 경우도 있었다고 하지만, 그러한 일이 없지는 않았지만 아마도 그리 많지는 않았을 것이다. 공양왕 때에 화장(火葬)이 성행하였던 것은 당시 불교가 융성했던 바, 이 또한 괴이하게 여길 바가 못 된다.

○국왕산능(國王山陵)의 제도는 상세하지는 않지만, 문무양반의 묘지는 경종 때에 이를 정한 것이 다음과 같다.

1품(品) : 방(方) 90보(步) 분고(墳高) 1장(丈) 6척(尺)

2품(品) : 80보(步) 1장(丈) 6척(尺)

3품(品) : 70보(步) 1장(丈)

4품(品) : 방(方) 60보(步) 분고(墳高) 8척(尺)

5품(品) : 50보(步) 8척(尺)

6품 이하 : 30보(步) 8척(尺)

○태조 때에 사친(四親)을 추존한다고 해도 아직 태묘(太廟)를 세우기에 이르지는 않았다. 성종에 이르러서 비로소 5묘를 정하여 태묘를 운영하고, 소목(昭穆)의 위차(位次) 및 체협(禘祫:제사)의 의(儀)를 정하였다. 이때 이후로 3년에 한 번 협(祫)하고 5년에 한 번 체(禘)하였는데, 그 후 소목(昭穆)의 서(序)에 있어서는 항상 분운(紛紜)하여 정의(定議)가 없었다고 한다. 체협(禘祫) 때에 공신으로 묘정(廟庭)에 배향(配享)된 자는 배현경(裵玄慶)·홍유(洪儒) 이하 역대 약 70여 명이다.

○대부사서인(大夫士庶人)과 같은 경우는, 국도(國都)에서 군현(郡縣)에 이르기까지 보통 집을 가진 자는 반드시 신사(神祠)를 세웠는데, 이를 위호(衛護)라 하였다. 아마도 가묘(家廟)의 종류였을 것이다. 그러나 일정한 법이 없었던 것이 공양왕 2년에 처음으로 그 제도를 정하여, 대부(大夫) 이상은 3대를 제사하고, 6품 이상은 2대를 제사지냈다 〔3년에 6품 이상으로 하여금 3대를 제사지내게 하였다〕. 7품 이하 서인(庶人)까지는 오직 부모만을 제사 지내고, 또한 가묘를 세웠다. 사중월(四仲月)에 반드시 제를 행하고, 적장자손(嫡長子孫)이 주도하고 중자손(衆子孫)이 이를 도왔다. 그 외 정조(正朝)·단오·중추와 같은 경우는 시식(時食)을 바쳤다. 기일에는 신주(神主)를 중당(中堂)에 내놓고 향제(饗祭)하였다. 그 제를 행하는 의식은, 첫째로 문공가례(文公家禮)에 의해 편의에 따라서 가감을 하였다.

> 1품에서 2품 : 소과(蔬果) 각 5접(楪), 육(肉) 2접(楪) 면병(麪餠) 각 1기(一器), 갱반(羹飯) 각 2기(器)
> 3품에서 6품 : 소채(蔬菜) 3접(楪), 과(果) 2접(楪), 면병(麪餠) 어육(魚肉)

각 1기(一器), 시근잔(匙筋盞) 각 2

7품에서 서인(庶人) 재관자(在官者)까지 : 채(菜) 2접(楪), 과(果) 1접
(楪), 어육(魚肉) 각 1기(器). 각 품 모두 같음.

○위는 종자(宗子)의 제법(祭法)이다. 중자손(衆子孫)은 신주(神主)를
만들어 소생의 부모를 그 집에서 제사를 지낼 수가 있었다. 그 후
다시 가묘(家廟)의 제도를 행하도록 명한 일이 있었으나, 당시에 있
어서는 모두 이 제(制)가 행하여지지는 않았을 것이다.

○의복(衣服) 제도는 고려 초기에 모두 신라의 구제도에 따랐으나,
광종이 비로소 백관의 공복(公服)을 정하여 존비상하의 등위(等威)
가 명확하게 되었다. 의종(毅宗)에 이르러서는 조종(祖宗)의 헌장
(憲章)과 당제도를 취하여 고금례(古今禮)를 분별하여 상세히 정하
고, 위로는 왕의 면복(冕服)에서 아래로는 백관의 관복에 이르기까
지 모두 정비가 되었다. 충렬왕 이후는 개체변발(開剃辮髮)하여 원
의 풍속을 모방하였다〔몽골에서는 정수리를 깎아 이마에 이르렀다. 그
모양을 네모나게 하고 머리를 그 안에 남겨 두었다. 이를 겁구아(怯仇兒)라
한다〕. 호복(胡服)을 입은 지 거의 1백 년이 되었으나, 명이 일어나
게 되면서 공민왕 및 왕비 그리고 군신(群臣)들에게 면복(冕服)과 장
복(章服)을 하사하였다. 이때부터 의관(衣冠)과 문물(文物)이 점차 바
뀌어, 신우 때에 비로소 호복(胡服)을 탈피하고 명의 제도를 따랐다.

○무릇 복제(服制)에 제복(祭服)·조복(朝服)·공복(公服)의 구별이
있었다. 제복은 인종(仁宗) 때에 체례(禘禮)의 복장을 정하였고, 왕
은 면구류칠장(冕九旒七章), 백관은 칠류면오장(七旒冕五章)에서 무
류면(無旒冕)에 이른다. 의종 때에는 왕은, 곤면(袞冕)은 구류(九旒),

곤복(袞服)은 현의오장(玄衣五章), 훈상사장(纁裳四章), 백관은 칠류면(七旒冕)에서 평면류(平冕旒) 없는 것에 이르고, 현의훈상(玄衣纁裳)에서 의상장(衣裳章)이 없는 것에 이른다. 공민왕 때 명에서 하사받은 왕의 면(冕)은 청주구류(青珠九旒)·청의오장(青衣五章)·훈상사장(纁裳四章)이다. 백관은 보통 7등급이고, 관(冠)은 5량(梁)에서 1량에 이른다. 복(服)은 청라의(青羅衣)·홍라군(紅羅裙)으로 혁대(革帶)·완환(緩環)·백말(白襪)·흑리(黑履)이다. 그리고 명의 제도에 비하여 각기 두 등급을 내렸다〔명은 보통 9등급으로, 제3등급을 고려의 제1등급으로 하였다〕. 조복(朝服)은 정지(正至)·절일(節日)·조하(朝賀) 등에 이를 입었다. 건국 초기에 왕은 자황포(柘黃袍)를 사용하였으나, 의종은 자황포(赭黃袍)와 치황의(梔黃衣)를 사용하였다. 그리고 충렬왕에 이르러서는 다시 황포(黃袍)를 사용하였다. 백관은 공민왕 때에 상홀(象笏)·홍정(紅鞓)·조정(皂鞓)·초라(綃羅)를 고쳐서 시신(侍臣) 외에 동서반5품(東西班五品) 이하는 목홀(木笏)·각대(角帶)·주저(紬紵)의 조복(朝服)을 사용했다고 한다.

○백관의 공복은 광종(光宗) 때에 이를 정하였다. 원윤(元尹) 이상은 자삼(紫衫), 중단경(中壇卿) 이상은 단삼(丹衫), 도항경(都航卿) 이상은 비삼(緋衫). 소주부(小主簿) 이상은 녹삼(綠衫)으로 하였다. 현종(顯宗)은 또한 장리(長吏)의 공복(公服)을 자(紫)·비(緋)·녹(綠)·심청(深青)·천벽(天碧)의 5등급으로 정했다. 의종 때에는 문관(文官) 4품 이상은 자색을 입고 금어패(金魚佩)를 찼다. 상참(常參) 6품 이상은 비(緋)색으로 하고, 은어패(銀魚佩)와 함께 홍정(紅鞓)·상홀(象笏)이다. 9품 이상은 녹(綠)으로 하고, 목홀(木笏)·각문반무신

(閤門班武臣)은 모두 자(紫)로 하고 어패를 차지 않았다. 충렬왕 4년
(1278)에 명하여 원의 의관을 입게 하였다. 대략 원 때의 백관의 공
복은 라(羅)를 가지고 대수반령(大袖盤領)으로 하여, 1품의 자대독
과화(紫大獨科花)에서 9품은 녹라무문(綠羅無文)에 이른다. 복두(幞
頭)는 칠사(漆紗)로 이를 만들고, 그 각(角)을 늘였다. 홀(笏)은 상아
혹은 은행목(銀杏木)으로 만들었다고 하니, 당시도 또한 이 제도에
따랐던 것이리라. 복두(幞頭)는 신라 때부터 이미 이를 착용하였으
나, 신종(神宗) 때에는 또한 공상(工商)이 이를 입는 것을 금한 적이
있었다. 백관이 갓을 쓰는 것도 충렬왕 때에는 이미 행하여졌다.
신우 13년(1387) 처음으로 명의 제도에 따라 1품에서 9품에 이르기
까지 모두 사모단령(沙帽團領)을 입었고, 그 품대(品帶)는 삽화금대
(鈒花金帶)·소금대(素金帶)·삽화은대(鈒花銀帶)·소은대(素銀帶)·각
대(角帶) 등의 구별이 있었다. 또한 전모(氈帽)·고정립(高頂笠)·유
각평정두건(有角平頂頭巾)·자라녹라두건(紫羅錄羅頭巾)·사대(絲帶)·
전대(纏帶) 등의 제도가 있어서 그 관위의 높고 낮음에 따라서 이를
입었으나, 오직 소유(所由)는 단령조의(團領皂衣), 정리(丁吏)는 황
의(黃衣), 초(抄) [대내사령노(大內使令奴)의 이름]는 자의(紫衣)를 입는
데, 그 미천함으로 인해 두건과 대(帶)는 원의 제도에서 바꾸지 않
았다.

○부인(婦人)은 대체적으로 추계(簉髻)를 오른쪽 어깨에 늘어뜨리
고, 그 남은 것을 밑으로 덮어쓰게 하여 강라(絳羅)를 가지고 이를
묶었다. 그리고 성식(盛飾)할 때에는 가사(袈裟)를 입었는데, 가사
는 치백(緇帛)으로 이를 만들었다. 머리에 덮어쓰고 얼굴을 가리기

위한 것이다. 노의(露衣)와 첨립(簷笠)은 양반집 부인의 교외복이었는데, 충렬왕 때에는 색부(嗇夫)와 노예(奴隸)의 아내들도 모두 이를 입자 그것이 금지되었다.

○서인(庶人)에게는 오직 주저마포(紬紵麻布) 등의 토의(土宜)를 사용하게 하였다. 금수능라(錦繡綾羅) 및 용봉(龍鳳)의 문양을 금했던 것은 여러 차례 있었다. 그렇지만 공양왕 때에는 금욕(錦褥)과 능금(綾衾)을 미처 마련하지 못하여 혼인할 때를 잃는 일이 있었다고 하니, 화미(華美)를 숭상하는 풍조가 행하여졌던 것을 알 수 있다.

○음식에 대해서는, 충렬왕 때 추적(秋適)이라는 자가 말하기를 "늙어서도 식사를 잘 하고, 손님을 대접할 때 다만 쌀밥을 부드럽게 짓고, 물고기를 잘라서 국으로 만들면 그만이다. 반드시 백금(百金)을 들여 팔진미(八珍味)를 만들 필요가 없다"고 하였다. 그리고 김방경(金方慶)이 원에 갔을 때, 원의 세조가 백반어갱(白飯魚羹)을 가지고 그에게 먹게 하였을 때 그것을 고려인이 좋아했다고 한 것을 보면, 당시 보통 음식은 대체적으로 이와 같은 것들이었을 것이다. 그렇지만 빈민들에게 있어서는 도토리[橡栗] 같은 것들로 굶주림을 달랬던 일도 있었던 것 같다.

○우육(牛肉)·마육(馬肉)과 같은 것도 모두 먹었지만, 여러 번 이를 금제(禁制)하였다. 인종(仁宗) 때에는 소를 잡는 자는 사람을 죽이는 것과 같다고 하고, 충숙왕 때에는 소와 말을 잡는 것을 금하였다. 닭고기·돼지고기·거위·오리[雞豚鵞鴨]를 축양(畜養)하여 빈객 제사(賓客祭祀)용으로 바치게 하였다. 그 후에도 소 잡는 것을 금하는 것은 가장 엄하여, 공민왕 때에는 더욱이 금살도감(禁殺都監)을

설치하여 이를 감독하였다. 또한 인종(仁宗)의 법에 따랐으나, 서북면과 같은 곳에서는 이를 어기는 자가 심히 많았다. 우왕 때에도 또한 마육(馬肉)을 먹는 일이 있었다. 이처럼 소와 말에 대한 금제(禁制)가 엄격했던 이유는, 우마(牛馬)는 농사에 공이 있기 때문이었을 것이다.

○음주(飮酒)는 고래로부터 행하여져서, 현종(顯宗) 이후 승려와 비구니가 술을 마시거나 술 빚는 것을 금한 일이 여러 차례 있었다. 그리고 충렬왕 4년(1278)에 이르러서는, 원에서 제로(諸路)에 명령하여 술을 금함에 따라, 성절(聖節)의 날, 상조(上朝) 사신의 영접, 내연(內宴), 연등(燃燈), 팔관(八關)과 같은 행사 외에는 모두 이를 금하였다. 그렇지만 14년(1288)에 송악(松岳)을 제사지낼 때 산곡(山谷)에서 군음(群飮)하는 일이 있었다고 한다. 충숙왕 때에는 당시 나라에 큰 상이 있어 마땅히 금주해야 했다. 만약 군음가무(群飮歌舞)하는 자가 있으면 이를 벌하였다고 하는 것이 보이니, 그 금제(禁制)는 오래도록 행하여지지 않았던 것을 알 수 있다. 그리고 원에서 넘어온 것으로 소주(燒酒)가 있었다고 하나, 그 용도는 아마도 아직 확산되지 않았을 것이다. 가옥에 대해서는, 태조 때부터 도선밀기(道詵密記)에, 산이 적은 땅은 고루(高樓)를 만들고 산이 많은 땅은 평옥(平屋)을 만든다. 만약 고옥(高屋)을 만들면 반드시 쇠손(衰損)을 부른다고 하는 설에 의거하여, 궁궐에서 민가에 이르기까지 모두 고옥을 짓는 것이 금지되었다. 그렇지만 성종 무렵에는 제도가 없어서 재력 있는 자는 다투어 큰집을 지었다. 충렬왕 때에는 삼층각(三層閣)을 짓고, 충혜왕 때에는 신청(申靑)과 같은 자가 집

에 대루(大樓)를 지어 그 벽에다 금화(金畫)를 그리고, 그 기둥을 주휴(朱髹)하기에 이르렀다. 대체적으로 정원 안에는 돌을 깔고, 당상(堂上)에는 자리를 마련하여, 오를 때에는 반드시 신발을 벗는 것을 예의로 하였다. 민옥(民屋)은 대체적으로 모자(茅茨)로 하고, 기와를 얹는 자는 열에 둘이었다. 그리고 박목피(樸木皮)를 사용하는 자도 있었다고 한다. 충선왕 때 부자들로 하여금 선의문(宣義門) 내의 한처(閑處)에 가서 기와집을 짓게 하였다. 또 5부의 민가로 하여금 모두 기와로 지붕을 얹게 한 일이 있는 것을 보면, 당시 기와집이 그리 많지 않았던 것을 알 수 있다.

○혈거(穴居)도 또한 행하여졌다. 고종(高宗) 때에 몽골의 군대가 서해도를 공격하여 가수굴(嘉殊窟)과 양파혈(陽波穴)을 항복시킨 일이 있었다. 양파혈은 상중하 세 개의 구멍이 나 있는데, 몽골의 병사가 산 위에서 갑사(甲士)를 상항구(上亢口)로 줄 타고 내려가게 하여 풀에 불을 지펴 구멍 속에 던졌더니, 수안현령(遂安縣令)은 목을 매어 죽고, 방호별감(防護別監)은 나와서 싸웠다고 한다. 이를 보면 당시는 지방관도 인민도 함께 구멍 안에 농거(籠居)한 적이 있던 것 같다.

○또한 당시 속간에서 행하여지던 쇄사(瑣事)나 이문(異聞)을 열거하자면, 진가(震家)의 물건을 쌓으면 치부한다고 하는 말이 있었던 것 같다. 우왕 때에 한천군(漢川君) 왕규(王瞍) 및 그 처자에게 벼락이 친 일이 일어났는데, 도읍의 사람들이 모여들어 서로 다투어 소와 말, 재물, 비단, 기구, 그릇, 나무, 돌, 기와, 벽돌을 가져갔다. 그리고 왕규 및 부인 박씨는 숨이 아직 끊어지지 않았는데도 지체(支

體)의 살을 떼어 가져갔다. 그리하여 왕규의 집이 순식간에 폐허가 되었다고 하는 이야기 등은 가장 기괴한 예라 할 수 있다. 또한 3월 3일에는 쑥떡을 만드는 일이 있었다. 4월 8일에는 석가의 생일이므로 연등(燃燈)하고, 수십일 전부터 어린아이들은 종이를 잘라서 대나무 속에 집어넣어 깃발을 만들었다. 그리고 성중가리(城中街里)에 돌아다니며 소리를 지르며 쌀과 피륙을 달라고 하여 그 비용으로 삼았는데, 이를 호기(呼旗)라고 했다. 5월 단오에는 시정무뢰(市井無賴)의 무리가 통구(通衢)에 군집하여, 좌우의 부대로 나뉘어 기와조각을 손에 들고 서로 치거나, 혹은 양패가 서로 섞였을 때는 단정(短挺)을 가지고 승부를 결정하는데, 이를 석전(石戰)이라고 했다. 경신(庚申) 날에는 반드시 회음(會飲)하여 밤새도록 자지 않았는데, 이를 수경신(守庚申)이라고도 했다. 이것들은 모두 일본의 풍속과 서로 닮은 것들이다. 그 사이에는 필시 다소의 관계가 있을 것이다.

(終)

해제 / 조선총독부 조선사편수회 편『조선사』

제1장 『조선사(朝鮮史)』해제

김 위 현

1. 서언(序言)

어떤 저술이던 긍정적인 면이 있는가 하면 부정적인 면도 있기 마련이다. 이 『조선사』도 예외가 아니다.

어떤 이는 사료적 가치는 "2차 내지 3차 사료로서 원 사료를 찾기 위한 입문이 될 뿐 아니라 원 사료의 대용으로도 쓸 수 있는 것도 있다. 비록 일본의 식민 통치하에서 유화정책으로 편찬된 것이기는 하나 색인이 없는 사료의 이용을 위해서는 많은 편리를 준다." 라고 비교적 좋게 평했다. 반면에 잘못된 서책으로 평하는 이도 있다. "조선사편수회는 겉으로 '공정하고 객관적인 조선사'를 편찬한 다는 명분을 내 걸었으나 사실은 한국사를 볼품없는 역사로 만들었다. 그 방법이 또한 교묘하여 가장 근대적이라는 실증주의, 즉 문헌고증주의를 악용한 것이다. 『조선사』의 곳곳에서 발견할 수 있는 악용사례는 여기서 일일이 매거키 어려우나 간단히 말해서 사실의 선택과 해석에 있어서 좋은 면은 숨기고 나쁜 면만을 제시하는 방법을 이용한 것이다." 라고 말하기도 하였다.

편찬에 여러 가지 이유가 있겠지만 중국전통에 신왕조가 구왕조의 역사를 편찬한다는 관례를 따른다는 뜻을 내포한 것으로 보인다. 그러나 그 전통의 깊은 뜻을 간과한 것으로 생각된다. 신왕조가 전왕조의 역사를 편찬함은 전왕조의 흥망을 거울삼아 전철을 밟

제1장 『조선사(朝鮮史)』해제 303

지 않겠다는 뜻이 담겨 있는 것이다. 따라서 사실을 사실대로 편수하지 않으면 아무런 의미가 없는 것이다.

원 세조 지원(至元) 11년(1274) 동문병(董文炳)이 백안(伯顔)을 따라 임안(臨安:南宋 首都)에 들어갔을 때 송의 사서를 소각하려 하자 '國可滅 史不可滅'이라 하여 송의 사서를 보존시켰다. 이는 결국 원나라를 위한 것이지 송의 역사를 아껴서가 아니다. 일본인들은 왜 이런 고사를 생각하지 않았을까?

일부 학자들은 역사는 결국 승리자의 장식물이라고도 한다. 그러나 그 장식물도 어울리게 만들어야 제구실을 하는 것이다.

사료수집기간을 제외하고도 총 16년이란 세월동안 일백만원에 이르는 거액을 투입하여 만들었다는 이『조선사』는 어떤 문제점을 가진 사서인가를 시대별로 나누어 그 내용을 살펴보고자 한다.

2. 조선사편수회의 연혁

조선사편수회의 연원은 훨씬 이른 시기에 찾을 수 있다. 1910년 한일합병이 되고 데라우치 마사타게(寺內正毅)가 초대 총독으로 부임하며 1911년 총독부내에 취조국(取調局)을 설치하면서 실질적인 시작이 되는 것이다. 설치목적은 "구습제도의 조사와 조선사 편찬계획"으로 되어 있다.

이 취조국은 조선의 관습과 제도 조사라는 명목으로 1910년 11월 전국의 각 도·군과 경찰서를 동원하여 그들이 지목한 불온서적에 대한 압수수색에 착수하였다. 서울에서는 종로일대의 서점을 샅샅이 뒤졌고, 지방에서는 서점·향교·서원·반가(班家)와 세력가를 뒤졌다. 그 다음 해 12월말까지 1년 2개월 동안 계속된 제 1차 전국고서 색출작전에 많은 서책이 압수되었을 것이라 추측이 된다. 당시의 상황을 조선총독부 관보를 근거로 추론된 바에 의하면 판매 금지된 서적과 수거된 서적은 총 51종 20여만 권에 이른다고 한다.

1915년 취조국이 하던 일을 총독부 중추원 편찬과로 이관하고 이 일을 하도록 15명의 편사실무자를 두고 또 일본으로부터 사학의 권위자라는 학자 미우라 히로유키(三浦周行:京都帝大 敎授)·이마니시 류(今西龍:京都帝大 講師)·구로이타 가쓰미(黑板勝美:東京帝大 敎授)를 초빙하여 그들에게 '조선반도사 편찬 요지'라는 조선사 편찬을 위한 기본 방침을 작성하도록 하였다. 이 '조선반도사 편찬 요지'를 요약하면 다음과 같다.

첫째, 조선인은 다른 나라 식민지에서 볼 수 있는 야만 미개의 민족과 달라 독서 속문(屬文)에 있어서 결코 문명인에 뒤떨어지지 않기 때문이며

둘째, 예부터 사서가 많고 또 새로이 저작한 것도 적지 않기 때문에 이를 하루아침에 없애버릴 계책을 강구하기란 사실상 불가능한 일이다.『한국통사』라 칭하는 재외 조선인의 저서와 같은 경우는 사실의 진상을 구명하지 않고 막연히 망설을 멋대로 늘어놓고 있다. 차라리 구사(舊史)를 금압(禁壓)하는 대신에 공명적확(公明的確)한 사서를 만드는 것이 첩경이며 그 효과가 새롭게 나타날 것이라는 전망 때문이다.

그러나 사업자체가 지지부진하던 차에 1919년 3·1운동이 일어

나자 이에 놀란 제 3대 조신총독 사이토 마코토(齋藤實)는 문화정치를 표방하고 나섰다. 그 하나로 조선사편찬위원회를 발족시켰다. 1922년 12월 훈령 제64호로 '조선사편찬위원회규정'을 제정·공포하였다. 이제까지 일본인만 참여하였던 것을 바꾸어 조선인 사학자들을 포섭하여 참여시켰다. 그 조직을 보면 위원장 아리요시 주이치(有吉忠一:조선총독부 정무총감), 고문에 이완용, 박영효, 권중현, 위원에 나가노 간(長野幹), 오다 미키지로(小田幹治郎), 이마니시 류(今西龍), 이나바 이와키치(稻葉岩吉), 마쓰이 토우(松井等), 가시와라 쇼조(栢原昌三), 정만조(鄭萬朝), 유맹(劉猛), 어윤적(魚允迪), 이능화(李能和), 또 지도 고문에 구로이타 가쓰미(黑板勝美), 미우라 히로유키(三浦周行), 나이토 도라지로(內藤虎次郎)가 참여하게 되었다.

1923년 1월 8일 사이토 마코토 총독이 참여한 가운데 제1회 위원회를 개최하여 '편찬강령'을 결정하고 조선사 시대구분을 정하였다. 그러나 역시 순조롭게 일이 진행되지 않자 이번에는 명칭을 '조선사편수회로 고치고 근거법의 격을 높여 1925년 6월 일왕(日王)의 칙령 제 218호로 조선사편수회 관제'를 제정 공포하고 그 해 7월에 임직원을 개편하였다.

이 때 참여한 고문에 이완용(후작), 박영효(후작), 권중현(자작), 핫토리 우노키치(服部宇之吉), 구로이타 가쓰미(黑板勝美), 나이토 도라지로(內藤虎次郎), 야마다 사부로(山田三良), 하야미 히로시(速水滉), 이윤용(남작)이 위촉되고 위원장·회장을 현직 정무총감이 맡아 실무를 총지휘하고 실무진은 관직을 높여 임명하였다. 조선인으로 고문 외에 위원 또는 간사·수사관으로 선임된 이는 이진호 (李軫鎬)·유맹(劉猛)·어윤적·이능화·이병소(李秉韶)·윤영구 (尹甯求)·김동준(金東準)·홍희(洪熹)·현양섭(玄陽燮) 등이다.

이들의 활동으로 1938년까지 『조선사』37책, 『조선사료총간』20 종, 『조선사료집진』3책을 간행하기에 이르렀다.

3. 편재(編裁)

『조선사』는 한국의 고대로부터 조선 고종 31년(1894) 6월 27일 까지의 역사를 편년체로 엮은 한국통사이다.

편사기간은 1932년부터 1938년까지 조선총독부 조선사편수회에 서 편찬하고 이를 간행하였다.

내용은 총목록·총색인 각 1권, 본문 35권, 총 37권의 국판으로 엮어졌으며, 쪽수는 본문이 24,111쪽, 도판 395쪽으로 구성되었다.

엮는 순서는 사건을 연대순으로 연월일로 배열하고 뒤에 출처를 덧붙였다.

전체를 총 6편으로 나누었는데 제 1편은 3국통일 이전, 제 2편은 3국통일시대, 제 3편은 고려시대, 제 4편은 조선시대 전기(태조~선 조), 제 5편은 조선시대 중기(광해군~정조), 제 6편은 조선시대 후 기(순조~고종)로 편재하였다. 그 자세한 내용은 다음의 표와 같다.

조선사 세분표

	권차	내　　용	쪽수	간년	집필자
	1	범례와 목차	191	1938	
제1편(삼국 통일 이전)	1	조선사료	732	1932	今西龍 末松保和 尹瑢均
	2	일본사료	352	1932	
	3	중국사료	808	1938	
제2편(삼국 통일시대)	1	669년(신라 문무왕9)~935년(고려 태조 18)	457	1932	今西龍 末松保和 尹瑢均
제3편 (고려시대)	1	936년(고려 태조19)~1083년(선종1)	530	1932	稻葉岩吉 萩原秀雄 具瓚書
	2	1084년(선종2)~1146년(의종1)	600	1932	
	3	1147년(의종2)~1222(고종10)	581	1933	
	4	1223년(고종11)~1278년(충렬왕5)	550	1933	
	5	1279년(충렬왕6)~1330(충혜왕1)	543	1934	
	6	1331년(충혜왕2)~1374년(우왕1)	479	1935	
	7	1375년(우왕2)~1392년(공양왕4)	483	1935	
제4편(조선 시대 전기 : 태조~선조)	1	1392년(조선 태조1)~1410년(태종10)	556	1932	中村榮孝 申奭鎬 黑田省三 丸龜金作 川口卯橘 周藤吉之
	2	1411년(태종11)~1423년(세종5)	516	1933	
	3	1424년(세종6)~1442년(세종24)	683	1935	
	4	1443년(세종25)~1466년(세조12)	756	1936	
	5	1467년(세조13)~1497년(연산군3)	1038	1937	
	6	1498년(연산군4)~1515년(중종10)	563	1935	
	7	1516년(중종11)~1540년(중종35)	642	1936	
	8	1541년(중종36)~1571년(선조4)	772	1937	
	9	1572년(선조5)~1592년(선조25)	677	1937	
	10	1593년(선조26)~1608년(선조41)	1282	1937	

제5편 (조선시대 중기 : 광해군 ~정조)	1	1608년(광해군 즉위)~1625년(인조3)	537	1933	稻葉岩吉 洪熹 末松保和 高橋琢二 瀬野馬熊 趙漢稷 石原俊雄 李能和 田中半次郎
	2	1626년(인조4)~1637년(인조15)	482	1933	
	3	1638년(인조16)~1657년(효종8)	584	1934	
	4	1658년(효종9)~1673년(현종14)	546	1934	
	5	1674년(현종15)~1689년(숙종15)	634	1935	
	6	1690년(숙종16)~1710년(숙종36)	810	1936	
	7	1711년(숙종37)~1726년(영조2)	852	1936	
	8	1727년(영조3)~1749년(영조25)	1034	1936	
	9	1750년(영조26)~1775년(영조51)	784	1937	
	10	1776년(영조52)~1800년(정조24)	1016	1937	
제6편(조선시대 후기: 순조~고종)	1	1800년(순조즉위)~1820년(순조20)	720	1934	田保橋潔 高橋琢二 田川孝三 園田庸次郎 具瓚書 李能和 趙漢稷
	2	1821년(순조21)~1840년(헌종6)	710	1935	
	3	1841년(헌종7)~1863년(철종14)	697	1936	
	4	1863년(고종즉위)~1894년(고종31)	1103	1938	
총색인	1	부록 및 색인	894	1938	

4. 내용

위원회의 구성원 면면을 보면 이미 어떤 식으로 편사가 이루어질 것인가는 예측할 수 있는 일이다. 즉 고문 중 구로이타 가쓰미는 일본 중심주의 역사관을 가진 사람으로 조선사 편찬에 중심적인 역할을 하면서 사료를 편향적으로 취사선택하고 의도적으로 재단한 장본인의 하나였다. 그 밖의 일본인 요원들은 거의 같은 생각 아래 일사불란하게 진행하였다. 또 조선인 임원들은 친일파 매국노들이니 그저 일본인들의 의견에 동조했을 뿐 자기 목소리를 내기 어려웠다. 형식과 내용면에서도 이미 문제를 안고 들어갔다.

첫째, 편찬의 형식을 편년사로 하였다. 역사를 연대순으로만 편찬·서술한다는 것은 역사의 다양한 측면을 상실하는 것이다. 그런 점에서 이 조선사의 편수는 출발부터 잘못 시작한 것이다.

둘째, 조선사의 시작을 언제부터 하느냐하는 것과 어디까지 끝내느냐하는 것이었는데 여기에는 상당한 논란도 있었지만 결국 일본인들의 의도대로 결정되고 말았다. 1916년 1월『조선반도사』편찬사업 착수 당시 조선위원인 정만조, 이능화, 어윤적 등이 삼국이전이란 명칭에 대하여 고조선이라는 명칭으로 하자는 것과 발해사를 어디에 포함할 것인가에 대한 의견을 제시한 바 있었지만 연구해 보겠다느니 포함시키겠다느니 하는 애매한 답변으로 넘어가고 말았다. 결국『요지』의 상고삼한의「강령」에서 삼국이전으로 바뀌었는데 이는 상고사를 없애겠다는 것이었고, 또 조선 최근세사「강령」에서는 조선시대 후기로 바뀌어서 구한말 일제침략사를 빼버린다는 뜻으로 가고 말았다. 이렇게 하여 한나라 역사의 두미(頭尾)를 떼어버린 이상한 역사를 만들고 말았다.

셋째,『고려사』를 중심으로 편수하면서『고려사』의 편년에 따르지 않고 즉위년을 원년으로 하여서『고려사』와『고려사절요』의 칭원법(稱元法)이 1년의 차이가 나도록 하였으며 간지를 많이 다르게 고쳐 적었는데, 고쳤으면 왜 고쳤는지 주기를 해야 하는데 아무런 설명이 없이 처리하였다.

넷째,『사업개요』중에 구로이타 가쓰미의 발언이 '옛날에는 정치를 역사의 주요부분으로 인식하였으나 오늘에는 문화에 중점을 두고 있는 실정입니다'라고 한 것처럼 고려 일대에는 유독 국사와 왕사, 그리고 많은 이들의 묘지명이 이용되었는데 대개 중요도와 관계없이 전문을 실었다. 이는 관심을 문화면으로 돌리려는 의도일 것이다.

다섯째, 조선사의 타율성을 강조하기 위하여 중원 국가와의 관계 기사를 빠짐없이 취사(取捨)하고『일본서기』의 기사를 나란히 적어서 양면 조공을 한 것처럼 꾸미고 있었다.

여섯째, 중원 국가의 침략은 정벌(征伐)로 미화시켜 일본의 조선 침략을 정당화하려는 의도도 엿보인다.

이밖에도 교묘한 수단으로 조선역사의 타율성, 일선동조론, 임나일본부설(任那日本府說), 정체성론 등이 부분적으로 삽입되어 있다. 다음에는 사료 및 시대별로 나누어 좀 더 자세히 살펴보고자 한다.

(1) 삼국시대

본 권은 제1편 제1권으로 조선 사료만 취합한 것이다. 구성은 수록범위 2, 범례 2, 목차ㆍ도판목차 45, 본문 732, 도판 9페이지로 총 790 페이지다.

이용된 사료는 14종이며 그 중『삼국사기』와『삼국유사』가 중심이 되었고, 그 밖에『해동고승전(海東高僧傳)』과「고구려호태왕비(高句麗好太王碑)」의 이용 빈도가 약간 높았다.

이용 빈도를 사료별로 살펴보면『삼국사기』가 총1,258회(신라 586, 고구려 360, 백제 312)이다. 이 가운데「지(志)」가 총 135회(지리지 45, 제사26, 직관 49, 악12, 복색3)이며,「열전」이 66회다.『삼국유사』182회,『해동고승전』12회,「고구려호태왕비」11회,『삼국사절요』가 3회이며, 그 밖에『동국이상국집(東國李相國集)』,「신라문무왕릉비(新羅文武王陵碑)」,「경주백률사석당기(慶州栢栗寺石幢記)」,「창녕신라진흥왕척경비(昌寧新羅眞興王拓境碑)」,「황초령신라진흥왕순수비(黃草嶺新羅眞興王巡狩碑)」,「남포성주사낭혜화상백월보광탑비(藍浦聖住寺郎慧和尙白月葆光塔碑)」,『신증동국여지승람(新增東國輿地勝覽)』,『대각국사문집(大覺國師文集)』,『고려사(高麗史)』는 각각 1회씩 이용되었다. 이 같은 사실로 보면 결국『삼국사기』를 다소 첨삭하여 옮겨 실은 데 불과하다고 할 수 있다.

『삼국유사』의 이용 빈도가『삼국사기』다음으로 많지만 실제 이용도는 그리 높지 않은 편이다.『삼국유사』에서「왕력(王曆)」을 빼고 나면 총 138항목이다. 그런데『조선사』에 이용된 항목은 62항목에 불과하다. 이용된 항목도 이용 빈도를 보면「왕력」이 105회인 반면에「남부여전백제(南扶餘前百濟)」가 6회,「원종흥법염촉멸신(原宗興法猒髑滅身)」이 5회,「전후소장사지(前後所將舍利)」와「태종춘추공(太宗春秋公)」과「남해왕(南解王)」이 각 4회,「노례왕(弩禮王)」·「낙랑국(樂浪國)」·「견훤(甄萱)」·「자장률정(慈藏律定)」·「보장봉노(寶藏奉老)」·「보덕이암(普德移庵)」·아도기라(阿道基羅)·원광서학(圓光西學)·진덕왕(眞德王) 조가 각 3회, 실성왕(實聖王)·미추왕죽엽군(未鄒王竹葉軍)·범왕금살(法王禁

殺) · 선도성모수희불사(仙桃聖母隨喜佛事) · 황룡사장육(黃龍寺丈六) · 선덕왕지기삼사(善德王知幾三事)가 각 2회씩이고 나머지는 모두 1회씩만 이용되었다. 그러나 같은 항목을 필요에 따라 여러 차례 나누어 이용하였으므로 전체 이용회수는 총 105회이다

『삼국사기』「열전」에 입전(立傳)된 인물은 모두 85명인데 이 가운데 29명은 원 입전자의 아버지, 형, 동생, 손자, 사위 등으로 부전(附傳)된 인물이다. 원 입전자도 김대문(金大問)처럼 이름만 있고 내용이 없는 자도 6명이나 된다. 그러나 『조선사』에 인용된 인물은 36명이다. 이용 빈도를 보면 김유신이 22회, 김인문이 8회이고 나머지 34명은 모두 1회이다. 특히 김유신은 활동도 많고 공업도 뛰어나서 제왕의 본기보다도 더 수량이 많아 무려 상 · 중 · 하 3권에 걸쳐 기술되었다. 그러나 편년체의 단점을 그대로 반영되듯 인간 김유신의 공업이나 활동은 전연 알 수 없게 분해되고 말았다.

본 권의 편수범례를 만들어서 그 틀에 넣어서 편수한다면서 우리 역사를 신라부터 시작하는 것으로 축소 왜곡 시켰다. 범례에 본 편은 신라통일 이전 즉 편의상 신라 문무왕 8년(668)에 이르기까지 조선사료, 일본사료, 지나사료를 3부로 나누어 수록하고 본 권은 조선이 찬록(撰錄)한 사적(史籍)이나 금석문을 『삼국사기』의 기년(紀年)에 따라 기술하고, 매년 서두(序頭)에 요강(要綱)을 게재한다 라고 하였다. 여기에 위계가 숨어 있다. 『삼국사기』의 기년(紀年)을 맞추자니 부득이 우리 역사의 상한은 신라가 건국한 B.C. 57년(갑자)을 넘지 못하게 된 것처럼 보인다. 그러나 조선 사서를 존중해서가 아니라 축소 왜곡하려는 의도가 엿보인다.

또 우리 사서를 취합함에 있어서도 단군을 비롯한 우리 고대사가 잘 기록되어 있는『제왕운기(帝王韻紀)』와『응제시집주(應製詩集註)』같은 사료는 배제시켰다. 이는 상고사 사료 중에서도 단군조선에 관한 기록을 제외시키고자 하는 저의였다고 생각된다.

그러면 지금 우리 사학계나 교육계에서 우리 역사상 중요하다고 생각하는 몇 가지 사건을 어떻게 반영하였는가를 살펴보겠다.

국조 단군(檀君)에 관한 사료는 체례상 수록할 곳이 마땅하지 않았지만 고조선사가 완전히 삭제되는 모양새가 되는 것이 별로 좋게 보이질 않았던지 고구려 시조 동명성왕 원년(갑신)조에『삼국유사』고조선조에 나오는 내용을 옮겨 적었다. 위만조선에 관한 기록은 취사하지 않았다. 기자조선에 관한 기록은 중국사료 맨 첫 머리에 대대적으로 늘어놓았다.『사기』를 비롯하여『전한서(前漢書)』,『전국책(戰國策)』,『상서(尙書)』,『상서대전(尙書大傳)』등의 기록을 모두 실었다. 위만조선도 중국 사료에 실린 것은 모두 실었다. 이는 조선의 기원을 '기자조선'에 두어 중국의 봉책부터 시작을 조장하려는 뜻이 담겨있다. 따라서 일본식민지의 정당성을 강조하려는 의도인 것이다.

신라시조 박혁거세, 고구려시조 동명성왕, 백제시조 온조왕에 관한 기록은『삼국사기』와『삼국유사』는 물론 다른 사서들도 이용하여 자세히 실었다. 특히 동명성왕에 대한 기록은『삼국사기』나『삼국유사』외에『동국이상국집』과「고구려호태왕비」의 비문까지 이용하였다.

또 신라의 사료취급은 지증왕 3년(502)에 우경(牛耕)을 시작하여 농업발전에 획기적인 발전을 가져 오게 된 이러한 기록도 그대로 실었다. 지증왕13년(512)의 우산국(于山國) 정벌 기사, 법흥왕19년 (532)의 가락국 수항기사는 비교적 자세히 기록하고 있다. 특히 가락국 관계기사는『가락국기(駕洛國記)』전문을 싣고 있다. 반면 진흥왕 16년(555)의 북한산을 순행하고 순수비를 세운 사실이나 화백제도, 골품제도 등은 다루지 않았다.

고구려에 대한 취사는 시조 동명성왕에 대해서는 이미 앞에 언급하였고, 고구려의 강역을 넓힌 광개토대왕에 관한 취사의 상황을 살펴보겠다. 광개토대왕에 대한『삼국사기』「고구려 본기」의 기사 외에『삼국유사』와「고구려호태왕비」의 전문을 싣고 있다. 또 수·당의 침입에 뛰어난 전술로 선전을 한 살수대첩과 안시성싸움은 어떠한가? 살수대첩은 수나라멸망의 원인이 되는 전쟁이었는데 영양왕 23년(612)의 기사와 을지문덕전과 사론까지 실었다. 그리고 보장왕 4년(645)의 긴 기사를 모두 싣고 사론도 같이 실었다. 영류왕 14년(631)의 천리장성 구축은 간단히 실었고, 을지문덕에 관한 기록은 취사하지 않았다. 또 백제는 근초고왕 때 세력을 떨쳤으나 기록자체가 적어서『삼국사기』의 기사를 전사한 데 지나지 않았고 담로나 왕인, 칠지도 관계, 중원 고구려비 등에 대한 문제는 전혀 언급이 없었다. 이 사료에서 몇 가지 문제를 찾을 수 있다.

첫째 왜 단군사료를 한 곳에 나마 취하였을까? 조선후기 이후 일반인들이 단군에 대한 관심이 많았고 편수회의 때 조선인 편수관이 단군조선에 대한 취사문제를 제기하였으므로 묵살하기 어려워서 전혀 관계가 없는 동명성왕 원년(B.C.37)조에 편입시켜서 문제를 무마하려 한듯하다.

둘째는 우리 역사를 타율성에 맞추려는 듯 고구려 멸망기의 수·당과의 전쟁 상황, 백제 의자왕에 대한 사료, 그리고 태종무열왕에 대한 기록은 장문을 그대로 수록하고 있다. 이는 중국대륙의 영향을 강조한 것으로 보인다.

셋째는 일본과의 관계를 내세우려는 시도로 볼 수 있는 문장은 그대로 모두 실었다. 예컨대 『가락국기』가 분량이 매우 많은데 전문을 모두 실었다.

그리고 몇 군데 오탈(誤脫)이 발견된다. 예컨대 고구려 모본왕(慕本王) 원년(48) 10월조 '立王子翊爲王太子'를 『조선사』에서는 '立王子翊爲王大子'로 되어 '太'를 '大'로 오기하였다. 또 『조선사』 본권 664매의 정사년 기사 중 권 호 '28'은 '38'로 정정 되어야 하며,『삼국유사』권1, 신라시조 혁거세왕조에 '觜山珍支村'으로 되어 있는데 『조선사』본권 3페이지에는 '觜山珎支村'이라 하였다. '珎'은 '珍'의 속자이므로 의당 '珍'으로 고쳐야 할 것이다.

『삼국유사』「왕력」'고려제일동명왕'조에 '理十八'을 『조선사』본권 10페이지에 '二十'으로 전개하였다. '十八'로 고쳐야 할 것이다.

시조 박혁거세 거서간(始祖朴赫居世居西干) 30년(B.C.28) 4월 기해조에 '吾濟潛師而襲之'를 『조선사』에서는 '吾儕潛師而襲之'로 옮겨졌다. 이밖에도 여러 곳에서 오탈이 산견된다.

본 권은 제1편 제2권(일본사료)이다. 구성은 범례 2페이지, 목차 및 도판이 13페이지, 사료편이 352페이지이다.

범례에 제시된 사료목록이 15종, 제시 없이 이용된 사료목록이

13종이다.

먼저 범례에 제시된 사료의 이용 빈도를 보면『일본서기(日本書紀)』가 180회,『부상략기(扶桑略記)』가 14회,『고사기(古事記)』와『속일본기(續日本記)』가 9회, '원흥사가람연기병류기자재장(元興寺伽藍緣起幷流記資財帳)' 6회, '일본국현보선악령이기(日本國現報善惡靈異記)'와 '상궁성덕법왕제설(上宮聖德法王帝說)'이 각 4회,『파마풍토기(播磨風土記)』·『비전풍토기(肥前風土記)』·『고어습유(古語拾遺)』가 3회,『속일본후기(續日本後記)』가 2회,『입당구법순례행기(入唐求法巡禮行記)』·『선린국보기(善隣國寶記)』·『일본후기(日本後紀)』가 각 1회이다.

또 범례에 제시되지 않은 사료도 이용 빈도가 높은 것이 있다.『신찬성씨록(新撰姓氏錄)』21회,『석일본기(釋日本紀)』10회,『선각만엽집초(仙覺萬葉集抄)』와『가전(家傳)』이 각 2회씩이며 나머지 9종은 모두 1회씩이다.

그 내용은 일본과 신라, 백제, 고구려와의 사신 및 일반인들의 왕래에 대한 기록이 대종을 이룬다. 그리고 왕래시의 물화 교환을 조공, 진조(進調), 공헌(貢獻) 등으로 기록하였다. 과연 이때 일본의 국력이 신라, 백제, 고구려로부터 조공을 받을 만한 세력이었는가? 책봉과 조공이 이루어져야 명실상부한 조공이 되는 것이다.

또 거의 매 장마다 나오는 임나(任那) 문제도 이미 허구로 연구가 되어 해결되었다고 하지만 일본은 끊임없이 주장을 내세우고 있다. 내용보다 이 사료의 가신성(可信性) 비판이 먼저 이루어져야 할 것이다. 여기에 이용된 15종의 사료가 과연 얼마만큼의 신빙성이 있는가도 연구가 되어야 할 것이다.

당시 한반도내의 고구려, 백제, 신라가 각축을 벌인 정황이나 왕위계승에 관한 기사도 많이 나온다. 이 역시 사료의 신빙성문제를 검토해야 할 것이다.

신라를 공격한 기사가 많이 나온다. 이 사료에 나타난 대로 신라가 일본에 조공을 바쳐 왔다면 일본이 왜 신라를 공격 하였겠는가 어느 고대사 연구자의 주장에 의하면 신라의 역년이 992년인데 왜구의 침략이 992회이니 매년 1회 쳐들어 온 셈이라고 하였다.

통일신라 때는 고구려와 발해인이 일본에 가서 정착하는 기사가 많이 나온다. 그런데 여기 이용한 『신찬성씨록』에 고구려, 백제, 신라계의 성씨가 이미 많이 살고 있었음은 일본인 기원설화인 소전명존(素戔嗚尊) 신화의 배경을 짐작할 수 있다 하겠다.

문자는 그 시대마다 표현이 다소 다를 수 있을 것이다. 여기 나오는 각종 문장의 용어도 상당부분 불합리하게 쓰인 것으로 보인다.

본 권은 제 1편 제 3권(중국사료)이다. 중국의 사료를 취합한 것으로 신라 문무왕 8년(무진:668) 즉 신라가 삼국을 통일하기 이전의 중국인이 찬술한 사적과 금석문을 『자치통감』 목록의 기년(紀年)을 따라 매년 사건기사를 수록하고 그 앞에 요강을 게재한다고 하였다.

그리고 사료 가운데에 연도를 맞추어 수록하기 어렵거나 사료를 분할해야 하는 경우가 생기면 전문을 관계 여러 나라의 기사와 나란히 실어서 참고로 하게하거나 별도로 권말(卷末)에 부쳤다고 하였다.

내용을 살펴보면 인용 사료 책 수는 총 51권이며, 유별로는 회요 류가 6, 정사류 19종, 고승전류 8종, 비분류 4종, 기타 14종이며, 이용 빈도가 높은 사서는 『수서』128, 『당서』126, 『구당서』120, 『자치통감』104, 『위서』101, 『책부원귀(冊府元龜)』82, 『송서』54, 『진서』52, 『삼국지』51, 『후한서』50, 『양서』39, 『한서』28, 『당회요』21회 순이며 또 13회가 2책, 12회가 1책, 10회, 9회가 각각 1책, 7회가 7책, 5회가 2책, 3회가 3책, 2회가 8책, 1회가 20책이나 된다. 이는 우리 사서가 광범위한 사료를 수집하지 못하고 엮은 것처럼 만들었던 시도이지 실은 새로이 중대한 사료가 발굴된 것이 아니다.

형식면에는 『자치통감』의 기년에 따랐다 하더라도 이 사료가 한국사에 관계되는 사료라면 의당 한국의 왕호와 기년을 쓰고 중국의 연호를 병기하였어야 할 것이다. 중국의 연호를 쓰고 내용은 한국의 역사사실을 기록하여서 언뜻 중국에 내속되어 있는 역사처럼 보인다. 매 해가 시작될 때 앞에 한 해의 기사요강을 적었는데 삼국의 국왕이 조공하였다거나 또는 이름을 쓴다거나 성을 붙여 쓰는 경우도 있고 때에 따라서는 묘호를 쓰는 경우도 있었다.

대개 '고구려가 조공을 바쳤다'라고 하였다. 어떤 경우에는 고구려왕 고탕(高湯:平原王), 고원(高元) 등 왕의 성명을 적었고, 성을 쓰지 않고 건무(建武:榮留王), 연(璉, 즉 巨璉:長壽王)과 같이 이름만 쓴 경우도 있었다.

백제도 백제왕 부여장(扶餘璋:武王)이라 쓰기도 하였다. 신라는 김진평(金眞平:諱 白淨)이라고 썼다. 진평은 묘호이다. 이 모두가 묘호를 제대로 쓰지 않고 '00왕 00'이라 함은 지위를 제후의 위치로

격하시키려는 의도인 듯하다.

조선을 기자부터 시작되게 하려는 시도가 엿보인다. 즉 '주 무왕이 기자를 조선에 봉하였다'는『사기』「송미자 세가(宋微子 世家)」를 맨 앞에 넣었는데, 이것은 마치 조선이 기자에서 시작된 것처럼 기술하여 중국의 제후국으로 시작하여 계속 그런 지위를 가졌던 나라로 기술하려는 시도인 듯하다. 이는 중국인들의 수법이기도 하다. 그리하여 역대 중원 국가에 내부, 귀부, 내속, 조공, 조헌(朝獻) 등의 기사로 채워져 있다.

중국의 상세한 정벌전쟁 기록을 전문 그대로 실었다. 중국 측에선 정벌이 정당화 된 것이므로 일본이 주변국 침략을 정당화하기 위한 책략일 수도 있다.

한 무제의 우거왕(右渠王) 정벌과 사군(四郡)을 설치하는 기사, 수양제의 고구려 정벌, 당 태종의 고구려 정벌기사를 전문 모두 실었다. 특히 수 대업(大業) 9년(613) 정월 정축(丁丑)기사는 무려 13페이지에 걸쳐서 실었다. 당 정관(貞觀) 19년(645) 태종의 친정 고구려 기사는 신구당서를 비롯하여『자치통감』·『당회요』·『책부원귀』기사까지 동원하여 장장 수 십 페이지에 이르는 기사를 실었다.

또 당의 전승비인「당유인원기공비(唐劉仁願紀功碑)」와「당평백제비(唐平百濟碑)」는 전문을 모두 실었다. 이것 역시 과거 당의 지배를 받았던 사실을 상기시켜서 일본의 지배를 합리화하려는 의도였을 것이다.

중국 고승전에 나오는 신라와 백제 고승들의 사적 전문을 실었다. 즉 신라 승려 순경(順璟), 현광(玄光), 원광(圓光), 유자(俞者),

도안(道安), 아리야발마(阿離耶跋摩), 김광의(金果毅) 등의 행적 전
문을 실었다.

　본 권은 『조선사』4 제2편 제1권 통일신라시대 역사를 기록한 것
이다.

　범례에 '신라통일시대의 역사를 본 편에 다룬다'고 하였다. 즉 '문
무왕 9년(기사:669)부터 경순왕 9년(을미:935)까지의 267년간에
걸친 기간을 기술한다'고 하였고, 『삼국사기』를 주로 삼고 금석문
과 문집, 그리고 '기타 사서의 내용들을 취하고 중국과 일본사서의
사료도 같이 이용한다'고 하였다.

　본편에 이용된 사료는 몇 종의 책이나 되며 그 이용 빈도는 어떠
한가를 살펴보니 대개 다음과 같다.

　우리나라 사료는 43종이 사용되었다. 그 중 사서(史書)가 5종, 묘
지명 2종, 고승탑비(高僧塔碑)가 20종, 왕릉비 1종, 사탑(寺塔) 1종,
조상기(造像記) 4종, 종기(鐘記) 3종, 기문(記文) 3종, 기타 1종, 전
(傳) 1종, 문집(文集) 2종이 이용되었다.

　그리고 중국사서로는 정사[단대사] 5종, 통사 1종, 회요류 4종, 고
승전 3종, 문집 1종, 기타 2종이 이용되었다.

　일본사서는 정사류가 10종, 문학 1종, 불교 2종, 문집 3종, 기행 2
종, 종기(鐘記) 1종이 사용되었다.

　가장 많이 이용된 사료는 『삼국사기』다. 「본기」, 「지」, 「열전」을
합하여 1281회나 되며 『고려사』243회, 『고려사절요』166회, 『책부
원귀(冊府元龜)』157회, 『속일본기(續日本紀)』125회, 『일본서기(日
本書紀)』115회, 『삼국유사』95회, 『구당서(舊唐書)』63회, 『당회요

(唐會要)』51회, 『신당시(新唐書)』40회, 『일본삼대실록(日本三代實錄)』24회다.

기타 사서의 이용 빈도를 회수별로 살펴보면 1회 35책, 2회 12책, 3회 6책, 4회 3책, 5회 2책, 8회 2책, 10회 1책, 11회 1책, 13회 1책, 14회 1책, 18회 1책으로 나타난다.

위와 같은 사서를 어떤 식으로 첨가 또는 삭락(削落)하였는지를 살펴보겠다. 우선 우리나라의 대표적인 사서인 『삼국사기』와 『삼국유사』만을 살펴보겠다. 먼저 『삼국사기』의 내용을 『조선사』에 어떻게 반영하였는가.

첫째, 전문을 빼버린 경우도 종종 나타난다. 몇 가지 예를 들면 성덕왕(聖德王) 22년(723) 3월조 84자, 문성왕 7년(845) 3월조의 '淸海鎭大使弓福女爲次妃'로 시작되는 기사와 동왕 8년에 나오는 궁복관련기사 전문을 뺐다. 또 경순왕(敬順王) 7년(933)의 후당 명종(明宗)이 사신을 보낸 기사인 '唐明宗遺使高麗錫命'이란 기사를 뺐다.

둘째는 부분적이긴 하지만 대량 절삭한 것이 여러 군데 나타난다. 문장들이 길어서 여기에 예로 들기 부적당한 편이어서 그 부류를 열거하면 다음과 같은 부분이다. 교서(敎書), 유조(遺詔), 상주(上奏), 하칙(下勅), 하조(下詔), 강서(降書), 제칙(制勅)과 사신(史臣)의 논사(論史) 등은 전문을 삭제하고 일부는 개요를 초략(抄略)하였고, 일부는 완전 삭제하였다. 중원왕조 기전체의 문체에 맞추면 당연히 삭제하여야겠지만 우리 사서의 특징을 없앤 것이라 하겠다. 체례상은 긍정적인 면이 있지만 사료의 가치는 없앤 것이나 마찬가지다.

셋째는 일부분 삭제한 것이다. 그 예는 매우 많지만 몇 가지 예만 열거하겠다.

내용을 줄인 경우 한 가지 예를 들면,『삼국사기』제38,「잡지」제8,「직관」중에 '本彼宮 神文王元年置 虞一人 私母一人 工翁二人, 典翁一人, 史二人'이라 하였는데『조선사』에는 신라 신문왕(神文王) 원년조에 '本彼宮ヲ置ワ'로 줄여서 그 궁에 어떤 관료를 두었는지 알 수 없게 축소하였다.

'바람이 불었다'는 표현도 바람이 어느 정도 불었는지 그 정도를 알 수 없게 줄였다.『삼국사기』효소왕(孝昭王) 7년(698) 2월조에 '京都地動 大風折木'이라는 기사를『조선사』에서는 '京都地震 大風アリ'로 하였다. 그 밖에도 '飛瓦拔樹' '拔木飛瓦' '拔木' '折木偃禾' '折木飛瓦' '佛殿毀' 등 바람이 얼마나 강하게 불었다는 표현은 모두 삭제하여 사료의 가치를 반감시켰다. 또 한 예로 지진에 대한 기록도 그냥 지진이라 하였다. 그 지진의 정도를 알리는 '聲如雷' 같은 표현은 모두 삭제하였다.

『삼국사기』효성왕(孝成王) 3년(739) 9월조에 '狐鳴月城宮中 狗咬殺之'를『조선사』에서는 '狐アリ 月城1 宮中ニ鳴ク'로 절삭하였다. 그러나 이러한 절삭은 원칙을 두고 적용한 것이 아닌 것 같다. 예컨대 신문왕(神文王) 4년(684) 4월의 '平地雪一尺'을『조선사』에서는 '是月 雪フル 平地深サ一尺'으로, 성덕왕(聖德王) 19년(720) 4월조에 '大雨 山崩十三所。雨雹傷禾苗'를『조선사』에서는 '是月、大雨、山崩十三個所。雨雹、禾苗ヲ傷フ'로, 효성왕(孝成王) 6년(742) 2월조에

'東北地震 有聲如雷'를『조선사』에서는 '東北地震フ。聲、雷ノ如シ。'로, 경덕왕(景德王) 13년(754) 4월조의 '京都雹。大如雞卵'을『조선사』에서는 '京都雹フル。大サ雞卵ノ如シ'으로, 선덕왕(宣德王) 4년(781) 2월조에 '京都雪三尺'을『조선사』에서는 '京都雪フル 三尺ニ及ブ。' 등으로 기술한 것으로 보아 일정한 규정 하에 작성되지 않았음을 알 수 있다.

넷째, 본편 기술에 일본 사서를 많이 이용하였다. 그 중에도『일본서기』가 많이 이용되었다. 그 내용은 고구려, 백제, 탐라 사인(使人)들이 와서 '진조(進調), 조공(朝貢), 공조(貢調)하였다'고 하였다. 반면에 일본사신이 신라에온 것은 가능한한 은폐하려는 시도도 엿보인다. 예컨대 성덕왕(聖德王) 2년(703) 7월조에 '日本國使至 摠二百四人'을 완전히 절삭하였다. 또 경덕왕(景德王) 12년(753) 8월조에 '日本國使至。慢而無禮。王不見之。乃廻。'를『조선사』에서는 '日本國使來ル。王見ズ。使乃チ廻ル'로 잘못 번역하고 있다. 이는 고의성이 엿보이는 대목이다.

또 자의적으로 바꾸어 버린 기사가 여러 곳에 보인다. 예컨대 경덕왕(景德王) 3년(744) 4월조 '遣使入唐獻馬'를『조선사』에서는 '使者 唐ニ至リテ方物ヲ獻ズ。'라 하였다. 같은 해 2월에 이미 사신을 보내 새해를 하례하고 방물을 바친바 있다. 어떻게 한 해에 몇 번이나 방물을 바쳐야 했겠는가?

원성왕(元聖王) 5년(789) 9월조에 '曾入大唐爲學生 不亦可用耶'를『조선사』에서는 '中國ニ入リテ學生トナル。亦タ用フベキナリ下'라 하였다. 소성왕(昭聖王) 원년(799) 7월 9척(尺)짜리 인삼을 얻어서 당

나라에 보낸 기사 가운데 '德宗謂非人蔘不受'라는 기사를 『조선사』에서는 '唐帝 眞ニ非ズ。トナシテ受ゲズ'라 하였다. 이것은 덕종으로 명시되었어야 한다.

애장왕(哀莊王) 3년(802) 12월조에 '欲以質倭國'이라는 기사를 『조선사』에서는 '日本國ニ質トナサントス'라 하였다. 왜국이라는 국호가 그리 탐탁하지 못했던 듯 지우려는 의도로 보인다.

표면상으로는 일본이나 중국사서가 참고 되지 않은 듯 보이지만 상당히 중요한 역할을 하도록 중간에 삽입시키고 있다.

그 내용을 보면 부적절한 표현이 많이 나타난다. 663년(문무왕 3)에 백제가 멸망하고, 668년(문무왕 8)에 고구려가 멸망하였는데 그 이후 유민들의 왕래를 정상적인 국가의 교류로 기록하였다. 즉 고구려 사인(使人)이 와서 진조(進調)하고, 백제 사인이 와서 진조하고, 신라와 탐라(耽羅)까지 진조하였다고 하였다. 그러나 이때는 고구려와 백제는 이미 나라가 없어졌고 탐라는 신라에 병합되어 존재하지 않았다. 고구려와 신라가 존재한 것으로 본다면 신라사에 들어가서는 되지 않으며 더군다나 탐라는 통일기의 신라사에 편입될 수가 없는 상태이다.

고구려의 사인은 상부위두대형(上部位頭大兄), 전부대형(前部大兄), 후부주부(後部主簿) 등의 관직을 사용하고 있으므로 이들의 정체는 부흥운동을 꾀하던 유민집단으로 보인다. 고구려는 일관되게 일본에 조공(朝貢)하였다고 하였으며 신라와 탐라는 문무왕 17년 이전까지는 대개 진조로 쓰다가 그 이후에는 조공이란 용어를 쓴다. 교묘하게 『책부원귀』 외신부의 사료를 전후에 포진시켜 흡사 중국과 일본에 조공을 바쳤던 것 같이 느껴지게 꾸몄다. 그러다가 문무왕대를 지나서 신문왕 시기가 되면 '공조(貢調)' '방물(方物)'로 기록하다가 『속일본기』로 넘어 가서는 신라에서 '조물(調物)을 공(貢)하다', '공조(貢調), 방물(方物)을 공하다'라는 새로운 용어를 쓰게 된다. 이후 경덕왕 이후부터는 '조공' '방물' 등의 용어를 쓰고 있다. 이러한 정리되지 않은 용어를 통하여 신라가 중원왕조와 일본에 동등하게 조공을 바쳤던 것으로 착각을 일으키게 꾸민 것이라 할 수 있다.

다섯째, 가끔 한 두 글자 빠지거나 바꾸어진 경우가 나타난다. 예컨대 성덕왕(聖德王) 12년(713) 10월, 당 현종이 왕을 책봉하였는데 그 관직명 가운데 '使持節大都督雞林州諸軍事'라는 직이 있는데 『조선사』에서는 '使持節都督'만 쓰고 '大'자를 빼버렸다.

성덕왕(聖德王) 22년(723) 4월조에 '獻果下馬一匹……縷鷹鈴 海豹皮……'라 한 것을 『조선사』에는 '果下馬二匹……鷹鈴……豹皮'로 하였다. '一'이 '二'로 되었고, '縷'와 '海'자가 빠졌다.

성덕왕 29년(730) 2월조에 당 현종이 신라 사신 지만(志滿)에게 벼슬을 내리고 물화를 하사하였는데 그 물목에 '紫袍 錦細帶'가 있었다. 『조선사』에는 '紫袍錦帶ヲ賜ヒ'라 하였다. 즉 '細'자가 빠진 것이다.

효성왕(孝成王) 2년(738) 2월 효성왕이 서거하자 당 현종이 조문사를 보냈는데 그 관직이 '左贊善大夫'였는데 『조선사』에서는 '贊善大夫'라 하여 '左'자가 빠진 것이다.

경문왕(景文王) 10년(870) 2월조에 '遣沙湌金因入唐宿衛'를 『조

선사』에서는 '僧金因ヲ唐ニ遣シテ宿衛セシム'라 하였다. '沙飡'이란 관직이 신분을 나타내는 '僧'으로 바뀌었다. 또한 승려가 숙위를 할 수 있는 신분도 아닌 것이다. 이는 편자의 착오일 것이다.

헌강왕(憲康王) 8년(882) 4월조에 '日本國王遣使 進黃金三百兩 明珠十一箇'를 『조선사』에는 '日本國使至リ、黃金・明珠ヲ進ム'라 하여 수량을 빼버린 것이다.

진성왕(眞聖王) 10년(896)조에 '賊起國南'을 『조선사』에는 '賊徒、國ノ西南ニ起リ'라 하였다. '西'자가 더 들어갔다.

경명왕(景明王) 5년(921) 정월조에 '所謂丈六尊像'을 『조선사』에는 '丈六ノ金像'으로 고쳤다. 『삼국사기』에서 옮긴 것으로 '尊'이 '金'으로 바뀔 이유가 없다.

경명왕 8년(924) 정월조에 '泉州節度使王逢規'를 『조선사』에는 '康州節度使王逢規'로 기록되어 있다. 『조선사』에서 참고로 한 『책부원귀』나 『오대사』에 지명이 바뀌어졌었다면, 왜 '泉州'가 아니고 '康州'가 되어야 하는 지 주석이 필요한 것이다.

경순왕(敬順王) 2년(928) 11월조에 '萱選勁卒攻拔武谷城'을 『조선사』에서는 '甄萱勁卒ヲ選ビ 缶谷城'으로 옮겼다. 『삼국사기』 「본기」(경순왕 2년 10월조)에는 '武谷城', 「열전」에는 '缶谷城'으로 되어 있으며, 『고려사』 태조 11년(928) 11월조에는 '鳥於谷城'으로 되어 있고, 『고려사절요』도 같다. 여기서는 「지리지」의 삼국의 미상 지명에 나오기 때문에 「열전」에 나오는 지명을 취하였을 것이다. 서로 다른 세 지명 중 「열전」에 나오는 지명을 취한 이유를 적지 않았다.

여섯째, 문장을 줄이다가 원래의 뜻을 잃어버린 부분도 간혹 나타난다. 예컨대 문무왕 14년(674)에 5경 9주의 관명 별칭이 있었는데 그 관위를 경관(京官)의 지위로 보면 '嶽干視一吉湌 述干視沙湌 高干視級湌、貴干視大奈麻、選干視奈麻、上干視大舍、干視舍知、一伐視吉次、皮日視小烏、阿尺視先沮知'라 한 것을 『조선사』에서는 '五京九州ニ居ラシメ別ニ官名ヲ稱ス 曰ク 嶽干・述干・高干・貴干・選干・上干・干・一伐・皮日・阿尺'이라 하였다. 관위를 대조하여 설명한 것이 아니기 때문에 무슨 말인지 이해가 가지 않는다.

이 밖에 문장의 앞부분을 절삭하거나 뒷부분을 절삭한 예, 그리고 앞뒤를 절삭한 부분이 너무 많기 때문에 일일이 매거할 수 없는 형편이다.

『삼국유사』의 「왕력」편은 국왕의 가계(家系) 등 『삼국사기』의 부족한 곳을 메워주는 보조 사료로 쓰여 졌고 또 일반 기사는 종교적이거나 「기이」・「천상」・「지변」 등이 많이 취사되었다. 예컨대 효소왕(孝昭王) 7년(699) 6월에 '황룡사탑에 벽력이 쳤다'라든가, 경덕왕 13년(754) 8월에는 '황룡사종을 주조하고 화엄경을 강론하였다'라는 등 불교와 관계되는 기사가 많이 취사되었다.

또 혜공왕(惠恭王) 4년(768) 6월에는 천재지변을 기록하였는데 우박이 쏟아지고 큰 별이 황룡사 남쪽에 떨어지고 지진이 일어나서 샘물이 마르고 호랑이가 궁중에 뛰어 들었다는 기록을 취하고 있다. 이는 『삼국사기』나 『삼국유사』의 기록이 거의 같으나 『삼국유사』의 기록으로 보완한 것이다.

(2) 고려시대

고려는 918년(천수 원년)에 건국하여 1392년(공양왕4)에 멸망하기까지 457년간의 역사를 가진 나라이다. 그러나 이 제3편에서는 태조가 건국하여 18년에 이르기까지는 신라역사에서 다루었으므로 여기서는 그 18년을 뺀 475년간을 편사범위에 넣었다. 즉 태조 19년(병신:936)부터 공양왕 4년(임신:1392)까지이다.

고려시대사를 제3편의 7권에다 기술하였는데 총 3,878쪽에 실었다. 각 권별 쪽수는 다음과 같다.

내용＼권별	1	2	3	4	5	6	7
본문	530	600	581	550	543	479	483
범례	3		1	1			1
목차	10	6	6	5	4	4	2
도판목차	1	1	1	1	1	1	1
도판	9	9	9	10	6	10	9

먼저 제3편의 사료이용 전황을 살펴보겠다.

제1권의 범례에 의하면 "본 편은 『고려사』·『고려사절요』를 주 사료로 하고 당대의 금석문 및 기록·문집 기타 사적 그리고 일본·중국 사료도 섭급한다."라고 하였다. 그러나 거의 『고려사』 위주가 되었다. 『고려사절요』는 『고려사』보다 더 자세한 기사가 많으나 편년사에서 취사할 사료로는 적합하지 않은 결점이 있다. 예컨대 월까지는 있으나 날짜가 없는 기사가 많기 때문이다. 그래서

『고려사』기사를 주로 하고『고려사절요』에서 일부를 보완하였으며 또 이해를 돕기 위한 사료로『동국통감』을 부재(附載)한 것이라 하겠다.

구로이타 가쓰미의 조선사편찬에 관해 언급한 말 가운데 "옛날에는 정치를 역사의 주요부분으로 인식하였으나 오늘에는 문화에 중점을 두고 있는 실정입니다."라 한 적이 있는데 이것이 조선사 편수에 영향을 준 듯하다. 그래서 추가로 채택한 사료들이 상당부분 문화적인 사료를 채택하고 반대로 기왕의 사료에서 정치적인 사료를 삭제하거나 초략(抄略)하는 경우도 있었다. 제3편의 7개권의 항목은 총 18,314항목(1권 2,750, 2권 3,154, 3권 2,812, 4권 2,524, 5권 2,714, 6권 2,299, 7권 2,061)인데 모든 사료의 이용 빈도를 보면 취사가 충분하지 못하게 만들어진『고려사』를 새로 많은 사료를 찾아 반영시킨 듯이 보인다. 그러나 그 이용 빈도를 살펴보면 그저 얼마의 사료를 끼어 넣어서 아주 새로운 면모가 된 듯이 하여 편사의 목적을 강화하고 또 사료를 엄선한 것 같이 보이지만 그렇지 못하다는 것을 알 수 있다.

이용한 사료는 총 224종(한국 137종, 중국사료 52종, 일본사료 35종)이다. 이 사료 중에는 사료가치를 의심할 만 한 것이 적지 않다. 예로 한국 사료 중 묘비, 묘지가 많다. 그러나 일반인 35명의 묘지명은 이름이 알려지지 않은 신분들이라서 얼마만큼 중요사료가 되겠는가 하는 의문이 있으며, 또 승려의 탑비(塔碑)나 사지(寺誌)(國尊2, 國師塔碑13, 王師塔碑2, 大師塔碑15, 寺誌(重修)3)가 많이 채택되었으나 많이 이용되지 못하였다. 사료별 이용 빈도는 낮으나 취사량은 그 내용에 비하여 매우 많은 편이다. 이는 문화라는 것을 내세워 정치적 역량을 줄이려는 저의일 것이라 하겠다. 모든 사료의 이용 빈도는 다음 표와 같다.

권호 서명	III						
	1	2	3	4	5	6	7
高麗史	1424	2336	1235	1673	1936	1757	1772
高麗史·高麗史節要·附東國通鑑	730	563	880	765	1020	962	970
高麗史·高麗史節要	861	477	485	319	689	280	294
高麗史·東國通鑑	144	230		154	16	31	27
高麗史節要·東國通鑑				7	7	16	8
高麗史節要	3	2	7		5	2	5
元史			24	356	174	30	23
新元史					52	21	21
東國通鑑	11	1	14	6		3	5
稼亭先生文集					14	8	12
益齋亂藁	9	6	30	1	17	15	15
牧隱文稿					6	12	15
東文選	2	30	9	1		8	8
新增東國輿地勝覽		2	1	10	4	9	9
金石總覽						1	1
中京誌						1	1
謹齋集					2		1
益齋先生年譜					1	3	2
治平要覽			1			149	137
牧隱先生年譜						3	3
牧隱先生行狀						2	2
太祖實錄						18	15

書名						
櫟翁稗說(前·後)	6		2	6	5	1	1
世宗實錄						1	1
圃隱先生集榜目						1	1
善隣國寶記				1		1	1
對馬島編年略							1
龍飛御天歌						1	1
皇明實錄太祖高皇帝實錄						15	16
宋學士全集						2	2
高皇帝御製文集						1	1
新高麗史	10	4	1			1	1
慵齋叢話						1	1
列聖御製肅宗題恭愍王天山大獵圖						1	
槿域書徵						1	1
星湖僿說						1	2
三國遺事	1					1	1
稼亭先生年譜						2	
拙藁千百					16	1	
唐城府院君洪康敬墓誌						1	
口北三廳志				1	1		
國朝文類			1	45	11		
元高麗紀事			11	136	5		
皇元故敦武校尉					1		
上百戶張成墓碑銘						1	
皇代略記蓮公大師年譜					1		
伏敵編				15	1		
一代要記					1		
關東評定關東評定衆傳				8	1		
北條九代記				8	5		

高麗國義興花山曹溪宗麟角寺普覺國尊碑並序					2	
元史新編			1	12	4	
桐華寺弘眞國尊應塔碑					1	
二十二史攷異			1	2	5	
野史之流	1				2	
慧因寺志					1	
洪奎配金氏墓誌					1	
閔頔墓誌					2	
元忠墓誌					1	
故杞城君尹公墓誌					1	
螢蠅抄				1		
任益惇墓誌			1	1		
吉川本吾妻鏡脫				1		
皇帝紀抄				1		
崔甫淳墓誌				1		
元朝秘史				1		
元朝秘史續集			1	4		
成吉思汗實錄			1	5		
皇元聖武親征錄			1	2		
李相國集		1	68	44		
吾妻鏡			4	2		
百練抄	7		2	4		
南都東大寺尊勝院藏本				1		
高麗國信使書				1		
蒙古國牒奧書				1		
靖方朔源引用書目解題				1		
帝王編年記				7		

五代帝王物語				4		
金之塋墓誌			1			
崔允儀墓誌			1			
金氏墓誌			1			
金永錫墓誌			1			
金誠墓誌			1			
文公元墓誌			3			
李坦之墓誌		1	1			
崔允仁墓誌			1			
崔誠墓誌			1			
朴得齡墓誌			1			
李仁榮墓誌			1			
朴脩墓誌			1			
尹瓘墓誌			1			
李仁實廟誌			1			
高麗文公裕墓誌		2	1			
柳公權墓誌			2			
金鳳毛墓誌			1			
朴仁碩墓誌			1			
李侃墓誌			1			
李應璋墓誌			1			
咸有一墓誌			1			
白任至墓誌			1			
盧卓儒墓誌			1			
李勝章墓誌			1			
柳光植墓誌			1			
崔忠獻墓誌			1			
智勒寺廣智大師墓誌			1			

靈通寺住持智儼墓誌			1			
寶鏡寺圓眞國師碑			1			
寧國寺圓覺國師碑			2			
瑞峯寺玄悟國師碑			1			
東師列傳			1			
諛聞瑣			1			
古今著聞集			1			
三峰集	10	5	1			
資治通鑑				2		
止浦集				5		
金史		78	194	3		
歷代鎭西要略				1		
高麗史・高麗史節要・李相國集				9		
拈頌說話				1		
元亨釋書				1		
東國兵鑑				13		
平戶記				1		
順庵集			1			
中州集		1	1			
補閑集	3	2	1			
成宗實錄			1			
高麗圖經	1	39	1			
洪圓寺教應寺			2			
吉林省龍井村城出土古靑銅板			1			
大宋僧史略			1			
佛祖歷代通載	1	2				
永樂大典				4		
遼東志				2		

松廣寺眞覺國師圓炤塔碑				1		
南都東大寺尊勝院藏本蒙古國牒狀·高麗國書				1		
宋史	72	58	8			
契丹國志	1	1				
佛祖統紀	3	2				
續資治通鑑長編	42	19				
十駕齋養新錄		1				
重廣會文(印文)		2				
說文正字(印文)		2				
通典高麗(印文)		1				
通典(印文)		1				
東破全集	1	4				
姓解(印文)		1				
雞林志		1				
文獻通考	8	2				
遼史拾遺		2				
東寺年代記		1				
破閑集		5				
金史詳校		3				
直齋書錄解題		1				
東京夢華錄		1				
石林燕語		1				
大覺國師文集		2				
修山集	3	1				
三國史記		1				
遼史	177	50				
司馬大師溫國文正公傳家集		2				

高麗仁宗諡冊		1				
新編諸宗敎藏總錄		1				
金山寺慧德王師眞應塔碑	5	2				
遼道宗仁聖孝文皇帝哀冊		1				
權適墓誌		4				
朴景仁墓誌						
興王寺圓明國師墓誌		2				
高麗福寧宮主墓誌		2				
僊鳳寺大覺國師碑	1	3				
靈通寺大覺國師碑	3	4				
般若寺元景王師碑		1				
通度寺國長生石標		1				
通度寺舍利袈裟事蹟略錄		1				
密陽武安里國長生石標		1				
雲門寺圓應國師碑		2				
文殊院重修碑		2				
淸平息庵刻字		1				
淸平仙洞刻字		1				
世祖實錄(朝鮮)		1				
三國遺事·東國通鑑		1				
地藏禪院朗圓大師悟眞之塔碑		1				
興法寺眞空大師塔碑		1				
遼東行部志		1				
大安寺廣慧大師碑	3					
太子寺朗空大師白月栖雲之塔碑	1					
鳳巖寺靜眞大師圓悟之塔碑	2					
高達寺元宗大師惠眞之塔碑	3					
普願寺法印寶乘之塔碑	2					

宋高僧傳	1						
普願寺法印國師寶乘之塔碑	1						
海東金石苑	2						
和漢合運曆	2						
權記	1						
水左記	1						
朝野詳載	1						
本朝續文粹	1						
古今著聞集	1						
續古事談	1						
鎭西要略	1						
淨土寺弘法國師實相塔碑	1						
靈鷲山大慈恩玄化寺碑	1						
興國寺石塔碑	2						
法泉寺智光國師玄妙塔碑	4						
舊五代史	12						
五代史	14						
冊府元龜	17						
日本紀略後篇	7						
小右記	3						
菩提寺大鐘大師玄機之塔碑	1						
廣照寺眞澈大師寶月乘空之塔碑	1						
毗盧庵眞空大師普法之塔碑	2						
天台四教儀	1						
承天寺朝鮮幢記	1						
興王寺大覺國師墓誌	3						
朝野群載擊取刀伊國賊徒狀	1						
江談抄	1						

李頲墓誌	1						
玄化寺碑	1						
浮石寺圓融國師碑	2						
龍頭寺幢竿記	1						
西院鍾記	1						
釋苑詞林	1						
斷俗寺眞定大師塔碑	1						
海東金石苑補遺	1						
東史綱目	1						
玉龍寺洞眞大師寶雲之塔碑	2						
無爲岬寺先覺大師遍光塔碑	1						
興寧寺澄曉大師寶印之塔碑	1						
淨土寺法鏡大師慈燈之塔碑	1						
五龍寺法鏡大師普照慈光之塔碑	1						

편찬방침은 어떠하였는가? 괜히 조선사를 편수하겠다는 것이 아니다. 이는 조선총독부 관찬사서이므로 총독부의 주문이 여과 없이 반영되었다. 일제는 1910년 합방을 하면서 계속 무단정치를 하다가 1919년 3·1운동으로 더 이상 강압통치가 통하지 않게 되자 문화정치를 하겠다고 부임한 조선총독 사이토 마코토는 교육시책에 더 악랄한 방법을 쓰고 있었다.

조선인들이 자신의 역사나 전통을 알지 못하게 만들어 민족혼과 민족문화를 상실케 하였다.

조선인들과 그들, 조선인들의 무능과 악행을 들추어내어 그것을 과장시켜 조선청소년들에게 가르쳐서 그들이 그들 조상을 경멸하고 멸시하는 감정을 갖게 하였다. 그리하여 조선의 청소년들이 자국의 인물과 사적에 대하어 부정적인 지식을 갖고 실망과 허무에 빠지게 하고 그때 일본의 인물과 문화를 소개하여 동화의 효과를 얻게 한다는 것이었다. 이『조선사』의 편수도 그 정책의 일환으로 만들어진 것이다.

내용에 어떠한 문제를 가지고 접근하였는가?

첫째, 조선 사료의 부정적 면을 제기하였다. 앞서 언급하였듯이 왜『고려사』와『고려사절요』의 칭원법이 1년차가 나도록 고쳤는가? 즉위년으로 하고 그 다음해를 원년으로 하여도 문제가 없는데도 고친다는 것은 사료의 격하를 뜻하는 것이다. 또 일진을 고친 곳도 여럿 있다. 여기서는 1권에서 몇 가지 예를 찾아보겠다.『조선사』219쪽 1일(庚寅)은『고려사』에는 ‘甲寅朔’이며,『조선사』365쪽 5월조 ‘是月’은『고려사』에는 엄연히 ‘甲子’라는 간지가 기록되어 있다. 또『조선사』456쪽 3월 5일(丁丑)의 간지가『고려사』에는 ‘丁卯’이다.

둘째는 고려 태조는 태봉국의 유풍을 이어 받아 연호를 쓰고 조정의 용어도 제제와 같았다.『조선사』에서는 국격을 낮추기 위한 몇 가지 시도가 엿보인다. 황제는 천자라 하여 천상의 모든 것도 황제의 정치의 잘잘못에 의하여 현상으로 나타나는 것으로 생각하여 천상의 변화를 중시하였다.『고려사』에는 일식, 월식, 별, 해성 등에 대하여 자세히 기록하였으나『조선사』에서는 모두 삭제한 곳도 있고 어떤 곳에는 제한적으로 취사되었다. 예컨대 제 1·2·3·4권에서는 모두 삭제되었고, 제5권에서는 ‘大雨’ ‘旱’ 등은 제한적으로 기록하였고, 제6권에는 천문에 관한 기록은 삭제하고 지진, 대우(大雨), 우박, 기우 등의 기록은 남겼다. 제7권에도 천문에 관한 기록은 삭제하였다. 지진, 대우 등의 기사는 기록하였다. 그러나 어떤 때는 기록하고 어떤 때에는 삭제하였다. 이는 명백히 제후 왕으로 격하시키려는 시도임이 분명하다. 그리고 같은 내규아래 집필하였어도 필자마다 그 선정기준이 달랐기 때문이기도 하다.

셋째, 『고려사』·『고려사절요』의 문장을 산삭한 곳이 너무 많다. 앞서 언급한 천문관계 기사 외에도 '制曰'·'詔曰'·'敎曰'·'奏曰'·'牒曰'·'冊王詔' 등은 모두 삭제하였으나 간혹 필요에 따라 전문을 모두 옮겨 싣기도 하였다. 예컨대 선종 8년(1091) 6월 병오일의 송제의 고려선본서요구서, 예종 4년(1109) 예종이 재신들에게 9성 환부 문제를 선문한 내용, 송제의 사악기조서(賜樂器詔書), 요나라의 내원성첩문, 금나라 아골타의 서, 이자겸의 횡포를 둘러싼 기사, 송 흠종(欽宗)의 조서, 인종의 송 흠종에게 보낸 답신, 금 황제의 조서, 금 황제에게 올린 서표(誓表), 보주(保州) 문제에 관한 청원표, 묘청의 난에 대한 기사, 충렬왕의 원 황제를 알현하고 올린 주줍, 공민왕이 원제에게 올린 진주문(陳奏文), 우왕의 교서, 명 홍무제의 수조(手詔), ·선유문(宣諭文)·세공표(歲貢表), 고려에서 올린 청시표(請諡表)·승습표(承襲表)·청의관표·자문(咨文) 등은 온전히 실려 있다. 이것은 고려가 원·명조에 공근히 조공을 바치고 섬겼음을 부각시키기 위함이다.

넷째, 자신들의 기록을 어떻게 묘사하였는가? 고려 말에 들어서면서 일본 중앙정부의 통제가 풀린 왜구가 고려는 물론 중국 절강 지역까지 가서 노략질을 일삼아서 끝없는 환란이 계속되었다. 고려 후기의 기사는 거의 왜구의 침입과 토벌기사다.

대륙국가의 변화와 고려의 쇠퇴로 왜구들의 침범이 큰 문제가
되었다. 이때 왜구들은 고려의 서남해안과 동해안에 쳐들어 와서
약탈과 살상을 일삼으며 도처에 출몰하였다. 고려 말 4대 40여년
간(공민왕~공양왕) 무려 468회나 침입하였다.

왜구는 국제적으로 악명이 높았던 해도(海盜)이므로 이름을 쓰지
않으려는 생각도 했던 것 같다. 어떤 곳은 일본으로 고치기도 하고
어떤 곳은 왜인으로 바꾸기도 하였다(『조선사』3:4, p.21), 또 원 세
조의 일본 정벌 기사는 대부분 간단히 초록하였고, 왜구의 침입기
사도 축약하여 실었다. 또 일인들의 쇄환도 숫자를 밝히기 꺼려하
여 『고려사』에 '日本生口男女二百五十九'라는 것을 '日本生口男女多'
(3:1, p.190)라는 식으로 기술하였다.

다섯째, 빠짐없이 기술한 부문은 조공기사, 공녀와 엄인(閹人) 진
공, 고려국왕과 공주의 유람, 상화, 격구관람, 각저희, 사냥, 불사
(특히 각종 도량) 등이다.

여섯째, 원래의 기사에 첨가한 부분이 허다하였다. 주로 왕공대
신, 고승(국사·왕사·대사) 등의 기사가 『고려사』에는 '00卒'이라
한 것을 『조선사』에서는 '0월 0일 00卒'하고 「열전」이나 묘비, 탑비
등에서 장문을 보충하였다.

일곱째, 격이 맞지 않는 문장이 상당수 첨가되었고, 삭제하지 말아
야 할 문장이 사라졌다. 또 사료에 없는 문장이 끼어들기도 하였다.

다음에는 우리 국사에서 중시하는 일본과 관계가 있는 몇몇 분야
를 어떻게 다루었는가를 사건별로 살펴보겠다.

정지(鄭地) 장군의 남해대첩을 보면 『고려사』 「열전」에 1894자로 출생에서 서세까지 기술된 것을 『조선사』에서는 불과 30자로 관직과 왜구격파, 하사품만 적었다. 박위(朴葳) 장군의 대마도 정벌기사도 아주 간략히 줄여서 왜를 치고 공으로 상으로 받은 물품까지만 기록하였다. 또 황산(黃山)・홍산(鴻山) 양 대첩은 다루지 않았다.

영토와 관련된 사건에 대한 시각은 별관심이 없었던 듯하다. 강동 6주는 거란의 침입으로 야기된 문제이지만 서희의 뛰어난 담론으로 전쟁 없이 얻은 영토 확장이다. 서희의 담판을 약술하고 성종 13년 정월의 소항덕[소손녕]의 치서는 아예 몇 줄로 줄였다.

쌍성총관부는 화주에 설치하고 조휘・탁청을 총관과 천호로 삼은 사실을 참조하여 『고려사』기사에 다른 사료를 더하였다.

천리장성문제도 간단히 초략하여 유공자 논공에 관한 기사를 실었다.

정변에 관해서는 어떻게 다루었을까? 강조의 정변은 김치양의 음모에서부터 목종을 폐하고 대량군 순을 맞이하는 과정 그리고 거란 성종과의 전쟁 등을 심도 있게 다루었다.

서경천도운동은 묘청의 난으로 기록되어 난의 시말을 평가 없이 자세히 기록하고 있다. 무신의 난도 정중부 개인으로 시작되어 누대에 이르기까지 군사정권이 계속 집정을 하였으므로 일본의 막부나 다를 바 없으므로 특별한 의미를 부여하지 않았다.

대외국과의 전쟁에서 승리를 가져 온 대첩을 살펴보겠다. 귀주대첩에 대해서는 내용은 기록하되 축소하여 약술하였다.

여・몽 연합군의 9차 일본 정벌 기록을 모두 축약하여 기술하였다.

처인성 전투는 몽고 장군 살례탑을 전사시킴으로 전군이 퇴각하는 결과를 가져온 주요 전투이다. 『조선사』에서는 '本國僧人'이라 하였는데 『고려사』에는 '有一僧'이라고 하였다. 『고려사』「열전」에 엄연히 '金允侯'라 입전이 되어 있는데도 주의하지 않은 탓이다.

성리학에 관해서는 전래에 대한 것은 권보(權溥)가 창도하고, 안향(珦)이 인재를 양육하고 이색(李穡)이 부흥시켜서 발전한 것으로 간단히 정리하였다.

(명지대학교 사학과 명예교수)

제2장 『朝鮮史』와 日帝植民史學의 후유증

―朝鮮時代史를 中心으로―

박 성 수

1. 머 리 말

조선사편수회가 편수한 『조선사』稿本의 體制는 오로지 編年體
로 한다. 그리고 上代부터 李太王 甲午年까지의 2000년 역사를 수
록하는데, 제1편은 신라통일 이전이요 제2편은 신라통일시대 제3
편은 고려시대로 하되, 제4 제5 제6의 3편을 朝鮮時代로 한다.

『조선사』제1편 제1권 서문에는 위와 같이 아주 간략하게 『조선사』
의 체제와 내용을 요약 설명하고 있다. 즉 조선사편수회가 편찬한
조선사는

첫째, 稿本 즉 草稿이며 그 체제는 편년체이다.
둘째, 고대(박혁거세의 신라 건국(서기전 87년)부터 19세기 고종
황제 갑오년(1894년))까지의 역사를 다룬다.
셋째, 제1편은 신라통일 이전, 제2편은 신라통일시대, 제3편은
고려시대, 제4, 5, 6의 3편은 朝鮮時代로 한다.

매우 간결한 소개문이다. 그러나 『조선사』의 내용을 자세히 뜯어
보면 간단하지 않다. 매우 복잡한 것이다. 왜 하필이면 稿本이며 왜
편년체로 했는가. 그리고 왜 한국사를 박혁거세부터 시작하였으며

1894년으로 끝냈나. 거기에서 깊이 파고 들어가면 무한한 논쟁거리가 숨겨져 있다.

『조선사』는 두말할 것 없이 순수한 학술서적이 아니며 일제식민통치를 위한 목적사업이었다. 그러므로 철저히 그 내용과 형식을 비판하여야 하는데 지금까지 그런 비판 연구가 없었다.

『조선사』는 일제가 남긴 유물이요, 우리로서는 청산해야 할 일제 잔재이다.『조선사』의 절반을 차지한 조선시대 500년사는 일제가 가장 중요시한 부분이다. 일제가 바로 조선왕조를 멸망시켰기 때문에 일제침략의 역사적 구실을 조선사에서 찾아내야 했다. 일제는 조선 멸망의 원인을 일제침략에다 두는 민족주의자들의 역사를 분쇄하여야 했다. 그러기 위해서는 조선 역사의 전체 과정을 자멸의 과정으로 꾸며야 했다. 조선사 편찬의 목적과 사명은 일제침략 이전에 이미 조선이 멸망하고 있었다는 것을 입증하는 것이었다. 조선의 역사는 처음부터 멸망하게 되어 있었다는 것을 조선사로 증명하여야 했던 것이다. 이것이 유일한 조선사 편찬의 목적이었다.

일제는 당초에 조선사 그 자체를 도살하려 했었다. 그것이 불가능하다는 것을 알고 자기네 손으로 일본어『조센시』(『朝鮮史』)를 편찬하기로 한 것이니, 이미 이름부터가 경멸의 대상이었다. 조선사의 존재가 일제식민통치에 있어서 가장 골치 아픈 장애물이었기 때문에, 조선사 편찬의 방법을 놓고 이렇게 할까 저렇게 할까 궁리하다가 고민 끝에 택한 방법이 단순한 역사 해설의 원고(稿本)를 연대순으로 나열하는 편년체 조선사였다. 과연 저들의 목적은 당초 목적대로 유감없이 성공했는가 아니면 실패한 것인가.

2. 조선사 편찬의 배경과 경위

(1) 조선사 편찬과 일제식민사관

이기백의『한국사신론』서문에 보면 한국사학의 최대 관심사는 일제의 식민주의사관을 깨끗이 청산하는 일이라 하였다.

> 한국사의 올바른 이해를 위하여 우리가 힘써야 할 일들이 많지만 그 중에서도 우선적인 과업은 식민주의사관을 청산하는 일이다. 식민주의사관을 한마디로 말하면 일제의 한국에 대한 식민정책을 정당화하기 위한 왜곡된 한국사관을 말한다.

만일 한국사학이 일제식민사학을 청산하고 있었다면 이런 말을 하지 않았을 것이다. 못했기 망정이지, 청산하고 있었다면 한국사 첫머리에다 이런 이야기를 할 필요가 없었다. 일제가 만든『조선사』야말로 한국에 대한 일제의 식민정책을 정당화하기 위해 왜곡한 한국사의 대표적 작품이었다. 일제는 조선사를 편찬하기 위하여 막대한 돈을 투입하였다. 광복 65년이 지난 지금까지도 일본정부는 지난날의 일제침략을 반성하기는커녕 한국을 근대화시켜 주었다고 자랑하고 있으며, 저들의 교과서에 일제는 한국을 속박한 것이 아니라 해방시켰다고 가르치고 있다. 심지어는 일제식민지정책으로 한국은 근대화 되었다고 적반하장을 하고 있는 것이다.

전후의 일본은 일제식민통치를 세계사상 가장 민주적인 식민통치였다고 자찬하고 있다. 그 중에서도 조선사편찬사업을 조선을 위하여 일본이 베푼 커다란 시혜(施惠)요 문화정책이었다고 자랑하고 있는 것이다. 『조선사』35권을 편찬한 목적이 일제의 한국사 왜곡이 아니라, 후진국 조선을 위해 일본이 시도한 큰 문화 사업이었다는 것이다.[1]

그러나 일본의 이같은 어이없는 정치 선전이 과연 진실인가, 아니다. 그동안 한국학계에서도 이 문제를 많이 거론하였으나 일제의 『조선사』에 대해서만은 언급하는 학자가 없었다. 다시 말하면, 일제식민사학을 타율사관(他律史觀)이다 반도사관(半島史觀)이라고 하는 말은 되풀이하였으나 『조선사』35권에 대해서는 비판하는 사람이 없었고, 도리어 조선사편수회가 편찬한 방법으로 우리 한국사를 다시 한번 더 편찬하여야 한다고 주장하는 사람까지 나타났다.

조선사 편찬사업에 협조한 일부 한국인 역사학자들을 친일파요 민족반역자라 매도하면서도, 조선사편수회가 만들어낸 『조선사』35권에 대해서는 시비하는 사람이 없었고, 도리어 조선사의 편찬 사업과 그 체제를 암묵리에 지지하고 있었으니 이런 모순된 태도가 없었다. 그런데 더 이상한 일은 『조선사』편찬에 진정으로 반대했던 민족사학자들에 대해서는 공공연히 반대하지 않는다. 그러면서도 후술하는 바와 같이 『조선사』에 대해서는 은근히 경의(?)를 표하고 있는 것이다. 이것은 우리 한국사학계가 구태의연한 문헌고증주의에서 벗어나지 못하고 있기 때문이라 할 수 있다

---

1) 박성수, 한국독립운동사론 799-843. 제9장 일제식민사관과 민중사관 소수 논문
　　1. 일제식민사관과 황국사관 2. 한국근대사와 일본 역사교과서 3. 일본역사교과서의 진출사관 4. 3.1독립운동과 한일역사교과서 5. 일제식민통치기와 일본역사교과서 참조

(2) 조선사 편수에 착수하기까지의 과정

일제는 처음부터 『조선사』를 편찬하려 한 것이 아니라, 조선사 관련 서적을 모두 수거하여 총독부 뒷마당에 焚書坑儒하는 것이 목적이었다. 병합과 동시에 일제는 거리에서 두 사람 이상이 모여 이야기 하는 것을 금지하였다. 특히 역사 이야기 하는 것을 금지하였다. 모든 백성에게 역사함구령을 내렸던 것인데, 한국사에 대해 말하는 사람이 사라졌다. 이것은 갱유(坑儒)가 아니라 갱민(坑民)이었다. 일제는 1910년에서 1915년 사이에 실시했던 이 사건을 덮어버리고 숨기려 하였으나 지금은 세상이 다 아는 비밀이 되고 있다.[2]

1) 총독부 취조국(取調局)의 만행

일제가 한국사를 말살하려 든 사실을 지나간 에피소드로만 치부해서는 안 된다. 일제의 한국 침략에는 1876년에서 1910년까지 37년이란 오랜 시간을 필요로 하였고, 특히 1894년의 동학혁명, 1895년 이후 20년간에 걸친 의병전쟁, 그리고 안중근의 이토 히로부미(伊藤博文) 총살 사건에 충격을 받아 일제는 끈질긴 한민족의 저항정신이 과연 어디서 나오는 것일까 고민하다가 필경 역사에 있음을 알고 모든 사서를 몰수하려 했던 것이다. 일체의 조선의 고문서와 고기록(古記錄)을 없애려 한 것이다. 그리고 학교교육에서 일본어를 가르치고 조선역사의 교육을 금지하였다. 그러나 한국의 민

---

2) 본문 후기 참조.

족정신을 발본색원하기 위해서는 역사교육의 금지만으로는 부족하였다. 한민족의 반일의식을 근원적으로 발본색원하여야 했다. 그러기 위해서는 민족의 독립정신을 고취하는 사서(史書)를 모조리 압수하여 태워야 했던 것이다. 그러나 그것이 어렵다는 것을 알고 왜곡된 식민지 역사를 지어서, 조선은 당연히 일본의 식민지가 되어야 한다고 가르치기로 한 것이다. 그러기 위해서는 조선은 일본보다 짧은 역사를 가진 나라요, 처음부터 일본의 속국(任那日本府)이었다는 사실을 인식시켜야 했다. 이에 총독부는 무엇보다도 먼저 반일역사출판물을 압수하여 불살라 버리는 분서(焚書)작전을 시도하였던 것이다.

그 주무기관으로 조선총독부에 취조국(取調局)이란 정체불명의 기관을 두고, 전국의 헌병경찰을 동원하여 고서를 몰수하기 시작하였다. 총독부는 1910년 10월 1일에 발행한 총독부『관보』에 51종의 불온서적 서목을 公示하고, 전국의 헌병경찰을 동원하여 고문서 압수수색에 착수하였던 것이다. 이 작전은 동년 11월 1일부터 이듬해 12월까지 1년 2개월간에 걸쳐 강행되었는데, 20만 권의 귀중한 고서적이 압수당하였다. 서울에서는 종로 일대의 서점, 지방에서는 서점·향교·서원(書院)·구가(舊家) 양반가 세도가를 샅샅이 뒤져서 몰수하여 모든 서적을 서울로 보냈다.[3]

압수수색 대상 서적은 광범위하였다. 예를 들면 檀君 관계 古書를 비롯하여『朝鮮地理』, 애국충정을 토로한『偉人傳記』, 심지어는

---

3) 해방 후에 나온 制憲國會史 및 문정창의 軍國日本朝鮮 强占 36年史 그리고 서회 건 위의 책 참조

『미국의 독립운동사』와 아동용 역사책인『童蒙先習』같은 교과서
류에 이르기까지 광범위한 분야의 고문헌을 압수한 것이다. 장지
연의『大韓新地誌』, 이채병의『愛國精神』, 신채호의『乙支文德傳 』
등이 모두 이때 압수 대상에 들었다. 당시 총독부는 서울 남산의
구 통감부에 자리하고 있었는데, 20만 권에 달하는 귀중한 고문서
가 그 뒷마당에서 불탔다. 목격자에 따르면 1주일이나 걸쳐 탔다
고 한다.[4]

2) 朝鮮半島史 편찬 요지

취조국은 4년 만인 1915년 총독부 중추원 편찬과로 이관되어 15
명의 편사실무진을 확보하였으며, 일본으로부터는 세 사람의 소위
사학권위자를 초빙하여「조선반도사 편찬 요지」라는 기본방침을
작성 발표하게 하였다. 세 사람의 사학권위자란 미우라(三浦周行:
경도제대 교수), 이마니시(今西龍:동대학 강사), 구로이타(黑板勝
美:동경제대 교수)이었고, 그들이 작성해 낸 글이「조선반도사 편
찬 요지」라는 문서였다. 그 중요한 부분을 소개하면 다음과 같다.

> 조선 백성의 지능과 덕성을 계발하여 그들을 忠良한 帝國臣民으로 만
> 들기 위해 이번에 중추원에 명하여 〈조선반도사〉를 편찬하게 한 것은
> 民心訓育의 일단을 기하고자 함에 있다. 일부에서는 "총독부가 조선
> 인민을 교육하는 것"을 불평과 반항의 기풍을 조장할 것이라 하면서
> 반대하고, 지금 조선인에게 조선 역사를 읽는 편의를 제공하면 그들 조

---

4) 박성수, 한국독립운동사론 (한국정신문화연구원, 1996) 제3장 애국계몽운동 참조
  필자가 일본에서 만난 일본인 (구총독부 직원의 아들 三輪씨)의 증언에 따름.

선인에게 옛날을 생각하여 그리워하게 하는 결과를 제공할 것이라고 반대하지만 조선인들은 야만인들이 아니다. 독서와 작문에 있어서 문명인에 떨어지지 않아 그들을 무지몽매하게 억압하기에는 오늘날 時勢에서는 맞지 않는 일이다. 조선에는 고래의 사서가 많으며 또한 새로이 저작한 것도 적지 않다. 그러한 바 전자(古來의 史書)는 독립시대의 저술로서 독자로 하여금 독립국의 옛날 꿈에 빠지게 하고, 『조선통사』[5] 등 (새로이 저작한 역사)는 근대 조선을 둘러싸고 淸日과 露日 간의 세력 경쟁을 한 사실을 서술하여 이들 史書가 인심을 심히 고혹케 한다. 그러나 이러한 사서들의 절멸을 하는 것은 오히려 그것의 전파를 조장하는 결과를 초래할 것이다. 그러니 차라리 공명 정확한 새로운 사서를 읽히는 것이 그 효과도 현저할 것이다. 이것이 『朝鮮半島史』편찬이 필요한 이유요, 또한 편찬 사업의 근본정신이다.

위의 글을 읽어보면 일제가 당초 전국에 걸쳐 대대적으로 고서적을 몰수한 사실을 간접적으로 시인하고 있다는 것을 알 수 있다.

이들 史書가 인심을 심히 고혹케 하나, 이들 사서를 절멸하는 것은 오히려 그것의 전파를 조장하는 결과를 초래할 것이므로, 민심 훈육을 위하여 『조선반도사』를 편찬하려고 한다고 하였다. 그러나 『조선반도사』편찬을 반대한 세력도 만만치 않았던 것 같다. 반대 이유는 오히려 역효과를 낸다는 것이었다. 그러나 이러한 반대 세력을 무릅쓰고 마침내 『朝鮮半島史』편찬을 단행하였던 것을 위의 글을 통해 알 수 있다.

첫째, 조선인은 다른 나라 식민지에 있어서 볼 수 있는 바와 같은

---

5) 박은식의 『韓國痛史』를 말함

野蠻 半開民族과 달라 讀書文에 있어서 결코 다른 문명인에 뒤지지 않는다.

둘째, "고래로 조선에는 史書가 많이 있는데다가 새로이 서술된 사서도 적지 않기 때문에 이를 하루아침에 절멸시켜 버리기란 불가능하다." 그렇다고 해서 이들 사서를 읽어보고 널리 전파(보급)시킨다고 한다면 그보다 더 위험한 일이 없다. 왜냐하면 "고래의 조선 사서는 독립시대의 저술이므로 현대(즉 일제통치하)와의 관련이 결여"되어 있으며, 최근에 나오는 사서들은 '함부로 독립국의 옛 꿈을 추상시키는 폐단'이 있기 때문이다.

이와 같이 일제는 조선사 말살에서 조선사편찬으로 방법을 바꾸었으나 지지부진하여 한때 조선사편찬사업은 중단한 상태였다. 그러나 1919년 갑자기 3.1운동이 일어나자, 놀란 총독부는 이름을 문화정치에 가탁하여 다시 조선사 편찬사업을 재개하였다. 총독부는 중추원에 소속되었던 일개 편찬과를 더욱 확대하여 조선사편찬위원회로 발족시킨 것이 1921년의 일이었다. 새로 발족된 조선사 편찬위원회에는 종래 일본인만 관여하였던 것을 바꾸어 조선인 사학자들을 포섭 참여시켰다.

그러나 이 기구 역시 4년 반 정도 존속되었다가 1925년에 최종적으로 朝鮮史編修會라는 기관으로 이름을 바꾸어 그 기구와 권한이 한층 더 확대 강화되었고, 비로소 〈조선사〉 편찬 사업을 본격적으로 추진하기에 이르렀다. 실로 조선사편찬사업 발족 이후 10년 만의 일이었다.

이상과 같이 일제는 당초부터 『조선사』를 편찬하려 했던 것이 아니며 한국사에 관한 사서를 모두 없애려 했던 것이다. 즉 당초에는 모든 史書를 焚書하여 조선인의 머릿속에서 국사에 대한 생각을 완전히 지워버리려고 한 것이다.[6] 당시 민간에 있던 조선사에 관한 사서는 조선시대에 집필되었거나 조선시대에 관한 문헌이었다. 그렇기 때문에 저들은 조선시대에 편찬된 모든 교과서는 물론 문헌을 없애어 조선시대에 관한 역사적 애착을 지워버리고자 한 것이다.

일제는 일찍부터 선진 제국주의국가들의 식민통치방식을 배워서, 북해도 유구(오키나와)·대만의 원주민에 대한 역사 말살정책을 조선에도 적용하려 하였다. 그래서 초대 총독 데라우치(寺內)의 무단통치가 시작되자마자 모든 사서를 없애버리려고 했던 것이다. 일제의 이같은 역사 말살정책을 거론하지 않고 저들의 조선사 편찬사업만을 칭찬한다는 것은 잘못이며, 조선사를 이해하는데 큰 장애물이 된다.

조선사 편찬사업을 일제의 문화정책의 하나인 것처럼 사실을 분식하고 있으나, 실은 한국사를 말살하려다가 실패한 뒤 부득불 착수한 사업이었다. 그것도 처음에는 흐지부지하다가 1919년 3.1운동이 일어나니까 부랴부랴 문화정치를 한답시고 시작한 지 10년 만에 다시 시작한 사업이 바로 저들의 조선사편수회였다.

3) 朝鮮史編修會 事業槪要

조선사 편찬의 경위에 관한 기록(회고록)으로는 「朝鮮史」 권수 총목록(조선총독부 조선사편수회, 1938)의 서문이 있고, 다른 하

---

6) 서희건, 잃어버린 역사를 찾아서1 (고려원)

나는 朝鮮史編修會事業槪要(조선총독부 조선사편수회, 1938)가 있다. 둘 다 1938년『조선사』35권을 완간한 뒤에 발표한 글들이다.

　　ㄱ)『朝鮮史』권수 총목록(1938) 의 서문
　　ㄴ)「朝鮮史編修會事業槪要」(조선총독부 조선사편수회, 1938)

　앞의 ㄱ)「서문」에는 병합 즉시 총독부에 취조국을 설치하여 전국의 헌병경찰을 동원하여 조선시대에 관한 구 역사서를 몰수한 사실에 대해 언급하지 않았다. 그러나 뒤의 ㄴ)「개요」에는 취조국의 만행에 대해 언급하였다. 당초 총독부가 憲兵警察制度를 채택하여 헌병경찰로 하여금 조선 고유의 고문서를 압수수색한 사실에 대해서는 언급이 없고, 취조국의 직원들이 전국을 돌아다니면서 사료를 채방(採訪)한 것처럼 사실을 왜곡하고 있다. 이 점에 속아서는 안된다. 일제의 각종 문서를 검토하는데 있어서 주의하여야 할 점은, 일제가 어느 사실에 대해서만은 완전히 감추고 기록하지 않았다는 사실이다.[7]

　또 헌병경찰이라고 하면 일본인을 생각하지만, 일본인은 현지의 한국인과 한국문과 한국어를 모르기 때문에 조선인 헌병보조원을 시켜 고서를 몰수하게 하였다. 이들 보조원의 명단은 모두 남아있으니, 친일 민족반역자를 적발한다면 바로 이들 악질 헌병보조원을 가장 앞에다 기록하여야 할 것이다.

　『조선사』편찬의 목적을 설명한 총독부의 공식 문서인『朝鮮史』

---

7) 中塚 明, 歷史の僞造をただす ―戰史から消された日本軍の朝鮮王宮占領―(高文硏 1997)

권수 총목록(1938) 「서문」에 보면, 조선에도 종래 史書가 없었던 것이 아니나 "모두 완벽한 것이 아니어서 『조선사』를 편찬하여야만 했다"고 쓰고 있다. 기껏해야 編年史料集을 편찬해 내면서, 조선에는 학술적으로 가치 있는 책이 없어서 새로이 『조선사』를 편찬하여야 하겠다고 말하고 있는 것이다. 아래의 인용문에 보듯이, 삼국시대 이후 여러 사서가 있었으나 "근대 학술의 발달에 비추어볼 때 결코 완벽을 기한 史篇이라 할 수 없고 萬世에 전할 만한 것이 못된다." 그래서 일본인이 조선사를 새로 편찬해야겠다는 것이었다.

그러나 일제의 실제 목적은 일본어로 된 조선사를 편찬하는데 있었다. ㄱ) 『朝鮮史』 권수 총목록(1938) 의 서문에는 다음과 같이 편찬 목적을 늘어 놓았다.

> 新羅의 朴赫居世가 경주에다 나라를 세운 이후 조선 李王 융희 4년 경술 일한병합에 이르기까지 그 동안의 조선역사가 참으로 멀고 역대 문화 또한 볼만한 것이었다. 삼국시대에 이미 國史의 纂修가 있었으나 逸失하여 전하지 않으며 史臣이 前代의 遺乘에 의거하여 三國史記를 편찬하여 遺業을 후대에 전할 뿐이다. 王氏 高麗時代에는 역대의 실록 찬수가 있었으나 역시 어디에 있는지 그 소재를 알 수 없다. 이씨조선에 이르러서는 전조(고려)의 예에 따라 歷朝實錄 寶鑑을 찬수하여 이를 史庫에다 나누어 보관하였고 또 史臣에 명하여 전조의 實錄 史編에 의거하여 高麗史 東國通鑑 등을 찬수하게 하였다. 민간에서도 野史 野乘을 편찬한 것이 적지 않다. 특히 이씨조선의 후기에는 청조의 학풍에 영향을 받아 考證學이 일어나 史乘 또한 볼만한 것이 있었다. 그러나 이를 근대학술의 발달에 비추어볼 때 결코 완벽을 기한 史篇이라 할 수 없고 萬世에 전할 만한 것이 못된다.

삼국시대에 이미 국사 편수가 있었고 고려 조선시대에도 역사를 편찬하였으나 모두 "근대 학술의 발달에 비추어볼 때 결코 완벽을 기한 史篇이라 할 수 없다"고 하면서 일본총독부가 새로 일본어 조선사를 편찬해야겠다는 것이다. 만일 그렇다면 조선사는 근대 학술의 발달에 비추어볼 때 완벽한 사서이며 萬世에 전할 만한 사서인가. 『조선사』는 편년순으로 된 사료해설집에 지나지 않았다. 그리고 조선이 일본식민지가 되었으니 일본어로 조선사를 편찬한 작품에 지나지 않았다. 그러므로 조선사는 조선인을 독립시대의 옛 꿈에서 깨어나게 할 수 없는 사서였다.

또 하나의 문서 ㄴ) 「朝鮮史編修會事業概要」에도 조선에 종래 온전한 역사서가 없었다고 하면서 새로 조선사를 편찬하여야 한다고 주장하고 있는데, 여기서 비로소 취조국에 대한 이야기가 나온다.

> 조선의 문화는 그 淵源이 매우 멀고 우수한 것이 적지 않아 정치 경제 문학 예술 풍속 가요 등 여러 분야에 있어 특색이 있으나 이것을 학술적으로 연구한 것이 적어서 수천 년의 문화 변천에 흔적을 찾아 볼 史乘으로서 볼 만한 것이 없다는 것이 매우 유감스러운 일이다. 이에 일한병합이 있자 데라우치(寺內)總督이 施政의 초기에 조선에 가장 적절한 新政을 베풀기 위해 먼저 取調局을 설치하여 舊慣制度의 조사를 행하게 하였다.

위의 두 설명에 의하면, 조선에는 삼국시대 이후 이미 「국사」가 있었으나 모두 없어졌고, 고려시대에 와서야 비로소 「三國史記」가 편찬되었다. 고려시대의 역사도 그 實錄이 편찬되었으나 조선시대에 와서야 다시 고려사를 편찬하게 되었고, 고려의 실록은 없어졌다. 다만 남은 것은 조선시대의 실록뿐인데 근대 역사학의 관점에서 볼 때 완벽한 것이 못 된다. 그래서「조선사」를 편찬하게 되었다는 것이다.

3. 조선사 편찬의 정치적 성격

(1) 조선왕조는 중국의 속국

한국에 대한 일제의 그릇된 인식 가운데 하나는 한국이 본시 중화제국(한·송·원·명·청)에 소속되어 있던 나라, 즉 중국의 번방(藩邦) 또는 속방(屬邦)이라는 인식이었다. 이것은 일제가 한국침략을 정당화하기 위해 조작한 허구였다. 이것은 조선의 고대사를 왜곡한 중국의 역대 사서를 이용하여 조선왕조에 대한 침략을 정당화한 것이다. 도요토미(豊臣秀吉)가 신공황후(神功皇后)의 삼한정벌을 구실로 조선을 침략한 사실과 일맥상통하는 것이다. 조선왕조가 당초 독립국이 아니었다고 해야 일제의 침략행위가 정당화된다. 그 일례가 조선왕조를 이씨왕조라 부른 것과, 역대 임금을 꼭 임금의 諱를 적어 폄하한 것이 그것이다. 가령 英祖를 李惟秀, 憲宗을 李惟秀, 中宗을 李沈, 肅宗을 李沈, 太祖를 李滉, 英祖와 成宗을 李光佐 또는 李行儉, 世祖를 李行儉, 宣祖를 李亨男, 仁祖를 李亨男으로 부른 것이 그것이다.

『조선사』에서 이처럼 조선왕조를 꼭 李氏朝鮮이라 호칭한 것은 조선왕조가 일본의 도쿠가와 막부(德川幕府)와 같이 그 격이 낮다는 것을 표시하기 위한 것이었다. 마치 조선왕이 일본국왕인 천황 밑의 막부정권처럼 보이기 위한 방략이었다. 우리는 지금 조선왕조를 고려왕조와 같이 완전 자주독립국으로 인식하고 있으나, 한동안 일제가 부른 이름 그대로 이씨조선이라 부르는 사람이 있다. 조선이 독립국이 아니라 중국의 지배를 받은 나라였다면 일본이 한국을 침략하여 죄 될 것이 없는 것이다 그것은 조선을 중국의 속박으로부터 구출해 낸 것이 된다.

일제는 조선왕조뿐만 아니라 그 이전의 왕조부터 독립국이 아니었다고 왜곡하였다. 지금도 일본 역사교과서에 북한은 한사군(漢四郡), 남한은 임나일본부(任羅日本府), 즉 일본의 식민지였다고 가르치고 있다. 다시 말하면 한국은 고대로부터 조선왕조에 이르기까지 중국과 일본의 식민지였다는 것이다. 처음부터 식민지로 출발한 나라였고 항상 중국과 일본에 아부하여 생존을 유지해 온 나라요, 정세 변동에 따라 이리 가고 저리 가는 나라였다는 것이다.

북한은 한사군이요, 남한은 임나일본부였다는 허위사실을 입증하기 위하여 광개토대왕의 비문 辛未年條를 훼손하기도 하였다.[8] 그러나 아무리 거짓말을 해도 한사군이나 임나일본부는 실재하지 않는 나라였다. 그런 허구를 가지고 지금까지 사실처럼 버젓이 일본교과서에 실어 가르치고 있는 나라가 일본이다. 거기다 더해서 근대에 와서는 조선을 청나라의 속방이었다는 인식을 확산시켜, 일본국민이나 한국을 잘 모르는 나라 사람들에게 일제침략의 정당성을 선전하고 있는 것이다.

---

8) 朝鮮史 영락대왕 광개토왕 1-1 292 293 312 314

명치정부는 도쿠가와 막부 시대의 조일(朝日)관계, 즉 對馬島를 중계지로 한 통신사 외교를 정식 국교 관계로 보지 않고, 조선을 중국의 속방으로 인식하고 조선왕을 중국 황제보다 한 단계 낮게 예우하여야 한다는 인식을 길러왔다.[9] 대마도는 신숙주가 가서 재확인한 바와 같이 왜구의 소굴이었다. 다시 말해서 조선왕조는 완전한 독립국가가 아님으로 합법적인 전쟁, 즉 청일전쟁(1894)과 러일전쟁(1904)을 통하여 일본이 전리품으로 차지한 것이라는 인식을 갖게 하고 있는 것이다. 여기서 저들의 조선에 대한 황민화(皇民化) 정책의 근거가 나오고 극악한 식민통치 방식이 옳았다는 말이 나오는 것이다.

(2) 동화정책과 내선일체(内鮮一體)

초대 조선총독 데라우치의 말을 들어보면, 당면한 급선무는 조선인을 일본의 말을 잘 듣는 충량한 일본인으로 만드는 데 있고, 또한 그것이 가능하다는 것이었다.

> 자고로 제국(일본)과 한토(한국)는 특수한 관계를 가졌으므로 一統의 국가를 이루어야 한다. 지역이 상접相接하고 人種이 상동相同하고 문화가 상균相均하고 이해가 또한 상기相倚(依)하니 한 국가를 이루어 마땅하다. 한국은 불행히도 밖으로 이웃 강국의 압박을 받고 안으로 정쟁政爭을 일삼아 마침내 시세時世에 뒤떨어져 스스로 선각先覺(일본)

---

9) 조선사의 대마도 관련기사는 100항목 이상이나 된다. 대마(津島) 對馬大浦 對馬島主 對馬島 討伐 등등 대마도 문서는 조선총독부가 구입하여 현재 국사편찬위원회에 보관 중이다.

후진後進(한국)의 차를 자초한 것이다. 이에 당면한 급선무는 조선인을 계발啓發하여 문명의 역에 나아가게 하고 그럼으로써 충량忠良한 제국신민帝國臣民으로 만드는데 있다.[10]

여기서 데라우치가 떠벌린 발언 요지는 다음과 같다.

첫째 양국의 지역이 서로 가깝고 인종이 같고 문화가 비슷하고 이해관계가 밀접하니 한 국가를 이룰 수 있다.

둘째 한국은 불행히도 밖으로 이웃 강국의 압박을 받고 안으로 黨爭을 일삼아 오다가 마침내 스스로 先進(일본) 後進(한국)의 차를 자초하였다.

셋째 당면한 급선무는 조선인을 계발하여 문명인을 만들고 그럼으로써 忠良한 日本人으로 만드는 것이다.

『조선사』편찬의 취지는 위와 같은 데라우치의 시정목표에 맞추어 기획된 것인데, 그것이 전혀 목적에 맞지 않는 편년사료집을 만들어버린 것이다. 그 장본인이 구로이타(黑板勝美)였다. 그가 만든『조선사』는 사실상『조선사』가 아니라『稿本 朝鮮史』였다. 그것도 일본어로 만든 編年史料集이었다. 이것은 데라우치의 당초 시정방침에 어긋난 것이었다. 일제의 가장 중요한 목적은 조선인을 충량한 일본인으로 만드는 것이었는데, 일본어 조선사 고본집에 지나지 않는『조선사』로서는 가능하지 않았다. 혹시 훗날 조선사만 남기고 『조선사』에 인용한 모든 사료를 없앤다면 모를까, 그렇지 않는 한 『조선사』를 빙자하여 조선을 영구 식민지로 만들 수 없는 것이다.

10) 초대 조선 총독 테라우치(寺內正毅)의 시정연설, 1915

저들의 소위 조선총독부는 병합 이듬해인 1911년에「조선교육령」을 발표하여 "조선인은 교육칙어(敎育勅語)의 정신에 입각하여 충량한 국민을 육성한다"고 하였다. 그리고 이를 위해 특히 조선인의 덕성을 함양하고 국어(일본어)를 보급하여 제국신민(帝國臣民)으로서의 자질과 품성을 갖추도록 한다"고 하였다.[11]

同化政策이란 한국인을 일본인으로 만드는 것을 말하였는데, 일제는 1945년 8월 15일까지 동화정책을 포기하지 않았다. 기어이 한국인을 북해도의 아이누나 오키나와의 유구인과 같이 일본인으로 만들겠다고 마음먹었던 것이며, 그로써 조선을 일본의 영구 고유영토로 만들려고 하였다. 이것은 1945년 일왕이 연합국에 항복할 때, 무조건 항복에 불복하고 단 한 가지 조건, 즉 조선을 일본의 고유영토로 인정해 주는 것을 연합국에 제시한 것으로도 알 수 있다.『조선사』는 조선이 독립국이 아니었다는 사실, 그리고 처음부터 일본의 식민지였다는 것을 입증하는 자료로 이용하려 했던 것이다.

한국인은 단 두 사람이 길에서 만나 이야기해도 잡아간다는 무단통치 10년 만에 3.1운동이 일어났다. 그 후 일제는 무단통치를 바꾸어 문화정치(文化政治)를 시작한다고 선언하였으나, 그들은 탄압정치를 더욱더 음성적으로 계속하였다. 조선호적령(朝鮮戶籍令)을 시행하고 태형(笞刑)을 폐지하는 등, 겉으로는 식민통치를 완화하는 것같이 보였으나 현실적으로는 무단통치의 연속이었던 것이다. 일제는 마침내 서울 남산에다 朝鮮神宮을 지어놓고 참배를 강요하였고, 보통학교 교과목에 일본역사와 지리를 추가하여 황국신

---

11) 조선교육령朝鮮敎育令, 1911

민화 교육을 한층 강화하고 일본천황에 대한 충성심을 강요하였다. 그러다가 1920년대가 지나자 1931년 일제의 대륙 침략이 시작되었고, 이듬해 우가키(宇垣一成)가 조선총독으로 취임하여 내선일체(內鮮一體)를 부르짖었다. 이는 종래의 동화정책보다 한 단계 더 높은 차원의 동화정책이었다. 그가 꿈꾸었던 내선일체 30년 계획에 의하면

1) 물심양면으로 생활의 안정을 기하고
2) 조선의 진전을 충실하게 하고
3) 명실공히 內鮮平等 참다운 皇國臣民化를 完成한다.

는 것이었다. 이어 미나미(南太郎)란 자가 총독으로 취임하는데, 이 자의 동화정책은 더욱 악랄한 것이었다. 조선사가 완간되기 전의 1936년 그의 취임사는 조선과 일본은 하나라는 것이었다.

1) 일만은 한 몸이다(日滿一體)
2) 일본과 조선은 하나다(內鮮一如)
3) 만주와 조선은 서로 의지하여야 한다(鮮滿相依)

그러나 모두가 헛구호였다. 그러면서 1937년에는 전국 전지방에 각 면마다 신사(一面一神社)를 짓게 하여 신사참배(神社參拜)를 강요하고, 황국신민서사(皇國臣民誓詞) 같은 것을 암기하게 하였다. 그리하여 일제 말기에 또다시 민족말살정책을 쓰게 되는데, 징용징병제의 실시와 종군위안부의 연행 등으로 젊은 남녀를 싸움터로 끌고 가서 조선민족의 씨를 말리는 절멸작전을 썼던 것이다.

1938년 특별지원병제를 실시하였다.

1939년 창씨개명 국민징병 강제연행이 시작되었다.

1942년 조선인에 대한 징병제 실시를 각의에서 결정하였다.

일제는 끝내 조선에서 징병제를 실시하지 못하고 항복하고 말았
으나, 그들은 어떻게 해서든지 한국인을 일본인이라 하면서 전장으
로 몰아가려 했던 것이다. 1945년 분명히 일본은 연합국군에 패전
하였으나, 패전이라 하지 않고 종전이라 했다. 전쟁이 저절로 끝났
단 말인가, 아니면 자기들이 전쟁을 끝냈단 말인가. 연합국에 무조
건 항복을 해 놓고서도 마치 자기들이 이기기나 한 것처럼 종전했
다고 했다. 그들은 마지막까지 패전 사실을 시인하지 않았던 것이
다. 이같은 일제침략의 역사와 식민통치의 실상을 보면서 조선사
편찬사업이 무엇인가를 살펴보아야 할 것이다.

4. 조선사 간행의 정치적 목적

(1) 사이토(齊藤實)의 施政演說

이상과 같은 조선사 편찬 위원회의 소위 강령의 기본 취지를 요
약하면 아래와 같다.

1. 朝鮮半島史는 編年體로 한다.
2. 전편을 상고 삼한, 삼국, 통일 후의 신라, 고려, 조선, 조선근세사의
   6 편으로 한다.
3. 민족국가를 이룩하기까지의 민족의 기원과 그 발달에 관한 조선 고

유의 사료, 사설 등은 일체 무시하고 오로지 기록에 있는 사료에만
의존한다.

조선사에 있어서 일제의 가장 결정적인 오류는 조선민족의 기원
과 그 발달에 관한 조선 고유의 사료(史料)와 사설(史說)을 일체 무
시한다는 원칙에 있었다. 단군에 관한 고기(古記)는 물론, 중국사
서인 위서(魏書)를 인용한 부분까지 모두 무시한다는 것이었다. 이
같은 일제의 조선사 편찬 방침은 조선총독부의 이른바 동화정책에
부응하는 것이었으나 분명한 역사왜곡이었다. 즉 1919년 3.1 운동
이 일어나자 일제는 어쩔 수 없이 무단정치를 걷어치우고 문화정치
를 표방하였다. 그러나 문화정치를 표방하고 부임한 조선총독 사
이토(齋藤實)는 그의 이른바 교육시책에서 이런 말을 했다.[12]

1. 먼저 조선 사람들이 자신의 일, 역사, 전통을 알지 못하게 만듦으로
   써, 민족혼 민족문화를 상실하게 한다.
2. 그들의 조상과 先人들의 無爲, 無能과 惡行 등을 들추어내어 그것을
   확장하여 조선인 후손들에게 가르침으로써, 조선의 청소년들이 그
   조상을 경시하고 멸시하는 감정을 일으키게 하여 그것을 하나의 기
   풍으로 만든다.
3. 그 결과 조선의 청소년들이 자국의 모든 인물과 사적(史籍)에 관하
   여 부정적인 지식을 얻어 반드시 실망과 허무감에 빠지게 될 것이
   니, 그때에 일본의 사적, 일본의 인물, 일본의 문화를 소개하면 同化
   의 효과가 至大할 것이다.

---

12) 박성수 편년사료의 문제점과 극복을 위한 제안 —조선사편수회 편『조선사』를
중심으로—하눅 편년사료대계 (한국정신문화연구원 1997) 121쪽 이하

이것이 일제가 조선사를 편찬하여 식민지 조선인을 半日本人으로 만드는 要訣이었다. 이같은 문화정치의 기본 방침에 따라 1922년 12월 훈령 제 64호 조선사편찬위원회 규정을 제정·공포하여 새롭게 조선사편찬위원회를 설치하였던 것이다.

1938년 조선사 35권을 완간하는데 거기에 두 가지 목적을 들고 있다.

> 첫째는 學術의 進步에 기여한다.
> 둘째는 총독부 施政의 參考資料로 삼는다.

이 두 가지 목적 중 첫째가 학술의 발전을 위하여 기여한다는 것인데, 그 방법으로 "根本史料를 發掘하여 學術的 研究의 基礎로 삼고 公正한 朝鮮半島史를 편찬한다"는 것이었다.

그러나 『조선사』를 학술연구의 기초로 삼고 공정한 朝鮮半島史로 만든다는 것은 사이토가 말한 세 가지 목표와 상치된다. 조선사를 공정한 입장에서 연구하면 조선인을 일본인으로 동화하는데 장애물이 될 것이기 때문이다.

조선사를 완간한 뒤 일제는 『조선사』를 "官廳의 執務에 參考가되게 하고 동시에 一般公衆에도 閱覽시켜 한일병합의 취지를 오해하지 않도록 한다"고 하였다. 그러나 『조선사』를 완간한 뒤 선언한 위의 두 가지 목적은 모두 실패하였다. 그것은 완간 직후에 일어난 중일전쟁 때문이 아니었다. 『조선사』 편찬의 고고한 목적 때문이었다. 학술적 목표와 정치적 목표 모두가 실패로 돌아가 무려 100만 엔이란 고액을 들여 만든 작품이 실패작이 된 것이다.

첫째, 조선사는 편년체로 편찬한 탓에 학술적 발전에 기여하지 못했고, 또 그 때문에 일제의 식민지 통치에도 기여하지 못했다. 겉으로 내세운 목적은 근사하였으나, 방법의 실수로 인하여 학문적으로나 정치적으로나 실패하고 만 것이다. 그러나 후술하는 바와 같이 장기적으로는 오늘날까지도 조선사의 후유증이 남아있다.

(2) 조선사 강문(綱文)의 문제점

조선사 편수에 관여한 나카무라(中村榮孝)의 말에 의하면, 조선사는 史料集成에 지나지 않다는 것이다. 사료집성이란 역사가 아니다. 역사의 자료를 모아놓은 것에 지나지 않다. 사료집성만으로는 역사가 완성되지 않는다. 역사를 완성하려면 여러 가지 절차를 거쳐야 한다. 마치 요리사에게 먼저 생생한 자료가 준비되어야 하듯이 사료가 좋아야 한다. 그래서 자료를 수집하기 위해 요리사는 새벽 일찍이 일어나 시장으로 달려간다. 그리고 자기가 좋아하는 최상의 자료를 구입하여 조리실에 가져와서 도마 위에 올려놓아야 한다. 요리사의 업무는 이것으로 끝난 것이 아니라 이것이 시작이다. 역사가도 사료를 앞에 놓았을 때 작업이 시작되는 것이다. 그때부터 그는 사료를 가지고 역사를 만들어나가야 한다. 그러니 시작이지 끝이 아니다.

구로이타(黑板勝美)는 대일본제국을 속인 것이다. 완성된 역사가 아닌 것을 마치 완성된 것처럼 속인 것이다. 조선사는 사료집에 지나지 않았다. 한문으로 된 사료를 일본어로 번역하여 연대순으로 재배치한 것에 지나지 않다. 이것을 객관적인 공정한 역사라고 했으니 거짓말을 한 것이다. 『조선사』는 역사가 아니다. 단지 조선사를 쓰기 위해 필요한 사료를 일본인을 위해 일본어로 바꾼 것에 지나지 않는 것이다.

예를 들어, 전술한 바와 같이 조선사의 범위는 상고(上古)부터 갑오개혁까지로 하고, 당초 7편으로 구분되었던 것을 6편으로 축소하였다. 제1편 삼국 이전, 제2편 삼국시대, 제3편 신라시대를 제1편 신라통일 이전, 제2편 신라통일시대로 하고 고려시대는 제4편, 조선시대 전기와 중기를 제5편, 그리고 후기를 제6편으로 고쳤다. 앞과 뒤를 잘라서 한국사를 정확히 읽지 못하게 만든 것이다. 역사는 시작과 끝이 특히 중요하다. 지금 조선사는 죽은 책으로 서고에서 낮잠을 자고 있다. 그 이유는 오로지 편년체를 채택했기 때문이다. 『조선사』의 표본인 『大日本史料』도 마찬가지이다.

조선사 편찬 체제를 편년체로 한다는 당초의 원칙을 수정하여 "신라통일 이전에 관해서는 韓·中·日의 紀年이 각각 다르기 때문에 편년체로 하지 않는다"고 했으나, 실은 일본측 사료를 위작하여 연대를 600년이나 늘였기 때문에 맞지 않은 것이다. 그 주범이 구로이타였다. 그래서 고려시대와 조선시대만 편년체로 하였으나, 편년체란 매우 어려운 작업이다. 사료를 원문 그대로 연대별로 배열하는 것이 아니라, 원 사료를 읽고 그 핵심(줄거리)을 줄여서 강문(綱文)으로 만들어 연대순으로 배열하는 것이다. 신문기자가 사건 현장에서 목격한 것을 기술하는 것이 아니라, 남이 목격한 사실을 입으로 듣고 다시 작문하는 것이다. 이것을 강문이라 하였다. 강문이란 문장의 줄거리란 뜻이다. 그러나 『조선사』는 강문 때문에 망한 것이다.

1. 史料稿本(원고)은 大日本史料를 본받아 편집한다.
2. 조목마다 綱文을 만들어
3. 頭註를 기입하여
4. 사료는 모두 따로 모아 보관하되
5. 강문만 조선사에 편년체로 싣는다.

지금 국사편찬위원회 서고에 가면 그때 일제가 강문을 만들기 위해 오려둔 사료 발췌본이 남아있다. 필자가 알기로는 이전에 이렇게 책으로 되어 있지 않고 발췌 원고들이 무질서하게 쌓여 있었다. 단순 사실의 기술은 쉽지만 그렇지 않고 추상적인 문장을 옮길 때는 매우 어려운 것이다. 그리고 더 어려운 것은 원고(사료) 중 편수자가 실을 만하다고 생각한 것만 골라 싣는 선택과정이다. 사람에 따라 선택이 다르다. 거기다 원문을 줄여서 그 줄거리만 싣는다는 것이니 강문은 原史料와 멀리 떠나게 된다.

이렇게 되면 사료의 원문은 창고로 들어가고 강문만 살아서 조선사에 실리는 것이 된다. 누가 대조해 볼 것인가. 긴 문장을 짧게 잘라 강문을 만들어 실을 때도 문자의 전후관계에 따라 그 뜻이 달라진다. 그러기 때문에 강문만으로 학술적인 자료로 사용하기 어려운 것이다. 원 사료를 읽고 논문을 써야 한다. 강문만 보고 역사를 판단하고 글을 쓴다는 것은 절대 금물이다.

(3) 왜란이 일어나던 날, 선조 25년 4월 13일의 강문(綱文)

조선시대의 조선사 기록을 예로 들어 이러한 강문이 갖는 결점을 설명하기로 한다. 조선시대 최대의 사변은 1592년에 일어난 임진왜란이었다. 임진왜란 발발 직전의 침략 준비 상황에 대해서 『조선사』는 대일본고문서를 인용하면서 도요토미(豊臣秀吉)의 동태를 다음과 같이 설명하고 있다.

> 壬辰 朝鮮宣祖 25년(日本 後陽成天皇 文祿 원년)
> (明　　　神宗　萬曆 20년)
> 3월 13일 이보다 앞서 日本 關白 太政大臣 豊臣秀吉이 征明의 시기가 점점 다가오므로 (천황에게) 奏請하여 그 직무를 아들 秀次에게 물려주고 스스로 太閤이라 칭하고, 征明諸軍의 部署를 정하고 3월 朔日부터 조선을 향해 바다를 건너게 하였다. 그 一番이 宗義智 5천 명, 小西行長 7천 명, 松浦鎭信 3천 명 등등이요, 2번이 加藤淸正 1만 명 등등, 3번은 黑田長政 5천 명, 4번이 森吉成 2천 명 등등, 8번 9번까지 都合 15만 8천7백 명으로 구성하였다.

그리고 상륙 작전 당일의 침략군 동래와 조선의 상황을 다음과 같은 綱文으로 기술하고 있다.

> 宣祖 25年 4月 13日 壬寅 처음 將軍 小西行長 등이 軍을 引率하여 對馬島에 주둔하였으며 이어 기타 諸軍이 잇따라 대마도에 주둔하였다. 이 날 行長은 宗義智 등 諸將과 兵船 數十隻으로 對馬의 大浦를 출발하여 大擧 釜山浦에 肉薄하다. 釜山僉使 鄭撥은 처음 邊報를 듣고 의심하여 歲遣船이 온 것으로 判斷하였으나 方略에 따라 令을 내려 軍船을 整備하여 變에 對備하였다. 병선이 잇따라 釜山浦에 들어와 國書를 城中에 던져 假道를 要求하였다. 그러나 정발이 답하지 않았다. 전력을 다하

여 군과 백성을 거느리고 성을 지켰다. 그러나 이때 경상좌수사 박홍은 나오지 않았으며 군영(경상남도 동내군 남면)을 버리고 도망하였다. 일본군은 병을 서평포와 다대포로 나누어 두 곳을 공함하였다. 다대포 첨사 윤홍신은 항전하다가 전사하였다. 慶尚左평사 이각은 이 소식을 듣고 병영으로부터 東萊에 들어와 부산성이 함락되자 성을 버리고 蘇山驛(동래군 북면)으로 퇴진하였다. 〈이하 생략〉[13]

위의 『조선사』綱文에 붙은 頭註는 선조실록의 당일 기록으로 헤아리기 어려울 정도로 많다. 그런데 그것을 위와 같은 간단한 기술로 줄이고 있는 것이다. 참고로 인용 서목 일부를 들면 아래와 같다.

1) 宣祖實錄 권26 2) 宣祖修正實錄 권26 3) 선조보감 권8 4) 임진장초
5) 징비록 외 다수 일일이 인용할 수 없는 많은 사료들을 인용하여 놓
   았으나, 별다른 연구자에게 도움을 주지 못한다.

위의 『조선사』 문장을 보아서 알지만 아주 객관적인 기술처럼 보인다. 임진왜란하면 우리나라 역사상 가장 큰 사건이었다. 만일 여기에 宣祖 25年 4月 13日 壬寅 전후에 일어난 일들을 각종 사서를 가지고 기록한다면 책 한 권이 되고도 남는다. 그런데 『조선사』는 이 부분의 역사를 단 1면으로 줄인 것이다.

조선사가 편년체라 하였으나, 삼국시대와 고려시대 그리고 조선시대의 역사 사실을 某年 何日이라 하여 연대와 월일 순으로 기록하는데 있어서 각종 사료의 본문을 그대로 수록하는 것이 아니다.

---

13) 조선사 제4편 제9권 433쪽

사실의 줄거리만 요약하는 형식으로 기술하는 것이다. 강문은 사료의 원문이 아니기 때문에, 원문을 읽고 고문(稿文)을 만든 것이 강문이다. 그래서 강문의 일대 결점은 그 강문 그대로를 연구논문에 인용할 수 없다는 데 있다.

그래서 英國史料集成[14]을 보면 원문 그대로를 싣고 강문 같은 것은 없다. 핵심 부분을 번역하였으나 줄여서 만든 강문과는 다른 것이다.[15]

간단히 말하면, 『조선사』는 『大日本史料』 『大日本古文書』의 예를 그대로 모방하여 『大日本維新史料』의 강령과 범례를 참고로 하여 입안한 모조품이었다.

조선사의 각 편의 담당 편수관으로 조선인은 수사관 홍희(洪熹), 수사관보 이병도(李丙燾), 수사관 신석호(申奭鎬) 등이 참여하였다.

조선사편수회는 겉으로 공정하고 객관적인 조선사를 편찬한다는 명분을 내걸었으나, 사실상 한국사를 볼품없는 역사로 만들었다. "편찬의 형식은 편년사로 한다"는 이 부분에 대한 구로이타의 해설을 들어보면

> 가장 편리한 방법은 年月의 순에 따라 편찬하는 것입니다. 우리 동경대학에도 이 방법을 따라 일하고 있습니다. 그러나 연월일이 분명치 않는 것이 적지 않으므로 따로 분류하여 풍속, 종교, 문학, 예술, 가요 등으로 나누어 편찬하고자 합니다.

---

14) D. C. Douglas and G.W.. Greenway, English History Documents (1953)
15) 박성수, 편년사료의 문제점과 극복을 위한 제안 145쪽

문제는 바로 그 연월일이 분명치 않다는 항목이다 연월일이 분명하여야 한다. 동경대학에서 이 방법을 쓰고 있다고 하는 것이 『조선사』를 편년사로 만든 이유였지만, 그것은 겉으로 내건 핑계였다. 실증주의의 원칙을 내세우면서 연월일이 분명하지 않으면 역사가 될 수 없는 것인데 말이 안 되는 이야기다. 연월일이 맞지 않고 없어도 중요한 역사는 들어가야 한다. 그런 사례가 많기 때문에 여기서 예를 들지 않겠지만, 대다수가 연월일이 분명치 않다. 또 편수자의 마음 여하에 따라 아주 중요한 문장이 빠지고 중요하지 않는 것이 들어간다.

위의『조선사』기록에서 임진왜란 초에 적이 무서워 임지를 버리고 달아난 수령들이 많았다. 이것은 지어낸 것이 아니라 사실이었지만, 모두 당시의 관리들이 비겁하다는 인상을 준다. 이것은『연려실기술』에서도 마찬가지지만, 이 사실을 기록한 이유가 다르다. 왜군이 부산에서 서울까지 가는데 20일밖에 걸리지 않았고, 단지 충주 달천에서 적과 맞서 싸운 신립과 김여물의 군대만 용감하였다는 결론이 나온다.

『조선사』를 조심성 있게 읽어보면 그들의 교활한 음모가 쉽사리 눈에 띈다. 한 마디로 말해서 사료의 취사선택에 속임수가 있는 것이다. 역사가는 누구나 먼저 사료를 수집하여 그 내용에 따라 취사선택하고 분류한다. 취사선택의 기준은 역사가 자신의 평가 여하에 따라 결정된다. 바꾸어 말하면 수집이나 선택에서 이미 역사가의 주관이 개입되는 것이다. 조선왕조 부분에 대한 조선사 강문은 주로『조선왕조실록』에 의존하여 선별되었다. 선별된 사료는 현재

국사편찬위원회 서고에 보관되어 있다. 붓으로 관련 사료를 가위질한 것을 한지와 같은 종이에 복사하여 연대순으로 나열하여 풀로 붙이는 작업이 전부였다. 이것을 「가위와 풀의 역사」라 하며 가장 원시적인 역사다.[16]

이 경우 역사가는 사실로 하여금 말하게 하는 〈사실의 편집자〉가 된다. 그러나 역사가는 역사를 설명하여야 한다. 역사는 사실의 발견만으로 끝나지 않는다. 역사는 단순한 사실의 퇴적이 아니기 때문이다. 오늘날의 역사도 날마다 보도되는 사건사고만으로 역사가 되는 것이 아니다. 역사에는 전체성이라는 것이 있어서 단편적인 사실만으로 해석되지 않는 의미가 있다. 거기에는 역사가의 史眼이란 것이 필요하다. 역사가의 눈이 필요한 것이다. 눈 먼 역사가는 역사를 알지 못한다. 그래서 編年史라는 것은 가장 재미없고 하품나는 원시적인 역사라는 것이다.

5. 조선시대사의 역사 왜곡

(1) 조선사의 구성과 조선시대

『조선사』는 과연 어떻게 구성되어 있는가. 『조선사』는 제1편에서 6편까지 총 권수 35권에 24권, 총 쪽수 24,585쪽이다.

---

16) 박성수, 역사학개론 (삼영사. 2000) 137 255쪽 참조

제1편 3권   1,892쪽 (삼국시대)

제2편 1권   457쪽 (후기신라시대)

제3편 7권   3,765쪽 (고려시대)

제4편 10권   7,421쪽 (조선전기)

제5편 10권   7,907쪽 (조선중기)

제6편 4 권   3,143쪽 (조선말기)

편수로 보면 조선시대는 전체의 절반이지만, 권수로 보면 총 35권 중 24권 (69%), 쪽수로는 24,585쪽 중 18,471쪽(75%)에 이른다. 그러니 조선사는 이름 그대로 조선시대사(朝鮮時代史)라 할 수 있다.[17]

그런데『조선사』는 조선시대의 어느 부분을 왜곡했는가를 따지기 위해서는 어느 시대 어느 왕대를 편파적으로 늘리고 줄였는가를 검토하였는가를 검토하여야 한다. 다른 방법도 있겠지만, 하나하나 검토한다는 것은 여간 번거로운 일이 아니므로 다른 방법은 다른 기회로 미룰 수밖에 없다.

아래 도표는 조선사 각 편 각권 고본의 전거자료 종수이다.

조선사』제1편 (박혁거세 원년- 문무왕 8년까지)

『조선사』제2편 (문무왕 9년- 고려태조 18년) 457쪽 (후기신라시대)
제23권편 문무왕 9년- 고려태조 18년   삼국사기 삼국유사구당서 자치 통감 일본서기 속일본기 등 74종

---

17) 정상우, 조선총독부의 조선사 편찬 사업 (서울대 박사학위논문) 178쪽 이하 참조

『조선사』 제3편(고려태조 19년 - 공양왕 4년) 3,765쪽 (고려시대)
제1권 고려 태조 19년 -고려 선종 원년 고려사 고려사절요 동국통감 등
72종
제2권 고려선종 2년 - 고려 의종 원년 　고려사 동문선 등 　　67종
제3권 고려 의종 2년 - 고려 고종 10년 　고려사 자치통감 송사 요사 등
65종
제4권 고려 고종 11년 - 고려 충열왕 5년 　고려사 원사 오처경 등 　46종
제5권 고려 충열왕 11년 - 고려 충혜왕 　고려사 고려사 절요 원사
역대황기 등 　　　36종
제6권 고려충혜왕 2년 - 고려공민왕 24년 고려사 고려사절요 원사
선린국보기 등 　　30종
제7권 고려 폐왕 2년 - 고려 공양왕 4년 　고려사 고려사절요 동국통감 등
39종

조선사 제4편 (태조원년부터 선조41년까지) 7,421쪽 (조선전기)
제1권 태조 원년 　- 태조 10년 　고려사 태조실록 정종실록 등 　85종
제2권 태종 11년 　- 세종 5년 　고려사 태종실록 전동실록 등 　53종
제3권 세종 6년 　- 세종 24년 　태종실록 세종실록 성종실록 등 46종
제4권 세종 25년 　- 세조 12년 　세종실록 문종실록 등 　　145종
제5권 세조 13년 　- 연산군 3년 　세조실록 등 　　　　71종
제6권 연산군 4년 - 중종 10년 　연산군일기 등 　　　74종
제7권 중종 11년 　- 중종 35년 　중종실록 등 　　　　94종
제8권 중종 36년 　- 선조 4년 　중종실록 선조실록 등 　125종
제9권 선조 5년 　- 선조 25년 　선조실록 등 　　　　355종
제10권 선조 25년 - 선조 41년 　선조실록 등 　　　　298종

조선사 제5편 (광해군 즉위년 - 정조 24년) 7,907쪽 (조선중기)			
제1권 광해군 즉위년 - 인조 3년	광해군일기 인조실록 등		104종
제2권 인조 4년 - 인조 15년	광해군일기 인조실록 등		68종
제3권 인조16년 - 효종 8년	인조실록 효종실록 등		118종
제4권 효종 9년 - 현종 14년	효종실록 현종실록 등		83종
제5권 현종 15년 - 숙종 15년	현종실록 숙종실록 등		108종
제6권 숙종 16년 - 숙종 36년	숙종실록 등		90종
제7권 숙종 37년 - 영조 2년	숙종실록 영조실록 등		82종
제8권 영조 13년 - 영조 25년	영조실록 등		70종
제9권 영조 26년 - 영조 51년	영조실록 등		72종
제10권 영조 52년 - 정조 25년	영조실고 정조실록		60종

조선사 제6편 (순조 즉위년- 고종 31년 3,143쪽 (조선말기)		
제1권 순조 즉위년 - 순조 20년	순조실록 등	97종
제2권 순조 21년 - 헌종 6년	순조실록 현종실록 등	81종
제3권 헌종 6년 - 철종 14년	각국외교문자	80종
제4권 고종 즉위년 - 고종 31년	대일본외교문서	198종

(2) 세종 치적의 축소

전술한 바와 같이 『조선사』총 6편 중 절반에 해당하는 4편 5편 6
편이 조선시대이며, 조선시대에 관한 사료 종수가 가장 많다.

    제1편 90종   제2편 74종   제3편 355종
    제4편 1,346종   제5편 2,656종   제6편 456종

『조선사』의 제1편에서 3편까지가 삼국시대 신라(통일)시대 고려 시대인데, 사료의 종수가 총 519종이다. 이에 반하여 조선시대를 다룬 제4편에서 제6편까지의 사료총수는 4,458종에 이른다. 조선 시대에 관한 사료가 그만큼 많다는 것이다. 그중에서도 특히 조선 전기와 후기를 다룬 제4편 1,346종, 조선후기에 관한 사료가 2,656 종이어서 가장 많다.

그러나 사료의 종(류)수가 많다는 이유만으로 조선시대가 공정 하게 잘 다루어졌다고 생각해서는 안 된다. 아무리 많은 사료를 수 집하여 頭註를 달았다고 하여도 왕조실록이 주류를 이루고, 여타의 사가(私家) 문서는 편파적이란 이유로 어쩌다 인용될 뿐이다. 어디 까지나 관찬(官撰) 사서인『實錄』위주가『조선사』의 편찬 방침이 었다.

거기다 더 주의할 것은 "역사의 각 분야에 걸쳐 중요한 사건을 모 두 고루 제시한다"(조선사 편수 범례)고 하였으나, 이 말을 곧이들 어서는 안 된다. 그 좋은 예가 세종대에 관한 기록이 축소되어 있 다는 것이다. 세종대야말로 우리가 자랑으로 생각하는 시대요 문 화적 황금기였는데,『조선사』는 이 시대를 아주 소략하게 넘어가고 있는 것이다.

세종조는 조선왕조 최고의 융성기였으나『조선사』에서는 세종 조에 관한 사료종수가 다른 시기에 비해 아주 적은 것이다. 불과 48종이다. 이것은『조선사』가 세종조를 제대로 조명하지 않았다 는 증거이다.『조선사』제 4편 제3권이 세종조를 다룬 부분인데 불 과 48종의 사료를 활용한데 불과하다. 쪽수도 적다. 이것은『조선사』가 고려사 부분에서 팔만대장경에 대한 기사를 탈락시킨 것과 같다. 고려사에서 가장 중요한 문화업적은 팔만대장경이었다고 할 수 있는데, 이것을 기술하지 않은 것은 『조선사』의 일대 실수였다기보다 고의적인 삭제였다. 세종조에 관한 기술을 줄인 것도 모든 분야에 걸쳐 기술한다는 『조선사』 범례의 선언이 허위인 것을 알 수 있다. 팔만대장경을 기록하지 않은 것은 대장경을 제작한 날자가 불명하다는 것이었으나, 세종대의 경우는 세종의 여러 가지 문화업적을 시기하여 의도적으로 기록하지 않은 것이다.

(3) 士禍와 黨爭 그리고 왜란(倭亂)

일제의 최대관심사는 조선시대의 정치사였다. 왕위계승을 둘러싼 형제간의 싸움, 그리고 사화(士禍)와 당쟁(黨爭), 거기다 三浦倭亂 등이 일제의 최대관심사였다. 조선왕조는 건국 초기부터 왕자의 난을 비롯하여 세조의 왕위 찬탈 연산군의 폭정 등 정치사건이 많았다. 이것들을 자세히 기록하기 위해 많은 지면을 할애하고 있다. 이 부분은 조선사의 치부를 드러내는 것이었다. 이 치부를 극대화하는 것이 조선사의 목적이었다.

세종의 치세에서는 그 전거로 인용된 자료수가 다른 권에 비해 급강하다가, 왕위 계승 문제로 혼란스러웠던 세조 즉위 이후로는 다시 자료수가 증가한다. 특히 기묘사화 삼포왜란이 발생한 중종대에는 전거자료가 급증하며, 또 동서분당이 벌어지고 뒤이은 정여립의 반역사건과 己丑獄死로 동서 양측의 대립이 첨예하였던 선조대 전반기와 임진왜란이 일어난 선조대 후반은 인용 자료가 폭증하여 정점을 찍고 있다. 이로서 조선사가 제4편의 어느 시대에 비중을 두고 있는가를 알 수 있다.[18]

조선사편수회에는 유일하게 대마도 문서를 구입하여 소장하였다. 이른바 종가문서(宗家文書)라는 것인데, 지금도 국사편찬위원회 서고에 보관되어 있다. 여기에는 임진왜란 전후의 기록은 물론 조선통신사의 왕래 기록이 들어있어, 조선시대 조일관계를 보는데 있어 풍부한 자료를 제공하고 있다. 조선사 편찬을 위한 주요 사료 발췌목록인 『朝鮮半島史資料調査中書目』에 보면

1) 士禍
2) 黨爭
3) 壬辰役(임진왜란)
4) 淸軍入寇
5) 학문
6) 종교

를 주요 항목으로 뽑았으나, 그 중 5) 학문과 6) 종교를 소홀히 한 것은 실학(實學)을 다룬 부분이 없다는 것을 보면 알 수 있다. 조선인에게 독창적인 사상의 계발이 있을 수 없다는 관점에서 볼 때 실학이란 명칭 자체가 없다. 조선인의 사대성, 당파성, 모방성 등의 국민성이 독창적인 학문과 종교의 발전을 저해한다고 보았기 때문이다.

---

18) 정상우, 앞의 논문 204쪽

(4) 임진왜란

제4편 조선시대 전기에 관한 사료 종수가 많아진 원인은 일제의 최대관심사인 임진왜란이 들어있기 때문이다.

조선사가 자랑하는 부분은 사료의 수집이었다. 조선왕조의 사료 가운데 가장 중점적으로 조선사 서술에 집중한 것은 당쟁 그리고 관리의 부정부패였지만, 임진왜란에 관한 사료 가운데 조선사는 침략자 가토(加藤淸正)의 기사를 무려 117항목이나 뽑아 놓았다. 그러나 이순신에 대해서는 80항목밖에 뽑지 않았다. 한눈에 편파적이란 사실을 알 수 있다. 개개의 항목 내용을 검토하면 그 질이 나쁘다는 것을 알 수 있다.

우리는(?) 단군에 관한 방대한 기록들이 최근 공개되고 있다. 이들 사료에 대한 논쟁이 아직도 분분하게 계속되고 있는데, 조선사편수회가 편찬한 『조선사』에는 한국사의 시작을 기자조선으로 잡음으로써 그것이 알게모르게 오늘의 한국사학계에 영향을 미쳤다. 가령 이기백의 〈한국사신론〉을 보면 단군 2항목, 단군신앙 1항목, 단군신화 1항목, 단군조선 1항목, 모두 합해서 다섯 항목에 불과하다.

삼국시대의 연월일이 사료마다 다르니 모두 기각해야 한다는 결론이 나는데, 구로이타는 모두 살렸다. 연월일이란 정확할 필요가 없다. 굳이 연월일의 정확성을 따지는 것은 역사 없는 아시아 후진국에 대해 그 역사를 말살하는 방법이었다.

이처럼 구로이타는 그 방법이 또한 교묘하여, 가장 근대적이라는

실증주의, 즉 문헌고증주의를 악용하였다. 『조선사』의 곳곳에서
발견할 수 있는 악용사례는 여기서 일일이 열거하지 않겠으나, 간
단히 말해서 사실의 선택 그리고 해석에 있어서 좋은 면을 숨기고
나쁜 면만 제시하는 방법을 택한 것이다.

조선총독부 조선사편수회가 편찬한 『조선사』는 총목록, 총색인
각 1권, 본문 35권, 총2만 4천1백11쪽, 도판 395매였고, 예정보다
늦은 1938년 3월에 완료되었는데, 사료수집 기간을 제외하고도 만
16년이나 걸린 사업이다. 이 사업을 위해 일제가 쓴 예산은 초년도
(1922년)에는 연간 예산이 1만 7천6백40엔에 불과했으나, 다음해
부터 계속 증액되어 총액 1백만 엔에 이르는 거액을 투입한 것이
다. 그러나 아무리 많은 예산을 투입하고 시간과 인력을 소모하였
다 하더라도 그 동기가 불순하고 방법이 악용되었기 때문에, 학문
적으로 볼 때 많은 문제점을 피하기 어려웠다.

6. 조선사 편찬자의 자체비판

1915년 5월부터 중추원 舊慣制度의 조사사업과 아울러 동년 7월
세키노(關野貞)의 주관 하에 朝鮮半島史 편찬 계획을 짰다. 그리고
1916년 1월부터 三浦周行·今西龍(이상 경도제국대 교수) 등으로
하여금 사업에 착수케 하였으나, 지지부진하다가 1919년 3.1운동
이 일어남으로써 1922년에 가서 다시 기구 이름을 조선사편수회로
고치고 여러 차례 계획을 수정하여 1938년에 가서야 조선사 35권
을 완간하였다.

(1) 나카무라(中村榮孝)의 비판

조선사편수에 직접 간여하고 조선사 편수의 학술적 가치를 찬양한 일인 학자로 나카무라(中村榮孝)가 있다. 그런데 그는 「朝鮮史의 編修와 朝鮮史料의 蒐集」[19]에서, 조선사 편수사업은 조선총독부의 방대한 문화사업이긴 하였으나, 조선사 그 자체는 단순한 史料集에 불과하다고 스스로 시인하였다. 사료집이란 역사연구의 자료이지 史書가 아니다. 『조선사』는 이름을 역사라 하였으나 단지 역사의 자료를 연대순으로 배열한 책에 지나지 않는다. 그래서 나카무라는 이렇게 말하였다.

> 『조선사』35권은 1922년 12월부터 1938년 3월까지 15년간에 걸쳐 조선총독부 조선사편수회가 편찬한 조선사에 관한 편년사료이며 총예산 100만 엔을 투입하여 완성한 史料集이다.

그러나 그런 조선사가 한국을 식민통치 하기 위한 일제의 문화사업으로 과연 적합한 것이었는가. 이렇게 물어볼 때, 조선총독부로서는 총력을 기울인 문화사업으로써 결코 만족스러운 결과물이 아니었다.

조선종독부 조선사편수회는 조선사 35권 외에도, 총목록 1권과 총색인 1책을 1938년에 간행하여 총 37권의 총서가 되었다. 한국

---

19) 中村榮孝 「朝鮮史の 編修と 朝鮮史料の 蒐集」, 조선사 편수작업을 기획하고 지휘 감독했던 黑板勝美의 업적을 기리기 위하여 간행된 『古文化의 保存과 研究』(1953)에 기고한 글이다. 이 글은 또 中村榮孝 자신의 『日鮮關係史の 研究』下 (吉村弘文館 1962년 12월)에도 수록되어 있다.

을 식민통치 하기 위한 기초사업이었기 때문에 실로 국력을 기울여 수행한 일이었다.

이처럼 나카무라는 막대한 예산을 투입하여 완성한 『조선사』를 "식민통치를 위한 기초사업"이라 한 점에 유의할 필요가 있다. 조선을 영구히 식민통치 하기 위한 기초사업이라 한 것이다. 통일신라가 고려에 망하자 고려가 〈삼국사기〉를 지어 그 정통성을 확보하였고, 조선은 고려가 망하자 〈고려사〉를 지어 정통성을 확보하였다. 그렇듯 일제가 조선을 강점하여 되었으니 총독부가 〈조선사〉를 지어 일제식민통치의 정당성과 정통성을 확보하였다는 것이다.

이와 같이 조선사편수사업을 주도한 실무자 나카무라가 말한 대로 『조선사』는 사료집이었다. 그러나 『조선사』에는 단순한 편년사료집 이상의 의미가 담겼었으니, 바로 "한국을 식민통치 하기 위한 기초사업"이었다는 것이다. 구로이타가 주도하여 만든 『조선사』는, 그들이 만든 『일본서기』와 같이 조선사를 일본사의 일부로 만드는 작업이었다는 것이다.

(2) 洪熹와 조선시대 당쟁사

조선사편수회에 간여한 학자들은 대부분 광복 후 친일파라는 누명을 썼다. 그 중 최남선이 가장 유명하다. 그러나 그밖에도 이병도 · 신석호 등이 친일파란 비난을 들었다. 만일 조선사가 단순한 편년사료집에 지나지 않았다면 친일파란 누명은 잘못된 것이며 본인들로서는 억울한 일이다.

조선시대의 당쟁사(黨爭史)를 정리한 홍희(洪熹)는 잘 알려지지 않은 학자로, 조선시대사 편찬에 큰 공을 세웠던 인물이다. 당쟁사는 매우 복잡하여 일반인으로서는 이해하기 어려운 부분이다. 그런 부분을 홍희가 나서서 정리하여 주었으니 과연 친일파란 비난을 받을 만하다. 조선왕조는 당쟁으로 망했다고 할 정도로 조선왕조의 정치사와 깊은 관계가 있다.

홍희는 간재 전우(田愚)의 제자로, 상투 튼 머리를 스스로 잘라 조선총독부의 편찬사업에 협력하여 지조를 굽힌 인물이다. 그래서 홍희는 수구파의 거두 전우를 모시던 수많은 제자들로부터 친일파라는 오명을 써야만 했다. 홍희의 스승인 전간재(田艮齋)는 한말 의병에 참여하지는 않았으나, 끝까지 지조를 지킨 위정척사파 한학자로 유명하다. 전우가 나라보다 유도(儒道)가 더 중요하다 하여 의병을 거절한 사실 때문에 많은 비난을 받은 데다가, 제자 가운데 홍희 같은 변절자가 나타나 지금까지도 간재의 제자들은 고개를 숙이며 살아가고 있다.

다행히 홍희는 광복 전에 별세하여 생전에 친일파란 누명을 쓰지 않았으니 본인으로서는 무척 다행한 일인데, 업무가 과도하여 밤을 새워가면서 일하다가 죽은 것이다. 거기다 그의 조선시대 당쟁사 연구는 우리나라 역사, 특히 조선시대사를 더럽히는데 주역을 담당하였다. 그래서 사후에 쓴 친일파란 누명은 결코 억울하지 않을 것이다. 초대 총독 데라우치의 시정연설에도 나타나 있듯이, 일제는 조선이 멸망한 원인의 하나는 동서남북 사색당쟁 때문이었다. 일제침략으로 망한 것이 아니라 조선은 당쟁으로 자멸했다고 할 정도로 그 영향이 컸는데, 거기에 홍희의 공이 컸으니 홍희 역시 평가하기 어려운 인물이다. 그래서 나카무라는 홍희의 변절과 민족 배신을 극구 칭찬하였던 것이다.

조선사 修史事業을 개시하는데 있어, 구로이타는 이것이 국가사업이라는 사실을 잊지 않고 강령 범례에 어긋나지 않게 그 형식과 내용 그리고 사실을 엄격히 선별할 것을 다짐하였다. 1931년 조선사의 출판계획에 착수한 바, 때마침 만주사변이 일어나 내선일체의 이름 아래 황민화 운동이 전개되어, 병합 이래의 同化政策이 그 극단(內鮮一體)에 이르렀다. 그러나 1937년의 중일전쟁과 1941년의 대동아전쟁에 이르러 침략전쟁이 막바지에 이르자, 교활하게도 아시아의 여러 지역에 대해 일제가 침략한 것이 아니라 아시아를 위해 민족해방 전쟁을 하였으며, 각 민족의 독립을 지원하였다는 거짓말을 내세우게 되었다. 그러나 그로 인해 동화주의를 기본으로 삼았던 조선과 대만에 대한 종래의 정책과 배치되기에 이르러 큰 모순을 자초하였다.[20]

조선의 경사(經史), 특히 당쟁사에 해박한 홍희가 조선사편찬위원회에 참여한 뒤 스승과 동문들로부터 절교 당하였다. 이 일에 대해서는 나카무라의 저술에 자세히 나와 있다. 홍희는 한말의 거유 간재(艮齋) 전우(田愚)의 고족으로, 만년에 계화도(繼華島)에 은거, 82세를 일기로 타계할 때 문인으로 心喪하는 자 1500명에 이르렀

---

20) 中村榮孝, 朝鮮史의 編修와 朝鮮史料의 蒐集, 日鮮關係史의 硏究 下 (1969 吉川弘文館) 653-698쪽

다고 하며, 그때 제자 중에 홍희가 조선사편찬위원으로 발탁되어 일제에 협력하였고, 조선실록 태백산본 광해군일기를 조사하여 남북노소의 당쟁으로 인하여 史官들이 광해군일기를 添削修正한 흔적을 밝히는데 기여하였다.

7. 한국인 사학자의 『조선사』 비판

조선사 편찬에 참여한 또 한 분의 역사학자로 최남선을 들 수 있고, 조선사 편찬에는 참여하지 않았으나 일본문으로 논문을 발표했던 학자 손진태는, 광복 후의 여러 저술을 통해 비교적 온건한 논조로 일제의 식민사학을 비판하였다.

(1) 최남선의 〈새로운 한국사〉

육당 최남선은 이능화와 더불어 조선사편수회 위원으로 협력한 인물이다. 그는 광복 후 민족반역자로 몰려 자술서(自列書)를 쓰고 풀려나서 여러 가지 한국사 책을 썼다. 그의 자열서[21]를 읽어 보면, 『조선사』 편찬에 대한 비판과 『조선사』 편찬으로 우리 한국사를 어떻게 왜곡했으며, 장래 어떻게 올바른 한국사를 저술해 나가야 하는가에 대해 그의 견해를 밝히고 있다. 그는 일제식민통치가 우리 민족성을 파괴하고 역사라는 말도 못하게 한 사실들을 고발하였다.

---

21) 박성수, 六堂 崔南善 硏究 ―自列書의 分析― 國史館論叢 28 1991 195쪽 이하

惡虐한 異民族의 철저한 국민성 파괴로 인하여 마침내는 한국 역사라는 말을 입에도 올리지 못하던 악몽을 돌아다보면 누가 몸서리를 치지 않을 것인가.

그러면서 1945년의 8.15 광복은 무엇보다도 우리에게 역사의 해방이 되어야 한다고 강조하였다.

8.15해방은 무엇보다도 한국국민의 역사를 일체의 自害 歪曲으로부터 건져내어 진정한 원자세(原姿)로 돌아오게 하는데 있어서 그 의의를 깨닫(省覺)고 발양하게 하였다.

일제의 역사왜곡으로부터 벗어나 자해적인 역사 왜곡으로부터 벗어나 본래의 우리 역사를 회복하여야 한다고 말한 것이다. 그러면 어떻게 본래의 우리 역사를 되찾는가. 질서 없이 아무렇게나 흩어져 있는 우리 역사를 다시 정리하여 일정한 조리에 맞추는 것부터 시작하여야 한다고 하였다.

한국 역사의 해방은 진실로 크고 또 힘 드는 일이다. 雜然한 故事의 堆積에 條理를 주고 連絡을 붙여서 거기 국가 사회의 生成한 範疇를 찾기도 쉽지 않다.

이 말은 일제의 조선사가 아무 이론도 없이 연대순으로 역사를 나열한 사실을 염두에 두고 비판한 것으로 추정된다. 編年化된 역사란 역사가 아니란 뜻이었다. 雜然한 故事의 堆積에 條理를 주고 연락을 붙여서 거기(?) 국가 사회의 生成한 범주를 찾는 작업이 필요하다는 것이었다. 또 하나 비판한 말이 있으니 모든 인물과 사건에 대한 가치판단을 다시 하는 일이었다. 즉 우리 역사를 새롭게 해석하여야 한다고 한 것이다.

　과거 일체의 인물과 사건에 대하여 가치판단을 고쳐나가야 하며
노예사상과 內生한 당파논쟁과 천박한 新學方法을 죄다 초극한 그
너머에 있는 本地風光을 천명하고, 자기에 대한 인식과 비판 내지
改化 發達의 절대 기준을 세워야 한다,

　요약하면 다섯 가지 항목과 같다.

　　　첫째, 역사적 인물과 역사 사건에 대한 새로운 평가가 필요하다.
　　　둘째, 밖에서 들어온 식민사관에서 벗어나야 한다.
　　　셋째, 안으로 당파논쟁에서 벗어나야 한다.
　　　넷째, 천박한 새로운 역사연구방법으로부터 벗어나야 한다.
　　　다섯째, 자기 자신에 대한 인식을 새롭게 갖고 자성하여야 한다.

　이 같은 다섯 가지 요구를 내걸면서 〈해방된 새 국사〉가 필요하
다고 역설하였다. 또한 육당은 해방된 새 국사는 다음과 같은 여섯
가지 요건을 갖추어야 한다고 부연하였다. 이 여섯 가지 조건은 일
제강점기에 그가 『조선사』 편찬에서 경험한 바를 염두에 두고 말한
것이다.

　　　1) 王室 及 政治 軍事 本位의 역사를 國民 本位의 역사로 바꾸어야 한다.
　　　2) 世界史的 眼目에서 한국사를 보아야 한다.
　　　3) 한국인의 獨創力과 科學心을 강조하여야 한다.
　　　4) 한국사를 생장발전의 관점에서 서술하여야 한다.
　　　5) 한국 고유의 전통문화를 존중하고 보존하여야 한다.
　　　6) 민족의 단합이 우리 역사의 영광과 복리를 누리며 분열 대립할 때에

는 치욕과 참회를 받는다는 사실을 한국사에서 배워야 한다.

이와 같이 육당 최남선은 간접적으로 일제식민사관의 폐단을 지적하면서 새로운 한국사의 정립을 강조하였다.

> 1) 왕실 중심 정치 군사 중심의 역사를 극복하여야 하며
>
> 2) 한국사를 세계사적 안목에서 보아야 하며
>
> 3) 우리의 독창성과 과학성이 누구 못지않다는 것을 발견하여야 한다.
>
> 4) 우리 역사가 조금 느리더라도 발전적 역사로 보아야 하며
>
> 5) 우리의 전통문화를 무시하여서는 안되며
>
> 6) 민족이 단합하면 발전하며 다시는 이민족의 지배를 받지 않을 것이란 확신을 갖도록 하는 역사라야 한다.

이상 여섯 가지 요건이 일제식민사학을 극복하는 방안이라 생각했던 것이다.

(2) 손진태의 신민족주의 사학

일제강점기, 역사연구에서 한발짝 물러서서 민속학 연구로 자리를 바꾸었던 손진태는, 8.15 광복을 계기로 새로운 역사학을 가져야 한다는 주장을 하면서 신민족주의를 제창하였다. 손진태도 최남선과 같이 광복 후 『국사신론』『민족사개론』 등 여러 책을 저술하여 주목을 끌었는데, 그도 일제의 『조선사』를 포함한 구사(舊史)가 왕실 중심이었다고 비판하면서, 그것이 모두 중국의 역사서술을 모방한 것이다. 그러니 새로운 역사를 모색하여야 한다고 하였다.

> 종래의 우리 역사는 온전히 王室中心主義였다. 역사의 기술 형식이

某王 幾年 何月에 무슨 일이 있었다고 하는 소위 紀年體였다는 것으로 보아도 명백하거니와 지금 우리가 보아서 하등의 흥미도 가치도 느끼지 않는 무수한 왕실 관계의 기사가 역사의 내용이 되었다. 그때문에 민족생활에 관한 기사가 극히 희귀하다. 이러한 왕실중심주의는 漢 民族의 사상을 그대로 襲用한 것이다. 역사의 체제와 기록내용에 있어서만 그런 것이 아니라 과거의 모든 문화 ―이를테면 사상 도덕 정치 경제 법률 등등― 또한 왕실 중심 주의적이요 貴族的 支配階級的이었다.

왕실 중심에다 某王 幾年式의 편년사를 쓰는 것은 벌써 그 사상이 왕실 중심의 노예적인 표현법이다.

이렇게 편년사 자체를 사대주의 역사서술이라 하였으나, 연호에 대해서는 단기(檀紀)를 쓰는 것을 국수주의라 하면서 서기(西紀)를 써야 한다고 주장하였다.

연호를 쓰되 단기만 쓰는 이가 있으나 이것은 너무나 편협한 국수주의 사상이다. 국민의 역사적 시야를 우물 안 개구리로 만들고 그 지식을 혼란하게 하는 과오를 범한 것이다. 조선사는 唯我獨尊하는 것이 아니라 항상 세계사와 공존하는 것이요 세계사와의 관련 하에서 동시에 이해하여야 할 것이다. 만일 서양인이 西紀를 쓰고 중국이 堯紀를 쓰고 일본이 神武紀를 쓰고 우리 한국이 檀紀를 쓴다면 이것 또한 시대의 이해가 착란하게 된다. 우리가 耶蘇西紀를 쓴다면 옛날에는 굴욕적이라 하였으나 지금은 하등 치욕이 되지 않는다.

오늘을 20세기 중엽이라 하면 전 세계가 모두 이것을 알지만, 43세기 말이라 하면 조선인 중에서도 이해할 사람이 많지 않다. 지금 우리에게 단기에 대한 굳어서 빼어버릴 수 없는(牢固不拔) 전통이 있어 그것이 역사 이해 상 지극히 편리하다면 모르되 그렇지 않는 한 일부러 유해무익한 전통을 만들 필요가 없다.

이와 같이 최남선과 손진태의 일제식민사관 비판은 민족주의 역사학자 박은식과 신채호의 그것이 비해 온건한 편이었다. 박은식과 신채호의 일제식민사학 비판은 일제강점 하에서 발표된 것이며, 두 분 다 변절한 학자가 아니었다. 특히 박은식의『한국통사』는 일제의『조선사』편찬 동기가 되었으니, 조선사에 대한 온전한 비판은 그의 목소리를 통해서 알아야 할 것이다.

8. 민족사학자들의 조선사 비판

『조선사』를 정확히 알기 위해서는 일제강점 하에서 일제가 어떤 역사교육을 하고 있었는가를 알아야 한다. 조선사를 완간하기 전에는 일제에 조선사에 대한 학문적인 뒷받침이 없었다. 박은식·신채호와 같은 민족사학자들의 비판이 잇따라 나왔으나, 일제로서는 이에 대항하기 위한 튼튼한 방패막이가 필요하였다. 그래서 거액을 들여서 조선사편찬사업을 벌였던 것이며, 조선을 북해도나 오키나와 그리고 대만과 같이 영구 식민지로 만들기 위해서 조선사편찬은 꼭 필요하다고 생각했던 것이다. 우리는 이같은 일제의 역사왜곡에 대항하여 투쟁한 사람들, 즉 박은식·신채호의 역사연구를 통해 조선사의 허실을 살펴보아야 할 것이다.

(1) 박은식의『한국통사』

일제의 조선사 교육과 조선사 편찬을 비판한 학자로서 먼저 백암 박은식을 들어야 할 것이다. 박은식의『한국통사』는 일제가『조선사』를 편찬하게 된 원인과 동기의 하나였다. 박은식의『한국통사』는 조선시대 후기의 역사와 근대사 당시로서는 현대사를 쓴 것인데, 일제는 근대사 서술은 도중에서 중단하고 말았다. 통사는 일제 침략의 뿌리를 임진왜란까지 거슬러 올라가 설명하였고, 일제의 조선 강점까지 내려와서 침략 과정을 소상하게 설명하였다. 거기다 박은식이 3.1운동이 일어나는 것을 보고 다시『독립운동지혈사』를 발표하였으니, 우리나라 역사서술의 형식과 내용을 모두 갖춘 것이었다. 박은식은 일제가 자신의『통사』때문에『조선사』를 편찬하고자 하는 것을 사전에 알았기 때문에『혈사』를 집필했던 것이다. 말하자면 박은식은 일제와의 역사전쟁을 관수한 분이었다.

그래서 그는『혈사』를 통해, 다시 한번 일제의 역사교육이 얼마나 진실을 외면하고 사실을 왜곡하고 있는가를 통렬히 비판하였다.

> 첫째, 저들은 "한국을 단지 2천 년의 역사밖에 안되는 나라로 만들고 본시 한국은 일본보다 뒤떨어진 후진국이었다"고 왜곡하였다.
> 둘째, "한일 양국의 황제는 처음 형제간이었다고 하면서 조선은 자고로 일본의 보호국이었다."고 왜곡하였다.
> 셋째, 우리 민족의 시조 단군은 일본의 시조 天照大神의 동생이라고 하였다.

박은식은 또 이렇게 말한다.

> 種族의 系統에 대해서도 감히 거짓말로 속여 우리 민족의 시조 단군이 저희들의 시조 아마테라스(天照祖大神)의 아우라 하였다. 또 거기서 한발짝 더 나아가 말하기를 저희들의 아마테라스가 한국인의 시조가

된다고 하였다.

이렇게 무단통치 하의 일제의 역사 교육 실태를 고발하면서 박은식은 "어찌 서기전 2천 년이 넘는 단군을 서기후 600년부터 시작되는 일본시조의 동생이라 하느냐. 이런 거짓말을 누가 믿겠느냐" 하면서 비웃었다.

> 아! 우리의 開國 紀元은 4250년이고 저들은 2600년에 지나지 않는다. 그런데 어찌 감히 이러한 잠꼬대같은 거짓말을 조작하여 혼란케 만들려고 하는가. 이것은 우리나라의 부녀 아동들도 냉소하여 마지않는다. 그러므로 그 밖의 千言萬談도 다 허위에 속하는 것으로서 우리 겨레의 머릿속에 들어가지 않는다.

박은식은 또 일본인 학생에게는 일본인 교사가 씩씩하라 그리고 분투하여 복수하라고 가르치면서, 한국인 학생에게는 그냥 놀기만 하고 일본인에게 고분고분 순종하라고 가르치니, 교육상의 민족차별이 아니고 무엇인가 하고 비난하였다.

> 또 저들의 아동들은 오로지 武勇과 애국 奮鬪 그리고 復讐 등의 정신교육을 가르치면서도 한인 아동들에게는 놀고 복종하고 정제하고 安分하고 그리고 일왕의 은덕에 감사하라고만 가르친다.

안분(安分)이란 감사하란 말이다. 요컨대, 무단통치 하에서 일제가 시행하였던 교육은 전형적인 식민지 교육으로서 한국인을 일본인으로 개조하려는 노골적인 동화정책이었다. 이러한 방침은 문화정치를 하겠다고 구호를 바꾼 뒤인 1920년대에도 변함이 없었다.

교과서마다 첫머리에 日王의 勅語를 싣고 있다. 역사교과서에서는 우리 한민족의 예부터의 크고 거룩하고 영광스러운 실적을 모두 말살해 버리고 다만 저희들의 皇靈 國威 人物 文化의 역사만을 과장하여 그것을 숭배하는 사상만 가르치려고 하고 있는 것이다.[22]

이러한 방침은 조선사에도 반영되어 영웅과 위인은 편년사 속에 감추어져서 보이지 않게 되었다. 을지문덕은 물론 이순신까지도 편년사 속에서는 어느 구석에 묻혀 있는지 알 수 없는 것이다.

이와 같이 일제의 조선사 왜곡에 대해 가장 혹독하게 비판한 분이 백암 박은식이었다. 그는 대한민국 임시정부의 독립신문(1920년 1월 22일자)에서 "일본은 모든 역사적 사실을 곡해(曲解)·오전(誤傳)하여 자기네의 위엄을 뽐내려 하고 있다"고 하였고, 또한 저들의 『조선사』라는 것은 "그 내용뿐만 아니라 분량으로 보더라도 보잘 것이 없게 만들었다"고 하였다.

후술하는 바와 같이 『조선사』에서 임진왜란의 전위대인 加藤淸正, 小西行長 등은 한국의 다른 영웅이나 위인보다 훨씬 많이 나온다. 그러므로 "이름은 한국사이나 그 실은 일본식으로 날조된 일본의 식민지 역사에 불과하다" 고 하였다.

또한 조선사편찬 이전에 식민지 조선에서 『조선사』를 "日本式으로 捏造된 日本史"를 교육하고 있다고 비판하였다. 박은식은 일본의 역사왜곡은 비단 조선사에서 끝나는 것이 아니라, 세계사에까지

---

22) 박은식, 혈사 24장 敎育之同化政策 백암 박은식 전집 2권 130 쪽

확대 왜곡되고 있다고 폭로하면서 비웃었다.

> 일본의 교과서를 보면 전 세계는 모두 일본의 후손苗裔으로서 일본천
> 황의 슬하에 귀의하기를 고대하고 있는 것처럼 왜곡하고 있으니 이것
> 이 소위 저들의 세계사라는 것이다.[23]

(2) 신채호의 〈참 조선사〉

단재 신채호의 조선사 비판은 비단 조선고대사에 그치지 않는다.
그의『조선사』는 일제의 조선사 편수가 진행되는 동안『동아일보』
와『조선일보』지상에 연재되었고, 그것이 그대로 일제의『조선사』
에 대한 비판이요 대안이기도 하였다. 신채호의 일제와의 역사전
쟁은 박은식보다 훨씬 날카로웠고 조기에 시작되었다. 그의 역사
비판은 일제는 물론 우리나라 재래의 구사(舊史) 전반에 걸친 것이
었다.

그는 여태껏 우리나라에 〈참 조선사〉가 없었다고 비판하였고,
일제식민사관에 입각한 조선사에는 티끌만치도 동의할 수 없었다.
그도 박은식과 같이 조선사는 조선인이 써야 한다고 강조하면서,
외국인이 조선사를 쓴다는 것은 자기 아버지 이름을 이웃사람에게
물어보는 것이나 다름 없다고 하였다.

> 조선사는 조선인만이 잘 아는 역사이지 외국인에게 물어 역사를 쓴다
> 는 것은 난센스다. 그것은 자기 아버지 이름을 이웃사람에게 물어보는
> 것이나 다름이 없다.[24]

---

23) 독립신문 1920년 1월 22일자 [한국독립운동의 진상] 4 국사박멸책
24) 한국사 정리에 대한 私議 짤막한 조선의 이야기

자기 나라 역사는 자기 나라 사람이 써야지 남이 써준다는 것은 당초에 말이 안된다는 것이었고, 일제의 조선사는 두말할 것이 없이 〈참 조선사〉가 아니라 〈거짓 조선사〉였다. 가장 웃지 못할 일은 서양 사람들에게 조선사를 물어보는 것이라 하였다. 그것은 서울 사람이 서울에 온 서양 사람에게 길을 물어보는 것이나 다름없다고 하였다.

> 서양학자가 아무리 사학에 조예가 풍부하다 한들 제 어찌 조선사를 알리오. 중국의 고서『二十四史』중 조선열전 같은데서 고증한 것이 아니면 근자 일본인의 문자에서 덜어다 쓴 것뿐일 것이다.

우리 역사를 중국인이나 일본인에게 묻는다는 것도 잘못이다. 그들에게 중화사상과 정치적 야욕이 있어 사실을 그대로 말할 리 없고 사실을 왜곡하기 때문이다.

> 중국은 특유한 病的 心理인 자존심이 있고 근일 일본은 그 악랄한 정치적 야욕으로 인해 고의적으로 조선을 모멸하고 색안경으로 보고 있으니 저들의 조선사는 십중팔구 거짓 기록(誣錄)이다.

서양인들의 조선사는 그런 중국이나 일본의 조선사를 읽고 쓰는 것이니 더욱 위험하다.

> 서양인이 그런 왜곡된 기록에 의거하여 아는 조선을 어찌 〈참 조선〉이라 하리요. 이제 조선사람이 되어서 〈참 조선〉 아닌 조선의 이야기를 듣고도 반박할 능력이 없다면 어찌 가련한 일이 아니요?

이리하여 단재는 조선인을 주체로 하는 조선사가 〈참 조선사〉이라고 강조한다. 외국인이 쓴 조선사는 외국인을 위한 〈거짓 조선사〉임으로 그들이 쓴 역사는 〈조선적 조선사〉일 수 없다는 것이다.

> 나의 〈참 조선사〉는 곧 조선적 조선을 적은 조선사다. 그렇지 않으면 偉人的 朝鮮史를 적은 조선사이거나 다만 조선을 주체로 하고 충실히 적은 조선사를 가리킴이로다.

즉 신채호는 참 조선사이기 위해서는 조선적 조선이어야 하고 偉人的 朝鮮史가 들어 있어야 한다. 그래야만 조선을 주체로 한 참 조선사가 된다는 것이다. 단재는 다음과 같이 기존의 조선사를 모두 참 조선사가 될 수 없다고 비판하였다.

> 김부식의 『삼국사기』는 일대(한 시대)를 잘라 적은 역사(一代之史)이니 완전한 조선사가 아니다. 그리고 그 내용이 중국을 위한 二十四史의 東夷傳과 다름이 없으니 참 조선사라 할 가치가 全無하다. 일연의 『삼국유사』는 조선의 불교 원류를 기록한 책이니 조선의 종교사일 뿐이다. 그밖에 『국조보감』이니 『동국통감』이니 『동사강목』 등의 사서도 있으나 모두 『삼국사기』와 같아서 〈참 조선사〉라 할 수 없다.

그러면서 단 한사람 修山 李種徽만이 〈참 조선〉을 쓸 만한 담력이 있었다고 평가했다. 그러나 그도 철저하지 못하여 일부분만 높이 평가할 뿐, 삼한과 부여의 역사에 이르러서는 거짓 역사가 되었다고 비판하였다. 그러니 실로 우리나라에 조선사라 할 조선사가 없는 것이다.

> 조선왕조 정조 때의 명유 이종휘에게는 참 조선의 조선사를 쓸 만한 魄力이 있었던 듯하나 夫餘記 三韓記에 이르러서는 그렇지 못했다. 이렇

게 말하면 조선에 지금까지 조선사가 없다 해도 과언이 아니다. 5천 년의 古國이라 칭하는 조선에 지금까지 조선사라 할 조선사가 없다 하여도 과언이 아니다.

단재는 우리나라 역사의 허점이 일제의 역사침략에 좋은 구실을 주고 있다고 비판하였다. 우리 역사에 참 역사가 없었던 이유는, 첫째 외침으로 인한 사서의 일실(逸失)이다. 그러나 그 보다도 더 큰 원인은 우리 스스로가 역사를 왜곡한 것이라 하였다. 그래서 우리나라 국경이 어딘지 강토가 어딘지를 모르는 역사가 되고 말았다는 것이다. 단재는 다음과 같은 네 가지를 들어 조선사가 일제침략 이전에 이미 망가지고 있었다고 하였다.

> 그 첫째가 "압록강 이북의 강역을 모두 잃어(全失하여) 中古 이전의 조선지리가 매양 어두운 밤에 무엇을 더듬는 것 같아 歷史的 地理가 모호하게 된 것"이 一因이요
> 그 둘째가 "春秋綱目의 세력이 반도사학계를 위협하여 그 구린내 나는 尊華攘夷 襃忠討賊 등 제목에 어긋나는 사실의 기록이나 의견의 진술은 한 마디도 쓰지 못한 것"이 二因이다.
> 셋째가 고려 초엽에 花郎을 뽑는 取士法이 폐지되고 漢詩 漢文으로 시험 보는 법으로 대신하게 된 것"이 그 三因이다.
> 넷째로 한시 한문은 중국고전을 위주로 하니 한시 한문이 성할수록 조선의 典故는 모르게 되니 조선역사는 울타리 넘으로 내던져 버리게 되었다. 수백 년 간 조선 고유의 조선사는 夷狄의 고사가 되어 입에 올리기 싫어함으로 柳子光이 戊午士禍를 계획할 때 누가 "후세의 史筆을 두렵게 생각하지 않느냐"고 힐책하였으나, 유자광은 태연히 말하기를 "누가 『동국통감』 같은 것을 읽느냐?"하였다. 조선사를 읽는 이가 없는데 어찌 조선사를 짓는 이가 있으리오? 이것이 四因이다.

이상과 같은 단재의 조선사 비판은 일제침략을 맞아 우리의 방어태세가 허술했다는 것을 강조한 말로 이해된다. 우리나라에 참 조선사가 없었으니 일제가 그 틈을 이용하여 우리나라 역사를 침략한 것이다.

일제식민사학은 어떤 특징을 가지고 있으며 우리 역사를 어떻게 침략하였는가에 대해 단재는 경술국치가 있기 전에 이미 간파하고 있었다. 일제는 필요에 따라 역사를 침소봉대(針小棒大)한다. 우리는 반대로 사실을 봉대침소(棒大針小)한다고 하였다.[25]

> 일본에서는 역사를 편찬할 때 바늘같이 작은 사실을 針小棒大하여 분식한다. 또 없는 사실도 있는 것 같이 기술한다. 그러나 한국에서는 역사를 편수할 때 몽둥이처럼 큰 것을 바늘처럼 작게 적고 있었던 사실을 없었던 것처럼 기술하니 슬프다. 양국 사학의 반비례됨이요 저들의 역사도 거짓(妄史)이요 우리 역사도 또한 거짓이지만 후세 사람들은 둘 다 참 역사(진사)로 알 것임으로 저들의 거짓 역사는 福이 되고 우리의 거짓 역사는 禍가 되니 이것 역시 반비례라 할 것이다.

다시 말해서 일제는 일본사를 침소봉대하고 조선사를 棒大針小한 것이다. 일제는 자기 역사를 크게 봉대하는 한편, 우리나라는 역사를 커도 작게 축소하였다는 것이다. 일제의 편년사 『조선사』는 인물과 사건, 그리고 사상을 아주 잘게 쓸어서 작게 만들고, 그것을 과학적이고 공정한 역사라 한다는 것이었다.

---

25) 검심 兩國史學의 反比例 대한매일신보 1910. 1. 19

9. 『朝鮮史』가 남긴 後遺症

조선사는 조선사 그 자체보다 일제식민사관이라는 부산물이 더 중대한 영향을 끼쳤다. 일제의 조선사편수회는 1938년의 『조선사』 37권 완간 이외에도 여러 가지 부산물을 낳았다. 그 몇 가지 사례를 들면, 조선사의 간행과 거의 동시기에 나온 『조선사의 길잡이 (朝鮮史のしるべ)』(1936년)를 들 수 있다. 이 책은 조선사학자는 물론 조선사 연구의 초심자들이 애독한 교과서였다. 또한 조선사편수회가 간행한 책으로 『조선사료집요』(3책), 『조선사료집진』(3책), 『조선사료총간』(21종) 등이 있다. 일제강점기는 물론 8.15 광복 이후의 조선사 연구와 조선문화 연구에 큰 기초자료가 된 것은 이 책들이었다. 그 중에서도 『조선사의 길잡이(朝鮮史のしるべ)』는 조선총독부의 식민통치 25주년을 기념하여 간행한 대중용 한국사 해설서로, 어느 다른 책보다도 영향력이 컸다.

그에 비하여 『조선사』 37권은 1922년 12월부터 1938년 3월까지 16년간에 걸쳐 조선사편수회가 편찬한 거작이었으나, 한국사에 관한 편년사료집으로 직접 기여한 바가 없었다. 총예산 100만 엔을 투입하여 완성한 책이라 하나, 역사서가 아닌 편년사요 사료집(史料集)이었다. 『조선사』 37권의 실속은 史料集成이었기 때문에, 일제식민사학을 돕는데 큰 기여를 하지 못하였다. 그래서 광복 후의 한국사학계가 이렇다 할 비판의 화살을 날리지 못했던 것이다.[26]

---

26) 신용하, 한국 근현대사에서 민족주의사관의 전개와 일제 식민주의사관의 비판 한국의 사회와 문화 22 (1994 한국정신문화연구원) 77쪽 이하 참조

그러나 광복 후 특히 1960년대 이후의 한국사학은 일제식민사학을 비판하는 데서 시작되었다. 가령 1985년에 간행된 한국사학회 편『한국사학사의 연구』에 수록된 강만길의「일제시대의 反植民史學」을 보면, 그 내용이 1) 植民主義史學 2) 학문적 목적 3) 식민사학의 횡포 4) 반식민사학론 5) 시대적 제약성 등을 거론하고 있으나, 조선사편수회의『조선사』에 대해서는 한마디 말이 없는 것이다. 이어 社會經濟史學 편에도 한마디 말이 없다. 일제식민사학을 대상으로 하면서도 조선사편수회의『조선사』에 대해서는 논외로 취급하고 있는 것이다. 일제식민사학을 비판한다면 단 한마디라도『조선사』에 언급해야 할 터인데 언급이 없는 것이다. 그 이유는『조선사』 37권이 단순한 史料集成에 지나지 않다고 보았기 때문이다.

1994년에 나온 신용하의 논문에서는 조선사의 부산물인 일제식민사관을

1) 한국사는 한사군(북한) 임나일본부(남한)라는 식민지에서 시작되었다.
2) 한국사의 특징을 타율성이라 강조하였다.
3) 사대주의가 강한 나라라 하였다.
4) 한국문화는 독창성이 없다. 모방에 급급했다.
5) 한국은 발전이 없는 정체성 사회이다.
6) 당쟁이 심한 나라다.
7) 사대 당파 모방 등 성격이 국민성으로 화하였다.

라고 정리하고 있다.

10. 맺 는 말

일제가 16년간에 걸쳐 완성한 『조선사』는 다음과 같은 다섯 가지 원대한 목적을 조준하여 편찬되었다.

첫째, 조선인을 일본인으로 동화하기 위한 기초 작업이었다.

조선 백성의 지능과 덕성을 계발하여 그들을 충량한 (일본)帝國 臣民으로 만들기 위해 중추원에 〈조선반도사〉를 편찬하게 한다. 이것은 民心訓育의 一端을 기하고자 하는 것이다.

둘째, 일제식민통치의 합리화 정당화를 위한 기초 작업이다.

일부에서는 총독부가 조선의 인민을 교육하면 불평과 반항의 기풍을 조장하는 결과를 빚을 것이라 한다. 그 이유는 조선인에게 조선 역사를 읽는 편의를 제공하면 조선인이 그 옛날을 생각하여 그리워하는데 좋은 자료를 제공할 것이기 때문이다.

셋째, 조선인이 조선사를 읽고 실망하게 하도록 꾸민 교과서 구실을 하였다.

조선인은 독서와 작문에 있어서 다른 문명인에 뒤떨어지지 않아 그들을 무지몽매하게 여겨 억압하기만 하는 것은 불가능한 일이다. 역사 자체를 식민지화 하여야 한다는 의도로 『조선사』를 편찬하였다.

넷째, 조선인에게 독립사상을 말살하여 그 혼을 뺀다.

조선에는 옛날부터 내려오는 역사서가 많을 뿐 아니라 새로이 저작한 것도 적지 않다. 전자는 독립시대의 저술로서 독자로 하여금 독립국의 옛날 꿈에 빠지게 하고 새로이 저작된 박은식의 〈조선통사〉 같은 책은 근대 조선의 청·일(淸日), 노·일(露日) 간의 세력 경쟁을 서술하여 조선이 어느 편에 붙을 것인가를 밝히고 있으니 이들 역사서가 인심을 심히 고혹케 하고 있다.

다섯째, 더 이상 조선의 고서를 없애지 말고 일본인이 만든 왜곡된 조선사를 읽게 하여야 한다.

조선사는 직접 일반인에게 읽힐 수 없다. 조선총독부의 일본인 관리로 하여금 먼저 읽게 하고 이어 조선인이 읽도록 하는 방식으로 조선사 편찬의 성과를 높여가도록 꾸몄다.

가장 중요한 것은 일제식민사관이 광복 후에 끼친 영향이다. 일제식민사관이 광복 후에도 그대로 남는 것을 再植民地化라고 한다. 일찍이 로널드 로빈손은 후진국으로 불리는 아시아의 전(前)식민지 제국(諸國)은 분명한 재(再)식민지화recolonization 과정을 걷고 있다고 하였다.

> 제1차 세계대전과 제2차 세계대전은 모두 제국주의 전쟁이었고 전쟁이 끝난 전후의 시대를 탈(脫)식민지화의 시대라 말하면서 제국주의의 종언을 선언하고 있다. 그러나 전후 60년이 지난 지금 전 식민지 국가들은 또다시 재식민지화 되고 있으니 이를 신(新)식민주의new

colonialism 라 한다.[27]

오늘의 세계는 겉으로 보기에 탈식민지시대를 가고 있는 것처럼 보이나, 1945년 이전의 제국주의 시대로 되돌아가고 있는 것이 아닌가 의심되는 길을 가고 있다. 이와 같은 재식민지화는 물질적으로 본 외양뿐 아니라, 보이지 않는 내면에서도 진행되고 있다. 우리의 입장에서 보면 일제가 이 나라 이 겨레에게 남긴 오염된 사상, 즉 식민사관이 죽지 않고 살아있는 것이다. 일제의 입장에서 보면, 다시 새 단장을 한 제국주의를 가지고 후진국을 농락하려 하고 있는 것인데, 일본 자신이 함께 그 과정을 밟고 있다. 『조선사』 그 자체가 우리의 정신을 흐리게 하고 있는 것이 아니다. 『조선사』를 토대로 하여 조성된 일제식민사관이 우리와 일본의 양심을 속이고 정신을 흐리게 하고 있는 것이다.

여기서 우리는 8.15 광복 이전의 근대사와 그 이후의 현대사가 본질적으로 다르다는 생각을 버려야 한다. 자기 문화를 지키지 못하고 근대화하는 것은 근대화의 성공이 아니라 실패다. 그렇다고 해서 쇄국하자는 것이 아니다. 오늘의 침략은 압도적으로 문화침략이다. 일제의 한국사 침략은 문화침략이며 그것은 지금도 계속되고 있다. 우리는 지금 그 후유증에 시달리고 있다. 일제의 조선사 편찬을 실패작이라 평가하였으나 완전히 실패한 것은 아니다. 성공한 일면이 있다. 만일 우리가 이대로 『조선사』를 토대로 한 일본제 『조선사』와 그 밖의 日本學을 그대로 추종한다면, 아시아의 다른 전 식민지국가들처럼 식민지시대를 연장하는 것이다.

27) Ronald Robinson, 『유럽제국주의의 비서구적 기반 ―협력이론을 위하여―』 (1972)

〈後記〉

이 글을 쓰고 난 뒤 우연히 서점에 들렀다가 『季刊 日本思想史』 76호(2010년)를 발견하고 놀랐다. 거기 실린 「특집 식민지조선에 있어서의 역사편찬」이란 논문 수편이 또다시 조선총독부의 조선사 편찬사업을 왜곡하고 있었기 때문이다. "한일병합 100년 기념으로 낸 특집"이라 했는데 일제침략과 일제식민통치 그리고 일제식민사학의 본질을 희색화시키는 엄청난 망발을 하고 있었다. 이 특집에 실린 논문을 열거해 보면 온통 재일조선인들이다.

金成玟 / 조선사편수회의 조직과 운용
尹海東 / 트란스내쇼날 히스토리의 가능성
磯前順一 · 金泰勳 / 포스트 · 골로니얼 비평과 식민지조선
沈熙燦 / 실증되는 식민지, 잠식되는 제국
金成坤 / 조선사와 崔南善
高吉嬉 / 在朝 日本人 2世 旗田魏의 내면에 든 조선

아무리 일본에서 먹고산다 하나 조국을 잊은 식민지의 서자들이 아니면 그런 글을 쓸 수 없을 것이다. 특집의 편집책임자는 가라시마(桂島宣弘)라는 일본인 같은데, 그도 재일동포 2세가 아닌지 알 수 없다.

한마디로 말해서 모든 논문이 한국사학계의 민족주의 성향을 비판하고 지금까지의 植民地 收奪論에서 새로운 植民地近代化論으로 자리를 옮겨 달라는 글들이었다. 그러다 보니 병합직후 조선통

독부 取調局이 자행한 고조선사의 수탈과 분서 사실을 숨기고 조선사 편찬사업에만 언급하고 있는 것이다. 조선총독부가 전국의 고서적을 압수수색하여 서울 남산 총독부 뒷마당에다 쌓아 놓고 불을 질은 사실에 대해 언급한 글이 하나도 없었으니 제2의 조선사 말살 작전이 아니고 무엇인가.

그리고 이 글들은 모두가 한결같이 한국의 민족주의 역사서술을 비판하고 새로운 초민족주의 역사, 즉 트란스-내쇼날 히스토리(Trans-National History)를 쓰자고 권하고 있다. 그러나 민족주의 역사학의 지양은 지난날의 일제식민사학을 극복한 뒤에야 가능할 것이다. 일제식민사학에 오염된 한국사를 그대로 두고서는 민족주의 역사학을 초월하여 새로운 초민족주의 역사학을 정립할 수 없는 것이다. 초민족주의 사학이란 과거의 제국주의 사학을 반성하지 않고 제국주의 식민사학을 그대로 인정하고 제국주의 사학을 다시 연장하겠다는 이른바 서구의 해외사(海外史)와 맥을 같이하고 있는 것, 아니 모방하고 있는 것이 일제식민사학의 후신에 틀림없을 것이다.

최근 독도를 일본의 고유영토라 주장하는 것이나, 한국의 젊은 남녀를 강제연행 강제노동 그리고 학살한 일제가 저질은 범죄사실을 부정하는 자민당정권의 파렴치한 주장에 동조하는 역사학자들에게는 아마도 "트란스 내쇼날 히스토리"라는 이름의 새로운 식민사관이 합당하고 거기에 기대는 것이 어울릴 것이다. 〈이상〉

(한국학중앙연구원 명예교수)

□ 『조선사』 후기

하야시 다이스케의 『조선사』 번역의 의미

복 기 대

글쓴이는 고조선을 연구하고 있다. 고조선을 연구하다 보면 반드시 부딪히는 문제가 있다. 그것은 바로 일본이 한국사를 왜곡하였다는 것이다. 그러면서 이야기의 진행은 걷잡을 수 없을 정도로 번져, 남에 대한 모욕적인 말까지 오고가는 지경에까지 이른다.

왜 이런 지경에 이르렀을까 하는 생각을 하면서 냉정한 자세로 일본 학자들의 한국사 연구사(硏究史)를 검토해 본 적이 있다. 이 과정에서 하야시 다이스케(林泰輔)의 『朝鮮史』가 있음을 알게 되었고, 이 책을 읽고 나서 글쓴이는 큰 충격을 받았다.

이 『朝鮮史』는 하야시가 1892년에 출간한 한국의 역사서이다. 이어 1901년에 『朝鮮近世史』를 간행하였고, 1912년에는 앞에 출판한 두 책을 합하여 『朝鮮通史』를 출판하였다. 이와 같은 저서들을 차근차근 검토해 본 결과, 아는 이는 알겠지만 그의 일련의 저서들은 알게 모르게 현대 한국사 체계에 많은 영향을 주었다는 것을 알게 되었다.

그래서 언젠가는 하야시의 저작물들을 번역하여 일본이 한국사를 날조 · 왜곡한 것을 알려야겠다는 생각을 하였고, 그 첫 번째로 1892년에 출판된 『조선사』를 번역하는 기획을 하게 되었다. 그 기획의 근거는 하야시 다이스케의 『조선사』로 대변되는 일본의 한국사에 대한 정책이었다.

먼저 하야시 다이스케의 간단한 약력을 살펴볼 필요가 있다. 1886년에 이토 히로부미(伊藤博文) 내각의 제국대학령(帝國大學令)이 발표되면서 동경대학이 동경제국대학으로 개편되었고, 1889년에 국사과(國史科)가 증설되었다. 그때 교수로는 루드비히 리스(Ludwig Riess)가 부임하였는데, 그는 랑케(Ranke)의 제자였다. 리스는 독일사학의 사료비판적인 방법을 일본에 이식시켰고, 그의 지도로 많은 실증학풍(實證學風)의 제자들이 배출되었다. 그 제자들 중에 하나가 하야시 다이스케였다. 그는 제국대학을 졸업하고 조선사 연구를 진행했는데, 주로 고대사 부분에 관심을 갖고 있었다. 그는 일련의 연구결과들을 책으로 모아 『朝鮮史』 5권을 간행하였다. 그가 동경제국대학에서 수학하고 연구한 몇 편의 논문과 실력으로 짧은 시간에 책으로 낸 것이다.

그의 이 저서는 당시 근대 서양의 학문 방법으로 연구된 최초의 한국사 연구 결과였다. 당시 누가 보더라도 과학적인 방법을 통하여 조선의 개황을 잘 정리하였다. 그렇기 때문에 이 책 한권만 가지면 조선을 웬만큼 알 수 있을 정도로 정리가 잘 된 책이었다. 그런 연구사적인 측면에서 볼 때 분명 매우 의미 있는 일이었다. 그런데 내용적인 부분에서 문제가 있음을 알 수 있게 된다.

하야시는 그의 책 서문에서 분명하게 자기의 조선관(朝鮮觀)을 밝혀 놓았다. 그가 쓴 서문의 내용을 간단하게 정리하면 이렇다. '조선'이라는 나라는 본래 주체성이 없는 나라로 다른 나라 사람들이 와서 왕을 하였고, 스스로 자립할 수 있는 능력이 없어서 무슨 일만 일어나면 중국에 의지하려고만 하는 사대주의의 전형이었다는 것이다. 그는 최초로 임나일본부(任那日本府)를 주장하면서, 남으로는 일본의 세력들이 지배하였고 북으로는 기자나 위만 세력들이 점령하여, 실제 조선의 역사는 한민족이 이끈 역사가 아니고 외세에 의해 지배 받는 역사였다는 것을 주장하였다.

이런 그의 생각은 역사가로 정상적인 것은 아니었다. 왜냐하면 그가 동경제국대학에서 수학할 때, 그의 동문들이 보았던 조선의 역사서가 있었을 것이다. 당연히 『三國遺事』『三國史記』『東國通鑑』 등 많은 한국사 관련 책을 보았을 것이다. 그러나 그의 책에서는 그 어디서도 조선의 자주적인 모습을 볼 수가 없다. 이것은 분명 뭔가 조작을 하였다는 것이고, 이런 모습으로 나타나는 것은 정치적인 목적으로 쓰인 것으로 볼 수밖에 없는 것이다.

그 이유는 다음과 같다. 당시 일본은 조선을 침략하기 위하여 정치·경제·군사 등 여러 방면에서 연구를 하고 있었고, 또한 실제로 실행에 옮기고 있었다. 그런 과정에서 무엇보다도 일본이 필요했던 것은 일본이 한국을 침략할 명분이었다. 그 명분은 역사에서 찾아야 했고, 그러기 위해서는 역사학자가 동원되어야 했던 것이다. 그 적임자가 바로 하야시였다.

그는 분명하게 일본 정부의 입장을 대변하고 있다. 조일(朝日) 관계에 대하여 그는 두 나라는 바로 이웃하고 있기 때문에 '입술이 없으면 이가 시리다'는 표현으로 요약하고, 조선에 무슨 일이 있음을 대비하여 조선을 잘 아는 역사가 필요했기에 조선의 역사책을 저술한다고 하였다.

하야시가 조선사를 쓴 것은 자의든 타의든 조선의 타율성(他律性)을 강조하기 위한 것이었다. 그 대표적인 것이 임나일본부가 가야(伽倻)지역에 있었다는 주장이다. 일본의 입장에서 볼 때, 임나는 고대에 일본부(日本府)였기 때문에 이를 다시 찾아야 한다는 논리가 필요했다. 또한 조선은 계속하여 보호를 받던 나라이고, 지금의 현실을 볼 때 누군가가 노리고 있기 때문에 이웃을 돕고 살아야 한다는 논리가 성립되도록 해야 하는 것이었다. 그리고 그는 충분히 그 역할을 해냈던 것이다.

그의 『조선사』는 당시 조선에 관심을 갖고 있었던 사람들에게 큰 영향을 주었다. 심지어는 현채(玄采)와 같은 조선인도 그 책을 한국어로 거의 번역하여 『東國史略』이라는 책으로 출판하기까지 하였다. 현채의 어리석은 행동은 당시 조선 사람들에게 자국 역사에 대한 좌절감을 톡톡히 맛보도록 한 것이다.

하야시의 저서는 훗날 조선총독부가 주관하여 조선사편수회(朝鮮史編修會)에서 편찬한 『朝鮮史』(1938년)에 지대한 영향을 주었다. 사실 조선총독부의 『조선사』는 1912년 『조선통사』의 확대편으로 볼 수 있다. 이것이 곧 현대 한국사 체계의 근간을 이루고 있다고 보아도 큰 문제는 없을 것이다. 그렇다면 현재 한국사의 체계는 일본의 타율사관(他律史觀)과 관계가 깊다는 것으로 볼 수 있다. 결국 한국의 왜곡된 사관을 바로 잡으려면 먼저 하야시의 『조선사』부터 냉정하게 분석 검토해 봐야 할 것이다.

이런 생각에 이 책을 번역하기로 기획한 것이다. 번역을 기획하는 과정에서 학계의 원로 선생님들로부터 많은 말씀을 들었다. 번역을 해야 한다는 분도 계셨고, 그런 쓸데없는 일을 왜 하느냐고 하시는 분들도 계셨다. 그렇지만 역사는 특정 학자의 것이 아니고 국민의 것이기 때문에 최종 평가는 국민들이 해야 한다는 것이 글쓴이의 생각이다. 그러므로 사실을 국민들에게 알리고 싶었던 마음이 더 크게 움직였다.

이 번역은 단국대학교 일본어과 편무진 교수님께서 맡아주셨다. 번역을 부탁드리고 가끔 찾아뵙고 혹시 도울 일이 없는지 여쭤보기도 하였는데, 천성이 그러신지 어려운 일에도 절대로 내색을 안 하셨다. 공동연구원으로부터 전해들은 얘기로는, 하야시가 쓴 일본어는 현대일본어가 아니기 때문에 일본 사람들도 힘들다는 것이었다. 그것을 해결하기 위하여 일본학자들로부터 도움을 받아가면서 번역을 완료하였다고 한다. 동시에 명지대 명예교수인 김위현 교수님과 한국학중앙연구원 명예교수인 박성수 교수님께서도 많은 조언과 도움을 주셨던 것으로 알고 있다. 그밖에 이번 번역과 관련하여 한국학중앙연구원의 한도현 교수님, 이동희 실장님, 석창진 선생님, 그리고 교육과학기술부의 성삼제 국장님, 이인철 서기관님께서 많은 도움을 주셨다. 또한 번역하는 과정에서 일본 측 자료가 필요하면 편무진 교수님의 부인께서 일본에 계시면서 많은 도움을 주신 것으로 알고 있다. 이와 같은 많은 분들의 도움으로 번역된 이 자료가 왜곡된 한국사를 바로 잡는데 조그만 보탬이 되었으면 하는 바람이다.

(국제뇌교육종합대학원 국학과 교수)

역저자 약력

번역

· 편무진(片茂鎭)

　단국대학교 외국어대학 일본어과 교수

　일본어사

　저서/『交隣須知の基礎的研究』(J&C) 외

　역서/『통속(通俗)이솝우화』(박이정) 외

· 김현욱(金賢旭)

　국민대학교 국제학부 조교수

　일본문화

　저서/『오키나의 생성(翁の生成)』(思文閣出版) 외

· 이태훈(李泰勳)

　단국대학교 외국어대학 일본어과 강사

　일본고전문학

해제

· 김위현(金渭顯)

　명지대학교 사학과 명예교수

　동양사

　저서/『고려시대 대외관계사연구』(경인문화사) 외

　역서/『국역 요사(遼史)』(단국대학교출판부) 외

· 박성수(朴成壽)

　한국학중앙연구원 명예교수

　한국고대사

　저서/『새로운 역사학』(삼영사) 외

　역서/『역사란 무엇인가』(민지사) 외

번역·해제 朝鮮史

초 판 인 쇄 | 2020년 12월 21일
초 판 발 행 | 2020년 12월 21일

지 은 이 林泰輔
역   자 편무진 외

책 임 편 집 이수정

발 행 처 도서출판 지식과교양
등 록 번 호 제2010-19호
주   소 서울시 강북구 우이동108-13. 힐파크103호
전   화 (02) 900-4520 (대표) / 편집부 (02) 996-0041
팩   스 (02) 996-0043
전 자 우 편 kncbook@hanmail.net

ISBN 978-89-6764-164-1 93910   정가 32,000원